SCHULDRECHT BT 2

Miete und Leasing, (Verbraucher-)Darlehen und Bürgschaft u.a.

2018

Dr. Tobias Wirtz
Rechtsanwalt und Repetitor

Dr. Jan Stefan Lüdde
Rechtsanwalt und Repetitor

ALPMANN UND SCHMIDT Juristische Lehrgänge Verlagsges. mbH & Co. KG
48143 Münster, Alter Fischmarkt 8, 48001 Postfach 1169, Telefon (0251) 98109-0
AS-Online: www.alpmann-schmidt.de

Zitiervorschlag: Wirtz/Lüdde, Schuldrecht BT 2, Rn.

Dr. Wirtz, Tobias
Dr. Lüdde, Jan Stefan
Schuldrecht BT 2
Miete und Leasing, (Verbraucher-)Darlehen und Bürgschaft u.a.
18. überarbeitete Auflage 2018
ISBN: 978-3-86752-564-0

Verlag Alpmann und Schmidt Juristische Lehrgänge
Verlagsgesellschaft mbH & Co. KG, Münster

INHALTSVERZEICHNIS

LITERATURVERZEICHNIS

Bamberger/Roth	Beck'scher Online Kommentar BGB 36. Edition, München 2015 (zit.: BeckOK/Bearbeiter)
Blank/Börstinghaus	Miete 5. Aufl., München 2017 (zit.: Blank/Börstinghaus)
Brox/Walker	Besonderes Schuldrecht 41. Aufl., München 2017 (zit.: Brox/Walker, Besonderes Schuldrecht)
Bub-Treier	Handbuch der Geschäfts- und Wohnraummiete 4. Aufl., München 2014 (zit.: Bub-Treier/Bearbeiter)
Burmann/Heß/Jahnke/Janker	Straßenverkehrsrecht 24. Aufl., München 2016 (zit.: Burmann/Heß/Jahnke/Janker/Bearbeiter)
Erman	BGB, Kommentar, 15. Aufl., Münster/Köln 2017 (zit.: Erman/Bearbeiter)
Gramlich	Mietrecht 13. Aufl., München 2015 (zit.: Gramlich)
Handkommentar BGB	Kommentar zum BGB 9. Aufl., Baden-Baden 2016 (zit.: Hk-BGB/Bearbeiter)
Jauernig	Bürgerliches Gesetzbuch 16. Aufl., München 2015 (zit.: Jauernig/Bearbeiter)
jurisPraxiskommentar	BGB Schuldrecht, Band 2 7. Aufl., Saarbrücken 2014 (zit.: jurisPK-BGB/Bearbeiter)
Looschelders	Schuldrecht Besonderer Teil 12. Aufl., München 2017 (zit.: Looschelders)
Medicus/Petersen	Bürgerliches Recht 26. Aufl., München 2017 (zit.: Medicus/Petersen BR)

Münchener Kommentar	Bürgerliches Gesetzbuch Band 1, Allgemeiner Teil (§§ 1–240, AGB-Gesetz) 7. Aufl., München 2015 Band 2, Schuldrecht Allgemeiner Teil (§§ 241–432) 7. Aufl., 2016 Band 3, Schuldrecht Besonderer Teil I (§§ 433–610 CISG) 7. Aufl., München 2016 Band 4, Schuldrecht Besonderer Teil II (§§ 611–704 EfZG, TzBfG, KSchG) 7. Aufl., München 2017 Band 6, Schuldrecht Besonderer Teil III (§§ 705–853, PartGG, ProdHG) 7. Aufl., München 2017 (zit.: MünchKomm/Bearbeiter)
Palandt	Bürgerliches Gesetzbuch, 76. Aufl., München 2017 (zit.: Palandt/Bearbeiter)
Prütting/Wegen/Weinreich	BGB Kommentar 12. Aufl., Köln 2017 (zit.: Prütting/Wegen/Weinreich)
Schmidt-Futterer	Mietrecht 13. Aufl., München 2017 (zit.: Schmidt-Futterer/Bearbeiter)
Soergel	Bürgerliches Gesetzbuch Band 8/Schuldrecht 6: §§ 535–610 13. Aufl., Stuttgart-Berlin-Köln 2007 (zit.: Soergel/Bearbeiter)
Staudinger	J.v. Staudingers Kommentar zum Bürgerlichen Gesetzbuch, Zweites Buch, Recht der Schuldverhältnisse (§§ 397–432), 2012 (§§ 535–555 f), 2014 (§§ 677–704), 2015 (§§ 765–778), 2012 (zit.: Staudinger/Bearbeiter)
Thomas/Putzo	ZPO 38. Aufl., München 2017 (zit.: Thomas/Putzo/Bearbeiter)

1. Teil: Darlehensvertrag

Das Gelddarlehen und das Sachdarlehen sind getrennt voneinander geregelt. 1

- Für das **Gelddarlehen** gelten die allgemeinen Vorschriften in den §§ 488–490,[1] die hinsichtlich des Verbraucherdarlehens durch die §§ 491–505 e ergänzt werden.
- Im Sachzusammenhang mit dem Gelddarlehen stehen die **entgeltlichen Finanzierungshilfen** (§§ 506–508) und die **Ratenlieferungsverträge** (§ 510) zwischen einem Unternehmer und einem Verbraucher.
- Das **Sachdarlehen** ist in den §§ 607–609 normiert.

1. Abschnitt: Gelddarlehen

A. Zustandekommen

Das Zustandekommen des Darlehensvertrags erfordert – wie nach allgemeiner Rechtsgeschäftslehre gemäß den §§ 104 ff. üblich – eine Einigung über den Abschluss eines Vertrags, dem keine Wirksamkeitshindernisse entgegenstehen dürfen.

I. Einigung

Die Parteien müssen sich über die nach § 488 maßgeblichen Vertragsbestandteile eines Darlehens einigen. 2

Der Darlehensgeber verpflichtet sich gemäß **§ 488 Abs. 1 S. 1**, dem Darlehensnehmer einen **Geldbetrag** in der vereinbarten Höhe **zur Verfügung zu stellen**. Es kann auch vereinbart werden, dass ein bereits aus einem anderen Grund geschuldeter Geldbetrag nunmehr als Darlehen geschuldet werden soll (Vereinbarungsdarlehen).

Beispiel: Aus einem Kaufvertrag schuldet Käufer K dem Verkäufer V den Restkaufpreis i.H.v.10.000 €. Die Parteien vereinbaren, dass der Betrag als Darlehen mit einer Zinszahlungspflicht und einer bestimmten Laufzeit gelten soll.

Der Darlehensnehmer verpflichtet sich gemäß **§ 488 Abs. 1 S. 2**, einen geschuldeten **Zins zu zahlen** und das **Darlehen** bei Fälligkeit **zurückzugewähren**. Nach der gesetzlichen Regelung ist die Verpflichtung zur Zahlung eines Zinses der **Regelfall**. Es kann aber auch ein zinsloses Darlehen gewährt werden, wie sich aus § 488 Abs. 3 S. 3 ergibt.

II. Wirksamkeit

Der Darlehensvertrag gemäß § 488 ist grundsätzlich **formfrei**. 3

Hinweis: *Verbraucherdarlehensverträge sind gemäß § 492 Abs. 1 S. 1 schriftlich abzuschließen.*

Als Nichtigkeitsgrund kann beim Darlehensvertrag insbesondere § 138 virulent werden. Das gilt vor allem für den Spezialtatbestand des Wuchers gemäß **§ 138 Abs. 2**, der ein **auffälliges Missverhältnis** zwischen Leistung und Gegenleistung voraussetzt. Die Dar-

1 §§ ohne Gesetzesangabe sind solche des BGB.

lehensgewährung und die Zinszahlung stehen im Gegenseitigkeitsverhältnis. Bei der Prüfung des auffälligen Missverhältnisses wird der vertraglich vereinbarte Zins mit dem marktüblichen Zins verglichen.

Klausurhinweis: *Auch wenn die Umstände des Einzelfalls maßgeblich sind, können Sie ein auffälliges Missverhältnis regelmäßig bejahen, wenn der Vertragszins den marktüblichen Zins um 100% oder absolut um 12 Prozentpunkte übersteigt.*[2]

Weiterhin muss das Rechtsgeschäft unter **Ausbeutung der Zwangslage**, der Unerfahrenheit, des Mangels an Urteilsvermögen oder der erheblichen Willensschwäche des Vertragspartners vorgenommen worden sein. Die Ausbeutungsmerkmale sind schwer nachweisbar.

Deshalb gewinnt die Sittenwidrigkeit gemäß **§ 138 Abs. 1** mit der Fallgruppe des **wucherähnlichen Geschäfts** besondere Bedeutung. Dies setzt (wie der Wuchertatbestand) objektiv ein auffälliges Missverhältnis zwischen Leistung und Gegenleistung voraus. In subjektiver Hinsicht erfordert das wucherähnliche Geschäft, dass der Kreditgeber mit **verwerflicher Gesinnung** handelt. Eine solche liegt insbesondere dann vor, wenn der Darlehensgeber die schwächere Lage des anderen Teils bewusst zu seinem Vorteil ausnutzt oder sich leichtfertig der Erkenntnis verschließt, dass der Darlehensnehmer nur wegen seiner schwächeren Position den Vertrag abschließt. Bei einem besonders groben Missverhältnis besteht eine **tatsächliche Vermutung** für ein Handeln in verwerflicher Gesinnung.[3] Diese Vermutung greift jedoch nicht ein, wenn der Darlehensnehmer Unternehmer ist.[4]

Ist Wucher nach § 138 Abs. 2 oder Sittenwidrigkeit nach § 138 Abs. 1 zu bejahen, ist der Darlehensvertrag **insgesamt nichtig**. Der Vertrag wird nicht mit einer angemessenen Gegenleistung aufrechterhalten.[5] Denn ansonsten könnten Darlehensgeber risikolos stark überhöhte Zinsen verlangen.

4 ***Klausurhinweis:*** *Der im Falle der Sittenwidrigkeit oder des Wuchers bestehende Rückzahlungsanspruch aus **§ 812 Abs. 1 S. 1 Alt. 1** wird bezüglich des Darlehenskapitals **nicht durch § 817 S. 2 ausgeschlossen**, weil nur die zeitweise Kapitalüberlassung, nicht aber das Kapital als solches Leistungsgegenstand ist. Das Darlehenskapital muss jedoch dem Vertragspartner bis zu dem Zeitpunkt belassen bleiben, zu dem es bei Gültigkeit des Vertrags zurückzuzahlen wäre.*[6]

*Für die Zeit der Überlassung der Darlehensvaluta können indes **keine Zinsen**, auch nicht die üblichen, verlangt werden, da der Darlehensvertrag nichtig ist und einem bereicherungsrechtlichen Anspruch insoweit § 817 S. 2 entgegensteht.*[7]

---

2 Vgl. AS-Skript BGB AT 2 (2017), Rn. 95.
3 BGH, Urt. v. 09.10.2009 – V ZR 178/08, RÜ 2010, 5.
4 Palandt/Ellenberger § 138 Rn. 30.
5 Palandt/Ellenberger § 138 Rn. 75.
6 BGH, Urt. v. 02.02.1999 – XI ZR 74/98, NJW 1999, 1636, 1637.
7 AS-Skript Schuldrecht BT 3 (2017), Rn. 137.

B. Vertragspflichten und Pflichtverletzungen

I. Pflichten des Darlehensgebers

Gemäß **§ 488 Abs. 1 S. 1** trifft den Darlehensgeber die Pflicht, dem Darlehensnehmer einen **Geldbetrag** in der vereinbarten Höhe **zur Verfügung zu stellen**. Das Zurverfügungstellen kann durch Zahlung von Bargeld oder bargeldlos, insbesondere durch Überweisung oder eine Kontogutschrift erfolgen. 5

Das Zurverfügungstellen an einen Dritten ist gemäß **§§ 362 Abs. 2, 185** möglich, wenn es vereinbart ist.[8]

Beispiel: K kauft von V eine Eigentumswohnung. Mit der finanzierenden Bank vereinbart K, dass der Darlehensbetrag direkt auf das Konto des Verkäufers V überwiesen werden soll.

Aufklärungspflichten des Darlehensgebers bestehen **nur ausnahmsweise**. Eine kreditgebende Bank darf nämlich regelmäßig davon ausgehen, dass die Kunden über die notwendige Sachkenntnis verfügen oder sich bei Fachleuten informiert haben. 6

Nur bei Vorliegen **besonderer Umstände** ergeben sich Aufklärungs- und Hinweispflichten. Dies ist etwa dann der Fall, wenn die Bank über die Rolle als Kreditgeberin hinausgeht, wenn sie einen besonderen Gefährdungstatbestand schafft, wenn sie in Interessenkonflikte verwickelt ist oder wenn sie einen konkreten Wissensvorsprung vor dem Darlehensnehmer hat und dies auch erkennen kann.[9]

Auch einem Unternehmer gegenüber erbringt der Darlehensgeber keine sonstige, rechtliche Leistung, für die er die **Bearbeitungsgebühr** als gesonderte Vergütung verlangen könnte. Die Zurverfügungstellung der Valuta, die Bearbeitung des Darlehensantrages, die Bonitätsprüfung, die Erfassung der Kundenwünsche und -daten, das Führen der Vertragsgespräche, die Abgabe des Darlehensangebots oder die Beratung des Kunden stellen **keine separat vergütungsfähige Sonderleistung** dar. Deshalb ist eine entsprechende AGB des Darlehensgebers gemäß § 307 Abs. 1 S. 1, Abs. 2 Nr. 1 unwirksam.[10]

II. Pflichten des Darlehensnehmers

Der Darlehensnehmer ist gemäß **§ 488 Abs. 1 S. 2** verpflichtet, das **Darlehen** bei Fälligkeit **zurückzugewähren**. Regelmäßig treffen die Parteien die Abrede, dass das Darlehen für einen bestimmten Zeitraum gewährt wird. Ist dies nicht der Fall, so hängt die **Fälligkeit** gemäß § 488 Abs. 3 S. 1 von der Kündigung des Darlehensgebers oder des Darlehensnehmers ab. 7

Im Regelfall besteht zudem die Verpflichtung zur **Zahlung eines Zinses**. Es kann allerdings auch ein zinsloses Darlehen gewährt werden, vgl. § 488 Abs. 3 S. 3.

Aus dem Sinn und Zweck des Vertrags kann sich ferner für den Darlehensnehmer eine **Pflicht zur Abnahme** des Darlehens ergeben. Dies gilt vor allem bei verzinslichen Darlehen.[11]

---

8 BGH, Urt. v. 17.11.2009 – XI ZR 36/09, NJW 2010, 1144.

9 BGH, Urt. v. 21.09.2010 – XI ZR 232/09, NJW-RR 2011, 124.

10 OLG Frankfurt a.M., Urt. v. 25.02.2016 – 3 U 110/15, RÜ 2016, 549, 550.

11 Palandt/Weidenkaff § 488 Rn. 8, 16.

Zahlt der Darlehensnehmer das Darlehen bei Fälligkeit nicht zurück, hat der Darlehensgeber **keinen Anspruch auf den Vertragszins**. Allerdings kann ein Anspruch auf Zahlung von Zinsen wegen verspäteter Rückzahlung aus §§ 280 Abs. 1 u. 2, 286 und § 288 bestehen.[12]

III. Pflichtverletzungen

8 Verletzt der Darlehensgeber seine **Pflicht zur Auszahlung**, kann der Darlehensnehmer unter den Voraussetzungen der §§ 280 Abs. 1 u. 2, 286 den Verzögerungsschaden ersetzt verlangen. Gemäß §§ 280 Abs. 1 u. 3, 281 kann ein Schadensersatzanspruch statt der Leistung bestehen. Ferner kommt dann ein Rücktrittsrecht des Darlehensnehmers aus § 323 in Betracht.

Hinweis: *Nach Auszahlung des Darlehens wird das Rücktrittsrecht durch das Kündigungsrecht aus § 314 verdrängt.*[13]

Werden (die nur ausnahmsweise bestehenden) Aufklärungspflichten verletzt, haftet der Darlehensgeber aus § 280 Abs. 1.

Wenn nach dem Sinn und Zweck des Vertrags (vor allem bei verzinslichen Darlehen) eine Abnahmepflicht besteht, hat die Nichtabnahme des Darlehens zur Folge, dass **Schadensersatzansprüche gegen den Darlehensnehmer** aus §§ 280 Abs. 1 u. 3, 281 oder aus §§ 280 Abs. 1 u. 2, 286 und ein Rücktrittsrecht gemäß § 323 bestehen können.

C. Beendigung des Darlehensvertrags durch Kündigung

9 Mit der Rückerstattung des zur Verfügung gestellten Darlehens und Zahlung der vereinbarten Zinsen erlöschen der Rückerstattungs- und der Zinszahlungsanspruch durch **Erfüllung gemäß § 362 Abs. 1** und der Darlehensvertrag wird beendet.

Die Vertragsbeendigung durch Rückerstattung ohne vorherige Kündigung ist nach **§ 488 Abs. 3 S. 3** nur bei zinslosen Darlehensverträgen zulässig.

I. Ordentliche Kündigung unbefristeter Darlehensverträge

10 Ist das Darlehen auf **unbestimmte Zeit** gewährt, so kann der Darlehensvertrag gemäß § 488 Abs. 3 S. 1 u. 2 sowohl vom **Darlehensgeber** als auch vom **Darlehensnehmer** durch **ordentliche Kündigung** mit einer Frist von drei Monaten beendet und damit die Fälligkeit der Rückerstattungspflicht begründet werden.

Bei **zinslosen** Darlehen besteht zugunsten des Darlehensnehmers nach § 488 Abs. 3 S. 3 die Möglichkeit, die Vertragsbeendigung ohne vorherige Kündigung allein durch die Rückerstattung herbeizuführen.

12 MünchKomm/Berger § 488 Rn. 208.

13 Palandt/Weidenkaff § 488 Rn. 21.

II. Ordentliche Kündigung durch den Darlehensnehmer

Der **Darlehensnehmer** kann gemäß **§ 489** unter den dort genannten Voraussetzungen den Darlehensvertrag (festverzinsliche Darlehensverträge gemäß Abs. 1, Darlehensverträge mit veränderlichem Zinssatz gemäß Abs. 2) **ordentlich kündigen** und damit die Fälligkeit der Rückzahlungspflicht begründen. 11

Zu beachten ist jedoch die Regelung des **Abs. 3**: Unterbleibt die Darlehensrückzahlung innerhalb von zwei Wochen nach Wirksamwerden einer Kündigung gemäß Abs. 1 oder Abs. 2, wird **fingiert**, dass die **Kündigung nicht erfolgt** ist.

Eine Bausparkasse darf als Darlehensnehmer im Regelfall einen Bausparvertrag gemäß § 489 Abs. 1 Nr. 2 nach Ablauf von zehn Jahren nach Zuteilungsreife kündigen.[14]

III. Außerordentliche Kündigung durch den Darlehensgeber

§ 490 Abs. 1 statuiert ein **außerordentliches Kündigungsrecht** des **Darlehensgebers**. Die sachlichen Voraussetzungen dieses Kündigungsrechts sind: 12

- (Objektiver) Eintritt oder drohender Eintritt einer wesentlichen **Verschlechterung der Vermögensverhältnisse** des Darlehensnehmers **oder der Werthaltigkeit einer** für das Darlehen **gestellten Sicherheit** und
- hierdurch entstehende **Gefährdung des Rückzahlungsanspruchs** des Darlehensgebers.

In zeitlicher Hinsicht unterscheidet § 490 Abs. 1 für das Kündigungsrecht danach, ob die Kündigung

- **vor** Darlehensvalutierung erfolgt: in diesem Fall ist die außerordentliche Kündigung „**im Zweifel stets**" möglich; **oder**
- **nach** Auszahlung des Darlehens erfolgt: hier ist die außerordentliche Kündigung nur „**in der Regel**" möglich, was eine Gesamtwürdigung der jeweiligen Kündigungssituation erfordert. Dann sind also Ausnahmen möglich.[15]

  Beispiel: Es kann dem Darlehensgeber zumutbar sein, sich auf eine mögliche ratenweise Rückzahlung des Darlehens einzulassen, wenn erst die Rückforderung des gesamten Darlehens die Vermögenssituation des Darlehensnehmers so verschlechtern würde, dass er insolvent wird. Gleiches kann im Einzelfall bei einer nur vorübergehenden Vermögensverschlechterung gelten.[16]

IV. Außerordentliche Kündigung durch den Darlehensnehmer

Gemäß **§ 490 Abs. 2 S. 1 u. S. 2** hat der **Darlehensnehmer** bei einem grundpfandrechtlich gesicherten festverzinslichen Darlehensvertrag ein **außerordentliches Kündigungsrecht** insbesondere für den Fall, dass er ein Bedürfnis nach einer anderweitigen Verwertung des Sicherungsobjekts hat. Zum Ausgleich für dieses Kündigungsrecht hat der Darlehensnehmer jedoch dem Darlehensgeber denjenigen Schaden zu ersetzen, 13

---

14 BGH, Urt. v. 21.02.2017 – XI ZR 185/16; RÜ 2017, 492, 494 f.

15 Palandt/Weidenkaff § 490 Rn. 4.

16 Vgl. BeckOK/Rohe § 490 Rn. 14.

der diesem aus der vorzeitigen Kündigung entsteht (**Vorfälligkeitsentschädigung**), **§ 490 Abs. 2 S. 3**.

V. Außerordentliche Kündigung und Störung der Geschäftsgrundlage gemäß § 313

14 Neben den bereits aufgeführten speziellen Kündigungsregelungen ist beim Darlehensvertrag als Dauerschuldverhältnis – für beide Parteien – auch die Beendigung durch **außerordentliche Kündigung** gemäß **§ 314** möglich, der allgemein die Kündigung von Dauerschuldverhältnissen aus wichtigem Grund regelt. **§ 490 Abs. 3** stellt insoweit ausdrücklich klar, dass § 314 neben den speziellen außerordentlichen Kündigungsrechten des § 490 anwendbar ist. Allerdings hat § 490 als Spezialregelung Vorrang.[17]

Die Regelung des **§ 490 Abs. 3** stellt zudem klar, dass auch die Möglichkeit zur Vertragsanpassung wegen Störung der Geschäftsgrundlage gemäß **§ 313** von § 490 **unberührt** bleibt.

VI. Ordentliche und außerordentliche Kündigung bei Gesamtschuld

15 Wird der Darlehensvertrag mit **mehreren Vertragspartnern** geschlossen, kann er als Dauerschuldverhältnis **grundsätzlich nur einheitlich** gegenüber allen Darlehensnehmern als Gesamtschuldnern gekündigt werden. Dies ergibt sich aus der Einheitlichkeit des Darlehensvertrags, der nicht gegenüber einem Darlehensnehmer durchgeführt und zugleich gegenüber einem anderen Darlehensnehmer beendet werden kann.

Auch aus der Vorschrift des **§ 425 Abs. 2** lässt sich insoweit nichts Gegenteiliges folgern, da diese Regelung für **Fälligkeitskündigungen** gilt, während die ordentliche als auch die außerordentliche Kündigung des Darlehensvertrags dessen **Beendigung** herbeiführt.[18]

---

17 Freitag WM 2001, 2370; Palandt/Weidenkaff § 490 Rn. 9.

18 BGH, Urt. v. 09.07.2002 – XI ZR 323/01, NJW 2002, 2866, 2867.

2. Abschnitt: Verbraucherdarlehen (§§ 491–505), entgeltliche Finanzierungshilfen (§§ 506–508) und Ratenlieferungsverträge (§ 510)

Das Verbraucherschutzrecht des BGB ist an vielen verschiedenen Stellen, jeweils im Zusammenhang mit der entsprechenden Sachmaterie, normiert. Mit dieser Aufteilung im Gesetz korrespondiert die Verteilung des Verbraucherschutzes über die unterschiedlichen AS-Skripte zum Schuldrecht. Denn nur so können die jeweiligen Besonderheiten, die aufgrund des Verbraucherschutzes innerhalb der einzelnen Sachgebiete zu beachten sind, hinreichend verdeutlicht werden. Dazu die folgende Übersicht: **16**

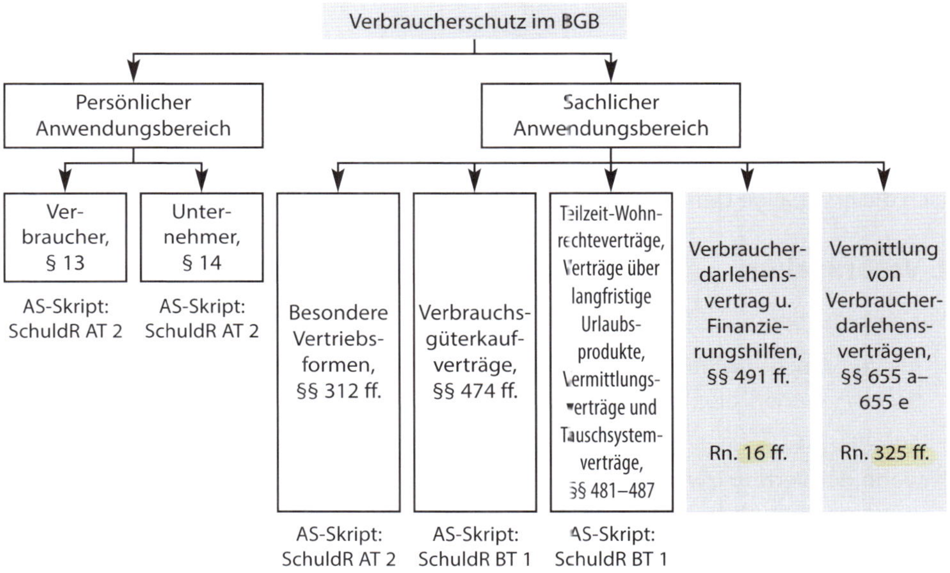

A. Überblick: Regelungsgegenstand der §§ 491–513

Die §§ 491–513 betreffen Verträge zwischen einem Unternehmer einerseits und einem Verbraucher oder Existenzgründer andererseits. Diese Verträge über Finanzierungsmittel lassen sich in sachlicher Hinsicht in drei Gruppen unterteilen.

17

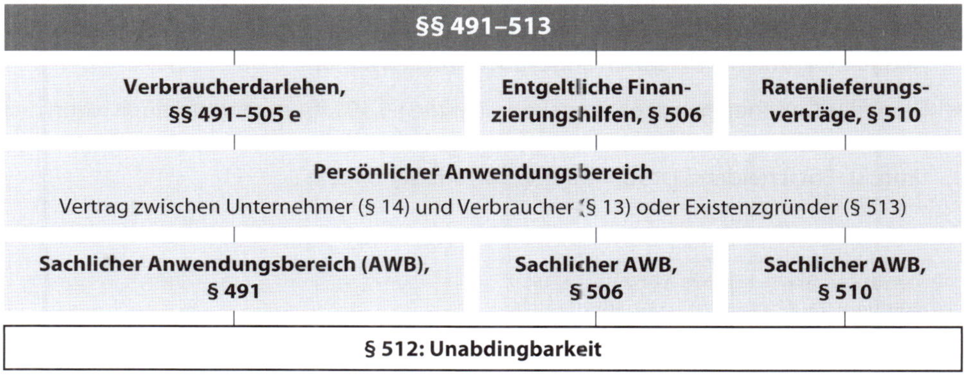

B. Persönlicher Anwendungsbereich

18 Die §§ 491–512 gelten gemäß § 491 Abs. 1 für Verträge zwischen **Unternehmern** und **Verbrauchern**. Erweiternd bestimmt § 513, dass die Vorschriften auch für **Existenzgründer** als Darlehensnehmer, Empfänger eines Zahlungsaufschubs oder einer sonstigen Finanzierungshilfe gelten, wenn der Nettodarlehensbetrag oder der Barzahlungspreis 75.000 € nicht übersteigt.

Die Bestimmung der zentralen Grundbegriffe Unternehmer und Verbraucher erfolgt nach den allgemeinen Bestimmungen in den §§ 13 und 14.

I. Unternehmer

19 Für die Eigenschaft des Unternehmers ist gemäß **§ 14** maßgebend, dass er bei Abschluss des Vertrags in **Ausübung seiner gewerblichen oder selbstständigen beruflichen Tätigkeit** handelt.[19]

Ist ein Handeln im Rahmen der gewerblichen oder beruflichen Tätigkeit gegeben, reicht auch die erstmalige Darlehensvergabe zur Anwendung der §§ 491–512 aus.[20]

II. Verbraucher

20 Wer Verbraucher i.S.d. §§ 491–512 ist, ergibt sich aus **§ 13**.

- Als Verbraucher werden nur **natürliche Personen** geschützt. Deshalb können juristische Personen, also etwa eine Aktiengesellschaft, keine Verbraucher i.S.d. § 13 sein.
- Allerdings kann auch die **Gesellschaft bürgerlichen Rechts** (GbR) Verbraucher sein, wenn der Vertragszweck nicht einer von ihr betriebenen gewerblichen oder selbstständigen beruflichen Tätigkeit dient.[21]

  Die Anerkennung der Teilrechtsfähigkeit der GbR hindert die Anwendbarkeit der Vorschriften der §§ 491 ff. nämlich nicht, da **die GbR nicht den Status einer juristischen Person besitzt**. Im Übrigen ist entscheidend, auf den **Schutzzweck der §§ 491 ff.** abzustellen, der auch dann eingreift, wenn mehrere natürliche Personen das Darlehen gemeinsam aufnehmen. Jedoch ist eine als Außengesellschaft rechtsfähige Gesellschaft bürgerlichen Rechts, deren Gesellschafter eine natürliche Person **und eine juristische Person** sind, unabhängig davon, ob sie lediglich zu privaten Zwecken und nicht gewerblich oder selbstständig beruflich tätig ist, nicht Verbraucher i.S.d. § 13, weil dann das Handeln der GbR nicht mehr als gemeinschaftliches Handeln natürlicher Personen angesehen werden kann.[22]
- Dient das Darlehen **privaten Zwecken**, sind die §§ 491 ff. anwendbar, auch wenn der privat handelnde Darlehensnehmer sonst gewerblich, beruflich oder kaufmännisch tätig ist. Entscheidend ist somit der Verwendungszweck.

---

19 Vgl. dazu AS-Skript Schuldrecht AT 2 (2016), Rn. 164 ff.
20 BGH, Urt. v. 09.12.2008 – XI ZR 513/07, BGHZ 179, 126.
21 BGH, Urt. v. 23.10.2001 – XI ZR 63/01, RÜ 2002, 74, 76.
22 BGH, Urt. v. 30.03.2017 – VII ZR 269/15, RÜ 2017, 485, 486.

Ist ein Kredit nach dem Zweck nicht teilbar, so ist auf den **überwiegenden Zweck** abzustellen, so z.B. wenn ein mit dem Darlehen finanzierter Pkw für gewerbliche Zwecke auch gelegentlich privat genutzt wird. Eine Aufspaltung des Darlehensgeschäfts in einen privaten und einen gewerblichen Teil kommt i.d.R. nicht in Betracht.[23]

Mit der Reform zum 13.06.2014 wurde in § 13 das Wort überwiegend eingefügt.[24] Damit hat nunmehr auch der Gesetzgeber klargestellt, dass es auf den überwiegenden Zweck des jeweiligen Geschäfts ankommt.

- Zeitlich kommt es für die Frage, ob das Darlehen für eine gewerbliche oder selbstständige berufliche Tätigkeit bestimmt ist, auf den **Zeitpunkt** an, in dem der Darlehensvertrag zustande kommt.[25]

  Beispiel: Es ist für die Verbrauchereigenschaft unschädlich, wenn sich der Darlehensnehmer später entschließt, den Pkw doch nicht überwiegend privat, sondern nur gewerblich zu nutzen.

- Schließen **mehrere Personen gesamtschuldnerisch** einen Darlehensvertrag ab, ist die Anwendbarkeit der §§ 491 ff. für jeden Darlehensnehmer getrennt zu beurteilen.[26]

III. Existenzgründer

Die §§ 491–512 gelten gemäß **§ 513 Hs. 1** auch für Existenzgründer. Um ein Existenzgründungsdarlehen handelt es sich auch, wenn der Verbraucher zwar bereits ein gewerbliches Unternehmen betreibt, die **Darlehensmittel** aber **zum Aufbau** einer neuen beruflichen Tätigkeit bestimmt sind, die mit der bisherigen Tätigkeit nicht in Zusammenhang steht.[27] **21**

Allerdings finden die §§ 491–512 gemäß **§ 513 Hs. 2** keine Anwendung, wenn der Nettodarlehensbetrag oder der Barzahlungspreis **75.000 € übersteigt**.

Beispiel: Ex-Banker B will einen Bioladen eröffnen. Zur Erstausstattung benötigt er ein Darlehen über 150.000 €. Da das Darlehen nicht für eine bereits ausgeübte Tätigkeit bestimmt ist, handelt es sich um ein Existenzgründungsdarlehen. Nach § 513 Hs. 2 sind die §§ 491 ff. aber nicht anwendbar, wenn der Nettodarlehensbetrag oder Barzahlungspreis über 75.000 € liegt.

Wird ein Betrag von über 75.000 € für ein einheitliches Geschäft bewilligt, aber in kleinere Darlehensverträge oder Finanzierungshilfen aufgeteilt, liegt eine **Umgehung** i.S.v. § 512 S. 2 vor und die Beträge werden zusammengerechnet.[28]

C. Verbraucherdarlehen

Das Verbraucherdarlehen (§§ 490–505 e) ist das **examensrelevanteste Finanzierungsmittel** der §§ 491–512. Es kann insbesondere auch als verbundener Vertrag i.S.d. §§ 358, 359[29] Gegenstand einer Examensklausur sein. **22**

---

23 Vgl. Palandt/Weidenkaff § 491 Rn. 5.
24 Dazu AS-Skript Schuldrecht AT 2 (2016), Rn. 160.
25 Palandt/Weidenkaff § 491 Rn. 5.
26 BGH, Urt. v 28.06.2000 – VIII ZR 240/99, BGHZ 144, 370.
27 Vgl. Palandt/Weidenkaff § 513 Rn. 1.
28 Palandt/Weidenkaff § 513 Rn. 5.
29 Dazu AS-Skript, Schuldrecht AT 2 (2016), Rn. 259 ff.

I. Sachlicher Anwendungsbereich

Während in persönlicher Hinsicht der Darlehensgeber Unternehmer und der Darlehensnehmer Verbraucher sein muss, ist für den sachlichen Anwendungsbereich maßgebend, dass es sich um einen **Verbraucherdarlehensvertrag** handelt. Dazu gehören sowohl Allgemein-Verbraucherdarlehensverträge als auch Immobiliar-Verbraucherdarlehensverträge. Dabei muss es sich um **entgeltliche Darlehensverträge** handeln und kein **Ausnahmetatbestand** gemäß **§ 491 Abs. 2, 3 oder 4** erfüllt sein.

Für **unentgeltliche Darlehen**, die ein Unternehmer einem Verbraucher gewährt, gilt **§ 514**. Durch diese im Rahmen der Umsetzung der WohnImmoKrRL mit Wirkung **zum 21.03.2016** neu eingefügte Vorschrift werden zentrale verbraucherschützende Regelungen zur Vermeidung von Überschuldung, die bisher nur auf entgeltliche Verträge Anwendung fanden, auch auf unentgeltliche Verbraucherdarlehensverträge für entsprechend anwendbar erklärt.[30]

1. Entgeltlicher Darlehensvertrag

23 Der sachliche Anwendungsbereich der § 491 ff. erfordert das Vorliegen eines entgeltlichen (Geld-)Darlehensvertrags. Das in den §§ 607 ff. normierte **Sachdarlehen** wird **nicht erfasst**. Voraussetzung für die Anwendbarkeit der Verbraucherschutzregeln gemäß den §§ 491 ff. ist, dass es sich **nicht** um ein Darlehen handeln darf, bei dem abweichend vom gesetzlichen Regelfall **auf** eine **Verzinsung verzichtet** wurde. Entgeltlichkeit liegt nämlich nur dann vor, wenn der vom Darlehensnehmer insgesamt aufzubringende Betrag die ausbezahlte Valuta zuzüglich der dem Darlehensgeber konkret entstandenen Kosten übersteigt.[31]

Beispiel: Bei einer sog. „**Null-Prozent-Finanzierung**" fehlt es an der erforderlichen Entgeltlichkeit des Darlehens. Es findet dann aber § 514 Anwendung.

Unmittelbar von § 491 erfasst werden also:

- verzinsliche Darlehen, rückzahlbar in Raten oder in einem Betrag,
- Überziehungs- oder andere Kontokorrentkredite.

Darüber hinaus stellt sich in den folgenden Fällen die Frage, ob die **§§ 491 ff. analog anwendbar** sind:

- Schuldbeitritt
- Schuldübernahme
- Vertragsübernahme
- Bürgschaft

30 Vgl. BeckOK BGB/Möller BGB § 514 Rn. 1

31 BeckOK/Möller § 491 Rn. 37.

a) Schuldbeitritt

Fall 1: Fernmündlicher Fehltritt

Die N-GmbH lässt sich von Bank G ein verzinsliches Darlehen gewähren. Auf Verlangen der G erklärt B, der Geschäftsführer und Hauptgesellschafter der N-GmbH ist, noch am gleichen Tage fernmündlich seinen persönlichen Schuldbeitritt. Da die N-GmbH die fälligen Darlehensraten nicht zahlt, will G den B persönlich aufgrund seines Schuldbeitritts in Anspruch nehmen. Daraufhin erklärt B, er werde nicht zahlen, da der Schuldbeitritt formnichtig sei. Hat B Recht?

Der Schuldbeitritt könnte gemäß **§ 494 Abs. 1** formnichtig sein. **24**

I. Dazu müssten die §§ 491 ff. auf den Schuldbeitritt anwendbar sein.

Der **Schuldbeitritt** selbst ist **kein Verbraucherdarlehensvertrag** i.S.d. **§ 491 Abs. 1**. Hierfür ist das Vorliegen eines verzinslichen Darlehens erforderlich, ein solches erlangt der Beitretende jedoch nicht. Er übernimmt lediglich die Mithaftung für die Verpflichtung des Darlehensnehmers, ohne dessen Anspruch gegen den Darlehensgeber auf Auszahlung des Darlehens zu erhalten [32]

Der **Schuldbeitritt ist jedoch einem Verbraucherdarlehensvertrag gleichzustellen**, wenn es sich bei dem Vertrag, zu dem der Beitritt erfolgt, um einen Verbraucherdarlehensvertrag handeln würde, wenn der Beitretende selbst der Darlehensnehmer wäre. Es sind dann die **§§ 491 ff. analog** anzuwenden.[33]

Im Falle des Schuldbeitritts zu einem Verbraucherdarlehensvertrag ist das **Schutzbedürfnis des Beitretenden nämlich nicht geringer, sondern eher größer als das des Darlehensnehmers**, weil der Beitretende trotz voller Mitverpflichtung keine Rechte gegen den Darlehensgeber erlangt, insbesondere keinen Anspruch auf Auszahlung des Darlehens hat. Aber auch aus der Sicht des Darlehensgebers ist die analoge Anwendung der §§ 491 ff. gerechtfertigt, da er durch den Schuldbeitritt einen weiteren Schuldner für den Verbraucherdarlehensvertrag erhält.

1. B müsste **Verbraucher** i.S.d. §§ 13, 491 Abs. 1 sein.

   a) B ist eine **natürliche Person**. Sein Schuldbeitritt zu den Verpflichtungen der N-GmbH aus dem Darlehensvertrag mit der G ist, ungeachtet dessen, dass er Gesellschafter und Geschäftsführer der N-GmbH ist, nach dem Inhalt des Vertrags nicht für seine bereits ausgeübte gewerbliche oder selbstständige berufliche Tätigkeit bestimmt. Insbesondere ist das **Halten eines GmbH-Geschäftsanteils keine gewerbliche Tätigkeit, sondern Vermögensverwaltung** und die Geschäftsführung einer GmbH keine selbstständige, sondern eine angestellte berufliche Tätigkeit. Folglich ist auch der GmbH-Gesellschafter/Geschäftsführer Verbraucher.[34] B ist mithin Verbraucher.

---

32 BGH, Urt. v. 05.06.1996 – VIII ZR 151/95, BGHZ 133, 71.

33 BGH, Urt. v. 08.11.2005 – XI ZR 34/05, RÜ 2006, 118, 120; Palandt/Weidenkaff § 491 Rn. 10.

34 Palandt/Weidenkaff § 491 Rn. 10.

b) Dabei ist allein entscheidend, ob in der Person des Mitverpflichteten die Voraussetzungen für die Verbrauchereigenschaft erfüllt sind. Es ist **nicht Voraussetzung, dass neben dem Beitretenden auch der Darlehensnehmer Verbraucher** ist.[35] Da der Schuldbeitritt ein selbstständiges Schuldverhältnis zwischen dem Beitretenden und dem Darlehensgeber begründet, ist in allen die §§ 491 ff. betreffenden Fragen im Wege der Einzelbetrachtung auf die Person des Beitretenden abzustellen. Es ist hier somit unschädlich, dass der Darlehensnehmer selbst, also die N-GmbH, als juristische Person kein Verbraucher ist.

2. G müsste als Darlehensgeber **Unternehmer** i.S.d. §§ 14, 491 Abs. 1 sein. Dies ist bei der G als Bank der Fall.

3. Der Schuldbeitritt ist einem Verbraucherdarlehensvertrag i.S.d. § 491 Abs. 1 gleichzustellen, soweit es sich bei dem Vertrag, zu dem der Beitritt erfolgt, für den Beitretenden um einen **Verbraucherdarlehensvertrag** i.S.d. § 491 Abs. 1 handeln würde, wenn er selbst Darlehensnehmer wäre. Vorliegend handelt es sich um ein verzinsliches (Geld-)Darlehen i.S.d. §§ 491 Abs. 1, 488 Abs. 1, sodass ein Verbraucherdarlehensvertrag vorliegt.

Auf den Schuldbeitritt des B sind somit die §§ 491 ff. analog anwendbar.

25 II. Demnach stellt sich die Frage, ob der Schuldbeitritt des B den Formerfordernissen der §§ 492 Abs. 1, 494 Abs. 1 genügt.

1. Der **Schuldbeitritt** bedurfte gemäß **§ 492 Abs. 1 S. 1** der **Schriftform**. Diese wurde hier nicht eingehalten, da der Beitritt fernmündlich erfolgte. Rechtsfolge der Nichteinhaltung der Form des § 492 Abs. 1 S. 1 ist gemäß § 494 Abs. 1 die Nichtigkeit des Schuldbeitritts.

2. Nach § 494 Abs. 2 S. 1 tritt allerdings **Heilung** ein, „soweit der Darlehensnehmer das Darlehen empfängt oder in Anspruch nimmt". Dabei ist aber wiederum im Wege der Einzelbetrachtung auf die Person des Beitretenden abzustellen. Der Formfehler wird nicht durch Leistung an den Darlehensnehmer – hier die N-GmbH – geheilt. Der hier zu schützende Beitretende B hat das Darlehen nicht in Anspruch genommen. Eine **analoge Anwendung des § 494 Abs. 2** in der Weise, dass mit Auszahlung der Darlehensmittel an den Darlehensnehmer ein Darlehensempfang oder eine Inanspruchnahme des Darlehens durch den Beigetretenen erfolgt sei, ist vor dem Hintergrund des Sinns und Zwecks der Vorschrift **nicht gerechtfertigt**.[36]

   Dem B mögen zwar durch die Überlassung der Darlehensvaluta an die N-GmbH unmittelbare Vorteile entstanden sein. Diese können aber einem **Empfang des Darlehens nicht gleichgestellt** werden.[37]

---

35 BGH, Urt. v. 25.10.2011 – XI ZR 331/10, NJW-RR 2012, 166.

36 Scherer/Mayer BB 1998, 2169, 2174.

37 Vgl. BGH, Urt. v. 12.11.1996 – XI ZR 202/95, NJW 1997, 654, 655.

Der Schuldbeitritt ist somit formnichtig und G kann den B nicht in Anspruch nehmen.

---

b) Befreiende Schuldübernahme

Ist der bisherige Schuldner des Darlehens ein Verbraucher, sind die §§ 491 ff. auch nach einer Schuldübernahme auf das Darlehen anwendbar. Dies gilt unabhängig davon, ob die Schuldübernahme gemäß § 414 oder § 415 erfolgt ist.[38] 26

Wenn der bisherige Schuldner des Darlehens ein Unternehmer ist, sind für den Neuschuldner die §§ 491 ff. anwendbar, wenn er Verbraucher gemäß § 13 ist (oder die Voraussetzungen des § 513 vorliegen).[39]

c) Vertragsübernahme

Regelmäßig erfolgt die Vertragsübernahme durch einen Vertrag zwischen der ursprünglichen und der neuen Partei unter Zustimmung der verbleibenden Partei.[40] Auch auf diesen Vertrag sind die **§§ 491 ff.** dann **analog anwendbar.** 27

Eine Vertragsübernahmevereinbarung genügt dem Schriftformerfordernis des § 492 Abs. 1 S. 1 nicht, wenn die schriftliche Übernahmeerklärung des Verbrauchers nicht den Inhalt des zu übernehmenden Vertrags wiedergibt.[41]

d) Bürgschaft

Die Bürgschaft (vgl. dazu eingehend Rn. 332 ff.) für ein Darlehen ist selbst kein Darlehensvertrag und zudem nicht entgeltlich. Die **§§ 491 ff.** sind auf die Bürgschaft auch **nicht analog anwendbar**, weil das Schutzbedürfnis des Sicherungsgebers nicht mit dem des Darlehensnehmers vergleichbar ist.[42] 28

2. Allgemein-Verbraucherdarlehensverträge und Immobiliar-Verbraucherdarlehensverträge

Durch das Gesetz[43] zur Umsetzung der Wohnimmobilienkredit-RL mit Wirkung **zum 21.03.2016** unterfallen Verbraucherdarlehensverträge nunmehr in Allgemein-Verbraucherdarlehensverträge (§ 491 Abs. 2) und Immobiliar-Verbraucherdarlehensverträge (§ 491 Abs. 3). Außerdem wurde § 491 mit Wirkung zum **10.06.2017** um Regelungen zum Immobilienverzehrkreditvertrag erweitert.[44]

---

38 MünchKomm/Schürnbrand § 491 Rn. 29; BeckOK/Möller § 491 Rn. 28.
39 MünchKomm/Schürnbrand § 491 Rn. 30.
40 Palandt/Grüneberg § 398 Rn. 42.
41 BGH, Urt. v. 26.05.1999 – VIII ZR 141/98, NJW 1999, 2664, 2667.
42 Vgl. Palandt/Weidenkaff § 491 Rn. 11 m.w.N.; sowie unten Rn. 403 f.
43 BGBl. 2016 I 396.
44 BGBl. 2017 S. 1495.

a) Allgemein-Verbraucherdarlehensverträge

Gemäß der **Legaldefinition in § 491 Abs. 2 S. 1** sind Allgemein-Verbraucherdarlehensverträge entgeltliche Darlehensverträge zwischen einem Unternehmer als Darlehensgeber und einem Verbraucher als Darlehensnehmer.

b) Immobiliar-Verbraucherdarlehensverträge

Nach der **Legadefinition in § 491 Abs. 3 S. 1** sind Immobiliar-Verbraucherdarlehensverträge entgeltliche Darlehensverträge zwischen einem Unternehmer als Darlehensgeber und einem Verbraucher als Darlehensnehmer, die entweder durch ein Grundpfandrecht oder eine Reallast besichert sind oder für den Erwerb oder die Erhaltung des Eigentumsrechts an Grundstücken, an bestehenden oder zu errichtenden Gebäuden oder für den Erwerb oder die Erhaltung von grundstücksgleichen Rechten bestimmt sind.

c) Immobilienverzehrkreditverträge

Keine Immobiliar-Verbraucherdarlehensverträge sind gemäß § 491 Abs. 3 S. 4 Immobilienverzehrkreditverträge, bei denen der Kreditgeber pauschale oder regelmäßige Zahlungen leistet oder andere Formen der Kreditauszahlung vornimmt und im Gegenzug nur einen Betrag aus dem künftigen Erlös des Verkaufs einer Wohnimmobilie erhält oder ein Recht an einer Wohnimmobilie erwirbt und **erst nach dem Tod des Verbrauchers eine Rückzahlung** fordert, außer der Verbraucher verstößt gegen die Vertragsbestimmungen, was dem Kreditgeber erlaubt, den Vertrag zu kündigen. Außerdem sind solche Immobilienverzehrkreditverträge auch **keine Allgemein-Verbraucherdarlehensverträge**, vgl. § 491 Abs. 2 S. 2 Nr. 6 Alt. 2.

3. Ausnahmetatbestände

In § 491 Abs. 2 S. 2 und § 491 Abs. 3 S. 2-4 sowie in § 491 Abs. 4 sind Ausnahmetatbestände geregelt, die entweder die Anwendung der §§ 491 ff. insgesamt ausschließen oder jedenfalls wesentlich einschränken.

a) Ausnahmen gemäß § 491 Abs. 2 S. 2 Nr. 1–6

29 Auf einen Teil der Verträge, die nach der Definition des § 491 Abs. 2 an sich Allgemein-Verbraucherdarlehensverträge wären, finden die **§§ 491 ff. keine Anwendung**, weil eine wesentliche Gefährdung der Verbraucherinteressen nicht zu befürchten ist; es handelt sich bei diesen Ausnahmetatbeständen jedoch um Verbraucherverträge i.S.d. § 310 Abs. 3, sodass die §§ 312 ff. Anwendung finden können.[45]

- **Kleindarlehen unter 200 €:** § 491 Abs. 2 S. 2 **Nr. 1** enthält eine Ausnahme für Verträge, bei denen der Nettodarlehensbetrag weniger als 200 € beträgt. Nettodarlehensbetrag ist nach der Legaldefinition in Art. 247 § 3 Abs. 2 EGBGB der Höchstbetrag, auf den der Darlehensnehmer aufgrund des Darlehensvertrags Anspruch hat.

45 Palandt/Weidenkaff § 491 Rn. 12.

Nicht maßgebend ist dabei, ob dem Verbraucher der Betrag auch tatsächlich zufließt.[46]

Beispiel: Frau V möchte ein Tablet für 199 € kaufen. Da sie den gesamten Betrag nicht sogleich aufbringen kann, lässt sie sich bei der K-Bank ein Darlehen i.H.v. 199 € zzgl. Zinsen und Bearbeitungsgebühr geben. Das Darlehen soll in monatlichen Raten von 50 € getilgt werden.

Die §§ 491 ff. finden gemäß § 491 Abs. 2 S. 2 Nr. 1 hier keine Anwendung. Entscheidend für die Bagatellgrenze ist nämlich der auszuzahlende Nettodarlehensbetrag, nicht die Gesamtbelastung. Der Nettodarlehensbetrag bestimmt sich nach Art. 247 § 3 Abs. 2 EGBGB. Das ist der Betrag, auf den der Darlehensnehmer tatsächlich Anspruch hat.

***Hinweis:** Der Versuch, die Anwendung der §§ 491 ff auf ein höheres Darlehen zu verhindern, indem mehrere Darlehensverträge unter 200 € abgeschlossen werden, scheitert an § 512 S. 2.*

- **Darlehen mit Pfandsicherung:** Hintergrund der Vorschrift des § 491 Abs. 2 S. 2 **Nr. 2** ist die Tätigkeit von Pfand- und Leihhäusern. Voraussetzung für die Anwendung dieser Ausnahmeregelung ist, dass ein Faustpfand i.S.d. §§ 1204 ff. begründet wird und der Pfandgegenstand übergeben worden ist.[47] Ferner müssen nach dem Darlehensvertrag sämtliche Verpflichtungen aus diesem Vertrag, auch aus Verzug oder Nichterfüllung der Rückzahlung, durch den Pfandgegenstand abgesichert sein.[48]

- **Kurzzeitige Darlehen:** Die Ausnahme gemäß § 491 Abs. 2 S. 2 **Nr. 3** betrifft Kreditverträge mit einer Rückzahlungsverpflichtung **binnen drei Monaten** und **geringen Kosten**. Ob geringe Kosten anfallen, hängt nicht allein vom Darlehensbetrag ab, sondern ist aufgrund aller Umstände zu beurteilen. Typische Anwendungsfälle sind Darlehen auf Zahlkarten, für deren Ausstellung und Nutzung ein Entgelt zu zahlen ist.[49] Die Vorschrift ist nicht anwendbar, wenn bei Vertragsschluss schon offensichtlich ist, dass der Verbraucher das Darlehen nicht fristgerecht zurückzahlen kann und der Unternehmer überdurchschnittlich hohe Verzugszinsen geltend machen kann.[50]

- **Arbeitgeberdarlehen:** Die Ausnahmevorschrift gemäß § 491 Abs. 2 S. 2 **Nr. 4** greift ein, wenn ein Arbeitgeber mit seinem Arbeitnehmer einen Darlehensvertrag zu **Zinsen** abschließt, die **unter den marktüblichen Sätzen** liegen. Die Anwendung der Vorschrift setzt einen inneren Zusammenhang zwischen Darlehen und Arbeitsvertrag voraus.[51] Für die Beurteilung, ob die Zinsen unter den marktüblichen Sätzen liegen, verweist § 491 Abs. 2 Nr. 4 ausdrücklich auf den effektiven Jahreszins i.S.d. **§ 6 PAngV**, also auf die jährliche Gesamtbelastung des Verbrauchers.

  Beispiel: Druckereibetreiber D möchte A als Drucker gewinnen. A sieht sich an der Annahme der Stelle gehindert, weil er den Betrieb des D mit öffentlichen Verkehrsmitteln nicht erreichen kann. D gewährt dem A ein Darlehen von 5.000 € zum Ankauf eines gebrauchten Pkw. Sie vereinbaren, dass der Betrag mit 1% zu verzinsen ist und bis zur Tilgung von Kapital und Zinsen monatlich 250 € vom Lohn des A einbehalten werden.

---

46 Palandt/Weidenkaff Art 247 § 3 Rn. 4.
47 MünchKomm/Schürnbrand § 491 Rn. 66.
48 Palandt/Weidenkaff § 491 Rn. 14.
49 Palandt/Weidenkaff § 491 Rn. 15.
50 BT-Drs. 16/11 643 S 77.
51 BeckOK/Möller § 491 Rn. 82.

Es liegt (an sich) ein Allgemein-Verbraucherdarlehensvertrag i.S.d. § 491 Abs. 2 S. 1 vor. A ist als Verbraucher anzusehen, denn Arbeitnehmer oder Beamte sind auch dann durch die §§ 491 ff. geschützt, wenn sie ein Darlehen für berufliche Zwecke aufnehmen, da sie keine „selbstständige" berufliche Tätigkeit ausüben. Im vorliegenden Fall finden die §§ 491 ff. nach § 491 Abs. 2 S. 2 Nr. 4 aber deshalb keine Anwendung, weil D als Arbeitgeber mit seinem Arbeitnehmer A den Verbraucherdarlehensvertrag zu Zinsen (1%) abgeschlossen hat, die unter den marktüblichen Sätzen liegen und ein innerer Zusammenhang zwischen Arbeits- und Darlehensvertrag besteht.

- **Förderdarlehen:** Die Ausnahme gemäß § 491 Abs. 2 S. 2 **Nr. 5** bezieht sich auf alle Darlehen, die auf gesetzlichen Vorgaben des öffentlichen Rechts beruhen, z.B. Förderdarlehen zur Berufsausbildung. Da eine Unmittelbarkeit nicht erforderlich ist, werden auch von Förderanstalten über private Kreditinstitute ausgereichte Darlehen erfasst.[52]

- **Immobiliar-Verbraucherdarlehensverträge** und **Immobilienverzehrkreditverträge:** Schließlich stellt § 491 Abs. 2 S. 2 **Nr. 6** klar, dass Immobiliar-Verbraucherdarlehensverträge ebenso wie Immobilienverzehrkreditverträge nicht von § 491 Abs. 2 S. 1 erfasst werden.

b) Ausnahmen gemäß § 491 Abs. 3 S. 2-4

Während § 491 Abs. 3 S. 2 u. 4 vollständige Ausnahmen von der Anwendung der §§ 491 ff. vorsieht, wird der Anwendungsbereich in den Fällen des § 491 Abs. 3 S. 3 lediglich – wenn auch wesentlich – eingeschränkt.

- **Arbeitgeberdarlehen:** Indem § 491 Abs. 3 S. 2 auf Abs. 2 S. 2 Nr. 4 der Vorschrift verweist, werden Arbeitgeberdarlehen insgesamt aus dem Anwendungsbereich der §§ 491 ff. ausgeschlossen.

- **Immobilienverzehrkreditverträge:** Keine Immobiliar-Verbraucherdarlehensverträge sind die in § 491 Abs. 3 S. 4 definierten Immobilienverzehrkreditverträge.

- **Förderdarlehen:** Bei Immobiliar-Verbraucherdarlehensverträgen, welche die Voraussetzungen eines Förderdarlehens i.S.d. § 491 Abs. 2 S. 2 Nr. 5 erfüllen, sind gemäß § 491 Abs. 3 S. 3 **nur** die **vorvertraglichen Informationspflichten gemäß § 491 a Abs. 4** zu beachten.

c) Ausnahmen gemäß § 491 Abs. 4

30 Die Vorschriften über die Form und den Inhalt (§§ 492, 494), die Informationspflichten (§§ 491 a, 493), das Widerrufsrecht (§ 495) sowie das Entfallen der Bindung an einen mit dem Darlehensvertrag verbundenen Vertrag bei Widerruf (§ 358 Abs. 2 u. 4) sind nicht auf die in § 491 Abs. 4 genannten **gerichtlichen Protokolle und Vergleiche** anzuwenden. Gleiches gilt für die §§ 505 a–505 e.

---

52 Palandt/Weidenkaff § 491 Rn. 17.

II. Besondere Regelungen für das Verbraucherdarlehen

1. Vorvertragliche Informationspflichten

Gemäß **§ 491 a** bestehen die dort im Einzelnen aufgeführten vorvertraglichen Informationspflichten des Darlehensgebers, die den Darlehensnehmer in die Lage versetzen sollen, einen Angebotsvergleich durchzuführen und eine „wohlinformierte" Entscheidung zu treffen.[53] 31

Eine **Verletzung** dieser Pflichten **wirkt sich** jedoch **nicht** unmittelbar **auf die Wirksamkeit des Darlehensvertrags aus**. Dem Darlehensnehmer können aber Schadensersatzansprüche aus §§ 280 Abs. 1, 311 Abs. 2 zustehen.[54]

2. Form und Inhalt des Vertrags

a) Schriftform

Gemäß **§ 492 Abs. 1 S. 1** ist für Verbraucherdarlehensverträge – im Gegensatz zu einem „einfachen" Darlehen – die **Schriftform** erforderlich. 32

Der Schriftform (**§ 126**) ist genügt, wenn Antrag und Annahme durch die Vertragsparteien jeweils getrennt schriftlich erklärt werden, § 492 Abs. 1 S. 2. Der Kreditgeber darf sich dabei einer automatischen Einrichtung bedienen, § 492 Abs. 1 S. 3.

§ 492 enthält keinen Ausschluss der elektronischen Form, sodass gemäß § 126 Abs. 3 die Schriftform durch die **elektronische Form** ersetzt werden kann. Textform gemäß § 126 b ist dagegen nicht zulässig.

Zur Wahrung der Schriftform nach § 126 ist erforderlich, dass die **formgerecht errichtete Urkunde der anderen Partei formgerecht zugeht**. Da das beim Erklärungsgegner zugehende Telefax keine eigenhändige (sondern lediglich eine übermittelte) Unterschrift aufweist, wird die Schriftform durch ein Telefax nicht gewahrt.[55] Der Verzicht auf den Zugang ist gemäß § 151 möglich. Auch in Formularverträgen kann der Zugangsverzicht wirksam vereinbart werden.[56]

Abweichend von § 167 Abs. 2 bedarf gemäß § 492 Abs. 4 S. 1 die **Vollmacht** zum Abschluss eines Verbraucherdarlehensvertrags der **Schriftform**. 33

Ausnahmsweise gilt jedoch nach **§ 492 Abs. 4 S. 2** das Formerfordernis des § 492 Abs. 4 S. 1 i.V.m. Abs. 1 und Abs. 2 nicht, wenn es sich um eine **Prozessvollmacht** oder eine **notariell beurkundete** Vollmacht handelt.

Bei **entgeltlichen Finanzierungshilfen** (insbesondere dem Finanzierungsleasing) ist die **Anwendung des § 492 Abs. 4** gemäß § 506 Abs. 1 **ausgeschlossen**.

---

53 BeckOK/Möller § 491a Rn. 2.

54 Palandt/Weidenkaff § 491 a Rn. 7.

55 BGH, Urt. v. 06.12.2005 – XI ZR 139/05, BGHZ 165, 213; Palandt/Weidenkaff § 492 Rn. 2.

56 MünchKomm/Schürnbrand § 492 Rn. 21.

b) Vertragsinhalt

34 Nach **§ 492 Abs. 2 i.V.m. Art. 247 §§ 6–13 EGBGB** muss der Vertrag die dort vorgeschriebenen Angaben enthalten. Dazu zählen etwa der Name und die Anschrift des Darlehensnehmers sowie das einzuhaltende Verfahren bei der Kündigung des Vertrags.

Klausurhinweis: *Sie müssen den Inhalt der Art. 247 §§ 6–13 EGBGB (selbstverständlich) nicht näher kennen, sondern nur aufmerksam durchforsten, wenn der Klausursachverhalt danach „schreit". Das ist insbesondere dann der Fall, wenn der Vertragstext weitgehend abgedruckt ist oder der Inhalt näher beschrieben wird. Dann heißt es: Finde den Fehler!*

c) Rechtsfolgen von Form- oder Inhaltsmängeln

35 Der **Verbraucherdarlehensvertrag** und die für den Abschluss eines solchen Vertrags vom Verbraucher erteilte **Vollmacht** sind **gemäß § 494 Abs. 1 nichtig**, wenn entweder die Schriftform insgesamt oder die in § 492 Abs. 2 i.V.m. Art 246 §§ 6 und 10–13 EGBGB vorgeschriebenen Angaben fehlen.

Klausurhinweis: *Achten Sie in der Klausurhektik unbedingt darauf, dass das Fehlen der Angaben gemäß* ***Art. 247 §§ 7 und 8 EGBGB nicht zur Unwirksamkeit führt****. Diese Vorschriften betreffen insbesondere Notarkosten, Versicherungen, Sicherheiten und Vorfälligkeitsentschädigungen.*

Heilung

36 Der **Vertrag wird** jedoch **gültig**, soweit der Darlehensnehmer das Darlehen empfängt oder in Anspruch nimmt, **§ 494 Abs. 2 S. 1**. Ein Empfang liegt vor, wenn das Darlehen endgültig aus dem Vermögen des Darlehensgebers ausgeschieden und dem Darlehensnehmer in der vereinbarten Form endgültig zugeführt ist. Inanspruchnahme erfordert eine Disposition des Darlehensnehmers, mindestens das an den Darlehensgeber gerichtete Verlangen, das Geld zur Verfügung zu stellen, dem der Darlehensgeber entspricht, indem er auszahlt, überweist oder einen Scheck einlöst.[57]

Der Vertrag wird durch die Heilung des Formmangels mit der vollen Laufzeit gültig, aber mit **zulasten des Darlehensgebers abweichendem Inhalt**, je nachdem welche Angabe verletzt wurde, § 494 Abs. 2 S. 2 bis Abs. 6.

3. Widerrufsrecht

37 **§ 495 Abs. 1** statuiert ein Widerrufsrecht gemäß § 355 zugunsten des Verbrauchers, also des Darlehensnehmers des Verbraucherdarlehensvertrags i.S.v. § 491. Wird das Verbraucherdarlehen als Außergeschäftsraumvertrag (§ 312 b) oder als Fernabsatzvertrag (§ 312 c) abgeschlossen, so wird ein Widerrufsrecht nach **§ 312 g Abs. 1** durch das speziellere Recht aus § 495 Abs. 1 **verdrängt**, vgl. § 312 g Abs. 3.

Hinweis: *Für* **unentgeltliche** *Darlehensverträge statuiert* ***§ 514 Abs. 2 S. 1*** *ein Widerrufsrecht gemäß § 355. Hier sind indes die Widerrufsrechte nach § 312 g Abs. 1 vorrangig.*

38 Das Widerrufsrecht nach § 495 Abs. 1 besteht nach **§ 495 Abs. 2** nicht bei Verbraucherdarlehensverträgen, bei denen

57 Palandt/Weidenkaff § 494 Rn. 4.

- Nr. 1: eine besondere Form der **Umschuldung** vorliegt,
- Nr. 2: **notariell beurkundeten Verträgen,** wenn der Notar bestätigt, dass die Rechte des Verbrauchers aus den §§ 491 a, 492 gewahrt sind,
- Nr. 3: **Überziehungskrediten**, sofern sie den Vorschriften der §§ 504 Abs. 2, 505 entsprechen.

Hinweis: *Die Voraussetzungen und die Rechtsfolgen eines Widerrufsrechts gemäß § 355 werden ausführlich im AS-Skript Schuldrecht AT 2 (2016), Rn. 233 ff. behandelt.*

Bei der Prüfung der §§ 355 ff. hinsichtlich eines Widerrufsrechts aus § 495 Abs. 1 sollten insbesondere folgende Besonderheiten beachtet werden:

- Bei Verbraucherdarlehensverträgen (§ 491) beginnt die **Widerrufsfrist** grundsätzlich **mit Vertragsschluss**, da die allgemeine Regel des § 355 Abs. 2 S. 2 auch auf den Verbraucherdarlehensvertrag Anwendung findet. Liegt dem Darlehensnehmer indes zu diesem Zeitpunkt noch nicht die in **§ 356 b Abs. 1** genannte Urkunde vor, beginnt die Frist erst dann zu laufen, wenn ihm die Urkunde zur Verfügung gestellt wurde.

  Das **Widerrufsrecht erlischt** grundsätzlich auch bei unterbliebener oder nicht ordnungsgemäßer Belehrung über das Widerrufsrecht zwölf Monate nach Ablauf der ursprünglichen Widerrufsfrist, vgl. § 356 Abs. 3 S. 2 Eine Ausnahme gilt allerdings für Verträge über Finanzdienstleistungen. Hier verbleibt es beim **„quasi unendlichen Widerrufsrecht"**, da § 356 Abs. 3 S. 3 die Anwendung von S. 2 insoweit ausschließt. Seit 21.03.2016 enthält § 356 b Abs. 2 S. 4 jedoch **für Immobiliar-Verbraucherdarlehensverträge** eine **Gegenausnahme**, derzufolge das Widerrufsrecht spätestens nach zwölf Monaten und 14 Tagen erlischt.

- Während die Verpflichtung zur Rückgewähr der Darlehensvaluta aus der allgemeinen Regelung in § 355 Abs. 3 S. 1 folgt, ergibt sich aus **§ 357 a Abs. 1** eine diesbezügliche **Höchstfrist von 30 Tagen**. Ferner normiert § 357 a Abs. 3 S. 1 die Pflicht des Darlehensnehmers zur Zahlung des vereinbarten Sollzinses für die Inanspruchnahme des Kredits bis zur Rückzahlung des Darlehens.

  Allerdings gewährt § 357 a Abs. 3 S. 2 dem Verbraucher bei einem Immobiliar-Verbraucherdarlehen das Recht des **Nachweises**, dass der **Wert des Gebrauchsvorteils niedriger** war als der Sollzins. Dann schuldet der Verbraucher dem Unternehmer nur den niedrigeren Wert, vgl. **§ 357 a Abs. 3 S. 3**.

4. Bedenkzeit

Nach **§ 495 Abs. 3 S. 1** wird der Darlehensgeber bei **Immobiliar-Verbraucherdarlehensverträgen**, die unter die Ausnahme vom Widerrufsrecht gemäß § 495 Abs. 2 fallen, verpflichtet, dem Verbraucher als Darlehensnehmer eine **Bedenkzeit von mindestens sieben Tagen** einzuräumen. Der Verbraucher soll durch diese cooling-off-period die Möglichkeit haben, das Vertragsangebot des Darlehensgebers zu prüfen, bevor er sich entscheidet.[58] Vor allem für Umschuldungsdarlehen i S.d. § 495 Abs. 2 Nr. 1 soll die neue

58 Begr. RegE, BT-Drs. 18/5922, 87 f.

Regelung relevant sein. Da hierbei schnelles Handeln erforderlich ist, um die Zinslast nicht unnötig zu vergrößern, ist die Bedenkzeit auf sieben Tage begrenzt.[59]

Bei dieser Frist handelt es sich um eine **Annahmefrist i.S.d. § 148**, sodass der Darlehensgeber gemäß § 145 bis zum Ablauf der Bedenkzeit an sein konkretes Angebot gebunden ist und der Verbraucher das Angebot jederzeit, also insbesondere vor Ablauf der Frist annehmen kann.[60] Für die Fristberechnung gelten die §§ 187 ff. Nach Ablauf der Frist erlischt das Angebot.[61] Gemäß **§ 495 Abs. 3 S. 2** beginnt die Bedenkzeit, sobald dem Verbraucher das Angebot in entsprechender Form vorliegt.

5. Widerrufs- und Einwendungsdurchgriff

In dem Fall, dass ein Vertrag über die Lieferung einer Ware oder die Erbringung einer anderen Leistung **mit einem Verbraucherdarlehensvertrag** derart **verbunden** ist, dass das Darlehen ganz oder teilweise der Finanzierung des anderen Vertrags dient und beide Verträge eine wirtschaftliche Einheit bilden – also verbundene Verträge i.S.d. § 358 Abs. 3 S. 1 vorliegen –, kann es zu einem Widerrufs- und Einwendungsdurchgriff kommen.[62]

AT 2 Skript

- Nach **§ 358 Abs. 2** ist der Verbraucher, wenn er seine auf den Abschluss eines Verbraucherdarlehensvertrags gerichtete Willenserklärung wirksam gemäß § 495 Abs. 1 widerrufen hat, **auch an** seine auf den Abschluss eines mit diesem Verbraucherdarlehensvertrag **verbundenen Vertrags gerichtete Willenserklärung nicht mehr gebunden**. Dadurch kann es etwa zum Widerruf eines Kaufvertrags über einen Pkw kommen, der durch ein Verbraucherdarlehen finanziert wurde, obwohl der Kaufvertrag weder als Außergeschäftsraumvertrag noch als Fernabsatzvertrag (vgl. § 312 g) abgeschlossen worden ist.

- Außerdem sieht **§ 358 Abs. 1** für die im Vergleich zu Absatz 2 der Vorschrift umgekehrte Konstellation ebenso einen Widerrufsdurchgriff vor. Danach ist der Verbraucher, wenn er seine auf den Abschluss eines Vertrags über die Lieferung einer Ware oder die Erbringung einer anderen Leistung durch einen Unternehmer gerichtete Willenserklärung wirksam widerrufen hat, **auch an** seine auf den Abschluss eines **Verbraucherdarlehensvertrags gerichtete Willenserklärung nicht mehr gebunden**.

- Außerdem wirken sich gemäß **§ 359 S. 1** Einwendungen des Verbrauchers aus dem verbundenen Vertrag auch gegenüber dem Verbraucherdarlehensvertrag aus (Einwendungsdurchgriff).

6. Einwendungsverzicht, Wechsel- und Scheckverbot

39 Vereinbarungen, die einen **Einwendungsverzicht** oder ein **Aufrechnungsverbot** gegenüber einem künftigen Zessionar vorsehen, sind unwirksam, **§ 496 Abs. 1**.

59 BeckOK/Möller BGB § 495 Rn. 32.
60 Vgl. Brox/Walker, Besonderes Schuldrecht, § 16 Rn. 2.
61 BeckOK/Möller BGB § 495 Rn. 32.
62 Dazu eingehend AS-Skript, Schuldrecht AT 2 (2016), Rn. 259 ff.

Die an sich dispositiven §§ 404, 406 werden also für den Bereich des Verbraucherdarlehens gemäß § 496 – bei entgeltlichem Zahlungsaufschub und sonstiger entgeltlicher Finanzierungshilfe – i.V.m. § 506 Abs. 1 S. 1 für zwingend erklärt, sodass der Darlehensgeber dem Zessionar auch bei anderslautender Vereinbarung mit dem Verbraucher keine bessere Rechtsposition verschaffen kann, als er selbst hatte.

Ferner statuiert **§ 496 Abs. 2** eine **Unterrichtungspflicht**. Diese Pflicht besteht bei offener Abtretung und bei stiller Zession, sobald diese aufgedeckt wird. Bei einem Wechsel in der Person des Darlehensgebers greift die Pflicht nicht nur bei rechtsgeschäftlicher Übertragung, sondern auch bei gesetzlicher Rechtsnachfolge ein.[63] Der Darlehensnehmer ist über die **Abtretung oder den Wechsel und die Daten des neuen Gläubigers** i.S.v. **Art. 246 § 1 Abs. 1 Nr. 1–3 EGBGB** zu unterrichten. Erfolgt die Unterrichtung nicht oder nicht rechtzeitig, stellt dies eine Pflichtverletzung dar, die Schadensersatzansprüche des Darlehensnehmers aus § 280 Abs. 1 zur Folge haben kann.[64]

Nach **§ 496 Abs. 3 S. 1** darf der Verbraucher nicht verpflichtet werden, für die Ansprüche des Darlehensgebers aus dem Verbraucherdarlehensvertrag eine **Wechselverbindlichkeit** einzugehen. Damit soll der Gefahr vorgebeugt werden, dass der Verbraucher im Urkunden- und Wechselprozess in Anspruch genommen werden und dann keine Einwendungen aus dem Grundgeschäft erheben kann (§ 598 ZPO).[65] **40**

Des Weiteren darf der Kreditgeber nach **§ 496 Abs. 3 S. 2** vom Verbraucher zur Sicherung später fälliger Raten keine (vordatierten) Schecks entgegennehmen.

Bei dem Wechsel- und Scheckverbot gemäß § 496 Abs. 3 handelt es sich um **gesetzliche Verbote i.S.d. § 134**. Ein Verstoß hat aber nur die Nichtigkeit der Verpflichtung zur Eingehung der Verbindlichkeit und der Sicherungsabrede, nicht aber die Nichtigkeit der abstrakten Wechsel- und Scheckverbindlichkeit zur Folge; entgegen dem Verbot gegebene Wechsel und (Sicherheits-)Schecks sind nicht unwirksam, sondern es kommt ein wirksamer Begebungsvertrag zustande. Der Schutz des Verbrauchers wird dadurch gewährleistet, dass er vom Darlehensgeber die Herausgabe des Wechsels oder Schecks verlangen kann und dass der Darlehensgeber für jeden Schaden haftet, der dem Verbraucher aus einer solchen Wechsel- oder Scheckbegebung entsteht, **§ 496 Abs. 3 S. 3 und S. 4**.[66]

7. Verzugszinsen und Teilleistungen

Soweit der Verbraucher mit Zahlungen, die er aufgrund des Verbraucherdarlehensvertrags schuldet, in **Verzug** kommt, ist der geschuldete Betrag gemäß § 288 Abs. 1 zu verzinsen, § 497 Abs. 1 S. 1 Hs. 1. Nach **§ 497 Abs. 1 S. 2** kann der Darlehensgeber aber einen höheren oder einen niedrigeren Schaden nachweisen. Bei **Immobiliar-Verbraucherdarlehensverträgen** beträgt der Verzugszinssatz **abweichend** von Absatz 1 für das Jahr 2,5 Prozentpunkte über dem Basiszinssatz, **§ 497 Abs. 4 S. 1**. **41**

63 Palandt/Weidenkaff § 496 Rn. 3.
64 Palandt/Weidenkaff § 496 Rn. 3.
65 Palandt/Weidenkaff § 496 Rn. 4.
66 Palandt/Weidenkaff § 496 Rn. 4.

42 Nach Eintritt des Verzugs anfallende Zinsen sind auf einem vom Hauptkonto getrennten **Unterkonto** zu führen, **§ 497 Abs. 2 S. 1**. **Zinseszinsen** dürfen nicht berechnet werden, § 289 S. 1. Den Schadensersatzanspruch wegen Verzugs mit der Erfüllung des Zinsanspruchs (§§ 280 Abs. 1, Abs. 2, 286), der durch den Verzugszins nicht ausgeschlossen wird (§ 289 S. 2), kann der Darlehensgeber nur bis zur Höhe des gesetzlichen Zinssatzes (§ 246) verlangen.[67] Auf **Immobiliar-Verbraucherdarlehensverträge** findet Absatz 2 keine Anwendung, **§ 497 Abs. 4 S. 2**.

43 Zahlungen des Verbrauchers, die zur vollständigen Tilgung nicht ausreichen (**Teilleistungen**), werden abweichend von § 367 Abs. 1 zunächst auf die Kosten der Rechtsverfolgung, sodann auf rückständiges Kapital einschließlich rückständiger Vertragszinsen und dann erst auf aufgelaufene Verzugszinsen angerechnet, **§ 497 Abs. 3 S. 1**. Damit soll eine raschere Tilgung ermöglicht und ein Anwachsen der Schulden beim Verbraucher verhindert werden. Auf **Immobiliar-Verbraucherdarlehensverträge** findet Absatz 3 Satz 1 keine Anwendung, **§ 497 Abs. 4 S. 2**.

Gemäß **§ 497 Abs. 3 S. 3** ist die **Verjährung** der Ansprüche auf Darlehensrückerstattung und Zinsen vom Eintritt des Verzugs an bis zur Titulierung (§ 197 Abs. 1 Nr. 3–5), höchstens zehn Jahre von der Anspruchsentstehung an, gehemmt.

8. Kündigung wegen Zahlungsverzugs

§498

44 Die Vorschrift des **§ 498** statuiert zum Schutz des Darlehensnehmers qualifizierte Voraussetzungen, unter denen bei **Teilzahlungsdarlehen** der Darlehensgeber wegen Zahlungsverzugs des Verbrauchers den Vertrag kündigen kann. Es müssen die folgenden Voraussetzungen kumulativ gegeben sein:

- **Ratenverzug** gemäß § 498 Abs. 1 S. 1 Nr. 1 mit mindestens zwei aufeinander folgenden Teilzahlungen, ganz oder teilweise und mindestens 10%, bei einer Laufzeit des Verbraucherdarlehensvertrags über drei Jahre mit 5% des Nennbetrags des Darlehens in Verzug **und**
- **Nachfristsetzung und Kündigungsandrohung** gemäß § 498 Abs. 1 S. 1 Nr. 2, d.h. zweiwöchige Frist zur Zahlung des rückständigen Betrags mit der Erklärung, dass bei Nichtzahlung innerhalb der Frist die gesamte Restschuld verlangt werde.

Durch das Erfordernis gemäß § 498 Abs. 1 S. 1 Nr. 2 wird die Wirksamkeit einer fristlosen Kündigung wegen Zahlungsverzugs insbesondere davon abhängig, dass der Darlehensgeber bei der Fristsetzung und der Kündigungsandrohung **den rückständigen Betrag beziffert angibt**.[68] Die Angabe eines zu hohen Betrags führt zur Unwirksamkeit der Kündigung.[69]

Umstritten ist demgegenüber, ob die Verpflichtung zur Bezifferung **auch für die Restschuld** gilt. Nach vorzugswürdiger Ansicht ist dies im Hinblick auf den Wortlaut des Gesetzes (§ 498 Abs. 1 S. 1 Nr. 2) und im Interesse des Verbraucherschutzes zu bejahen.[70]

---

67 Palandt/Weidenkaff § 497 Rn. 8.

68 BGH, Urt. v. 26.01.2005 – VIII ZR 90/04, NJW-RR 2005, 1410; Leube NJW 2007, 3240.

69 Palandt/Weidenkaff § 498 Rn. 3.

70 Leube NJW 2007, 3240, 3241 f.; a.A. Palandt/Weidenkaff § 498 Rn. 3.

Außerdem ist umstritten, ob eine Nachfristsetzung und Kündigungsandrohung gemäß § 498 Abs. 1 S. 1 Nr. 2 **ausnahmsweise entbehrlich** sein kann, wenn der Verbraucher, also der Darlehensnehmer, die Erfüllung ernsthaft und endgültig verweigert.[71] Gegen die Entbehrlichkeit spricht der Verbraucherschutz und der Umstand, dass der Gesetzgeber im Rahmen des § 498 gerade keine den §§ 281 Abs. 2, 323 Abs. 2 entsprechenden Regelungen getroffen hat.

Liegen die Voraussetzungen des § 498 Abs. 1 S. 1 vor und zahlt der Verbraucher rechtzeitig, läuft der Verbraucherdarlehensvertrag weiter, wobei Zins- oder Schadensersatzansprüche (§ 497 Abs. 1) unberührt bleiben. **45**

Das gemäß **§ 498 Abs. 1 S. 2** postulierte **Gesprächsangebot** ist weder eine Wirksamkeitsvoraussetzung für die Fristsetzung noch für die Kündigung.[72] Dafür spricht bereits der Wortlaut der Vorschrift („soll").

Für **Immobiliar-Verbraucherdarlehensverträge** gelten gemäß **§ 498 Abs. 2** Besonderheiten. Eine Kündigung ist danach nur möglich, wenn der Darlehensnehmer mit mindestens zwei aufeinander folgenden Raten und zugleich mit mindestens 2,5% des Nennbetrages des Darlehens in Verzug ist. Nach der Gesetzesbegründung entspricht dies regelmäßig einem Zahlungsrückstand von einem halben Jahr.[73]

9. Kreditwürdigkeitsprüfung

Die **§§ 505 a–505 d** wurden im Rahmen der Umsetzung der Wohnimmobilienkredit-RL mit Wirkung zum **21.03.2016** neu eingefügt und ersetzen den entfallenen § 509 a.F. Außerdem wurde in **§ 505 e** mit Wirkung zum **10.06.2017** eine Verordnungsermächtigung für Leitlinien zu den Kriterien und Methoden der Kreditwürdigkeitsprüfung bei Immobiliar-Verbraucherdarlehensverträgen geregelt.

Die §§ 505 a–505 d regeln die **Pflicht des Darlehensgebers zur Kreditwürdigkeitsprüfung des Kreditinteressenten**, also vor Abschluss des Kreditvertrages. Dabei wird der Anwendungsbereich im Vergleich zu § 509 a.F. auf Immobiliar-Verbraucherdarlehensverträge erstreckt. Kreditwürdigkeitsprüfungen sind nicht mehr als eine primär im öffentlichen Interesse liegende Pflicht, sondern zugleich als eine **Schutzpflicht** gegenüber dem Verbraucher vor der **Gefahr der Überschuldung und der Zahlungsunfähigkeit** zu verstehen.[74]

§ 505 a verpflichtet den Darlehensgeber, die Kreditwürdigkeit von Darlehensinteressenten vor Vertragsschluss zu prüfen, und begründet ein **Verbot, bei einem negativen Ergebnis** der Kreditwürdigkeitsprüfung einen **Kreditvertrag abzuschließen**. Ferner treffen die **§§ 505 b** und **505 c Vorgaben für** die **Grundlage der Prüfung**, die Auskünfte des Darlehensinteressenten ebenso einbeziehen wie solche von dritten Stellen. Dabei ist § 505 b Abs. 2–4 speziell auf Immobiliar-Verbraucherdarlehensverträge gerichtet. Außerdem dient § 505 c der Ausgestaltung der Prüfungspflicht bei Immobiliar-Verbraucherdarlehensverträgen i.S.d. § 491 Abs. 3 Nr. 1.

71 Dafür BGH, Urt. v. 05.12.2006 – XI ZR 341/05, NJW-RR 2007, 1202, 1204; a.A. Looschelders Rn. 377.

72 Palandt/Weidenkaff § 498 Rn. 5.

73 BT-Drs. 16/9821, 21.

74 BT-Drs. 18/5922, 96.

§ 505 d statuiert **Sanktionen gegen den Darlehensgeber**, der die Kreditwürdigkeitsprüfung nicht oder nicht pflichtgemäß durchgeführt hat. Diese Sanktionen ersetzen die Nichtigkeit, die bei einem Verbotsgesetz i.S.v. § 134 drohen und eine Rückabwicklung nach Bereicherungsrecht insbesondere mit der im Einzelfall schwierig zu beantwortenden Frage nach möglichen Nutzungen des Verbrauchers auslösen würde, und sorgen für differenziertere Reaktionsmöglichkeiten.[75] Die in **§ 505 d Abs. 1 S. 1** geregelten Sanktionen richten sich nach der Art der Zinsvereinbarung (gebundener oder veränderlicher Sollzins) und sehen eine Zinsanpassung zum Nachteil des Darlehensgebers vor, für die ein in Bezug zu nehmender Zinssatz angegeben wird. Außerdem statuiert § 505 d Abs. 1 S. 3 das Recht des Darlehensnehmers zur fristlosen, entschädigungslosen Kündigung. Diese Sanktionen stehen unter dem in **§ 505 d Abs. 1 S. 5** geregelten **Vorbehalt**, dass eine pflichtgemäße Kreditwürdigkeitsprüfung keine positive Prognose ergeben hätte.

Wäre die pflichtgemäße Kreditwürdigkeitsprüfung negativ ausgefallen, kann der **Darlehensgeber** gemäß **§ 505 d Abs. 2** einen **Schaden nicht geltend** machen, der ihm aus dem dennoch abgeschlossenen Kreditvertrag erwächst.

Sind **Informationen** vom Darlehensnehmer **vorsätzlich oder grob fahrlässig falsch** oder gar nicht erteilt worden, scheiden die in den Absätzen 1 und 2 vorgesehenen Sanktionen aus, **§ 505 d Abs. 3**.

D. Entgeltliche Finanzierungshilfen

46 In den §§ 506–508 sind die entgeltlichen **Finanzierungshilfen** in einem Vertrag zwischen einem Unternehmer (§ 14) und einem Verbraucher (§ 13) oder Existenzgründer (§ 513) normiert.

Hinweis: *Für* ***unentgeltliche*** *Finanzierungshilfen gilt* ***§ 515****.*

I. Sachlicher Anwendungsbereich

47 Der sachliche Anwendungsbereich der §§ 506–508 erfasst zum einen die Kreditformen des **entgeltlichen Zahlungsaufschubs**, zum anderen die **sonstigen entgeltlichen Finanzierungshilfen**.

Die **Grundnorm für die Finanzierungshilfen** stellt **§ 506** dar:

48
- **§ 506 Abs. 1** regelt, dass für den **entgeltlichen Zahlungsaufschub** und die entgeltliche **Finanzierungshilfe** grundsätzlich die für den Allgemein-Verbraucherdarlehensvertrag geltenden Vorschriften der §§ 491 a bis 502 mit Ausnahme des § 492 Abs. 4, sowie die §§ 358 bis 360 und die §§ 505 a bis 505 e entsprechende Anwendung finden.
- **§ 506 Abs. 2** stellt die entgeltliche Nutzung eines Gegenstands unter bestimmten Voraussetzungen der entgeltlichen Finanzierungshilfe gleich und regelt somit das **Finanzierungsleasing** (siehe Rn. 171 ff.).

75 BeckOK/Möller § 505 a Rn. 7.

- **§ 506 Abs. 3** regelt das **Teilzahlungsgeschäft** und verweist zusätzlich auf die Besonderheiten der §§ 507 und 508.

- **§ 506 Abs. 4 S. 1** sieht vor, dass für den Anwendungsbereich der Vorschriften über die Finanzierungshilfen auch die für den Verbraucherdarlehensvertrag in § 491 Abs. 2, 3 u. 4 bestimmten **Ausnahmen** gelten.

  Gemäß **§ 506 Abs. 4 S. 2** tritt lediglich an die Stelle des in § 491 Abs. 2 S. 2 Nr. 1 genannten Nettodarlehensbetrags der Barzahlungspreis oder Anschaffungspreis, soweit nach der Vertragsart, wie beispielsweise beim Finanzierungsleasing, ein Nettodarlehensbetrag nicht vorhanden ist.

1. Entgeltlicher Zahlungsaufschub

Die vertraglichen Abreden müssen einen **Zahlungsaufschub** enthalten und dem Vertragspartner einen **finanziellen Vorteil** verschaffen. Es müssen dem Vertragspartner Mittel zur Verfügung gestellt werden, über welche er ohne die getroffene Ratenzahlungsvereinbarung nicht verfügen würde. **49**

Beispiel: Der Käufer braucht den Kaufpreis nicht – wie es § 271 vorsieht – sogleich voll zu bezahlen, sondern es wird ihm (insoweit zu seinen Gunsten) durch eine Ratenzahlungsvereinbarung ein Zahlungsaufschub als Kredit gewährt.

Entspricht die vertragliche Regelung, die Zahlungsverpflichtung nach Zeitabschnitten zu erbringen, dem dispositiven Recht oder weicht sie davon zuungunsten des Zahlungsverpflichteten ab, so verschafft sie ihm keine **wirtschaftliche Besserstellung**. Damit stellt eine solche Zahlungsvereinbarung keinen begünstigenden Zahlungsaufschub i.S.v. § 506 Abs. 3 dar.[76]

Der Zahlungsaufschub muss **entgeltlich** sein. Die Entgeltlichkeit **bezieht sich** nicht auf den finanzierten Vertrag, sondern **auf die Finanzierungshilfe**. Der Zahlungsaufschub ist entgeltlich, wenn er eine auf Geld gerichtete Gegenleistung des Verbrauchers verlangt. **50**

Für einen entgeltlichen Zahlungsaufschub genügt **jede Art von entgeltlicher Hinausschiebung der Fälligkeit**, also wegen des Normzwecks auch – trotz der Formulierung des § 506 Abs. 3 „gegen Teilzahlungen" – wenn die **gesamte Gegenleistung in einem Betrag** oder neben einer Anzahlung in einer Rate zu erbringen ist und hierfür vom Unternehmer ein Entgelt verlangt wird.[77]

Die **Höhe des** zu dem Barpreis zusätzlich zu zahlenden **Entgelts ist unmaßgeblich**. Die Geringfügigkeit des Betrags im Verhältnis zum Gesamtpreis steht der Entgeltlichkeit i.S.d. § 506 Abs. 1 nicht entgegen, da jede Art von Gegenleistung ausreichend ist.[78]

Die **wichtigste Erscheinungsform des Zahlungsaufschubs** sind die **Teilzahlungsgeschäfte**, d.h. Verträge, die die Lieferung einer bestimmten Sache oder die Erbringung einer bestimmten anderen Leistung gegen Teilzahlungen zum Gegenstand haben (§ 506 **51**

---

76 BGH, Urt. v. 22.11.1995 – VIII ZR 57/95, NJW 1996, 457, 458.

77 Palandt/Weidenkaff Vor § 506 Rn. 3.

78 Palandt/Weidenkaff Vor § 506 Rn. 6.

Abs. 3). Für diese Verträge, die einen Unterfall der Stundung darstellen, gelten gemäß § 506 Abs. 3, vorbehaltlich des § 506 Abs. 4, die Sonderregelungen der **§§ 507, 508**.

Beim Teilzahlungsgeschäft handelt es sich um einen Kauf-, Werk-, Werklieferungs- oder Dienstvertrag, bei dem ein Unternehmer mit einem Verbraucher als Käufer, Besteller oder Dienstberechtigter kontrahiert und die Vergütung (insbesondere Kaufpreis, Werklohn) in Teilbeträgen und gegen Entgelt später als gesetzlich bestimmt, fällig gestellt wird, um dem Verbraucher die Zahlung zu erleichtern.[79]

2. Sonstige entgeltliche Finanzierungshilfe

Der **wichtigste Fall** der sonstigen entgeltlichen Finanzierungshilfe ist der **Finanzierungsleasingvertrag**. Der Leasingvertrag ist im 4. Teil dieses Skriptes ausführlich behandelt.

II. Besondere Regelungen für entgeltliche Finanzierungshilfen

52 Gemäß § 506 Abs. 1 kommen die dort aufgeführten Vorschriften für Allgemein-Verbraucherdarlehensverträge und für verbundene Verträge entsprechend zur Anwendung. Das bedeutet im Einzelnen:

- Vorvertragliche Information gemäß § 491 a
- **Schriftform und Vertragsinhalt gemäß § 492 Abs. 1–3**
- Formmängel mit möglicher Heilung gemäß § 494
- **Widerrufsrecht gemäß § 495**
- Verbote für Einwendungsverzicht, Wechsel, Scheck gemäß § 496
- Verzugszinsen und Teilleistungen mit Behandlung gemäß § 497
- Gesamtfälligstellung bei Teilzahlung gemäß § 498, also mit Restschuldminderung
- **Vertretung:** Die **Vollmacht** ist **formfrei**, da § 492 Abs. 4 nicht anzuwenden ist.
- Kreditwürdigkeitsprüfung gemäß den §§ 505 a ff.

1. Form und Inhalt

53 Grundsätzlich ist gemäß § 506 Abs. 1 i.V.m. § 492 Abs. 1 bei allen Finanzierungshilfen die **Schriftform** einzuhalten. Bei **Teilzahlungsgeschäften im Fernabsatzhandel** ist § 507 Abs. 1 S. 2 zu beachten. Die Vorschrift entbindet – unter den dort aufgeführten Voraussetzungen – von der Einhaltung der Form des § 492 Abs. 1 im Fernabsatz.

Die gemäß § 506 Abs. 1 i.V.m. § 492 Abs. 2 und Art. 247 §§ 6–13 EGBGB erforderlichen **Angaben** sind in der Regel auch bei Teilzahlungsgeschäften einzuhalten. Allerdings enthält § 507 Abs. 3 eine Ausnahme für den Fall, dass ein Unternehmer nur gegen Teilzahlungen Sachen liefert oder Leistungen erbringt. Der Anwendung dieser Ausnahme-

79 Palandt/Weidenkaff § 506 Rn. 6.

vorschrift steht nicht entgegen, dass der Unternehmer bei anderen Waren oder Leistungen bar abrechnet oder etwa Skonto gewährt.[80]

Beim **Finanzierungsleasing** tritt an die Stelle des Nettodarlehensbetrages gemäß § 506 Abs. 2 S. 2 der Barzahlungspreis oder, wenn der Unternehmer den Gegenstand für den Verbraucher erworben hat, der Anschaffungspreis.

Grundsätzlich gelten für die Finanzierungshilfen gemäß § 506 Abs. 1 die Nichtigkeitsanordnung in § 494 Abs. 1, die Heilungsmöglichkeit gemäß § 494 Abs. 2 und die weiteren Regelungen in § 494 Abs. 3–7. Für **Teilzahlungsgeschäfte** gelten jedoch gemäß §§ 506 Abs. 3, 507 Abs. 1 S. 1 die § 494 Abs. 1–3, Abs. 6 S. 3 nicht. Insoweit besteht eine **Sonderregelung in § 507 Abs. 2**. Anzuwenden sind mithin § 507 Abs. 2 sowie § 494 Abs. 4, 5, 6 S. 1 und S. 2, Abs. 7.[81]

2. Widerruf und Kündigung

Durch die Verweisung des § 506 Abs. 1 S. 1 auf die §§ 491 a bis 502 und damit auch auf § 495 Abs. 1 wird für alle Finanzierungshilfen ein **Widerrufsrecht nach § 355** statuiert. **54**

Ferner gilt die **Kündigungsbeschränkung aus § 498** gemäß § 506 Abs. 1 S. 1 auch für die Finanzierungshilfen des entgeltlichen Zahlungsaufschubs und der sonstigen entgeltlichen Finanzierungshilfe.

Bei einem **Teilzahlungsgeschäft** besteht neben dem Kündigungsrecht (§ 498) ein Rücktrittsrecht (§ 323) gemäß § 508 Abs. 2 S. 1 (vgl. hierzu sogleich unten) und gemäß § 508 Abs. 2 S. 2 tritt an die Stelle des Nennbetrags der Gesamtbetrag.

Beim **Finanzierungsleasing** ist zu beachten: Haben mehrere Leasingnehmer eine Sache geleast, besteht nur ein einheitliches, auf unteilbare Leistung gerichtetes Schuldverhältnis. Daher kann der Leasinggeber den Leasingvertrag nur mit Wirkung gegenüber allen Leasingnehmern kündigen. Ist die Kündigung nicht gegenüber allen Leasingnehmern wirksam, geht sie insgesamt ins Leere.[82] **55**

3. Rücktritt bei Teilzahlungsgeschäften

Für das **Rücktrittsrecht des Unternehmers wegen Zahlungsverzugs** des Verbrauchers enthält **§ 508** für **Teilzahlungsgeschäfte** i.S.d. § 506 Abs. 3 (also insbesondere für den Abzahlungskauf) eine Sonderregelung, die den Rücktritt nach § 323 von den besonderen Voraussetzungen des § 498 (Kündigung wegen Zahlungsverzugs) abhängig macht. **56**

Die Voraussetzungen des Rücktrittsrechts bei den in §§ 508 S. 1, 506 Abs. 3 genannten Verträgen ergeben sich infolge der Verweisung in § 508 S. 1 aus § 498:

- Ratenverzug gemäß § 498 S. 1 Nr. 1,

80 Palandt/Weidenkaff § 507 Rn. 2.

81 Vgl. Palandt/Weidenkaff § 507 Rn. 6.

82 BGH, Urt. v. 28.06.2000 – VIII ZR 240/99, BGHZ 144, 370; Palandt/Weidenkaff § 498 Rn. 6; vgl. auch BGH, Urt. v. 09.07.2002 – XI ZR 323/01, NJW 2002, 2866 (grundsätzlich nur einheitliche Kündigung eines Darlehensvertrags gegenüber allen Darlehensnehmern als Gesamtschuldern).

- Nachfristsetzung gemäß § 498 S. 1 Nr. 2.

57 Der Rücktritt muss **wirksam ausgeübt** worden sein. Auch **ohne Rücktrittserklärung** treten unter den Voraussetzungen des § 508 S. 5 die Rücktrittsfolgen ein: Wenn der Unternehmer die aufgrund des Teilzahlungsgeschäfts gelieferte Sache **wieder an sich nimmt**, gilt dies als Ausübung des Rücktrittsrechts, es sei denn, der Unternehmer einigt sich mit dem Verbraucher, diesem den gewöhnlichen Verkaufswert der Sache (§ 813 Abs. 1 S. 1 ZPO) im Zeitpunkt der Wegnahme zu vergüten – **Rücktrittsfiktion**.

§ 508 S. 5 soll den Käufer davor schützen, dass er den Besitz und die sich daraus ergebenden Nutzungen der Kaufsache verliert, aber weiterhin zur Zahlung des Kaufpreises verpflichtet bleibt, also Ware und Geld verliert. **§ 508 S. 5 fingiert** aber **nur die Rücktrittserklärung**. Da die Wegnahme der Sache als Ausübung des Rücktrittsrechts gilt, dieses aber gemäß § 508 S. 1 i.V.m. § 498 beschränkt ist, löst die Wegnahme der Sache durch den Unternehmer **nur dann die Rücktrittsfiktion aus, wenn zugleich ein Rücktrittsgrund vorliegt**, d.h. wenn die Voraussetzungen des § 508 S. 1 i.V.m. § 498 erfüllt sind.[83]

Nimmt der Unternehmer dem Verbraucher die Sache weg, ohne dass die Voraussetzungen des § 498 gegeben sind, so begeht er verbotene Eigenmacht gemäß § 858 Abs. 1.

58 Für das **Rückabwicklungsverhältnis** gelten grundsätzlich die Vorschriften des Rücktrittsrechts nach den §§ 346 ff. Darüber hinaus ordnet **§ 508 S. 3** an, dass der Verbraucher dem Unternehmer auch die infolge des Vertrags gemachten **Aufwendungen** (z.B. Transportkosten) zu ersetzen hat. § 508 S. 4 bestimmt, dass bei der Bemessung der Vergütung von Nutzungen einer zurückzugewährenden Sache auf die inzwischen eingetretene Wertminderung Rücksicht zu nehmen ist.

E. Ratenlieferungsverträge

59 Ein Ratenlieferungsvertrag liegt gemäß **510 Abs. 1** vor bei einem Vertrag über

- **die Lieferung in Teilleistungen**, § 510 Abs. 1 S. 1 **Nr. 1**;

  Der Vertrag muss zum Inhalt haben, dass der Lieferant eine bestimmte Sachgesamtheit in einzelnen Teilleistungen ratenweise zu liefern und der Verbraucher das Entgelt für die gesamten Sachen in Teilleistungen zu entrichten hat.

  Beispiel: Kauf eines mehrbändigen Lexikons oder einer mehrbändigen Buchreihe, wobei monatlich ein Einzelband geliefert und bezahlt wird.[84]

  Nach der Rspr. des BGH[85] fällt auch der Erwerb eines Hauses als „Rohbau-Bausatz", mit dem der Käufer selbst ein Wohnhaus errichtet, unter § 510 Abs. 1 S. 1 Nr. 1, da die Einzelteile des Bausatzes in ihrer speziellen Zusammensetzung eine übergeordnete Einheit darstellen.

  Hingegen ist ein Vertrag, in dem sich ein Unternehmer zur Lieferung **und Errichtung** eines Aufbauhauses gegen Teilzahlungen verpflichtet, als **Werk**vertrag einzuordnen und wird daher nicht von § 510 Abs. 1 Nr. 1 erfasst, der einen **Kauf**vertrag voraussetzt (vgl. das Merkmal „Lieferung").[86]

- **die regelmäßige Lieferung von Sachen gleicher Art**, § 510 Abs. 1 S. 1 **Nr. 2**;

  Es handelt sich hierbei nicht um eine Sachgesamtheit (Nr. 1), sondern um Verträge, die dazu bestimmt sind, ein regelmäßig **neu entstehendes Bedürfnis** des Verbrauchers durch wiederholte Leistungen gleicher Art zu befriedigen. Eine unbestimmte

83 Palandt/Weidenkaff § 503 Rn. 11.

84 Palandt/Weidenkaff § 510 Rn. 2.

85 BGH, Urt. v. 12.11.1980 – VIII ZR 338/79, BGHZ 78, 975 f.

86 BGH, Urt. v. 22.12.2005 – VII ZR 183/04, RÜ 2006, 137.

Laufzeit ist nicht Voraussetzung, auch eine Bestellung auf fortlaufenden Bezug fällt hierunter.

Beispiel: Kaffee-, Zeitungs- und Zeitschriftenabonnements.[87]

- **den wiederkehrenden Bezug von Sachen**, § 510 Abs. 1 S. 1 **Nr. 3**.

  Dazu gehören insbesondere Sukzessivlieferungsverträge, die von einem **wechselnden Bedarf** des Verbrauchers abhängig sind.

  Beispiel: Der Mieter einer Gaststätte übernimmt im Mietvertrag ein auf der Gaststätte liegendes Bierlieferrecht einer Brauerei.

  Die Übernahme eines Getränkelieferungsvertrags fällt (auch wenn sie in einem Gaststättenkauf- oder -mietvertrag vereinbart wird) unter § 510 Abs. 1 S. 1 Nr. 3.[88] Bei Widerruf der Übernahme der Bierbezugsverpflichtung nach § 510 Abs. 2 i.V.m. § 355 erstreckt sich die Nichtigkeit der Bierbezugsverpflichtung i.d.R. auch auf den Mietvertrag, § 139.

§ 510 Abs. 1 S. 1 statuiert ein **Schriftformerfordernis** für den gesamten Vertragsinhalt. 60
Die Vorschrift des § 510 regelt keine Rechtsfolge für den Fall der Verletzung dieser vorgeschriebenen Form, sodass insoweit die allgemeine Regelung des **§ 125 S. 1** Anwendung findet. Eine Heilungsmöglichkeit scheidet aus, § 507 Abs. 2 ist auch nicht analog anwendbar.[89]

3. Abschnitt: Sachdarlehen

Beim in den **§§ 607–609** normierten Sachdarlehen verpflichtet sich der Darlehensgeber, dem Darlehensnehmer eine **vertretbare Sache zu überlassen** (§ 607 Abs. 1 S. 1). 61
Die Sache muss dem Darlehensnehmer nach sachenrechtlichen Grundsätzen **übereignet** werden.[90]

Die erforderliche Übereignung unterscheidet das Sachdarlehen etwa von der Miete, bei der lediglich der Besitz auf den Mieter übertragen wird.

Der Darlehensnehmer ist zur Zahlung eines Entgelts und bei Fälligkeit **zur Rückerstattung von Sachen gleicher Art und Güte** verpflichtet (§ 607 Abs. 1 S. 2).

Das Sachdarlehen und damit die §§ 607 ff. haben nur sehr geringe praktische Bedeutung. Gleiches gilt für die Examensrelevanz dieser Vorschriften. Einer der seltenen Anwendungsfälle sind Darlehensverträge über Wertpapiere (sog. **Wertpapierleihe**). Auch Verträge über die Überlassung von **Mehrwegverpackungen** sind Darlehensverträge, wenn diese übereignet werden und eine Pflicht zur Rückerstattung von Sachen gleicher Art und Güte besteht.

Klausurhinweis: *Bei Mehrwegflaschen, die aufgrund einer dauerhaften Kennzeichnung als Eigentum eines bestimmten Herstellers ausgewiesen sind, werden an einen Käufer nur die Inhalte der Flasche übereignet, nicht aber die Flasche selbst.[91] Mangels Übereignung ist ein Vertrag über die Übertragung individualisierter Mehrwegflaschen kein Darlehen.[92]*

---

87 Palandt/Weidenkaff § 510 Rn. 2.
88 BGH, Urt. v. 04.12.1996 – VIII ZR 360/95, NJW 1997, 933, 935.
89 Palandt/Weidenkaff § 510 Rn. 7.
90 Looschelders Rn. 535.
91 BGH, Urt. v. 09.07.2007 – II ZR 233/05, BGHZ 173, 159.
92 Looschelders Rn. 532.

2. Teil: Schenkungsvertrag

Die Schenkung ist eine **unentgeltliche** Zuwendung der einen Partei (Schenker) an eine andere (Beschenkter). Das Gesetz unterscheidet zwei Arten der Schenkung:

62 ■ Bei der **Handschenkung** (**§ 516**) einigen sich der Schenker und der Beschenkte über die Unentgeltlichkeit einer gleichzeitig erfolgenden oder bereits vollzogenen Zuwendung. In dieser Schenkungsabrede liegt die Vereinbarung eines Rechtsgrundes i.S.d. § 812. Eine Handschenkung ist **formlos** gültig, da aufgrund des sofortigen Vollzugs eine Warnung des Schenkers vor der einseitigen Verpflichtung nicht erforderlich ist.

63 ■ Bei der **Vertrags- oder Versprechensschenkung** (**§ 518 Abs. 1**) wird ein Schenkungsvertrag zwischen dem Schenker und dem Beschenkten geschlossen. Der Schenker verpflichtet sich, dem Beschenkten eine unentgeltliche Zuwendung zu machen. Der einseitig verpflichtende Schenkungsvertrag ist von dem Verfügungsgeschäft (z.B. Übereignung der geschenkten Sache) zu unterscheiden. Das für das **Entstehen** der Verpflichtung erforderliche **Schenkungsversprechen**, also nur die Willenserklärung des Schenkenden, ist zu seinem Schutz gemäß § 518 Abs. 1 **formbedürftig**.

Dieses Schutzes bedarf der Schenker – wie bei der Handschenkung – dann nicht, wenn er sein Schenkungsversprechen erfüllt. Daher wird der Mangel der Form durch Bewirken der versprochenen Leistung **geheilt** (§ 518 Abs. 2).

64 ***Hinweis:*** *Wirtschaftlich bedeutsam ist die Schenkung insbesondere bei Vermögensübertragungen innerhalb der Familie, welche die* ***Erbfolge vorwegnehmen*** *sollen. Die Freibeträge bei Erbschafts- und Schenkungssteuer sind nämlich identisch und können mehrfach ausgenutzt werden, wenn zwischen Schenkung und Erbfall jeweils mehr als zehn Jahre liegen.*

65 Mit Rücksicht darauf, dass der Schenker einen Vermögenswert aufgibt, ohne dafür einen Gegenwert zu erhalten, ist im Schenkungsrecht die **Verantwortlichkeit des Schenkers** bei der Abwicklung besonders geregelt:

■ Die mit dem Zustandekommen des Schenkungsvertrags entstehende Verpflichtung zur Übertragung des Gegenstands ist **begrenzt**; für die Nichterfüllung oder Verletzung von Nebenpflichten haftet der Schenker nur im Falle des **Vorsatzes und der groben Fahrlässigkeit** (**§ 521**).

Hinweis: *Vergleichbare Haftungsmilderungen gelten auch bei anderen unentgeltlichen Verträgen (Leihe, § 566, unentgeltliche Verwahrung, § 690). Hingegen besteht beim Auftragsvertrag (§ 662) trotz seiner Unentgeltlichkeit keine gesetzliche Haftungsmilderung.*

■ **Für Rechts- und Sachmängel** haftet der Schenker **nur bei Arglist** (§§ 523, 524).

■ Der Schenker kann sich insbesondere im Falle des Notbedarfs (§ 528) und des groben Undankes (§ 530) **einseitig vom Schenkungsvertrag** lösen.

Für bestimmte **Schenkungsarten** gelten Sonderregeln (Schenkung unter Auflage, §§ 525 ff., Schenkung auf den Todesfall, § 2301).

1. Abschnitt: Zustandekommen des Schenkungsvertrags

A. Einigung über die Unentgeltlichkeit der Zuwendung

Unentgeltlich ist die Zuwendung, wenn für sie nach dem übereinstimmenden Willen der Parteien **keine Gegenleistung** zu erbringen ist.[93] Für die Annahme einer Schenkung genügt es nicht, wenn die Zuwendung objektiv unentgeltlich erfolgte, sondern sie muss auch von den Parteien **subjektiv als unentgeltliche Zuwendung gewollt** sein. Gegenleistung ist dabei im weitesten Sinne zu verstehen und umfasst auch immaterielle Leistungen. 66

Beispiel: Keine Schenkung liegt vor, wenn der Ehemann seine Frau durch eine Zuwendung zur Rückkehr in die Ehe bewegen will.

- Die Schenkung bezieht sich regelmäßig auf die unentgeltliche **Zuwendung eines Vermögenswerts**. Ebenso wie beim Kauf geht es regelmäßig um die endgültige Übertragung einer Sache, eines Rechtes oder eines sonstigen Gegenstands.[94] Die Schenkung ist damit im Regelfall das „unentgeltliche Gegenstück zum Kauf", kann aber auch auf andere Weise, wie z.B. durch Erlass einer Forderung, erfolgen.[95]

- Ob eine **nachträgliche Zuwendung** für eine erbrachte Leistung entgeltlich oder unentgeltlich ist, muss im Wege der Auslegung ermittelt werden. Eine Schenkung ist dabei nur dann anzunehmen, wenn der Zuwendende dem Empfänger für die bereits erbrachte Leistung eine rechtlich nicht geschuldete Belohnung gewähren will – sog. remuneratorische Schenkung.[96]

  Eine **entgeltliche** Zuwendung liegt demgegenüber vor, wenn erbrachte Leistungen nachträglich **zusätzlich entlohnt** werden sollen. Das ist regelmäßig bei Gratifikationen, Tantiemen oder auch Trinkgeldern der Fall, da die Zuwendung gerade deshalb erfolgt, weil der Zuwendende der Auffassung ist, dass die vorhergehende Leistung des anderen einen (höheren) Lohn verdient.[97]

  Beispiel: Der verwitwete A erklärt seiner Haushälterin H, die seit Jahren für ihn tätig ist, dass er ihr die Vitrine mit Geschirr schenke, weil sie ihn so gut versorgt habe und er davon ausgehe, dass sie bei ihm bleibe. Nach dem Tode des A nimmt die Erbin E die Vitrine an sich und weigert sich, diese an H herauszugeben, weil die Schenkung nicht formgerecht sei.

  Der A und die H haben sich darüber geeinigt, dass A verpflichtet sein soll, die Vitrine mit dem Geschirr an die Haushälterin zu übereignen. Die Erfüllung dieser Verpflichtung sollte erst nach dem Tode erfolgen.

  Die Zuwendung seitens des A war nicht unentgeltlich. Sie sollte dazu dienen, die H für geleistete Dienste zu entlohnen und sie zum Bleiben zu veranlassen. Die H hat sich demnach zur Erbringung einer – zwar freiwilligen – Gegenleistung verpflichtet. Es liegt somit keine Einigung über die Unentgeltlichkeit vor; der Vertrag war nicht formbedürftig.

  Die H kann von E die Übereignung der Vitrine nebst Geschirr verlangen.

93 Palandt/Weidenkaff § 516 Rn. 8.
94 Looschelders Rn. 305.
95 Looschelders Rn. 305.
96 Palandt/Weidenkaff § 516 Rn. 9.
97 MünchKomm/Koch § 516 Rn. 31.

Examensrelevant ist insbesondere die **Rückforderung von Zuwendungen** innerhalb einer Familie oder einer nichtehelichen Lebensgemeinschaft. Dann wird nämlich die Frage virulent, ob die Zuwendungen als Schenkung zu qualifizieren sind.

I. Zuwendungen unter Ehegatten

67 Die Zuwendung unter Ehegatten ist **regelmäßig keine Schenkung**. Zwar erfolgt auch hier die Übertragung eines Vermögenswertes objektiv unentgeltlich, doch liegt einer Zuwendung unter Ehegatten i.d.R. die Vorstellung oder Erwartung zugrunde, dass die eheliche **Lebensgemeinschaft Bestand haben werde** und dass die Zuwendung als Beitrag zur Verwirklichung, Ausgestaltung, Erhaltung oder Sicherung der ehelichen Lebensgemeinschaft erbracht wird. Bei derartigen Zuwendungen handelt es sich um **ehebedingte** (**unbenannte**) **Zuwendungen** und nicht um Schenkungen.[98]

Hinweis: *Bei Scheitern der Ehe erfolgt der Ausgleich im Rahmen des Zugewinnausgleichs. Ist dies nicht möglich, so kommt eine Rückabwicklung nach den Regeln des Wegfalls der Geschäftsgrundlage oder gemäß § 812 Abs. 1 S. 2 Alt. 2 in Betracht.*

Etwas anderes gilt nur ausnahmsweise dann, wenn die Ehepartner ausdrücklich eine Schenkung vereinbaren.

II. Zuwendungen an Schwiegerkinder

68 Die **frühere Rspr.** hat bei Leistungen, welche die Schwiegereltern an den Ehepartner des eigenen Kindes mit Rücksicht auf die Ehe und zur Begünstigung der ehelichen Lebensgemeinschaft erbracht haben, in der Regel keinen konkludenten Schenkungsvertrag angenommen, sondern hat ein **Rechtsverhältnis eigener Art** bejaht, das mit den ehebezogenen (umbenannten) Zuwendungen unter Ehegatten vergleichbar ist.[99]

Diese Rspr. hat der **BGH inzwischen** aufgegeben und geht nunmehr davon aus, dass schwiegerelterliche Zuwendungen auch dann sämtliche tatbestandlichen **Voraussetzungen des § 516 Abs. 1 erfüllen**, wenn sie um der Ehe des eigenen Kindes willen erfolgen.[100]

Bei schwiegerelterlichen Zuwendungen fehlt es nicht an einer mit der Zuwendung einhergehenden dauerhaften Vermögensminderung, wie sie § 516 voraussetzt.[101] Die Schwiegereltern übertragen nämlich den zugewendeten Gegenstand regelmäßig in dem Bewusstsein auf das Schwiegerkind, künftig nicht mehr selbst an dem Gegenstand zu partizipieren. Demnach kann sich ein **Rückforderungsanspruch aus den §§ 527, 528, 530** ergeben.

Hinweis: *Die speziellen Rückforderungsregeln des Schenkungsrechts (§§ 527, 528, 530) sind zwar Sonderfälle der Störung der Geschäftsgrundlage und schließen die Regelung des* ***§ 313*** *in ihrem Anwendungsbereich aus, die allgemeinen Grundsätze der Störung der Geschäftsgrundlage bleiben jedoch anwendbar, soweit die Sonderregelungen tatbestandlich oder hinsichtlich der geltend gemachten Rechtsfolgen nicht zutreffen. Das ist etwa der Fall, wenn*

98 Siehe im Einzelnen AS-Skript Familienrecht, (2015), Rn. 61.
99 Vgl. BGH, Urt. v. 12.04.1995 – XII ZR 58/94, NJW 1995, 1889, 1890.
100 BGH, Beschl. v. 16.12.2015 – XII ZB 516/14, RÜ 2016, 205; Beschl. v. 03.12.2014 – XII ZB 181/13, RÜ 2015, 289, 290.
101 BGH, Urt. v. 20.07.2011 – XII ZR 149/09, RÜ 2012, 157, 158.

es an einem Widerrufsgrund i.S.v. § 530 fehlt.[102] *Ein solcher Rückforderungsanspruch aus § 313 unterliegt der dreijährigen Verjährungsfrist des § 195, es sei denn, der Anspruch ist auf Vertragsanpassung nach einer Grundstücksschenkung gerichtet, für den die Verjährungsfrist nach § 196 gilt.*[103]

*Ein Rückforderungsanspruch kann sich auch aus **§ 812 Abs. 1 S. 2 Alt. 2** ergeben, wenn zwischen den Beteiligten eine Zweckvereinbarung getroffen worden ist und der Zweck nicht erreicht wurde.*[104]

III. Zuwendung bei nichtehelicher Lebensgemeinschaft

Bei Zuwendungen innerhalb einer nichtehelichen Lebensgemeinschaft ist eine güterrechtliche Rückabwicklung unbenannter Zuwendungen ausgeschlossen.[105] Ferner liegt aber auch hier – ebenso wie bei ehelichen Gemeinschaften – **regelmäßig keine Schenkung** vor. Denn die Zuwendungen sollen im Zweifel nicht ausschließlich einem Partner, sondern der gemeinsamen Lebensführung dienen.[106] 69

Gleiches kann für die Rückforderung von **Zuwendungen an die Eltern** der nichtehelichen Lebenspartnerin gelten.[107]

Hinweis: *Eine Erstattung kommt ausnahmsweise nach den Grundsätzen über die Störung der Geschäftsgrundlage in Betracht, wenn Geschäftsgrundlage der Zuwendung der Fortbestand der nichtehelichen Lebensgemeinschaft war.*[108]

B. Nichtigkeit der Einigung

Die Einigung über die Schenkung ist nicht wirksam, wenn Nichtigkeitsgründe eingreifen (z.B. Anfechtung, § 142; Sittenwidrigkeit, § 138 Abs. 1). **Examensrelevant** ist vor allem die Schenkung an einen Minderjährigen und die Nichtigkeit des Schenkungsvertrags wegen Verstoßes gegen Formvorschriften.

I. Schenkung an einen Minderjährigen

Bei der Schenkung an einen Minderjährigen kann sich die Frage stellen, ob der Vertrag trotz der **beschränkten Geschäftsfähigkeit** (vgl. § 106) des Beschenkten gemäß den §§ 107 ff. wirksam ist. 70

Der Schenkungsvertrag ist **lediglich rechtlich vorteilhaft**, weil der Beschenkte grundsätzlich zu keiner Gegenleistung verpflichtet wird. Gemäß § 107 bedarf der Minderjährige deshalb nicht der Einwilligung des gesetzlichen Vertreters.

Eine Schenkung kann aber dann für den beschenkten Minderjährigen **rechtlich nachteilig** sein, wenn in dem Vertrag weitere belastende Abreden enthalten sind, wie bei-

102 BGH, Beschl. v. 16.12.2015 – XII ZB 516/14, RÜ 2016, 205, 206; Beschl. v. 03.12.2014 – XII ZB 181/13, RÜ 2015, 289, 290.
103 BGH, Beschl. v. 16.12.2015 – XII ZB 516/14, RÜ 2016, 205, 207.
104 BGH, Urt. v. 20.07.2011 – XII ZR 149/09, RÜ 2012, 157.
105 AS-Skript Familienrecht, (2015), Rn. 154.
106 AS-Skript Familienrecht, (2015), Rn. 154.
107 BGH, Urt. v. 04.03.2015 – XII ZR 46/13, RÜ 2015, 351, 354.
108 Looschelders Rn. 327.

spielsweise ein **Rücktrittsrecht**, das im Falle der Ausübung eine Verpflichtung zum Wert- oder Schadensersatz wegen einer zwischenzeitlich eingetretenen Verschlechterung des Grundstücks begründen kann.[109]

Nach der früheren Rspr.[110] konnte in Ausnahmefällen eine Gesamtbetrachtung von Verpflichtungsgeschäft und Verfügungsgeschäft erforderlich sein, insbesondere bei der Schenkung eines belasteten Grundstücks oder einer Eigentumswohnung an einen Minderjährigen durch die Eltern. Der BGH[111] hat die Gesamtbetrachtungsweise mittlerweile aber aufgegeben. Eine **teleologische Reduktion des § 181** reicht bei der Prüfung des Erfüllungsgeschäfts aus, um den Minderjährigen vor den nachteiligen Folgen des Geschäfts zu schützen. Danach ist § 181, letzter Hs. „es sei denn, dass das Rechtsgeschäft ausschließlich in Erfüllung einer Verbindlichkeit besteht" nicht anwendbar, wenn das Erfüllungsgeschäft für den Minderjährigen nachteilhaft ist. Die Schenkung ist isoliert zu betrachten und damit auch ohne Zustimmung eines Ergänzungspflegers wirksam.[112]

II. Formerfordernisse

1. Form des Schenkungsversprechens

71 Die Einigung bei einer Vertragsschenkung ist nur wirksam, wenn das Schenkungsversprechen – also nicht der ganze Vertrag, sondern nur das Schenkungsangebot – notariell beurkundet worden ist, **§ 518 Abs. 1 S. 1**. Wie die notarielle Beurkundung im Einzelnen zu erfolgen hat, ist im Beurkundungsgesetz geregelt.

Klausurhinweis: *Neben der Formvorschrift des § 518 Abs. 1 S. 1 sind Formvorschriften zu beachten, die sich aus dem Gegenstand des Schenkungsvertrags ergeben. Wird beispielsweise ein* ***Schenkungsvertrag über ein Grundstück*** *geschlossen, ist – auch für die Annahme und nicht nur für das Schenkungsangebot – § 311 b Abs. 1 S. 1 zu beachten. Werden GmbH-Geschäftsanteile verschenkt, gilt § 15 Abs. 4 S. 1 GmbHG.*

2. Heilung eines Formverstoßes

72 Nach § 518 Abs. 2 wird die **Formnichtigkeit** des Schenkungsversprechens durch die Bewirkung der versprochenen Leistung **geheilt**. Die Heilung tritt allein durch den Vollzug ein, unabhängig davon, ob der Schenker die Unwirksamkeit des Schenkungsvertrags kannte.[113]

- **Bewirkt** ist die **Leistung** immer dann, wenn das Schenkungsversprechen nach §§ 362 ff. **vollständig erfüllt** ist; bei teilweiser Erfüllung tritt die Heilung nur zu einem entsprechenden Teil ein.[114]

  Beispiele: Barzuwendung wird durch Eigentumsverschaffung gemäß den §§ 929 ff. geheilt; bei der Bezugsberechtigung aus einem Lebensversicherungsvertrag ist Vollzug anzunehmen, wenn der

109 BGH, Beschl. v. 25.11.2004 – V ZB 13/04, BGHZ 161, 170, 174.
110 BGH, Beschl. v. 09.07.1980 – V ZB 16/79, BGHZ 78, 28, 34.
111 BGH, Urt. v. 30.09.2010 – V ZB 206/10, BGHZ 187, 119.
112 Einzelheiten AS-Skript BGB AT 2 (2017), Rn. 32 ff.
113 Palandt/Weidenkaff § 518 Rn. 8.
114 Palandt/Weidenkaff § 518 Rn. 9.

Versicherungsnehmer mit dem Versicherer im Versicherungsvertrag eine unwiderrufliche Bezugsberechtigung zugunsten des Beschenkten vereinbart; bei einer widerruflichen Bezugsberechtigung tritt der Vollzug indes erst mit dem Tod des Versicherungsnehmers ein.[115]

- Eine Bewirkung der Leistung liegt auch schon dann vor, wenn der Schenker die ihm obliegenden **Erfüllungshandlungen vollständig erbracht** hat, infolge eines fehlenden Bedingungseintritts aber noch keine Erfüllung vorliegt. Daher ist z.B. auch die Verschaffung eines Anwartschaftsrechts auf Erwerb des Vollrechts als Vollziehung nach § 518 Abs. 2 anzusehen.[116]

  Die Heilungsvorschrift des § 518 Abs. 2 gilt auch für den Fall der **Zuwendung von Forderungen**. Beim Schuldversprechen oder Schuldanerkenntnis tritt jedoch die Heilung nicht schon mit der Abgabe der Einigungserklärung, sondern erst mit der Erfüllung des Schuldversprechens ein, vgl. § 518 Abs. 1 S. 2.

Hinweis: *Sofern andere Formvorschriften unbeachtet geblieben sind (z.B. § 311 b Abs. 1 S. 1 oder § 15 Abs. 4 GmbHG), sind die speziellen Voraussetzungen für eine Heilung zu beachten (z.B. § 311 b Abs. 1 S. 1 bzw. § 15 Abs. 4 S. 2 GmbHG i.V m. § 15 Abs. 3 GmbHG). Nach § 518 Abs. 2 wird* ***nur*** *ein* ***Verstoß gegen § 518 Abs. 1 geheilt****.*

So kann die formheilende Wirkung des Schenkungsvollzugs gemäß § 518 Abs. 2 nicht auf einen sich aus ***§ 311 b Abs. 3*** *ergebenden Formmangel übertragen werden, da der Betroffene mit dem Formzwang gemäß § 311 b Abs. 3 vor einer übereilten Übertragung des gesamten Vermögens und nicht nur eines einzelnen, schenkweise zugewandten Gegenstands geschützt werden und überdies auch eine Umgehung der für Verfügungen von Todes wegen geltenden Vorschriften verhindert werden soll.*[117]

2. Abschnitt: Rechtsfolgen des Schenkungsvertrags

Der Schenker muss den versprochenen Gegenstand übertragen. Es muss dazu ein **Rechtssubjektswechsel** eintreten, sodass der Beschenkte nach Vollzug der Schenkung die Rechtsstellung des bisherigen Rechtsinhabers erlangt. **73**

- Bewegliche Sachen müssen also gemäß §§ 929 ff. **übertragen** werden; Grundstücke gemäß §§ 925, 873.
- Rechte und Forderungen müssen **abgetreten** werden, und zwar nach den für die Übertragung des Rechts bestehenden Sonderregeln oder gemäß § 398.

Der Schenker hat gemäß § 519 ein aufschiebendes **Leistungsverweigerungsrecht**, soweit durch die Erfüllung sein eigener Unterhalt oder der seiner kraft Gesetzes unterhaltsberechtigten Angehörigen gefährdet wird.

Wird die Leistungsverpflichtung vom Schenker nicht oder nicht vertragsgemäß erfüllt, **74**
so greifen die **allgemeinen Regeln** über die Unmöglichkeit, den Verzug und die Nichtleistung ein.

Der Schenker haftet jedoch nur für Vorsatz und grobe Fahrlässigkeit, **§ 521**. Die Haftungsprivilegierung greift auch bei anfänglicher Unmöglichkeit ein, da nach § 311 a

115 MünchKomm/Koch § 518 Rn. 27.
116 Palandt/Weidenkaff § 518 Rn. 9; a.A. MünchKomm/Koch § 518 Rn. 20.
117 BGH, Urt. v. 28.06.2016 – X ZR 65/14, RÜ 2016, 749, 750.

Abs. 2 auch dies ein Fall der Haftung für vermutetes Verschulden ist.[118] Außerdem sind gemäß **§ 522** keine Verzugszinsen zu entrichten.

75 Grundsätzlich haftet der Schenker ferner nicht für **Sach- oder Rechtsmängel** des zugewendeten Schenkungsgegenstandes (Eselsbrücke: „Einem geschenkten Gaul schaut man nicht ins Maul.“).

Nur ausnahmsweise besteht eine Haftung des Schenkers für Sach- und Rechtsmängel nach den §§ 523, 524:

- Bei einem **arglistigen Verschweigen** eines Rechts- oder Sachmangels haftet der Schenker, allerdings nur auf das **Vertrauensinteresse**.
- Verschenkt der Schenker einen Gegenstand, den er selbst erst erwerben sollte, haftet er bei einem Mangel bereits bei Kenntnis und für grobe Fahrlässigkeit. In diesem Fall besteht eine Haftung auf das **Erfüllungsinteresse**.

Die Terminologie des Schenkungsrechts wurde im Rahmen der Schuldrechtsmodernisierung nicht an die Terminologie des allgemeinen Leistungsstörungsrechts angepasst. Im Schenkungsrecht ist daher weiterhin von Schadensersatz wegen Nichterfüllung und nicht von Schadensersatz statt der Leistung die Rede.

76 Die Vertragsparteien, Schenker und Beschenkter, müssen gemäß **§ 241 Abs. 2** bestehende, **nicht leistungsbezogene Nebenpflichten** beachten. Im Falle ihrer Verletzung kommen Ansprüche aus §§ 280 Abs. 1, 311 Abs. 2, 241 Abs. 2 oder §§ 280 Abs. 1, 241 Abs. 2 in Betracht, doch haftet der Schenker dabei gemäß **§ 521 nur für Vorsatz und grobe Fahrlässigkeit**.

3. Abschnitt: Rückforderungsrecht

77 Weil die Schenkung uneigennützig erfolgt, sind im Schenkungsrecht zwei besondere **Rückforderungsgründe** in **§ 528** (Bedürftigkeit) und **§ 530** (grober Undank) normiert. In beiden Fällen richtet sich der Umfang der Rückforderung nach Bereicherungsrecht, da sowohl § 528 Abs. 1 S. 1 als auch § 531 Abs. 2 entsprechende Verweisungen vorsehen.

Während es sich bei dem Verweis in § 528 um eine **Rechtsfolgenverweisung** handelt,[119] ist der Verweis in § 531 ein **Rechtsgrundverweis** auf das Bereicherungsrecht.[120] Es sind also bei dem letztgenannten Verweis auch die Voraussetzungen der §§ 812 ff. und nicht nur die Rechtsfolgen zu prüfen.

Hinweis: *Die nahezu wortlautidentischen Verweise in § 528 Abs. 1 S. 1 und § 531 Abs. 2 sind (leider) ein gutes Beispiel dafür, warum man die wichtigsten Rechtsgrund- und Rechtsfolgenverweise auswendig lernen sollte.*

- Dem Schenker steht gemäß **§ 528** ein Rückforderungsrecht zu, wenn er seinen angemessenen Unterhalt nicht bestreiten oder ihm gesetzlich obliegende Unterhaltspflichten nicht erfüllen kann, er also **bedürftig** ist. Allerdings besteht kein Rückfor-

118 Die früher gegenteilige Rspr. ist durch die Vorschrift des § 311 a Abs. 2 überholt, Palandt/Weidenkaff § 521 Rn. 4; a.A. wohl Brox/Walker, Besonderes Schuldrecht, § 9 Rn. 16.

119 MünchKomm/Koch § 528 Rn. 5; Looschelders Rn. 325.

120 BeckOK/Gehrlein § 531 Rn. 2.

derungsrecht, wenn der Schenker diese Bedürftgkeit vorsätzlich oder grob fahrlässig herbeigeführt hat oder seit Vollzug der Schenkung zehn Jahre vergangen sind, § 529. Da § 529 als Einrede, nicht als Einwendung einzuordnen ist, hat der Beschenkte die Wahl, ob er diese erhebt oder nicht.[121] Für die Rückforderung kommt es nicht darauf an, ob der Notbedarf vor oder nach der Schenkung entstanden ist.[122]

Hinweis: *Die Rückforderung wegen Bedürftigkeit des Schenkers hat in den vergangenen Jahren eine erhebliche praktische Bedeutung erlangt: Erhält eine Person Sozialhilfeleistungen nach SGB XII (z.B. wegen* ***Pflegebedürftigkeit im Alter*** *nach §§ 61–66 SGB XII), kann der Sozialhilfeträger etwaige Rückforderungsansprüche gegen Beschenkte nach § 93 SGB XII auf sich überleiten und geltend machen.*

- Wenn sich der Beschenkte durch eine schwere Verfehlung gegen den Schenker oder dessen nahe Angehörige eines **groben Undanks** schuldig macht, kann der Schenker gemäß § 530 die Schenkung widerrufen, mit Ausnahme von Pflicht- und Anstandsschenkungen, § 534.

Beispiele für schwere Verfehlungen: Bedrohung des Lebens, körperliche Misshandlung, grundlose Strafanzeige,[123] belastende Aussage trotz Zeugnisverweigerungsrecht[124] und ehewidriges Verhalten.[125] Eine schwere Verfehlung kann auch in der hartnäckigen Weigerung eines Beschenkten liegen, ein bei der Schenkung vorbehaltenes Recht (z.B. Wohnrecht, Gartennutzung) später zu erfüllen.[126]

4. Abschnitt: Besondere Arten der Schenkung

A. Schenkung unter Auflage

Eine Schenkung unter Auflage (**§§ 525-527**) liegt vor, wenn der Beschenkte nach Erhalt des Schenkungsgegenstands zu einer bestimmten Leistung verpflichtet sein soll.[127] 78

Maßgebendes Abgrenzungskriterium zur entgeltlichen Zuwendung ist, dass die Leistung des Zuwendungsempfängers nicht als Ausgleich für die Zuwendung aus seinem sonstigen Vermögen, sondern **erst auf der Grundlage und aus dem Wert der Zuwendung erbracht** werden soll.[128] Auflage und Schenkung stehen deshalb in keinem Gegenseitigkeitsverhältnis.

Beispiel: Graf Rotz (G) schenkt der Kirchengemeinde K ein Grundstück im Wert von 150.000 € mit der Auflage, dass die Kirchengemeinde von nun an die Pflege der Erbbegräbnisstätte derer von Rotz übernehmen soll.

Hier liegt eine Schenkung unter Auflage vor, weil die Pflege der Erbbegräbnisstätte aus dem Vermögen erfolgen soll, das G der K geschenkt hat.

Kommt der Beschenkte dem Erfüllungsanspruch des Schenkers auf Vollzug der Auflage gemäß § 525 nicht nach, so kann der Schenker das Geschenk gemäß **§ 527** nach Berei-

121 BeckOK/Gehrlein § 529 Rn. 1.
122 BGH, Urt. v. 07.11.2006 – X ZR 184/04, NJW 2007, 60.
123 BeckOK/Gehrlein § 530 Rn. 4.
124 BGH, Urt. v. 02.07.1990 – II ZR 243/89, BGHZ 112, 40, 50 f.
125 Palandt/Weidenkaff § 530 Rn. 7.
126 BGH, Urteil vom 05.02.1993 – V ZR 181/91, NJW 1993, 1577, 1578; zu den Rechtsfolgen bei gemachten Verwendungen BGH, Urt. v. 19.01.1999 – X ZR 42/97, RÜ 1999, 235 ff.
127 MünchKomm/Koch § 525 Rn. 8.
128 Palandt/Weidenkaff § 525 Rn. 7.

cherungsrecht – **Rechtsfolgenverweisung auf §§ 818, 819** – zurückverlangen, wenn die Rücktrittsvoraussetzungen der §§ 323, 326 Abs. 5 erfüllt sind. Rechtsfolge ist, dass das Geschenk insoweit zurückgefordert werden kann, als es zur Erfüllung der Auflage hätte eingesetzt werden müssen.

B. Zweckschenkung

79 Eine Zweckschenkung liegt vor, wenn der Schenker nach dem Inhalt des Vertrags mit der Schenkung erreichen will, dass der Beschenkte mit dem geschenkten Gegenstand einen bestimmten Erfolg herbeiführt. Anders als bei der Auflagenschenkung wird hier **keine einklagbare Verpflichtung** begründet.[129]

Wird der Zweck nicht erreicht, kommen für den Schenker Rückforderungsansprüche aus § 313 (wegen Störung der Geschäftsgrundlage) oder aus § 812 Abs. 1 S. 2 Alt. 2 in Betracht.

C. Gemischte Schenkung

80 Die gemischte Schenkung unterscheidet sich von der Schenkung unter Auflage dadurch, dass der Beschenkte eine **partielle Gegenleistung** erbringt, die aus seinem sonstigen Vermögen zu bestreiten ist. Für die Abgrenzung, ob eine gemischte Schenkung oder ein Kauf zum Freundschaftspreis vorliegt, ist nicht das objektive Werteverhältnis, sondern der Parteiwille maßgebend. Die Parteien müssen sich also darüber einig sein, dass ein Teil der Leistung unentgeltlich erfolgt.[130] Eine solche Mischung aus entgeltlichen und unentgeltlichem Vertrag ist im Gesetz nicht geregelt und die Einordnung im Einzelnen umstritten.

- Nach der bereits vom Reichsgericht begründeten **Trennungstheorie**[131] kann die gemischte Schenkung in einen entgeltlichen und unentgeltlichen Teil aufgespalten werden. Auf jeden Teil des Vertrages sind dann die entsprechenden gesetzlichen Vorschriften anzuwenden.

- Man kann jedoch den gesamten Vertrag auch als Einheit betrachten und dann, wenn ein Widerrufsgrund gemäß §§ 530, 531 vorliegt, dem Schenker einen Anspruch auf Rückgewähr des bisherigen Gegenstandes selbst zubilligen. Der Schenker muss dann die Gegenleistung an den Empfänger zurückgeben – **Einheitstheorie**.[132]

- Die h.M. stellt dagegen auf den wirtschaftlichen Zweck des konkreten Geschäftes sowie die geschützten Interessen der Vertragspartner ab – **Zweckwürdigungstheorie**.[133]

  Rückforderungsrechte (§§ 527, 528), Widerruf (§ 530) und Notbedarfseinrede (§ 519) erstrecken sich demnach grundsätzlich nur auf den unentgeltlichen Teil. Auf den gesamten Gegenstand erstrecken sie sich dann, wenn der Schenkungscharakter (Unentgeltlichkeit) des Geschäftes überwiegt, d.h. die Zuwendung des Schenkers den

---

129 Palandt/Weidenkaff § 525 Rn. 11.
130 Looschelders Rn. 331.
131 Vgl. dazu MünchKomm Koch § 516 Rn. 37.
132 Vgl. dazu BeckOK/Gehrlein § 516 Rn. 13.
133 Palandt/Weidenkaff § 516 Rn. 14; Looschelders Rn. 332.

doppelten Wert im Vergleich zur Gegenleistung aufweist.[134] Ist dies nicht der Fall, kann mit dem Herausgabeanspruch nur Wertersatz in Höhe der Differenz zwischen Geschenk und Gegenleistung verlangt werden.

Beispiel: Der S überträgt dem nichtehelichen Sohn Brutus (B) seiner Frau ein Grundstück im Wert von 100.000 € für 12.500 €. Der B macht sich später wegen groben Undanks gegenüber S schuldig und S widerruft die Grundstücksübertragung.

Hier überwiegt der unentgeltliche Vertragsteil – 87.500 € – gegenüber dem entgeltlichen – 12.500 € – bei weitem. Da sich B wegen groben Undanks gegenüber S schuldig gemacht hat, kann S die Schenkung wirksam widerrufen, sodass der Rückübereignungsanspruch aus §§ 531 Abs. 2, 812 ff. Zug um Zug gegen Rückzahlung von 12.500 € besteht.

Haben der entgeltliche und der unentgeltliche Teil des Vertrags ein gleiches Gewicht oder überwiegt der entgeltliche Teil, so ist im Zweifel anzunehmen, dass die Parteien auch die Gültigkeit beider Elemente unabhängig voneinander gewollt haben. Besteht in diesen Fällen ein schenkungsrechtlicher Widerrufsgrund, kann der Schenker nicht den von ihm geschenkten Gegenstand ganz zurück verlangen. Vielmehr kann er vom Beschenkten nur den Betrag verlangen, der dem Wert der unentgeltlichen Zuwendung entspricht. Im Übrigen bleibt das Rechtsgeschäft bestehen.

D. Schenkung auf den Todesfall

Verspricht der Schenker dem Beschenkten einen Gegenstand unter der Bedingung, 81
dass der Beschenkte den Schenker überlebt, dann bedarf dieses Schenkungsversprechen gemäß **§ 2301 Abs. 1 S. 1** der **Form der Verfügung von Todes wegen**.[135]

Der Rechtsgedanke ist: Wenn der Erblasser zu Lebzeiten kein Vermögensopfer erbringen will, sondern der Übergang des Vermögensgegenstands erst nach seinem Tode und nur dann eintreten soll, wenn der Beschenkte ihn überlebt, dann soll er die Formvorschriften des Erbrechts einhalten. Ferner könnten anderenfalls die speziellen Vorschriften für die Verfügung von Todes wegen umgangen werden.

Beispiel: E vereinbart mit seiner Tochter T, dass diese ein wertvolles Gemälde nach seinem Tode erhalten soll. T soll berechtigt sein, das Gemälde sofort nach dem Tode abzuholen. So geschieht es.

I. E und T haben sich im Voraus über eine unentgeltliche Zuwendung und über den Eigentumsübergang geeinigt. Da der E mit der Besitzergreifung durch T einverstanden war, liegt auch eine Übergabe gemäß § 929 vor.
II. Das Schenkungsversprechen war **formungültig**. Zwar ist es vollzogen worden, doch gilt hier nicht § 518, sondern § 2301. Die Schenkung ist unwirksam.

Hinweis: *Abweichend davon ist die Rechtsstellung des Bedachten beim* ***Vertrag zugunsten Dritter auf den Todesfall*** *gemäß § 331.[136] Der Vertrag im Valutaverhältnis ist nach h.M. ein Rechtsgeschäft unter Lebenden und unterliegt daher der Form des § 518 mit der Möglichkeit der Heilung nach § 518 Abs. 2. Der Unterschied zwischen einer Schenkung auf den Todesfall und einem Vertrag zugunsten Dritter auf den Todesfall liegt darin, dass der Bedachte bei § 331 ein eigenes Recht nicht gegen den Erben, sondern unmittelbar gegen den Versprechenden erwirbt.[137]*

134 Palandt/Weidenkaff § 516 Rn. 16.
135 Vgl. dazu eingehend AS-Skript Erbrecht (2015), Rn. 500 ff.
136 Vgl. auch AS-Skript Schuldrecht AT 2 (2016), Rn. 295.
137 BGH, Urt. v. 26.11.2003 – IV ZR 438/02, RÜ 2004, 119; MünchKomm/Gottwald § 331 Rn. 4.

82

Die Schenkung

Zustandekommen des Vertrags

- **Einigung** über die **Unentgeltlichkeit der Zuwendung**

  Unentgeltlich ist die Zuwendung, wenn für sie nach dem übereinstimmenden Willen der Parteien keine Gegenleistung zu erbringen ist.

  - Bei **Zuwendungen unter Ehegatten** handelt es sich im Regelfall nicht um eine Schenkung, sondern um eine sog. ehebedingte (unbenannte) Zuwendung, wenn sie zur Verwirklichung, Ausgestaltung, Erhaltung oder Sicherung der ehelichen Lebensgemeinschaft erfolgt.

    Zuwendungen an Schwiegerkinder sind nach neuester Rspr. im Regelfall Schenkungen, auch wenn sie um der Ehe des eigenen Kindes erfolgen.

  - Zuwendungen innerhalb einer nichtehelichen Lebensgemeinschaft, die deren Verwirklichung dienen, sind ebenfalls keine Schenkungen.

- **Nichtigkeit der Einigung, § 107**

  - Bei Schenkung an Minderjährigen ist die Schenkung nach h.M. lediglich rechtlich vorteilhaft. Eine teleologische Reduktion des § 181 reicht bei der Prüfung des Erfüllungsgeschäfts aus, um den Minderjährigen vor den nachteiligen Folgen des Geschäfts zu schützen.
  - **Formverstoß, § 125**. Gemäß § 518 Abs. 1 bedarf das Schenkungsversprechen der notariellen Beurkundung (Heilung gemäß § 518 Abs. 2).

Die Rechtsfolgen des Schenkungsvertrags

- Der Schenker muss den versprochenen Gegenstand übertragen.
- Grundsätzlich haftet der Schenker nur für Vorsatz und grobe Fahrlässigkeit, § 521.

Besondere Rückforderungsrechte

- **§ 528 (Bedürftigkeit)**. Wenn der Schenker seinen angemessenen Unterhalt nicht bestreiten bzw. seine Unterhaltspflicht nicht erfüllen kann.
- **Grober Undank** des Beschenkten gegenüber dem Schenker oder dessen nahen Angehörigen, **§ 530**.
- Bei **gemischter** Schenkung Zweckwürdigungstheorie

  Überwiegt der geschenkte Teil den entgeltlichen Teil erheblich, so ist im Zweifel anzunehmen, dass bei Widerruf des schenkungsrechtlichen Teils das Geschäft insgesamt keine Gültigkeit hat.

Schenkungsarten

- Schenkung unter Auflage, §§ 525–527
- Zweckschenkung
- Gemischte Schenkung (Zweckwürdigungstheorie)
- Schenkung auf den Todesfall, § 2301

3. Teil: Mietvertrag und Pachtvertrag

1. Abschnitt: Einleitung

A. Vertragsgegenstände

Inhalt eines Mietvertrags ist gemäß § 535 die **Überlassung einer Sache** (§ 90) **gegen Entgelt** für eine vereinbarte Zeit. 83

Abzugrenzen ist die Miete insbesondere **von** den Vertragstypen Leihe und Verwahrung. Von der **Leihe** (§ 598) unterscheidet sich der Mietvertrag dadurch, dass für die Überlassung der Sache ein Entgelt verlangt wird. Bei einem **Verwahrungsvertrag** (§ 688) wird nur die Aufbewahrung geschuldet, es geht dabei nicht um eine Gebrauchsüberlassung.

Ein **Pachtvertrag** (§ 581) bezieht sich nicht nur auf Sachen, sondern der Begriff „Gegenstand" umfasst vielmehr sowohl **Sachen als auch Rechte**. Über den Gebrauch hinaus gewährt die Pacht außerdem auch den Bezug der Früchte. 84

B. Regelungsquellen

Der Mietvertrag ist in den **§§ 535–580 a** gesetzlich geregelt, der Pachtvertrag in den **§§ 581–597**. 85

Während die §§ 535–548 allgemeine Vorschriften für Mietverhältnisse enthalten, regeln die §§ 549–580 a Sonderbereiche:

- §§ 549–574 c Mietverhältnisse über Wohnraum
- §§ 575, 575 a Zeitmietverhältnisse
- §§ 576–576 b Werkswohnungen
- §§ 577, 577 a Bildung von Wohnungseigentum an vermietetem Wohnraum
- §§ 578–580 a Mietverhältnisse über andere Sachen

Mit dem Gesetz zur Dämpfung des Mietanstiegs auf angespannten Wohnungsmärkten und zur Stärkung des Bestellerprinzips bei der Wohnungsvermittlung (MietNovG),[138] das als Unterkapitel 1a (**§§ 556 d–555 g**) in das Kapitel 2 „Die Miete" eingefügt wurde, hat der Bundesgesetzgeber die sogenannte „**Mietpreisbremse**" eingeführt. 86

Die Einführung ist vor dem **Hintergrund** zu sehen, dass die Wohnraumverknappung in den Ballungszentren dazu geführt hat, dass Vermieter die wenigen begehrten Wohnungen bei einer Neuvermietung zu Preisen vermieten, die weit über der ortsüblichen Vergleichsmiete i.S.d. § 558 Abs 2 liegen.[139] Die Erhöhungen bei Mietbeginn sind nunmehr auf höchstens zehn Prozent über der Vergleichsmiete begrenzt, wenn sich die neu zu vermietende Wohnung in einem **Gebiet mit angespanntem Wohnungsmarkt** befindet. Dazu muss eine entsprechende Verordnung für die Gemeinde bestehen, die die zu vermietende Wohnung betrifft, vgl. § 556 d Abs. 2 S. 1. Gebiete mit angespannten Woh-

138 BGBl. I 2015, 610.

139 BeckOK/Schüller § 556 d Rn. 2.

nungsmärkten liegen gemäß § 556 d Abs. 2 S. 2 vor, wenn die ausreichende Versorgung der Bevölkerung mit Mietwohnungen in einer Gemeinde oder einem Teil der Gemeinde zu angemessenen Bedingungen besonders gefährdet ist.

87 **Außerhalb des BGB** sind für den Bereich der Betriebskosten die **Betriebskostenverordnung** (BetrKV) und die Heizkostenverordnung (HeizkostenV) von Bedeutung.

88 Zu den Regelungsquellen des Mietrechts zählt außerdem das Allgemeine Gleichbehandlungsgesetz (**AGG**), das von der Schutzrichtung her zwischen drei Gruppen von Mietverhältnissen unterscheidet, nämlich den Massengeschäften (§ 19 Abs. 1 Nr. 1 AGG), den sonstigen Mietverhältnissen (§ 19 Abs. 2 AGG) und den Näheverhältnissen (§ 19 Abs. 5 AGG).

Unter **Massengeschäfte** fallen Mietverhältnisse, die typischerweise ohne Ansehen der Person zu vergleichbaren Bedingungen in einer Vielzahl von Fällen zustande kommen, z.B. bei Vermietung von **Ferienwohnungen oder Hotelzimmern**. Für diese Geschäfte enthält § 19 Abs. 1 AGG ein Benachteiligungsverbot.

Beispiel: Wird die Vermietung einer "Hochzeitsvilla" verweigert, weil es sich bei den Brautleuten um ein homosexuelles Paar handelt, so steht diesen ein Entschädigungsanspruch aus § 21 Abs. 2 S. 1 u. 3 AGG wegen Verstoßes gegen das Benachteiligungsverbot aufgrund der sexuellen Identität zu.[140]

Die Vermietung von Wohnraum zum nicht nur vorübergehenden Gebrauch ist gemäß **§ 19 Abs. 5 S. 3 AGG** regelmäßig kein Massengeschäft, wenn der Vermieter insgesamt nicht mehr als 50 Wohnungen vermietet.

Bei **Näheverhältnissen** gilt dagegen kein Benachteiligungsverbot. Gemäß § 19 Abs. 5 S. 2 AGG liegt ein Näheverhältnis vor, wenn die Parteien oder ihre **Angehörigen** Wohnraum auf demselben Grundstück nutzen. Zu den Angehörigen zählen die engen Familienangehörigen, also Eltern, Kinder, Geschwister, Ehe- und Lebenspartner sowie Verwandte und Verschwägerte, die zum Vermieter ein besonderes persönliches Verhältnis haben.[141]

Ein eingeschränktes, nämlich nur auf die verpönten Merkmale Rasse und ethnische Herkunft bezogenes Benachteiligungsverbot gilt für die **sonstigen Mietverhältnisse** i.S.d. § 19 Abs. 2 AGG, also für alle Mietverhältnisse außer den Massengeschäften und den Näheverhältnissen, die auf **Kleinvermieter** gerichtet sind.[142] Gemäß § 19 Abs. 3 AGG ist indes bei der Vermietung von Wohnraum eine unterschiedliche Behandlung im Hinblick auf die Schaffung und Erhaltung sozial stabiler Bewohnerstrukturen und ausgewogener Siedlungsstrukturen sowie ausgeglichener wirtschaftlicher, sozialer und kultureller Verhältnisse zulässig.

89 Beim Abschluss von Wohnraummietverträgen ist es vielfach geübte Praxis, **Formularmietverträge** zu verwenden, die dann der Inhaltskontrolle gemäß den §§ 307–309 unterliegen. Da der Schutz des Wohnraummieters eine wesentliche Rolle spielt, gibt es dazu eine Vielzahl gerichtlicher Entscheidungen.[143]

---

140 LG Köln, Urt. v. 13.11.2015 – 10 S 137/14, RÜ 2016, 424.

141 BeckOK/Ehlert § 535 Rn. 106.

142 BeckOK/Ehlert § 535 Rn. 105.

143 Vgl. Palandt/Grüneberg § 307 Rn. 115 ff.

2. Abschnitt: Zustandekommen und Pflichten

A. Zustandekommen

Der Grundsatz der Vertragsfreiheit gilt grundsätzlich auch für das Mietrecht, er erfährt aber im Bereich der Wohnraummiete gewisse Einschränkungen. **90**

I. Einigung

Die erforderliche Willensübereinstimmung kann von den Mietparteien durch Angebot und Annahme (§§ 145–155), durch gemeinsame Erklärung – Unterschrift unter einen vorbereiteten Vertrag – oder durch sonstiges rechtlich erhebliches Verhalten, insbesondere durch die Fortsetzung des beendeten Mietverhältnisses (§ 545), erzielt werden. **91**

Mietparteien sind die Personen, die nach dem Vertrag bzgl. der Leistungspflichten aus § 535 berechtigt und verpflichtet sein sollen. Jedoch sind nicht alle Personen, welche die Mietsache gebrauchen dürfen, Mietparteien.

Beispiele:

1. Der M, der für seine Familie eine Vier-Zimmer-Wohnung mietet, wird grundsätzlich nicht als Vertreter der einzelnen Familienmitglieder tätig, sodass zwischen dem Vermieter und den einzelnen Familienmitgliedern kein Mietvertrag zustande kommt.

2. Der M, der ein Büro anmietet, gibt die Vertragserklärungen nicht im Namen der Büroangestellten ab. Er wird nicht als deren Vertreter tätig, sodass zwischen dem Vermieter und den Büroangestellten grundsätzlich kein Mietvertrag zustande kommt.

Sofern Eheleute Wohnraum anmieten, wird der Vermieter in aller Regel darauf Wert legen, dass beide Eheleute Vertragspartner werden. Eheleute

- Dies ist unproblematisch dann der Fall, wenn die Namen der Eheleute im Kopf des Vertrags erscheinen und das Vertragsformular auch von beiden unterzeichnet wird.[144]
- Wenn beide Ehepartner im Kopf des Vertrages genannt sind, aber nur einer der beiden unterschreibt, so kann im Zweifel angenommen werden, dass der Unterzeichnende den anderen Ehegatten vertritt.[145]
- Von der Interessenlage der Beteiligten ausgehend wird man zum gleichen Ergebnis gelangen, wenn beide Ehepartner unterschreiben, aber nur einer im Kopf des Vertrags erscheint.[146]

Auch wenn zwischen dem Vermieter und den zur Mitbenutzung berechtigten Personen kein Mietvertrag zustande kommt, können sie dennoch als **Dritte in den Schutzbereich** des Mietvertrags einbezogen sein.[147]

---

144 Schmidt-Futterer/Blank Vor § 535 Rn. 339.

145 Palandt/Weidenkaff § 535 Rn. 7.

146 Einschränkend Schmidt-Futterer/Blank Vor § 535 Rn. 340; a.A. OLG Saarbrücken MietRB 2007, 311.

147 Vgl. AS-Skript Schuldrecht AT 2 (2016), Rn. 307 ff.

II. Form

92 Der Mietvertrag kann **grundsätzlich formfrei** abgeschlossen werden.

Für Mietverträge über Grundstücke, Wohnungen und Räume, die für längere Zeit als **ein Jahr** abgeschlossen werden, ist jedoch gemäß **§ 550 S. 1 die Schriftform** erforderlich.

- Die Schriftform des § 126 BGB erfordert **keine** körperliche Verbindung der einzelnen Blätter der Urkunde, wenn sich deren Inhalt aus fortlaufender Paginierung oder fortlaufender Nummerierung der einzelnen Bestimmungen ergibt.[148]
- Wird ein formgültig geschlossener Mietvertrag **nachträglich** verlängert oder in anderer Weise geändert oder ergänzt, so muss grundsätzlich auch die nachträgliche Vereinbarung die Schriftform wahren.[149]
- Der Verstoß gegen dieses Formerfordernis führt allerdings entgegen der allgemeinen Vorschrift des § 125 **nicht** zur **Nichtigkeit** des Vertrags, sondern hat gemäß § 550 S. 1 zur Folge, dass der voll wirksame Vertrag als auf **unbestimmte Zeit** geschlossen gilt und frühestens zum Ablauf des ersten Vertragsjahres unter Einhaltung der Kündigungsfristen des § 573 c gekündigt werden kann.

III. Inhalt der Einigung

93 Die Parteien können sich im Rahmen der Vertragsfreiheit über alle für die Abwicklung des Vertrags erforderlichen Punkte verständigen. Bei der Wohnraummiete erfährt die Vertragsfreiheit jedoch Einschränkungen, so z.B. bei der Miethöhe und durch inhaltliche Begrenzungen von Formularklauseln.

1. Einigung über die Hauptleistungspflichten

Inhalt des Mietvertrags ist die Überlassung einer Sache gegen Mietzahlung für eine vereinbarte Zeit, § 535 BGB.

a) Mietsache

94 Mietsachen i.S.v. § 535 können sein:

- Räumlichkeiten (Wohn-, Geschäfts- und sonstige Räume),
- Grundstücke,
- eingetragene Schiffe und Luftfahrzeuge sowie
- bewegliche Sachen.

Rechte scheiden als Gegenstand eines Mietvertrags aus, weil Rechte nicht zu **gebrauchen**, sondern nur zu nutzen sind. Darüber kann aber ein **Pachtvertrag** abgeschlossen werden.[150]

---

148 BGH, Urt. v. 21.01.1999 – VII ZR 93/97, NJW 1999, 1104.
149 Palandt/Weidenkaff § 550 Rn. 16.
150 Palandt/Weidenkaff Einf v § 535 Rn. 16.

Werden Räumlichkeiten angemietet, so kann es sich um **Geschäfts- oder Wohnraummiete** handeln. Die Unterscheidung ist deshalb bedeutsam, weil bei der Wohnraummiete eine Reihe von Sondervorschriften zur Anwendung kommt.

Wohnraummiete liegt vor, wenn die Räumlichkeiten überwiegend zu Wohnzwecken genutzt werden sollen. Handelt es sich um ein sogenanntes **Mischmietverhältnis**, bei dem auch gewerbliche Zwecke verfolgt werden, so ist maßgeblich, **welcher Zweck überwiegt**. Bei Gleichwertigkeit gebührt dem Wohnraummietrecht der Vorrang.[151] Maßgebliche Einordnungsindikatoren sind Wohnfläche und konkrete Nutzungsart. In Zweifelsfällen kommt Wohnraummietrecht zur Anwendung.

Wird ein Mischmietverhältnis trotz des Betriebs einer Hypnosepraxis als Wohnraummietverhältnis eingeordnet, so ist das angerufene Landgericht sachlich unzuständig (§§ 71 Abs. 1, 23 Nr. 2 a GVG).[152]

b) Höhe der Miete

Der Mietvertrag ist nur wirksam, wenn die Parteien eine Abrede über die Miete getroffen haben. Die Miete muss **bestimmt oder bestimmbar** sein.[153] Haben sich die Parteien nur darüber geeinigt, dass eine Sache entgeltlich auf Zeit zum Gebrauch überlassen werden soll, und keine Abrede über die Höhe der Miete getroffen, dann wird die **angemessene** Miete geschuldet. 95

Zur Ermittlung der angemessenen Miete werden teilweise die §§ 315 ff. oder auch die §§ 612, 632 Abs. 2 herangezogen.[154]

Die Höhe der Miete kann grundsätzlich **frei** bestimmt werden. Bei Sozialwohnungen besteht indes eine **Mietpreisbindung** nach dem Wohnungsbindungsgesetz. Im Übrigen kann die Mietpreisvereinbarung gemäß § 134 nichtig sein. Die Grenzen für die Höhe der Miete ergeben sich aus § 5 Wirtschaftsstrafgesetz (WiStG). Hinsichtlich der zulässigen Miethöhe bei Mietbeginn sind § 556 d (**Mietpreisbremse**) und in Bezug auf **Mieterhöhungen** die §§ 557 ff. zu beachten.

Hinweis: *Der Verstoß gegen gesetzliche Verbotsvorschriften hat nicht zur Folge, dass der gesamte Mietvertrag nichtig ist, sondern nur die Mietpreisvereinbarung i.H.d. unzulässigen Überpreises.*[155]

c) Vertragsdauer

Ein Mietverhältnis kann auf **bestimmte oder unbestimmte Zeit** abgeschlossen werden, vgl. § 542. Es kann nach Tagen, Wochen, Monaten oder auch nach längeren Zeitabschnitten zeitlich festgelegt werden (vgl. § 580 a). 96

Bei auf bestimmte Zeit abgeschlossenen Verträgen endet das Mietverhältnis nach Zeitablauf, bei nicht bestimmter Mietzeit kann jede Partei nach den gesetzlichen Vorschriften kündigen.

---

151 BGH, Urt. v. 09.07.2014 – VIII ZR 376/13, RÜ 2014, 685, 686.
152 BGH, Urt. v. 09.07.2014 – VIII ZR 376/13, RÜ 2014, 685, 687.
153 Palandt/Weidenkaff § 535 Rn. 74.
154 Vgl. Palandt/Weidenkaff § 535 Rn. 74.
155 MünchKomm/Häublein § 535 Rn. 30.

Im Bereich der Wohnraummiete gibt es auf bestimmte Zeit abgeschlossene Verträge nur unter den Voraussetzungen des § 575. Für zulässig angesehen wird allerdings ein befristeter Verzicht des Mieters auf sein gesetzliches Kündigungsrecht.[156] Ist die Mietzeit nicht festgelegt, kann ohne weitere Voraussetzungen nur der Wohnraum**mieter** kündigen. Das Kündigungsrecht des Vermieters ist dagegen an enge Voraussetzungen geknüpft (s. Rn. 158 ff.).

B. Pflichten der Mietvertragsparteien

97 Die Mietparteien müssen die wirksam **vereinbarten** Vertragspflichten erfüllen. Fehlt eine für die sachgerechte Abwicklung des Vertrags erforderliche Regelung, so gelten die **gesetzlichen Pflichten**.

In der Regel wird beim Mietvertrag über Wohnraum ein Formularmietvertrag abgeschlossen, der die weiteren Leistungs- und Nebenpflichten enthält.

I. Pflichten des Vermieters

1. Erfüllung der Hauptleistungspflichten

98 Der Vermieter muss dem Mieter die Mietsache vertragsgemäß anbieten, damit dieser die **Möglichkeit** erhält, den Besitz an der Sache zu ergreifen.

- Der Vermieter muss die Mietsache **am vereinbarten Ort** anbieten. Fehlt eine Vereinbarung, so kann sich der Erfüllungsort (= Leistungsort) etwa bei der Vermietung von Wohnungen und Grundstücken – aus den **Umständen** ergeben, anderenfalls aus **§ 269**. Danach besteht eine Holschuld.
- Maßgebend ist die Parteivereinbarung. Fehlt eine solche, so kann sich die **Leistungszeit** aus den **Umständen** ergeben – z.B. bei Vermietung einer im Bau befindlichen Wohnung – oder kraft Gesetzes gemäß § 271. Danach tritt die sofortige Fälligkeit ein.
- Der Vermieter muss während der gesamten Dauer des Mietvertrags die Mietsache in einem **vertragsgemäßen Zustand** überlassen und erhalten, **§ 535 Abs. 1 S. 2**.

  Beispiel: Der Vermieter ist gemäß § 535 Abs. 1 S. 2 verpflichtet, die Mietsache und den Mieter durch geeignete Maßnahmen vor dem **Eindringen von Wildschweinen** auf dem Grundstück zu schützen.[157]

  Der Mieter hat einen **Erfüllungsanspruch** auf sach- und rechtsmängelfreie Übertragung. Das bedeutet, dass der Vermieter grundsätzlich auch die Schönheitsreparaturen zu tragen hat. Im Bereich der (Wohn-)Raummiete entspricht es allerdings der weit überwiegenden Praxis, die Durchführung der Schönheitsreparaturen dem Mieter durch entsprechende Klauseln zu übertragen (vgl. dazu eingehend Rn. 105).

2. Weitere Leistungs- und Duldungspflichten

99 Die Verpflichtung des Vermieters erschöpft sich nicht darin, die Mietsache gegenständlich anzubieten. Er muss außerdem die weiteren Leistungen, die eine sachgerechte Ver-

---

156 BGH, Urt. v. 02.03.2011 – VIII ZR 163/10, WuM 2011, 294, 295.

157 LG Berlin, Urt. v. 21.12.2015 – 67 S 65/14, RÜ 2016, 277.

wendung der Mietsache ermöglichen, erbringen und deshalb Handlungen des Mieters oder Dritter dulden.

a) Leistungspflichten

100 Auch ohne besondere Abrede ist der Vermieter verpflichtet, alle Bestandteile der Mietsache und im Zweifel das Zubehör entsprechend § 311 c zu überlassen. Mitvermietet sind bei der Vermietung von Räumen und Grundstücken auch die Teile, die den Zugang und den **Gebrauch der Mieträume ermöglichen**.[158]

Beispiele: Bei Wohnungen und gewerblichen Räumen gehören **Wasser- und Stromanschluss** sowie die **Beheizbarkeit** der Räume zur Gebrauchsgewährung.[159]

Darüber hinaus muss der Vermieter den Mieter gegen **Störungen** am Gebrauch **durch andere Mieter oder Dritte** im möglichen und zumutbaren Umfang schützen. Er muss deshalb fremde Störungen im Rahmen der tatsächlichen und rechtlichen Möglichkeiten abwehren.

- Im Bereich der Wohnraummiete geht es dabei vor allem um **Lärmimmissionen** (Musik, Kinder etc.) und **Geruchsbelästigungen** (z.B. Grill- oder Zigarettenrauch), vor denen der Mieter im rechtlichen Rahmen des § 906 BGB zu schützen ist. Dabei ist die Wesentlichkeitsgrenze des § 906 BGB regelmäßig dann überschritten, wenn die Miete des gestörten Mieters wegen der Störungen gemindert ist.[160]
- Im Falle der Vermietung an einen Gewerbetreibenden oder Freiberufler (z.B. Arzt oder Anwalt), hat der Vermieter zumindest im gleichen Gebäude oder auf demselben Grundstück eigene Konkurrenz sowie die **Vermietung an ein Konkurrenzunternehmen** zu unterlassen.[161]

b) Duldungspflichten

101 Die Duldungspflicht des Vermieters beschränkt sich nicht nur auf die Duldung der bloßen Nutzung, sondern erstreckt sich auch darauf, die **Ausstattung der Mietsache mit technischen Anlagen und Geräten** zu dulden, soweit dies der zweckentsprechenden Nutzung dient und rechtlich geschützte Interessen des Vermieters oder anderer Mieter nicht beeinträchtigt werden.[162]

Beispiele: Zu dulden ist bei Wohnraummiete das Aufstellen von Haushaltsgeräten,[163] wie z.B. Waschmaschine, Gefriertruhe, Geschirrspülautomat, Installierung eines Fernsprechanschlusses, die Anbringung einer Rundfunk- und Fernsehantenne, wenn keine Gemeinschaftsantenne vorhanden ist, ggf. auch die Anbringung einer Parabolantenne, insbesondere durch ausländische Mieter.[164]

Auch **Dritte können zur Mitbenutzung befugt sein**, sofern die Mietsache für den Vermieter erkennbar nur sachgerecht gebraucht werden kann, wenn andere Personen die

---

158 Palandt/Weidenkaff § 535 Rn. 16.

159 Palandt/Weidenkaff § 535 Rn. 17, 24.

160 Börstinghaus, NZM 2004, 48, 49.

161 Looschelders Rn. 404a; zur ergänzenden Vertragsauslegung bei einer Konkurrenzschutzklausel BGH, Urt. v. 11.01.2012 – XII ZR 40/10, NJW 2012, 844.

162 Vgl. Palandt/Weidenkaff § 535 Rn. 20 ff.

163 Palandt/Weidenkaff § 535 Rn. 22.

164 BVerfG, Beschl. v. 09.06.1994 – 1 BvR 439/93, NJW 1994, 2143; Beschl. v. 24.01.2005 – 1 BvR 1953/00, NJW-RR 2005, 661; BGH, Urt. v. 02.03.2005 – VIII ZR 118/04, NJW-RR 2005, 335; BGH, Urt. v. 10.10.2007 – VIII ZR 260/06, NJW 2008, 216.

Mietsache mitbenutzen. Wer im Einzelnen zur Mitbenutzung berechtigt ist, muss im Wege der Vertragsauslegung ermittelt werden.[165]

Beispiele:

1. G mietet im Hotel des H ein Doppelzimmer. Als G mit seiner Lebensgefährtin das Doppelzimmer beziehen will, weigert sich H, dem G das Doppelzimmer zu überlassen.

G und H haben sich über die Mietvertragsbestandteile geeinigt, sodass zwischen ihnen ein Mietvertrag besteht. Ob H verpflichtet ist, das Doppelzimmer auch an die Lebensgefährtin, die nicht Mietpartei ist, zu überlassen, muss im Wege der Auslegung unter Berücksichtigung von Treu und Glauben und des Vertragszwecks ermittelt werden. Danach ergibt sich die Verpflichtung des H, das Zimmer an G mit seiner Lebensgefährtin zu überlassen.

2. M mietet von V eine Dreizimmerwohnung. Als M mit seiner Familie – Ehefrau, Kinder, Mutter – einziehen will, macht V geltend, die Mutter sei nicht zur dauernden Mitbenutzung berechtigt.

Es besteht nur ein Mietvertrag zwischen V und M. Diese haben sich über die Vertragsbestandteile geeinigt. Der Umfang des Gebrauchsrechts des M und die zur Mitbenutzung befugten Personen müssen im Wege der Vertragsauslegung ermittelt werden. Bei Mietverhältnissen über Wohnräume umfasst der vertragsgemäße Gebrauch der Sache durch den Mieter auch zwangsläufig die **Mitbenutzung** der Mietsache **durch die nächsten Angehörigen, Ehegatten, Kinder, Hausangestellte, Pflegepersonal**, also auch durch die Mutter des M.[166]

3. Die Firma F mietet Büroräume bei V. Nach acht Monaten stellt die Firma F drei weitere Angestellte ein. V meint, bezüglich der neu Eingestellten sei er nicht zur Gebrauchsüberlassung verpflichtet, es müsse ein neuer Mietvertrag abgeschlossen werden.

Zwischen V und F besteht ein wirksamer Mietvertrag. Ob den neu Eingestellten ein Mitbenutzungsrecht zusteht, muss im Wege der Vertragsauslegung ermittelt werden. Danach dürfen unter Berücksichtigung von Treu und Glauben und der Verkehrssitte die Firmenangehörigen die Büroräume mitbenutzen, soweit es der sachgerechten Verwendung der Mietsache – Büroräume – entspricht.

Die zur Mitbenutzung befugten Personen, die nicht Mietpartei sind, können aus dem Mietvertrag keine Leistungsansprüche gegen den Vermieter erheben. Es stehen ihnen keine Erfüllungsansprüche zu. Anspruchsberechtigt ist insoweit lediglich der Mieter. Dritte können jedoch Schadensersatzansprüche geltend machen, wenn sie in den Schutzbereich des Mietvertrags einbezogen sind.

In Bezug auf die Duldung von **Haustieren** ist zu differenzieren:

- Die Haltung von **Kleintieren** (Ziervögel, Fische, Hamster, Meerschweinchen usw.) muss der Vermieter in jedem Fall dulden. Der Mieter muss keine Erlaubnis des Vermieters einholen und Klauseln, die eine Kleintierhaltung untersagen, sind unwirksam. Dem liegt die Erwägung zugrunde, dass regelmäßig weder die Interessen des Vermieters noch die der übrigen Hausbewohner durch die Haltung solcher Tiere tangiert werden.[167]
- Nach h.M. bedarf die **Haltung größerer Tiere** vor allem von Katzen und Hunden der Erlaubnis des Vermieters. Darüber ist einzelfallbezogen im Wege einer umfassenden Interessenabwägung zu entscheiden. Zu berücksichtigen sind dabei insbesondere Art, Größe und Verhalten der Tiere sowie Größe, Zustand und Lage der Wohnung

165 Vgl. Looschelders Rn. 402.
166 Vgl. Palandt/Weidenkaff § 535 Rn. 21.
167 Blan NJW 2007, 729, 731.

bzw. des Hauses und berechtigte Interessen der Mitbewohner und Nachbarn.[168] Dagegen soll unbeachtlich sein, ob das Tier artgerecht gehalten wird.[169]

c) Untervermietung

Der Mieter ist gemäß **§ 540 Abs 1 S. 1** ohne die **Erlaubnis des Vermieters** nicht berechtigt, den Gebrauch der Mietsache einem Dritten zu überlassen, insbesondere sie weiter zu vermieten. Die Vorschrift verdeutlicht den im Mietrecht geltenden Grundsatz, dass der Mieter den Mietgebrauch nur in eigener Person ausüben darf, da die Miete ein persönliches, von gegenseitigem Vertrauen getragenes Rechtsverhältnis ist, sodass sich der Vermieter nicht gegen seinen Willen einen anderen Mieter aufdrängen lassen muss.[170] **102**

Allerdings hat der Mieter unter den Voraussetzungen des **§ 553** einen Anspruch auf Erteilung der Untervermietungserlaubnis. Danach darf der Mieter, soweit er ein **berechtigtes Interesse** hat und keine Unzumutbarkeit für den Vermieter gemäß § 553 Abs. 1 S. 2 vorliegt, einen **Teil des Wohnraums** einem Dritten zum Gebrauch überlassen.

- Als berechtigt ist dabei **jedes Interesse des Mieters von nicht ganz unerheblichem Gewicht** anzusehen, das mit der geltenden Rechtsordnung in Einklang steht. Der Anspruch auf Erlaubniserteilung ist – vor allem in der durch Mobilität und Flexibilität geprägten heutigen Gesellschaft – nicht auf die Fälle beschränkt, in denen der Mieter seinen Lebensmittelpunkt in der Wohnung hat.

  Denn dies würde dem Zweck des § 553 Abs. 1 S. 1 BGB zuwiderlaufen, dem Mieter auch dann die Wohnung zu erhalten, wenn er einen Teil untervermieten möchte, und der grundsätzlich anzuerkennenden Entscheidung des Mieters, sein Privatleben innerhalb der eigenen vier Wände nach seinen Vorstellungen zu gestalten.[171]

- In Anbetracht des mieterschützenden Zwecks des § 553 Abs. 1, dem Mieter den Wohnraum zu erhalten, ist ein großzügiger Maßstab anzulegen. Von einer Überlassung eines Teils des Wohnraums an Dritte ist daher regelmäßig bereits dann auszugehen, wenn der Mieter den **Gewahrsam am Wohnraum nicht vollständig aufgibt**.

  Hierfür genügt es etwa, wenn der Mieter ein Zimmer einer größeren Wohnung zurückbehält, um hierin Einrichtungsgegenstände zu lagern und/oder dieses gelegentlich zu Übernachtungszwecken (Urlaub, kurzzeitiger Aufenthalt) zu nutzen.[172]

Liegen die Voraussetzungen des § 553 vor, muss der Vermieter die Erlaubnis erteilen. Ferner **kann** der Vermieter – im Rahmen der Vertragsfreiheit – auch eine **weitergehende Erlaubnis**, etwa in Bezug auf den ganzen Wohnraum erteilen. Wie weit eine Erlaubnis über den Mindestinhalt des § 553 hinaus geht, ist im Einzelfall durch Auslegung zu ermitteln.

Erhält der Mieter eine Untervermietungserlaubnis, so kann dieser ohne besondere Anhaltspunkte nicht davon ausgehen, dass die Erlaubnis eine **tageweise Vermietung an Touristen** umfasst, wenn der Vermieter mit der Erlaubnis die Verpflichtung des Mieters verlangt hat, den Untermietern Postvollmacht für alle Willenserklärungen der Hausverwaltung im Zusammenhang mit dem Mietverhältnis zu erteilen

---

168 Blank/Börstinghaus § 535 Rn. 566.
169 BGH, Beschl. v. 22. 1. 2013 – VIII ZR 329/11, NJW-RR 2013, 522.
170 BeckOK/Ehlert § 540 Rn. 1.
171 BGH, Urt. v. 11.06.2014 – VIII ZR 349/13, RÜ 2014, 624, 625.
172 BGH, Urt. v. 11.06.2014 – VIII ZR 349/13, RÜ 2014, 624, 625.

mit der Folge, dass alle Willenserklärungen wie z. B. Betriebskostenabrechnungen oder Mieterhöhungserklärungen als ordnungsgemäß zugestellt gelten.[173]

Klausurhinweise: *Das Thema Untervermietungserlaubnis wird selten abstrakt, sondern vielmehr im Zusammenhang mit konkreten Rechten oder Ansprüchen des Vermieters oder Mieters – inzident – zu prüfen sein.*

*Grundsätzlich kann der Mieter gemäß **§ 540 Abs. 1 S. 2** im Falle der Verweigerung der Untervermietung durch den Vermieter den Mietvertrag kündigen, sofern nicht in der Person des potenziellen Untermieters ein wichtiger Grund für die Untersagung vorliegt.*

*Nimmt der Mieter die Untervermietung vor, ohne die erforderliche Erlaubnis des Vermieters zu haben, verletzt er auch dann seine vertraglichen Pflichten, wenn er einen Anspruch auf die Erlaubnis hat.[174] Dies kann ein außerordentliches Kündigungsrecht des Vermieters gemäß **§ 543 Abs. 2 Nr. 2** begründen.[175]*

*Wird eine **Erlaubnis nach § 553 zu Unrecht versagt**, kann dem Mieter ein Anspruch aus § 280 Abs. 1 BGB auf Ersatz des angefallenen Mietausfallschadens zustehen.[176]*

3. Weitere Nebenpflichten des Vermieters

103 Der Vermieter muss den Mieter über die Umstände, die eine sachgerechte Abwicklung des Vertrags verhindern können, aufklären, insbesondere **auf nicht erkennbare Gefahren** bei der Benutzung der Mietsache **hinweisen**.

Außerdem muss der Vermieter im Rahmen seiner Sorgfaltspflichten auch vorbeugend die notwendigen Maßnahmen treffen, um drohende Gefahren für die Rechtsgüter des Mieters abzuwenden (**Verkehrssicherungspflicht**).

Der Vermieter muss beispielsweise für die Sicherheit der Zu- und Abgänge, der Treppen und Flure, der Fahrstühle usw. Sorge tragen.[177] Im Bereich der Raummiete werden gewisse Sorgfaltspflichten (z.B. Schneeräumen) häufig auf den Mieter übertragen.

Dem Vermieter können nach dem Inhalt des Vertrags unter Berücksichtigung von § 242 ferner **Fürsorgepflichten** treffen.

Beispiel: Der Hotelier als Vermieter muss im Falle der Erkrankung eines Hotelgastes einen Arzt rufen und den Gast versorgen.

II. Vertragspflichten des Mieters

1. Zahlung der Miete

104 Der Mieter muss die vereinbarte oder die gemäß § 315 bestimmte Miete zahlen und zwar am geschuldeten **Ort** und zur geschuldeten **Zeit**. Fehlt eine Vereinbarung und ergeben sich der Ort und die Zeit auch nicht aus den Umständen, so gilt:

173 BGH Urt. v. 08.01.2014 – VIII ZR 210/13, RÜ 2014, 145.
174 BGH, Urt. v. 02.02.2011 – VIII ZR 74/10, NJW 2011, 1065, 1066.
175 BGH Urt. v. 04.12.2013 – VIII ZR 5/13, RÜ 2014,143, 144.
176 Vgl. dazu BGH, Urt. v. 11.06.2014 – VIII ZR 349/13, RÜ 2014, 624.
177 Palandt/Weidenkaff § 535 Rn. 60.

- Der **Leistungsort** ergibt sich aus **§ 270**. Danach muss der Mieter die Miete auf seine Gefahr dem Vermieter an dessen Wohn- oder Geschäftssitz zahlen.

- Die **Fälligkeit** der Miete bestimmt sich nicht nach § 271, sondern nach den **§§ 556 b, 579**. Danach ist die Miete für bewegliche Sachen, Grundstücke und eingetragene Schiffe am Ende der Mietzeit zu entrichten (§ 579), bei Wohnraummiete muss sie bis zum dritten Werktag des jeweiligen Zeitabschnitts entrichtet werden (§ 556 b).

  Dabei kommt es für die **Rechtzeitigkeit der Mietzahlung im Überweisungsverkehr** aber nicht darauf an, dass die Miete bis zum dritten Werktag des vereinbarten Zeitabschnitts auf dem Konto des Vermieters eingegangen ist. Es genügt, dass der Mieter – bei ausreichend gedecktem Konto – seinem Zahlungsdienstleister den **Zahlungsauftrag bis zum dritten Werktag** des vereinbarten Zeitabschnitts **erteilt**.[178]

  Die **AGB eines Wohnraummietvertrages**, wonach die laufende Miete monatlich im Voraus, spätestens am dritten Werktag des Monats auf das Konto des Vermieters zu zahlen ist, es für die Rechtzeitigkeit der Zahlung also nicht auf die Absendung, sondern auf den Eingang des Geldes ankommen soll, sind **gemäß § 307 Abs. 1 S. 1 unwirksam**. Sie verlagern nämlich bei der gebotenen kundenfeindlichsten Auslegung das Risiko einer durch Zahlungsdienstleister verursachten Verzögerung des Zahlungsvorgangs entgegen der gesetzlichen Regelung auf den Mieter.[179]

  Werden die Mietzahlungen aufgrund der Bedürftigkeit des Mieters direkt durch ein Sozialamt (oder Jobcenter) erbracht, so ist dieses nicht Erfüllungsgehilfe des Mieters.[180]

- Eine **Erhöhung** der Miete kann durch vertragsändernde Vereinbarung oder **einseitig** dadurch erfolgen, dass der Vertrag durch ordentliche Kündigung mit dem Ziel beendet wird, einen neuen Vertrag mit einer höheren Miete abzuschließen (**Änderungskündigung**). Die erhöhte Miete ist nur dann zu zahlen, wenn der Mieter das Angebot des Vermieters annimmt.

- Besonderheiten gelten bei der **Wohnraummiete**. Der Vermieter kann zwar einseitig Mieterhöhungen nach Maßgabe der **§§ 558 bis 560** durchsetzen. Eine Kündigung zum Zwecke der Mieterhöhung ist jedoch gemäß § 573 Abs. 1 S. 2 ausgeschlossen.

- Fehlt eine Vereinbarung bzgl. der **Nebenkosten** i.S.v. § 556 Abs. 1, so muss im Wege der **Vertragsauslegung** ermittelt werden, ob der Mieter diese zu zahlen hat. Bleiben insofern Zweifel, wirken sich diese zulasten des Vermieters aus. Durch Auslegung muss häufig auch geklärt werden, ob eine Pauschale ohne jährliche Abrechnung gemeint ist oder eine Vorauszahlung, die eine Nebenkostenabrechnung zulässt.

2. Weitere Leistungs- und Duldungspflichten

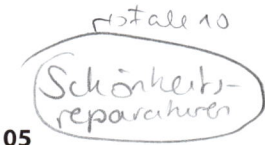

- **Schönheitsreparaturen** (vgl. zum Begriff § 28 Abs. 4 S. 3 II. Berechnungsverord- 105
nung) hat der Mieter nur dann durchzuführen, wenn dies (wirksam) vereinbart worden ist. Denn grundsätzlich ist der Vermieter für den Erhalt der Mietsache verantwortlich, vgl. § 535 Abs. 1 S. 2. Eine Übertragung auf den Mieter ist – unter bestimm-

---

178 BGH, Urt. v. 05.10.2016 – VIII ZR 222/15, RÜ 2017, 216, 217.
179 BGH, Urt. v. 05.10.2016 – VIII ZR 222/15, RÜ 2017, 216, 219.
180 BGH, Urt. v. 21.10.2009 – VIII ZR 64/09, NJW 2009, 3781.

ten Voraussetzungen – aber zulässig und bei der Vermietung von Wohnraum allgemein üblich. Schönheitsreparaturen umfassen das Tapezieren, Anstreichen oder Kalken der Wände und Decken, das Streichen der Fußböden, Heizkörper einschließlich Heizrohre, der Innentüren sowie der Fenster und Außentüren von innen. Zum Anstrich der Wände gehört auch das Streichen von Sockel- und Fußleisten, weil diese Leisten die Wand abschließen.[181]

In den letzten Jahren hat der BGH die Rechte der Mieter im Zusammenhang mit derartigen Formularklauseln erheblich gestärkt.

- Demnach sind „**starre Fristenpläne**", bei denen dem Mieter die Möglichkeit verwehrt ist, den Renovierungsbedarf in Zweifel zu ziehen, unwirksam.[182] Dem Mieter werde nämlich durch derartige Klauseln eine höhere Instandhaltungsverpflichtung auferlegt, als sie der Vermieter ohne Abwälzung schulden würde.[183]

- Ferner sind Formularklauseln, die dem Mieter einer **unrenoviert oder renovierungsbedürftig übergebenen Wohnung** die Schönheitsreparaturen ohne angemessenen Ausgleich auferlegen, unwirksam. Denn eine solche Klausel verpflichtet den Mieter zur Beseitigung sämtlicher Gebrauchsspuren des Vormieters und führt – jedenfalls bei kundenfeindlichster Auslegung – dazu, dass der Mieter die Wohnung vorzeitig renovieren oder gegebenenfalls in einem besseren Zustand zurückgeben müsste, als er sie selbst vom Vermieter erhalten hat.[184]

- Außerdem sind **Quotenabgeltungsklauseln**, die dem Mieter einen Teil der zukünftig entstehenden Kosten für Schönheitsreparaturen für den Fall auferlegen, dass das Mietverhältnis vor Fälligkeit der ihm übertragenen Verpflichtung zur Vornahme von Schönheitsreparaturen endet, unzulässig. Diese verlangen nämlich von dem Mieter bei Vertragsschluss, zur Ermittlung der auf ihn im Zeitpunkt der Vertragsbeendigung zukommenden Kostenbelastung **mehrfach hypothetische Betrachtungen** anzustellen, die eine sichere Einschätzung der tatsächlichen Kostenbelastung nicht zulassen.[185]

  Klausurhinweis: *Die Inhaltskontrolle einer Schönheitsreparaturklausel kann in eine Klausur unterschiedlich eingebaut werden. Zunächst ist eine isolierte Prüfung denkbar („M hält die Klausel für unwirksam. Zu Recht?").*

  Führt der Mieter Schönheitsreparaturen aus, obwohl die Klausel nicht wirksam ist und verlangt er deshalb Ersatz, so kann die Inhaltskontrolle im Rahmen der Ansprüche des Mieters aus § 280 Abs. 1 sowie aus § 812 Abs. 1 S. 1 Alt. 1 vorzunehmen sein.

  Hat der Mieter keine Schönheitsreparaturen ausgeführt, obwohl die Klausel wirksam war, kann die Inhaltskontrolle inzident beim Anspruch des Vermieters gemäß §§ 280 Abs. 1 u. 3, 281 zu prüfen sein, soweit nach Schadenersatzansprüchen des Vermieters gefragt wird.

---

181 Schmidt-Futterer/Langenberg § 538 Rn. 71.

182 BGH, Urt. v. 18.10.2006 – VIII ZR 52/06, NJW 2006, 3778.

183 BGH, Urt. v. 23.06.2004 – VIII ZR 361/03, NJW 2004, 2586.

184 BGH, Urt. v. 18.03.2015 – VIII ZR 185/14, RÜ 2015, 417, 418.

185 BGH, Urt. v. 18.03.2015 – VIII ZR 185/14, RÜ 2015, 417, 419.

- Unter den Voraussetzungen der **§§ 555 a ff.** muss der Mieter **vorübergehende Beeinträchtigungen** des vertragsgemäßen Gebrauchs **dulden**, damit der Vermieter Erhaltungs- und Modernisierungsmaßnahmen vornehmen kann. Denn nur so kann der Vermieter seiner Instandhaltungspflicht nachkommen. Der Mieter muss auch vor Ablauf des Mietvertrags dem Vermieter gestatten, dass er mit künftigen Mietern die Mietsache besichtigt.

  Den **Einbau von Rauchwarnmeldern**, die der Vermieter mit Rücksicht auf eine entsprechende bauordnungsrechtliche Verpflichtung vornimmt, hat der Mieter auch dann zu dulden, wenn er die Wohnung bereits mit von ihm ausgewählten Rauchwarnmeldern ausgestattet hat.[186]

3. Nebenpflichten und Obliegenheiten des Mieters

Der Mieter muss sich so verhalten, dass der Vertrag sachgerecht abgewickelt werden **106**
kann und Rechtsgüter des Vermieters nicht zu Schaden kommen. Hierbei muss sich der Mieter auch das Fehlverhalten seiner Erfüllungsgehilfen zurechnen lassen.[187]

Die **Sorgfaltspflicht** besteht auch dann, wenn der Mieter vor Ablauf des Mietvertrags die Nutzung der Sache aufgibt und keine Vorkehrungen trifft, um Schaden von der Mietsache abzuwenden.

Beispiel: M gab vor Ablauf des Mietvertrags die Nutzung des angemieteten Schrottplatzes auf. Obwohl er vertraglich zur Einzäunung des Platzes verpflichtet war, nahm er eine solche nicht vor. Unbekannte stellten auf dem Platz schadhafte Ölfässer ab. Der Platz wurde verunreinigt. M haftet aus § 280 Abs. 1 auf Schadensersatz.[188]

Hat der Vermieter die Kosten für die Versicherung hinsichtlich der Mietsache, z.B. für eine Feuerversicherung, zumindest anteilig auf den Mieter abgewälzt, so beschränkt sich die **Haftung des Mieters** bei Schädigung der Mietsache auf **Vorsatz und grobe Fahrlässigkeit**.[189]

Hat der Vermieter eine Wohngebäudeversicherung abgeschlossen, deren Kosten vom Mieter getragen werden, und verursacht der Mieter leicht fahrlässig einen von dieser Versicherung umfassten Wohnungsbrand, so trifft den Vermieter in der Regel die mietvertragliche Pflicht, wegen des Brandschadens nicht den Mieter, sondern die **Versicherung in Anspruch zu nehmen**. Außerdem hat der Vermieter in einem solchen Fall aufgrund seiner Pflicht zur Erhaltung der Mietsache (§ 535 Abs. 1 S. 2 BGB) den Brandschaden grundsätzlich auch dann zu beseitigen, wenn er von einer Inanspruchnahme der Wohngebäudeversicherung absieht.[190]

Nach **§ 538** ist die **bloße Abnutzung** der Mietsache **kein Verstoß** gegen die Sorgfaltspflicht. Sie wird durch die Miete abgegolten.

Der Mieter darf die Mietsache aber nicht über Gebühr benutzen. **Überschreitet** er den **vertragsmäßigen Gebrauch**, so kann der Vermieter gemäß **§ 280 Abs. 1** (§ 241 Abs. 2) Schadensersatz verlangen oder nach Abmahnung gemäß **§ 541** auf Unterlassung klagen und bei erheblicher Verletzung seiner Rechte gemäß **§§ 543, 569** fristlos kündigen (vgl. zur fristlosen Kündigung unten Rn. 119 ff.).

Rechte des Vermieters bei Überschreitung

186 BGH, Urt. v. 17.06.2015 – VIII ZR 216/14, RÜ 2015, 561, 562.
187 BGH, Urt. v. 15.05.1991 – VIII ZR 38/90, NJW 1991, 1750.
188 OLG Düsseldorf, Urt. v. 19.05.1994 – 10 U 138/93, MDR 1994, 1213.
189 BGH, Urt. v. 13.12.1995 – VIII ZR 41/95, NJW 1996, 715.
190 BGH, Urt. v. 19.11.014 – VIII ZR 191/13, RÜ 20115, 86, 88.

Beispiel: Ein Mieter überschreitet die Grenze vertragsgemäßen Gebrauchs und verstößt gegen seine mietvertragliche Obhutspflicht (§§ 535, 538, 241 Abs. 2), wenn er in der angemieteten Wohnung illegale Betäubungsmittel (Marihuana) aufbewahrt.[191]

Nach **§ 536 c** trifft den Mieter eine **Anzeige-** und **Obhutspflicht**. Er muss dem Vermieter auftretende Mängel unverzüglich anzeigen.

Unterlässt er die Anzeige, so ist er zum Schadensersatz verpflichtet. Er kann ferner seinerseits nicht die in §§ 536, 536 a, 543 Abs. 3 S. 1 bestimmten Rechte geltend machen, wenn der Vermieter infolge der Unterlassung der Anzeige keine Abhilfe schaffen kann.

3. Abschnitt: Mängelgewährleistung

A. Mängel der Mietsache

107 Ein Mangel der Mietsache i.S.d. § 536 liegt vor, wenn

- die Mietsache mit einem Mangel behaftet ist, der ihre **Tauglichkeit** zum vertragsgemäßen Gebrauch **aufhebt** (§ 536 Abs. 1 S. 1) oder die Tauglichkeit **mindert** (§ 536 Abs. 1 S. 2) oder
- der Mietsache eine **zugesicherte Eigenschaft** fehlt oder später wegfällt (§ 536 Abs. 2) oder
- dem Mieter der vertragsgemäße Gebrauch der Mietsache durch das **Recht eines Dritten** ganz oder teilweise entzogen wird (§ 535 Abs. 3).

I. Mangel i.S.d. § 536 Abs. 1

108 Die Mietsache ist mit einem Mangel i.S.d. § 536 Abs. 1 S. 1, also mit einem **Sachmangel**, behaftet, wenn die **Ist-Beschaffenheit** ungünstig von der **Soll-Beschaffenheit** abweicht[192] und dadurch der vertragsmäßige Gebrauch beeinträchtigt wird.

- Das ist der Fall, wenn der Mietsache physische Eigenschaften (**Beschaffenheitsmerkmale**) **fehlen**, die zum vertragsgemäßen Gebrauch vorhanden sein müssen. Anknüpfungspunkt ist **in erster Linie** die von den Mietvertragsparteien **vereinbarte Beschaffenheit**, nicht so sehr die Einhaltung technischer Normen.[193]

  Beispiele:

  1. Die Gebrauchsgewährungspflicht des Vermieters nach dem Mietvertrag, kann durch **nachträgliche Vereinbarungen** zwischen den Parteien abgeändert werden. Der Inhalt einer solchen Vereinbarung ist nach den §§ 133, 157 auszulegen und maßgeblich für die Frage, ob im Fall des Abhandenkommens eines ehemals zum Mietumfang gehörenden Gegenstandes (Einbauküche) ein Sachmangel vorliegt.[194]

  2. V vermietet dem M eine Wohnung an einer verkehrsreichen Straße. Im Mietvertrag ist bestimmt, dass die Fenster doppelt verglast und schallisoliert sind.

---

191 BGH, Urt. v. 14.12.2016 – VIII ZR 49/16, RÜ 2017, 137, 138.

192 Looschelders Rn. 410.

193 BGH, Urt. v. 06.10.2004 – VIII ZR 355/03, NJW 2005, 218.

194 BGH, Urt. v. 13.04.2016 – VIII ZR 198/15, RÜ 2016, 479, 480.

Die vermietete Wohnung ist mangelhaft, wenn keine ausreichende Schallisolierung gegeben ist, z.B. wenn die Fenster nur einfach verglast sind.

3. V vermietet dem M einen Wagen. Die Reifen sind abgefahren und daher **nicht verkehrssicher**.

Da der Wagen vertragsmäßig nur gebraucht werden kann, wenn er mit verkehrssicheren Reifen ausgerüstet ist, ist der Wagen mangelhaft.

4. Die von V an M vermietete Gaststätte darf aufgrund behördlicher Anordnung nicht benutzt werden, weil die Räume zu niedrig sind.

Siehe auch Rep Fall 8 S. 3

Die Mietsache ist mangelhaft, wenn **öffentlich-rechtliche Beschränkungen** bestehen, die speziell an die Beschaffenheit oder Lage der Mietsache anknüpfen.[195] Das Fehlen einer erforderlichen behördlichen Genehmigung zur vertragsgemäßen Nutzung der Mieträume kann mangelbegründend sein. Der Vermieter hat nämlich grundsätzlich für das Vorliegen der Genehmigung zu sorgen.[196]

Der Mieter muss durch die öffentlich-rechtlichen Beschränkungen und Gebrauchshindernisse in seinem **vertragsgemäßen Gebrauch auch tatsächlich eingeschränkt** werden. Diese Voraussetzung ist regelmäßig nur dann erfüllt, wenn die zuständige Behörde die Nutzung des Mietobjekts durch ein rechtswirksames und unanfechtbares Verbot bereits untersagt hat; allerdings kann ein möglicher Sachmangel im Einzelfall auch darin gesehen werden, dass eine **langwährende Unsicherheit über die Zulässigkeit** der behördlichen Nutzungsuntersagung die begründete Besorgnis bewirkt, die Mietsache nicht zum vertragsgemäßen Gebrauch nutzen zu können.[197]

- Die Mietsache ist mangelhaft, wenn die **Benutzung** durch Immissionen (Lärm, Rauch etc.) **beeinträchtigt** wird.

Beispiele:

1. V hat dem M eine Wohnung in guter Lage vermietet und überlassen. Später wird im Nachbarhaus eine Gaststätte eröffnet. M wird fortwährend in seiner Nachtruhe gestört.

2. Die vermietete Wohnung liegt neben einer Abdeckerei, sodass eine erhebliche Geruchsbelästigung eintritt, falls die Fenster geöffnet werden.

3. Ein auf zehn Jahre gemieteter „Bungalow in ruhiger Lage" liegt in der Nähe eines Steinbruchs, in dem täglich gesprengt wird.

Allerdings begründen nachträglich erhöhte Geräuschimmissionen, die von einem Nachbargrundstück ausgehen – bei Fehlen anderslautender Beschaffenheitsvereinbarungen – grundsätzlich keinen Mangel i.S.d. § 536 Abs. 1 BGB, wenn auch der Vermieter die Immissionen ohne eigene Abwehr- oder Entschädigungsmöglichkeit nach **§ 906 BGB** als unwesentlich oder ortsüblich hinnehmen muss.[198]

- Ein Mangel der Mietsache kann auch dann vorliegen, wenn die Benutzung mit **Gefahren** verbunden ist, insbesondere wenn der **Zustand** oder die **Lage** der Mietsache den Eintritt eines Schadens erwarten lässt.[199]

Beispiele:

1. V vermietet an M Büroräume. Zwei Jahre nach dem Einzug stellt M fest, dass eine Rauchrohröffnung mit einer Tapete überklebt ist und somit eine Brandgefahr besteht.[200]

195 Palandt/Weidenkaff § 536 Rn. 18.
196 OLG Brandenburg OLG-Report 1998, 411, 413; OLG Köln OLG-Report 1998, 93; jurisPK-BGB/Münch § 536 Rn. 22.
197 BGH, Urt. v. 02.11.2016 – XII ZR 153/15, RÜ 2017, 345, 346.
198 BGH, Urt. v. 29.04.2015 – VIII ZR 197/14, RÜ 2015, 488, 489 f.; a.A. Looschelders Rn. 412.
199 MünchKomm/Häublein § 536 Rn. 13.
200 Nachgebildet BGHZ 49, 350.

Zwar ist M durch den Mangel nicht unmittelbar im Gebrauch der Mietsache beeinträchtigt worden. Er hat zwei Jahre ohne Beanstandung die Büroräume benutzt. Da aber eine Gefahrenlage bestand, die jederzeit in einen Schaden umschlagen konnte, ist die Mietsache mangelhaft.

2. Der vermietete einwandfreie Lagerraum liegt in der Nähe eines Flusses, der im Frühjahr häufig über die Ufer tritt und den Lagerraum überschwemmt. Die Mietsache ist mangelhaft, denn es besteht eine Gefahrenlage, die in einen Schaden umschlagen kann.[201]

3. Das Eindringen von Wildschweinen auf ein Wohngrundstück stellt eine konkrete Gefahr dar und entspricht nicht mehr dem allgemeinen Lebensrisiko – auch unter Berücksichtigung des Umstandes, dass es sich um eine Wohnanlage am Waldrand handelt. Deshalb begründet diese Gefahr einen Mangel, der die Tauglichkeit der Mietsache zum vertragsgemäßen Gebrauch nicht unerheblich beeinträchtigt.[202]

4. Nicht mangelbegründend ist jedoch die Gefahr der Gebrauchsbeeinträchtigung durch seltene und ungewöhnliche Naturkatastrophen, wie z.B. ein „Jahrhunderthochwasser". Daraus resultierende Schäden gehören vielmehr zum allgemeinen Lebensrisiko, das der Mieter grundsätzlich selbst zu tragen hat.

5. Ebenfalls nicht mangelbegründend ist es, wenn der Zugang zu einem vermieteten Ladenlokal wegen Straßenbauarbeiten behindert ist. Zwar muss grundsätzlich ein ungehinderter Publikumszutritt möglich sein, doch hat es jeder Anlieger hinzunehmen, dass die Straße, von der er Nutzen ziehen kann, entsprechend der öffentlichen Bedürfnisse erneuert und umgestaltet wird (Schicksalsgemeinschaft).[203]

Die **Tauglichkeit** der Mietsache zum vertragsgemäßen Gebrauch muss durch den Mangel **aufgehoben** (§ 536 Abs. 1 S. 1) **oder erheblich gemindert** (§ 536 Abs. 1 S. 3) sein. Unerheblich ist der Mangel, wenn dieser leicht erkennbar ist und schnell sowie mit geringem Kostenaufwand beseitigt werden kann oder nur eine unerhebliche Beeinträchtigung bedeutet.[204]

Beispiele: Abstellkammer ist zu warm; Neubaufeuchte in üblichem Ausmaß; haushaltsübliche Gerüche aus der Nachbarwohnung; kurzzeitiger Ausfall der Heizung.[205]

109 Bei einer **„ca.-Angabe" der Wohnungsgröße** stellt das Abweichen der Wohnfläche um 10% von den Angaben im Mietvertrag einen Mangel i.S.d. § 536 Abs. 1 BGB dar.[206] Bei einer derartigen Abweichung kommt es auch nicht mehr darauf an, dass die Angabe nur „ca." im Mietvertrag erfolgte, da in jedem Fall der Bereich der **Unerheblichkeit einer Tauglichkeitsminderung überschritten** ist.[207] Die Größe hat nämlich Einfluss auf die Berechnung der Nebenkosten, für deren Errechnung die tatsächliche Wohnungsgröße maßgebend ist (vgl. z.B. §§ 6 Abs. 2 S. 2 Ziff. 1 und 2, 7 Abs. 1 S. 2, 8 Abs. 1, 9 a Abs. 1 HeizkostVO, § 556 a Abs. 1 S. 1). Ist die Flächenangabe indes mit dem Zusatz versehen, dass sie nicht zur Festlegung des Mietgegenstandes dient, entfällt das Minderungsrecht.[208]

Eine unerhebliche Minderung der Tauglichkeit zum vertragsgemäßen Gebrauch ist nur bei zugesicherter Eigenschaft bedeutsam.

201 Vgl. MünchKomm/Häublein § 536 Rn. 13.
202 LG Berlin, Urt. v. 21.12.2015 – 67 S 65/14, RÜ 2016, 277, 278.
203 OLG Düsseldorf, Urt. v. 18.11.1997 – 24 U 261/96, NJW-RR 1998, 1236.
204 Looschelders Rn. 410.
205 MünchKomm/Häublein § 536 Rn. 21.
206 BGH, Urt. v. 31.10.2007 – VIII ZR 261/06, NJW 2008, 142.
207 BGH, Urt. v. 10.03.2010 – VIII ZR 144/09, NJW 2010, 1795.
208 BGH, Urt. v. 10.11.2010 – VIII ZR 306/09, NJW 2011, 220.

II. Fehlen zugesicherter Eigenschaften

Gemäß **§ 536 Abs. 2** gelten Absatz 1 Satz 1 und 2 der Vorschrift auch, wenn eine zugesicherte Eigenschaft fehlt oder später wegfällt. **110**

Das (anfängliche) Fehlen oder der Wegfall einer zugesicherten Eigenschaft hat im Mietrecht lediglich eine **beschränkte Bedeutung**, da die Zusicherung einer Eigenschaft regelmäßig zugleich eine Beschaffenheitsvereinbarung darstellt. Damit weicht bereits die Soll- von der Ist-Beschaffenheit ab, sodass ein Mangel gemäß § 536 Abs. 1 vorliegt. Die Bedeutung des § 536 Abs. 2 liegt aber darin, dass

- der Mangel **auch unerheblich** sein kann (§ 536 Abs. 2 verweist nämlich gerade nicht auf Absatz 1 Satz 3 der Vorschrift) und
- für das Vorliegen eines Mangels **keine Beeinträchtigung des vertragsgemäßen Gebrauchs** festgestellt werden muss.[209]

Eine Zusicherung liegt nicht schon in der bloßen Vereinbarung einer Eigenschaft oder der Angabe des Verwendungszwecks. Aus der (ausdrücklichen oder konkludenten) Erklärung des Vermieters muss sich vielmehr ergeben, dass er für alle Folgen, die sich aus dem Nichtvorhandensein der Eigenschaft ergeben, einstehen will.[210]

Hintergrund: Der Vermieter muss bei einem anfänglich vorhandenen Mangel unabhängig von einem Verschulden Schadensersatz gemäß § 536 a Abs. 1 Alt. 1 leisten.

Beispiel: V vermietet M eine Lagerhalle und sagt im Vertrag ausdrücklich eine bestimmte Tragfähigkeit der Decke zu. Als M Maschinen in diesen Räumen aufstellt, stellt sich heraus, dass die Decken nicht die vereinbarte Stärke haben und die Lagerräume für M daher ungeeignet sind. Aufgrund der Zusicherung der Tragfähigkeit ist V dem M zum Schadensersatz verpflichtet.

Vor diesem Hintergrund kann auch bei der ungefähren **Angabe der Wohnungsgröße** nicht von der Zusicherung bestimmter Eigenschaften ausgegangen werden.

In § 537 Abs. 2 S. 2 a.F. war die Wohnungsgröße noch als konkreter Fall der Eigenschaft normiert. Das ist in der aktuellen Gesetzesfassung nicht mehr der Fall, es verbleibt aber dabei, dass die Größe die Beschaffenheit der Mietsache betrifft und somit Eigenschaft ist. Enthält der Mietvertrag aber lediglich eine **„ca.-Angabe“**, kann nicht davon ausgegangen werden, dass eine rechtlich verbindliche Aussage über die Größe getroffen werden sollte. Von einer Zusicherung kann deshalb keine Rede sein. **111**

III. Rechtsmängel

Gemäß **§ 536 Abs. 3** liegt ein Rechtsmangel vor, wenn einem Dritten ein Recht an der Mietsache zusteht und dem Mieter infolgedessen der vertragsmäßige Gebrauch nicht oder nicht vollständig gewährt wird. **112**

Als Rechte eines Dritten kommen grundsätzlich nur **private Rechte** anderer in Betracht, die sich auf die Mietsache beziehen und sich nicht ausschließlich gegen den Vermieter richten (z.B. Konkurrenzverbot).[211] Das Recht des Dritten kann schuldrechtlicher oder dinglicher Natur sein.[212]

209 MünchKomm/Häublein § 536 Rn. 22.
210 BeckOK/Ehlert § 536 Rn. 70.
211 Palandt/Weidenkaff § 536 Rn. 27.
212 Brox/Walker, Besonderes Schuldrecht, § 11 Rn. 12.

Beispiele: Eigentum, Nießbrauch, beschränkt persönliche Dienstbarkeiten, Doppelvermietung.

Es reicht außerdem nicht aus, dass das Recht des Dritten besteht, sondern der Dritte muss das Recht auch **geltend machen**, indem er beispielsweise Räumung verlangt. Denn erst dann ist der Mieter in dem vertragsmäßigen Gebrauch der Mietsache beeinträchtigt.[213]

113 Bei **öffentlich-rechtlichen** Beschränkungen liegt in der Regel ein **Sachmangel** vor,[214] da die meisten Beschränkungen an die Sache selbst anknüpfen. Ein Rechtsmangel besteht dann, wenn die Beschränkung an die Person des Vermieters anknüpft, wenn dieser z.B. bei einer öffentlich geförderten Wohnung einer Genehmigung für die Nutzung durch bestimmte Personen bedarf.

Der Wortlaut des § 536 Abs. 3 **„entzogen"** legt zunächst das Verständnis nahe, dass dem Mieter der Gebrauch der Mietsache vor dem Entzug zunächst eingeräumt worden sein muss. Darauf kommt es aber letztlich nicht an.

Beispiel: V vermietet dem M eine Dreizimmerwohnung, nachdem er X, dem bisherigen Wohnungsinhaber, gekündigt hat. Später stellt sich heraus, dass die Kündigung unwirksam ist. X will in der Wohnung bleiben. V weigert sich daher, dem M die Wohnung zu überlassen.

Nach dem Wortlaut des § 536 Abs. 3 muss dem Mieter der Gebrauch der Mietsache überlassen und dann infolge des Rechts eines Dritten entweder ganz oder zum Teil entzogen worden sein. Dem M ist der Gebrauch der Mietsache aber schon nicht eingeräumt worden. Da jedoch die Nichtgewährung der Entziehung des Gebrauchs gleichsteht, ist § 536 Abs. 3 auch auf diesen Fall anzuwenden.[215]

B. Rechte des Mieters wegen Mängeln

114 Hat die Mietsache einen Mangel, hat der Mieter – ungeachtet der Gewährleistungsrechte gemäß den §§ 536, 536 a – einen **Erfüllungsanspruch auf Beseitigung** der Mängel nach § 535 Abs. 1 S. 2.[216] Dieser Anspruch gibt dem Mieter auch das Recht, die Einrede des nicht erfüllten Vertrages gemäß **§ 320** zu erheben.[217]

Im Rahmen des mietvertraglichen Gewährleistungsrechts ist der **maßgebliche Zeitpunkt** für das Vorliegen des Mangels grundsätzlich die **Überlassung der Mietsache**. Das ergibt sich aus § 536 Abs. 1 S. 1 („zur Zeit der Überlassung an den Mieter").

---

213 BGH, Urt. v. 30.10.1974 – VIII ZR 69/73, BGHZ 63, 132, 138; BGH, Beschl. v. 12.05.1999 – XII ZR 134/97, NJW-RR 1999, 1239, 1240; Palandt/Weidenkaff § 536 Rn. 27; nach a.A. genügt schon die drohende Ausübung des Rechts: MünchKomm/Häublein § 536 Rn. 26.

214 Looschelders Rn. 411, 414.

215 So etwa BeckOK/Ehlert § 536 Rn. 76a m.w.N.

216 Looschelders Rn. 419.

217 So die h.M., vgl. Palandt/Weidenkaff § 536 Rn. 6 m.w.N.

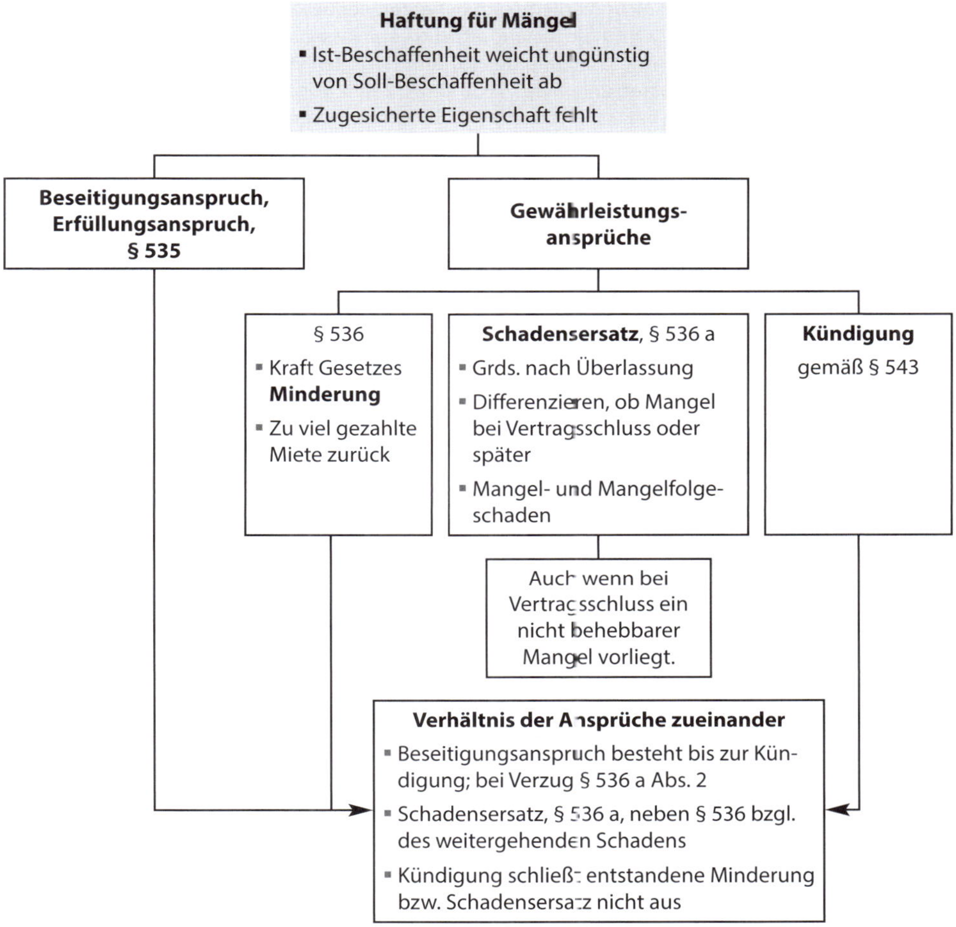

I. Selbstvornahme und Aufwendungsersatzanspruch

Der Mieter kann gemäß **§ 536 a Abs. 2** den Mangel selbst beseitigen und Ersatz der er- **115**
forderlichen Aufwendungen verlangen, wenn

- der Vermieter mit der Beseitigung der Mängel in **Verzug** ist (Nr. 1) oder
- die **umgehende Beseitigung** des Mangels zur Erhaltung oder Wiederherstellung des Bestands der Mietsache **notwendig** ist (Nr. 2)

Im Rahmen dieses Aufwendungsersatzanspruchs hat der Mieter auch einen Anspruch auf **Vorschusszahlung**.[218] Anspruchsgrundlage dafür soll § 242 sein.[219]

Beispiel: V hat dem M ein Einfamilienhaus vermietet. Die Aufhängevorrichtung der Eingangstür ist schadhaft, sodass sich die Tür nicht mehr richtig schließen lässt. M mahnt dies bei V an. Da V nichts unternimmt, beauftragt M den Handwerker H, der die Tür instand setzt. Kosten: 160 €.

218 OLG Düsseldorf, NZM 2000, 464 (Anspruchsgrundlage offen gelassen) Palandt/Weidenkaff § 536 a Rn. 18.

219 Palandt/Weidenkaff § 536 a Rn. 18.

Da V auf die Abmahnung des M nicht reagierte und daher mit der Beseitigung des Mangels im Verzug war, darf M gemäß § 536 a Abs. 2 Nr. 1 die Instandsetzung veranlassen und die Kosten als Aufwendungen ersetzt verlangen. Da die Instandsetzung der Tür ferner für den Erhalt der Mietsache notwendig war, liegen außerdem die Voraussetzungen des § 536 a Abs. 2 Nr. 2 vor. Sofern M die Vergütung an den Handwerker noch nicht gezahlt hat, kann er gemäß § 257 Befreiung von der Verbindlichkeit verlangen.

Liegen die Voraussetzungen des Anspruchs aus § 536 a Abs. 2 nicht vor (z.B. weil der Vermieter sich nicht im Verzug befindet), kann der Mieter Mängelbeseitigungskosten nicht unter den Voraussetzungen des § 539 Abs. 1 i.V.m. §§ 677 ff. vom Vermieter ersetzt verlangen. Denn **§ 536 a Abs. 2** trifft hinsichtlich der Aufwendungen zur Mängelbeseitigung eine **abschließende Regelung**, die durch einen Rekurs auf § 539 nicht unterlaufen werden darf.[220]

II. Mietminderung

116 Mit dem Auftreten eines Sachmangels, der die Tauglichkeit der Mietsache zum vertragsgemäßen Gebrauch **nicht unerheblich** (§ 536 Abs. 1 S. 3) beeinträchtigt, tritt **kraft Gesetzes** die Minderung der Miete ein. Es ist also keine Erklärung des Mieters – wie etwa im Kauf- oder Werkvertragsrecht – erforderlich.

Hintergrund: Der Vermieter trägt das Risiko des Untergangs und der Verschlechterung während der Mietzeit. Geht also die Mietsache unter oder tritt eine Verschlechterung ein, so muss der Vermieter dafür das Risiko tragen, d.h. er bekommt kein Entgelt.

Ist die Gebrauchstauglichkeit der Mietsache durch den Mangel aufgehoben, entfällt die Pflicht zur Mietzahlung vollständig (§ 536 Abs. 1 S. 1). Ist die Tauglichkeit nicht unerheblich gemindert, wird die Miete angemessen herabgesetzt, § 536 Abs. 1 S. 2.

Die **Höhe der Mietminderung** richtet sich nach den Umständen des Einzelfalls. Dabei sind insbesondere die Schwere des Mangels, der Grad und die Dauer der Tauglichkeitsminderung sowie das Absinken auf den Mindeststandard oder dessen Unterschreiten und die dadurch bedingte Beeinträchtigung der Gebrauchstauglichkeit der Mietsache maßgebend.[221]

Beispiel: Der in einer behördlichen Nutzungsuntersagung bestehende Mietmangel führt noch nicht per se zum (völligen) Wegfall der Verpflichtung des Mieters zur Zahlung des Mietzinses, sofern die Behörde eine Weiternutzung der Mietsache zumindest faktisch duldet, indem sie etwa auf die zwangsweise Vollziehung der Verfügung verzichtet.[222]

Klausurhinweis: *In Klausuren des 1. Examens wird üblicherweise nicht verlangt, angemessene Beträge genau zu beziffern. Das gilt für die Bestimmung eines angemessenen Schmerzensgeldes, aber auch etwa für die Frage, in welcher Höhe die Miete angemessen herabzusetzen ist. Gleichwohl sollten Sie – soweit vorhanden – Sachverhaltsangaben, die für die Bemessung beachtlich sind, benennen.*

Ist die Tauglichkeit der Mietsache durch Maßnahmen beeinträchtigt, die einer **energetischen Modernisierung** (§ 555 b Nr. 1) **dienen**, bleibt die Minderung gemäß § 536 Abs. 1 a für drei Monate außer Betracht. Dieser Ausschluss der Minderung gilt auch,

---

220 Looschelders Rn. 425.

221 BeckOK/Ehlert § 536 Rn. 85.

222 BGH, Urt. v. 02.11.2016 – XII ZR 153/15, RÜ 2017, 345, 348.

wenn eine Maßnahme neben der energetischen Sanierung der Erhaltung der Mietsache, etwa der Wärmedämmung, dient.[223]

Sofern der Mieter bereits die Miete gezahlt hat, kann er den zu viel entrichteten Betrag **zurückverlangen**. Anspruchsgrundlage dafür ist **§ 812 Abs. 1 S. 1 Alt. 1.**[224] Dabei kann sich der Vermieter grundsätzlich auch auf den Wegfall der Bereicherung gemäß § 818 Abs. 3 berufen.[225]

III. Schadensersatz

Im Rahmen des Schadensersatzanspruches des Mieters aus **§ 536 a Abs. 1** sind drei Fall- **117**
gruppen zu unterscheiden.

- Ist bereits **bei Vertragsschluss** ein Mangel vorhanden, hat der Mieter einen verschuldensunabhängigen Schadensersatzanspruch aus § 536 a Abs. 1 **Alt. 1** (Garantiehaftung).
- Entsteht ein Mangel erst **nach Vertragsschluss**, hat der Mieter einen Schadensersatzanspruch aus § 536 a Abs. 1 **Alt. 2**, wenn der Vermieter den Mangel zu vertreten hat.
- Kommt der Vermieter mit der **Beseitigung eines Mangels in Verzug**, hat der Mieter einen Schadensersatzersatzanspruch aus § 536 a Abs. 1 **Alt. 3**. Auch hierbei ist ein Vertretenmüssen des Vermieters erforderlich, § 286 Abs. 4.

Der **Garantiehaftung** aus § 536 a Abs. 1 Alt. 1 steht es nicht entgegen, wenn der Mangel bei Vertragsschluss lediglich in seiner Anlage, also als **bloße Gefahrenquelle**, vorhanden war. Es ist nämlich nicht erforderlich, dass er zu diesem Zeitpunkt bereits hervorgetreten war und seine schädigenden Wirkungen zeigte.[226]

Beispiel: V vermietet dem M einen Lagerraum. Nachdem M seine Waren dort eingelagert hat, verbietet **118**
ihm die zuständige Behörde die Benutzung des Raumes, weil dieser Raum ohne die erforderliche behördliche Genehmigung errichtet worden ist und wegen seiner Lage in einem reinen Wohngebiet nicht gewerbsmäßig genutzt werden darf. M verlangt von V Schadensersatz. Zu Recht?

M könnte gegen V einen Anspruch gemäß **§ 536 a Abs. 1 Alt. 1** haben.

I. M und V haben sich über die Mietvertragsbestandteile geeinigt. Der Wirksamkeit des Vertrags steht gemäß § 311 a Abs. 1 BGB nicht die anfängliche objektive Unmöglichkeit entgegen. Ein wirksamer Mietvertrag liegt mithin vor.

II. Die Mietsache ist nicht im vertragsmäßigen Zustand. Sie ist i.S.d. § 536 Abs. 1 mangelhaft.

III. Dieser Mangel muss **bei Vertragsschluss** lediglich vorhanden gewesen sein. Nicht erforderlich ist, dass er zu diesem Zeitpunkt bereits hervorgetreten war. Mithin liegen die Voraussetzungen der Garantiehaftung aus § 536 a Abs. Alt. 1 vor.

M kann von V Schadensersatz verlangen.

Der **Umfang des Anspruchs** auf Schadensersatz aus § 536 a Abs. 1 erfasst nach ganz h.M. sowohl Mangelschäden als **auch Mangelfolgeschäden**, sodass eine Differenzierung nicht erforderlich ist.[227]

223 Brox/Walker, Besonderes Schuldrecht, § 11 Rn. 11.

224 Vgl. BGH, Urt. v. 27.01.1993 – XII ZR 141/91, NJW-RR 1993, 519 f.; Palandt/Weidenkaff § 536 Rn. 36.

225 Looschelders Rn. 420.

226 BeckOK/Ehlert § 536a Rn. 8a.

227 Vgl. BeckOK/Ehlert § 536a Rn. 16 m.w.N.

Zur **Begründung** lässt sich anführen: Bei der Miete verbringt der Mieter seine Rechtsgüter und Vermögensgegenstände in den Einwirkungsbereich des Vermieters, sodass er dessen Zugriff besonders ausgeliefert ist. Aufgrund der sich daraus ergebenden erhöhten **Schutzbedürftigkeit des Mieters** müssen die teilweise leichteren Haftungsvoraussetzungen im Mietrecht (z.B. keine Exkulpationsmöglichkeit bei anfänglichen Mängeln) nicht nur für Mängel an der Mietsache selbst, sondern auch für Mangelfolgeschäden gelten.

Als Mangelfolgeschäden kommen insbesondere durch den Mangel bedingte Körper- und Sachschäden in Betracht.[228] In diesen Fällen bestehen oftmals nicht nur mietvertragliche, sondern **auch deliktische Schadensersatzansprüche**.

Beispiel: V vermietet an M eine Lagerhalle. V lässt neben dieser Halle vom Unternehmer U Abbrucharbeiten durchführen. Dabei wird das Hallendach beschädigt. Es dringt Regenwasser in die Halle ein und beschädigt die eingelagerten Sachen des M. Deshalb verlangt M Schadensersatz dafür, dass er vorübergehend eine andere Lagerhalle bis zur Instandsetzung des Daches anmieten musste sowie Ersatz für die beschädigten Sachen. Zu Recht?

A. Anspruch des M auf Schadensersatz gemäß **§ 536 a Abs. 1 Alt. 2**

I. Zwischen V und M bestand ein wirksamer Mietvertrag.

II. Die überlassene Mietsache – die Lagerhalle – war nach der Beschädigung des Daches **mangelhaft**.

III. Da der Mangel **nach Vertragsschluss** entstanden ist, haftet V gemäß § 536 a Abs. 1 Alt. 2 nur, sofern er den Mangel zu vertreten hat.
Ein eigenes Verschulden des V ist nicht ersichtlich. Dennoch hat V den Mangel gemäß § 278 zu vertreten, wenn U als Erfüllungsgehilfe tätig geworden ist und in Erfüllung der Verbindlichkeit schuldhaft die Beschädigung des Daches verursacht hat.
Den V traf die Verpflichtung, alles zu unterlassen, was eine Schädigung der Sachen des M verursachen konnte. Er war zur Sorgfalt verpflichtet und hätte Vorkehrungen treffen müssen, damit das Lagerdach – die Mietsache – nicht beschädigt wird. Diese Verpflichtung zur Sorgfalt hat V konkludent auf U übertragen. Dieser hat die Sorgfaltspflicht schuldhaft missachtet, sodass V gemäß § 278 die Beschädigung des Lagerdaches – den Mangel – zu vertreten hat.

IV. M ist berechtigt, Schadensersatz zu verlangen.

1. Er kann den Mangelschaden ersetzt verlangen, d.h. den Schaden, der dadurch entstanden ist, dass das Dach beschädigt worden ist, also die Mietkosten für einen Ersatzraum.

2. Fraglich ist, ob der Mieter auch den Mangelfolgeschaden ersetzt verlangen kann, also den Schaden, den er an seinen Rechtsgütern infolge des Mangels erlitten hat.

Nach ganz h.M. ist der gesamte, infolge des Mangels eingetretene Schaden zu ersetzen; das ist der Mangel- und der Mangelfolgeschaden.

B. Des Weiteren steht dem M ein Schadensersatzanspruch aus § 823 Abs. 1 zu.

Infolge der Beschädigung der eingelagerten Sachen ist M in seinem Eigentum verletzt. Die Beschädigung der gemieteten Halle stellt für M eine Besitzverletzung dar. Beide Rechtsgüter sind in § 823 Abs. 1 geschützt. Das zurechenbare und schuldhafte Verhalten des V ist in der Verletzung seiner Aufsichts- und Überwachungspflicht gegenüber dem U zu sehen.

C. Da U als Verrichtungsgehilfe des V tätig geworden ist, greift als Anspruchsgrundlage auch § 831 Abs. 1 ein.

Der Vermieter kann nicht nur dem Mieter, sondern auch **Dritten gegenüber** gemäß § 536 a Abs. 1 zum Schadensersatz verpflichtet sein, wenn der Mietvertrag Schutzwirkung zugunsten des Dritten entfaltet.[229]

---

228 Looschelders Rn. 422.

229 Vgl. AS-Skript Schuldrecht AT 2 (2016), Rn. 308.

Beispiele: Verwandte des Wohnungsmieters, Beifahrer des Mieters eines Pkw.

Zwar bestehen auch in diesen Fällen nicht selten deliktische Ansprüche der Dritten gegen den Vermieter, aber soweit eine Garantiehaftung aus § 536 a Abs. 1 Alt. 1 greift, ist im Gegensatz zum Deliktsrecht kein Verschulden erforderlich.[230]

Dem **Untermieter** stehen allerdings gegen den Hauptvermieter keine Schadensersatzansprüche aus § 536 a Abs. 1 zu, da der Untermieter eigene vertragliche Ansprüche desselben Inhalts gegen seinen Vermieter, den Hauptmieter, hat. Es fehlt deshalb an der für einen Vertrag mit Schutzwirkung zugunsten Dritter erforderlichen Schutzbedürftigkeit des Dritten.[231]

IV. Fristlose Kündigung

Der Mieter kann gemäß **§ 543 Abs. 1 u. 2 Nr. 1** den Mietvertrag aus wichtigem Grund kündigen, wenn ihm der vertragsgemäße Gebrauch vorenthalten wird, unabhängig davon, ob der Vermieter dies zu vertreten hat. **119**

Da der Vermieter dem Mieter in den Fällen, in denen die Mietsache einen Sach- oder Rechtsmangel aufweist oder ihr eine zugesicherte Eigenschaft fehlt, nicht den vertragsgemäßen Gebrauch gewährt, ist § 543 Abs. 2 Nr. 1 vor allem auch dann einschlägig, wenn die **Mietsache i.S.d. § 536 mangelhaft** ist.[232]

Die Kündigung ist allerdings gemäß § 543 Abs. 3 S. 1 erst dann zulässig, wenn der Mieter dem Vermieter fruchtlos eine angemessene **Frist** zur Abhilfe gesetzt oder ihn erfolglos abgemahnt hat, es sei denn, die Fristsetzung oder Abmahnung ist ausnahmsweise gemäß § 543 Abs. 3 S. 2 **entbehrlich**.

- Es bedarf keiner Fristsetzung, wenn eine Frist oder Abmahnung **offensichtlich keinen Erfolg verspricht** (§ 543 Abs. 3 S. 2 **Nr. 1**).

  Das ist etwa der Fall, wenn der Vermieter eine **Abhilfe endgültig, ernsthaft und nachdrücklich verweigert**.[233]

- Ferner ist die Fristsetzung entbehrlich, wenn die sofortige Kündigung aus besonderen Gründen unter **Abwägung der beiderseitigen Interessen** gerechtfertigt ist (§ 543 Abs. 3 S. 2 **Nr. 2**).

  Besondere Gründe liegen beispielsweise vor, wenn wegen der Zerstörung der Mietsache oder wegen des Begehens einer schweren Straftat gegen den Mieter eine Abmahnung zur **reinen Förmelei** würde, weil die Interessenverletzung des Mieters offensichtlich ist.[234]

---

230 Looschelders Rn. 422.

231 AS-Skript Schuldrecht AT 2 (2016), Rn. 312.

232 Palandt/Weidenkaff § 543 Rn. 13 f.

233 MünchKomm/Bieber § 543 Rn. 65.

234 BeckOK/Ehlert § 543 Rn. 44.

V. Konkurrenzen

1. Verhältnis der Gewährleistungsrechte untereinander

120 Die Rechte des Mieters aus den §§ 536 ff. stehen grundsätzlich **nebeneinander**.[235]

- Der Beseitigungsanspruch aus § 535 Abs. 1 S. 2 besteht bis zur Kündigung (§ 543).
- Der Mieter kann neben der Minderung (§ 536 Abs. 1) gemäß § 536 a Abs. 1 den Ersatz des **weitergehenden** Schadens verlangen.
- Eine Kündigung nach § 543 schließt weder eine entstandene Minderung noch einen Anspruch auf Schadensersatz aus.

2. Verhältnis der Gewährleistungsrechte zum allgemeinen Leistungsstörungsrecht

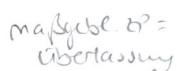

Als Grundsatz gilt zunächst, dass die §§ 536 ff. das allgemeine Leistungsstörungsrecht verdrängen. Maßgeblicher Zeitpunkt für die (ausschließliche) Geltung des Gewährleistungsrechts ist dabei grundsätzlich die Überlassung der Mietsache. Dieser Grundsatz wird jedoch in einigen Fällen durchbrochen.

a) Verhältnis zur Anfechtung

121 Hat der Vermieter den Mieter über einen Umstand arglistig getäuscht, der zugleich einen Mangel der Mietsache begründet, kommen – nach Überlassung der Mietsache – sowohl eine Anfechtung gemäß **§ 123 Abs. 1 Alt. 1** als auch Rechte gemäß den §§ 536 ff. **nebeneinander** in Betracht. Das Anfechtungsrecht des Mieters wird wegen der fehlenden Schutzwürdigkeit des Vermieters nicht durch das spezielle Gewährleistungsrecht verdrängt. Ferner wird – anders als etwa bei der Anfechtung vollzogener Arbeits- oder Gesellschaftsverträge – die Rückwirkung der Anfechtung (§ 142 Abs. 1) im Mietrecht nicht eingeschränkt.[236]

Klausurhinweis: *Nach erfolgreicher Anfechtung ist also eine (uneingeschränkte) bereicherungsrechtliche Rückabwicklung des Mietverhältnisses möglich. Anspruchsgrundlage ist dann § 812 Abs. 1 S. 1 Alt. 1, wobei ggf. auch die Saldotheorie anzuwenden ist.*[237]

Nach h.M. verdrängen die §§ 536 ff. auch das Anfechtungsrecht des Mieters gemäß **§ 119 Abs. 2** nicht, wenn der Mieter über eine verkehrswesentliche Eigenschaft irrt, die zugleich einen Mietmangel darstellt.[238] Das überzeugt jedoch nicht, da es bei § 119 Abs. 2 im Gegensatz zu § 123 Abs. 1 nicht an der Schutzwürdigkeit des Vermieters fehlt. Es ist deshalb kein ausreichender Grund dafür ersichtlich, dass durch einen Rekurs auf das Anfechtungsrecht die Haftungsausschlüsse gemäß den §§ 536 b, 536 c unterlaufen werden können.[239]

---

235 Looschelders Rn. 428.
236 Vgl. Palandt/Weidenkaff § 536 Rn. 12 m.w.N.
237 BeckOK/Ehlert § 536 Rn. 21.
238 BeckOK/Ehlert § 536 Rn. 21.
239 Vgl. Looschelders Rn. 435.

b) Verhältnis zur Unmöglichkeit

Folgt man dem Grundsatz, dass die §§ 536 ff. erst nach Überlassung der Mietsache Anwendung finden, haftet der Vermieter für **anfängliche unbehebbare Mängel** nur unter den Voraussetzungen des **§ 311 a Abs. 2.**[240] Das führt dazu, dass der Mieter nicht in den Genuss der Garantiehaftung aus § 536 Abs. 1 Alt. 1 kommt, sondern die Haftung des Vermieters davon abhängt, dass dieser den Mangel bei Vertragsschluss kannte oder hätte kennen müssen, § 311 Abs. 1 S. 2. **122**

Vor diesem Hintergrund lässt ein Teil der Lit.[241] **bei anfänglicher Unmöglichkeit** einen Anspruch aus **§ 536 a Abs. 1 auch bereits vor Überlassung** der Mietsache zu. Denn die Garantiehaftung in dieser Vorschrift müsse unabhängig davon eingreifen, ob der Mieter die Mietsache in Besitz genommen habe oder nicht. Gerade bei anfänglichem Unvermögen könne es auf eine Übergabe nicht ankommen. Dies führe nämlich zu **zufälligen Ergebnissen**. Der Schutz des Mieters müsse insbesondere bei einem unbehebbaren Mangel auch schon vor Übergabe gewährleistet sein.[242]

Entsteht ein die Unmöglichkeit begründender Mangel erst nach Vertragsschluss (**nachträgliche Unmöglichkeit**), kommt eine Garantiehaftung ohnehin nicht in Betracht, sodass es bei der Grundregel bleiben kann, dass (erst) nach der Überlassung der Mietsache die §§ 536 ff. Anwendung finden und der Vermieter vor der Überlassung gemäß **§§ 280 Abs. 1 u. 3, 283** haftet.[243] **123**

Hinweis: *Nach h.M. bewirkt die nachträgliche Unmöglichkeit nicht nur das Erlöschen der Hauptleistungspflichten, sondern führt auch zur Auflösung des Mietverhältnisses, ohne dass es einer Kündigung bedarf.*[244]

c) Verhältnis zu § 313

Soweit sich die Störung der Geschäftsgrundlage auf Mängel der Mietsache bezieht, **verdrängen die §§ 536 ff.** nach der Überlassung der Mietsache als abschließende Sondervorschriften die Regelungen in § 313.[245] **124**

d) Verhältnis zum Verschulden bei Vertragsschluss

Nach Überlassung der Mietsache verdrängen die §§ 536 ff. grundsätzlich die Haftung des Vermieters aus §§ 280 Abs.1, 311 Abs. 2 u. 3 wegen Verschuldens bei Vertragsschluss, wenn die vorvertragliche Pflichtverletzung zugleich einen Mangel betrifft.[246] Etwas anderes gilt nur dann, wenn der Vermieter vorsätzlich eine vorvertragliche Pflicht verletzt, also etwa einen Rechtsmangel arglistig verschwiegen hat.[247] **125**

---

240 Vgl. BGH, Beschl. v. 25.11.1998 – XII ZR 12/97, NJW 1999, 603; Palandt/Weidenkaff § 536 a Rn. 3.

241 Jauernig/Teichmann § 536 Rn. 2; MünchKomm/Häublein § 536 Rn. 11; Looschelders Rn. 437.

242 Voß/Timme JZ 1998, 304 f.; Tröster NZM 1998, 697.

243 Looschelders Rn. 438.

244 Palandt/Weidenkaff § 543 Rn. 9.

245 BeckOK/Ehlert § 536 Rn. 19.

246 Looschelders Rn. 439.

247 Palandt/Weidenkaff § 536 Rn. 14.

e) Verhältnis zum Deliktsrecht

126 Mietvertragliche Ansprüche und Schadensersatzansprüche aus unerlaubter Handlung (§§ 823 ff.) stehen **nebeneinander**. Dieses Verhältnis gewinnt insbesondere Bedeutung, wenn die vertraglichen Ansprüche, etwa gemäß § 536 c Abs. 2, ausgeschlossen sind.[248]

f) Verhältnis zu § 320

127 Dem Mieter steht nach ganz h.M. die Einrede aus § 320 **neben den Rechten aus §§ 536 ff.** zur Seite.[249] Deshalb kann der Mieter, auch wenn die Miete gemäß § 536 Abs. 1 bereits zum Teil gemindert ist, darüber hinaus Mietzahlungen unter Berufung auf § 320 verweigern und den Vermieter so zusätzlich zur Behebung des Mietmangels anhalten.[250] Allerdings ist die Wertung des § 536 c auch im Rahmen des § 320 zu berücksichtigen. Hat der Mieter also eine Mängelanzeige unterlassen, scheidet die Einrede aus § 320 aus, solange der Vermieter den Mangel wegen fehlender Kenntnis nicht beseitigen konnte.[251]

C. Ausschluss der Gewährleistungsrechte

128 Die Gewährleistungsrechte des Mieters können aufgrund einer Parteivereinbarung oder kraft Gesetzes ausgeschlossen sein.

I. Ausschluss kraft Vereinbarung

Ein vertraglicher Ausschluss der Gewährleistungsrechte ist grundsätzlich wirksam. Der Ausschluss durch Individualvertrag wird aber durch § 536 Abs. 4, § 536 d und § 569 Abs. 5 begrenzt.

- Nach **§ 536 Abs. 4** kann die Minderung der Miete wegen Mängeln nicht abbedungen werden, wenn ein Mietverhältnis über **Wohnraum** vorliegt.
- Gemäß **§ 536 d** greift ein vertraglicher Ausschluss der Mieterrechte nicht ein, wenn der Vermieter den Mangel **arglistig verschwiegen** hat.
- Außerdem sind nach **§ 569 Abs. 5 S. 1** Vereinbarungen in Wohnraummietverträgen, die abweichend von § 543 oder § 569 Abs. 1–3 die **Kündigung des Vermieters** erleichtern oder die **Kündigungsmöglichkeit des Mieters** erschweren oder ausschließen, unwirksam.

Der Ausschluss in **Formularverträgen** unterliegt der AGB-Kontrolle nach den §§ 305 ff. Neben der Generalklausel des § 307 können dabei insbesondere die speziellen Klauselverbote aus § 309 Nr. 7 und 8a virulent werden.[252]

---

248 Vgl. Looschelders Rn. 441.
249 Vgl. MünchKomm/Häublein Vor § 536 Rn. 14 m.w.N.
250 Looschelders Rn. 436.
251 MünchKomm/Häublein Vor § 536 Rn. 15.
252 Looschelders Rn. 431.

II. Ausschluss kraft Gesetzes

1. Ausschluss gemäß § 536 b

Nach § 536 b sind die Gewährleistungsansprüche ausgeschlossen, 129

- wenn der **Mieter den Mangel kennt**, es sei denn, der Mieter hat sich die Rechte wegen des Mangels vorbehalten, oder
- wenn der Mieter den Mangel **infolge grober Fahrlässigkeit nicht gekannt** hat, es sei denn, der Vermieter hat den Mangel arglistig verschwiegen.

Beispiel: Die Lage der Mietsache (Hausgrundstück) in der Nähe eines Waldgebietes allein begründet keine Kenntnis oder grob fahrlässige Unkenntnis des Mieters i.S.d. § 536 b von bestehendem oder drohendem Wildschweinbefall.[253]

Die Vorgängervorschrift des **§ 536 b**, nämlich § 539 a.F., wurde **analog** angewendet, wenn der Mieter trotz nachträglicher Kenntnis eines – anfänglich vorhandenen oder nachträglich auftretenden – Mangels den Gebrauch der Mietsache vorbehaltslos fortsetzte und insbesondere die Miete in voller Höhe weiterzahlte.[254]

Dazu hat der BGH jedoch entschieden, dass für Mietverhältnisse, die ab dem 01.09.2001 begründet worden sind, nicht mehr von einem Ausschluss des Minderungsrechts analog § 539 a.F. (§ 536 b n.F.) ausgegangen werden kann. Für vor dem 01.09.2001 begründete Mietverhältnisse gilt, dass analog § 539 a.F. erloschene Minderungsrechte nicht wieder aufleben.[255] Für die Zukunft kann dann aber wieder gemindert werden.

In den Fällen, die früher eine Analogie begründeten, können heute die Gewährleistungsrechte nur unter den engeren **Voraussetzungen der Verwirkung** (§ 242) ausnahmsweise ausgeschlossen sein.[256]

2. Ausschluss gemäß § 326 Abs. 2

Hat der Mieter den Mangel **selbst zu vertreten oder** stammt dessen Ursache aus einem dem Mieter zuzurechnenden **Verantwortungsbereich**, so ist aus § 326 Abs. 2 herzuleiten, dass der Mieter weder den Beseitigungsanspruch noch die Gewährleistungsrechte geltend machen kann.[257] 130

Beispiel: Die Beeinträchtigung der Gebrauchstauglichkeit beruht auf einer von den Mietern geforderten Veränderung der Mietsache.[258]

3. Ausschluss gemäß § 536 c Abs. 2 BGB

Der Minderungs- und Schadensersatzanspruch sowie das Kündigungsrecht nach § 543 Abs. 3 sind gemäß § 536 c Abs. 2 ausgeschlossen, wenn der Mieter eine **Mängelanzeige unterlassen** hat und der Vermieter deswegen keine Abhilfe schaffen konnte. Die Vorschrift greift also nicht ein, wenn der Vermieter auch bei erfolgter Anzeige keine Abhilfe hätte schaffen können. 131

---

253 LG Berlin, Urt. v. 21.12.2015 – 67 S 65/14, RÜ 2016, 277, 279.

254 BGH, Urt. v. 18.06.1997 – XII ZR 63/95, NJW 1997, 2674.

255 BGH, Urt. v. 16.07.2003 – XIII ZR 274/02, NJW 2003, 2601.

256 Looschelders Rn. 429.

257 Palandt/Weidenkaff § 536 Rn. 37.

258 OLG München OLG-Report 1997, 2.

132

Rechte des Mieters wegen Sach- und Rechtsmängeln

Wirksamer Mietvertrag

- Einigung über den **Vertragsinhalt**
- Für das Zustandekommen der Einigung über den Vertragsinhalt gelten die Regeln über Rechtsgeschäfte, §§ 104 ff.

Grund der Mängelhaftung

- **Mangel der Mietsache**
  - Gebrauchsbeeinträchtigender, erheblicher Mangel: Ist-Beschaffenheit weicht von der Soll-Beschaffenheit ungünstig ab
  - Zugesicherte Eigenschaft fehlt

Mängelansprüche

- **Beseitigungsanspruch** = Erfüllungsanspruch gemäß § 535 bei Verzug mit Mängelbeseitigung, § 536 a Abs. 2: erforderliche **Aufwendungen** sind zu ersetzen
- Gewährleistungsrechte:
  - **Minderung** gemäß § 536 **automatisch**, wenn Mietsache überlassen ist; zu viel Gezahltes kann zurückgefordert werden – Anspruchsgrundlage: § 812 Abs. 1 S. 1 Alt. 1
  - **Schadensersatz** gemäß § 536 a:
    – Mangel bei Vertragsschluss: Garantiehaftung ohne Verschulden
    – Mangel nach Vertragsschluss: muss zu vertreten sein
    – **Umfang** nach h.M. Mangel- und Mangelfolgeschaden
    – Bei **nicht behebbaren** Mängeln gilt nach h.M. § 536 a auch vor Überlassung
- Kündigung gemäß § 543, wenn der vertragsgemäße Gebrauch nicht gewährt wird

Ausschluss

- Vertrag: bei AGB Inhaltskontrolle gemäß §§ 305 ff.
- Gesetz: § 536 b, § 326 Abs. 2, § 536 c Abs. 2

Rechtsmangel

- Rechte Dritter, auch Besitzrechte eines anderen Mieters
- Entzug; dem steht die Nichtgewährung gleich

Einrede des nichterfüllten Vertrags

- Ist oder wird die überlassene Mietsache mangelhaft, so steht dem Mieter die Einrede des nichterfüllten Vertrags zu, weil er einen **Anspruch auf mangelfreie Überlassung** hat.

4. Abschnitt: Aufwendungs- und Wegnahmerecht aus § 539

Nach **§ 539 Abs. 1** kann der Mieter den Ersatz der Aufwendungen auf die Mietsache, die der Vermieter ihm nicht nach § 536 a Abs. 2 zu ersetzen hat, nach den Vorschriften über die Geschäftsführung ohne Auftrag ersetzt verlangen. **133**

Da notwendige Aufwendungen, d.h. Aufwendungen, die zur Erhaltung oder Wiederherstellung der Sache objektiv erforderlich sind, gemäß § 536 a Abs. 2 Nr. 2 zu ersetzen sind, betrifft der Anspruch aus § 539 Abs. 1 nur die **sonstigen Aufwendungen**. Darunter fallen etwa Maßnahmen zur Befestigung einer Hoffläche oder der Ausbau der gemieteten Gewerberäume zur Verbesserung der Wasser- und Stromversorgung sowie An- und Umbauten an einem Tankstellengebäude.[259]

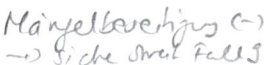

Aufwendungen, die dazu dienen, den vertragsmäßigen Zustand der Sache herzustellen, also alle Aufwendungen, die der Mängelbeseitigung dienen, fallen dagegen ausschließlich unter § 536 a Abs. 2 Nr. 2.

Da § 539 Abs. 1 einen **Rechtsgrundverweis** auf die Vorschriften über die Geschäftsführung ohne Auftrag enthält, kann der Mieter nur dann Aufwendungsersatz verlangen,

- wenn er mit Fremdgeschäftsführungswillen (**§ 677**) und dem wirklichen oder mutmaßlichen Willen des Vermieters entsprechend (**§ 683 S. 1**) gehandelt hat oder
- wenn die Aufwendungen der Erfüllung einer im öffentlichen Interesse liegenden Pflicht, etwa einer baubehördlichen Auflage, dienten (**§§ 683 S. 2, 679**) oder
- wenn sie vom Vermieter genehmigt worden sind (**§ 684 S. 2**), wobei die bloße Duldung einer Maßnahme, die der Vermieter untersagen könnte, nicht genügt.[260]

Klausurhinweis: *Nimmt der Mieter Schönheitsreparaturen vor und stellt sich später heraus, dass die diesbezügliche Übertragung unwirksam war, hat der Mieter keinen Anspruch gemäß § 539 Abs. 1 i.V.m. §§ 677, 683 S. 1, 670, weil er mit der Renovierung kein Geschäft des Vermieters ausführt, sondern* ***nur im eigenen Rechts- und Interessenkreis tätig wird****; er will nämlich eine Leistung erbringen, die rechtlich und wirtschaftlich Teil des von ihm für die Gebrauchsüberlassung an der Wohnung geschuldeten Entgelts ist.*[261]

Gemäß **§ 539 Abs. 2** ist der Mieter berechtigt, eine Einrichtung, mit der er die Mietsache versehen hat, wegzunehmen. Dieses **Wegnahmerecht**, das insbesondere Bedeutung gewinnt, wenn keine Ansprüche aus § 536 a Abs. 2 oder § 539 Abs. 1 bestehen, soll sicherstellen, dass der Mieter die auf die Mietsache gemachten Investitionen jederzeit – vor allem nach Mietende – an sich nehmen kann, und zwar auch dann, wenn die Einrichtung wesentlicher Bestandteil gemäß § 94 geworden ist.[262]

Eine **Einrichtung** i.S.d. § 539 Abs. 2 ist eine Sache, die mit der Mietsache verbunden ist und dem Zweck der Mietsache zu dienen bestimmt ist.[263]

Beispiele: Einbau eines Wandschranks, Installierung einer Lichtanlage.

---

259 BeckOK/Ehlert § 539 Rn. 4.

260 MünchKomm/Bieber § 539 Rn. 8.

261 BeckOK/Ehlert § 535 Rn. 193.

262 BeckOK/Ehlert § 539 Rn. 1.

263 Palandt/Weidenkaff § 539 Rn. 9.

Der Vermieter kann die **Wegnahme** durch Zahlung einer angemessenen Entschädigung **abwenden**, wenn der Mieter kein berechtigtes Interesse an der Wegnahme hat, **§ 552 Abs. 1**.

Nach der Wegnahme hat der Mieter den **früheren Zustand der Mietsache wiederherzustellen**, § 258 S. 1. Außerdem kann der Vermieter für die Kosten der Wiederherstellung Sicherheit verlangen und so lange die Duldung der Wegnahme ablehnen (§ 258 S. 2). Soweit der frühere Zustand nicht wiederhergestellt werden kann, ist eine Wegnahme nicht zulässig. Dann kommen aber Ansprüche des Mieters aus § 539 Abs. 1 oder gemäß den §§ 812 ff. in Betracht.[264]

5. Abschnitt: Vertragspflichtverletzung außerhalb der Mängelgewährleistung

A. Unmöglichkeit der Gebrauchsüberlassung

134 Dem Vermieter ist die Erfüllung der Leistungspflicht, nämlich die Überlassung der mangelfreien Mietsache, unmöglich, wenn die Mietsache zerstört oder gestohlen wird oder der Gebrauch der Mietsache aus Gründen nicht möglich ist, die im Risikobereich des Vermieters liegen.

- Für alle nicht in der Person des Mieters begründeten Leistungshindernisse gelten die Regeln des Ausschlusses der Leistungspflicht.
  - Der Erfüllungsanspruch geht gemäß **§ 275 Abs. 1** unter.
  - Für die Gegenleistungsverpflichtung – die Zahlungspflicht – gilt **§ 326 Abs. 1 u. 2**.
  - Hat der Vermieter die Unmöglichkeit zu vertreten, so greifen die **§§ 280 Abs. 1 u. 3, 283** ein.
- Ist der Gebrauch der Mietsache ganz oder zum Teil ausgeschlossen und ist die Erfüllung nicht mehr nachholbar, liegt ein **Fixgeschäft** vor, das die Rechtsfolgen des Ausschlusses der Leistungspflicht auslöst.

Beispiel: V vermietet dem M durch schriftlichen Vertrag vom 05.01. für 10 Jahre eine Drei-Zimmerwohnung für 400 € monatlich ab 01.04. Da sich die Renovierungsarbeiten an der Wohnung verzögern, kann V die Wohnung erst am 01.06. überlassen. M entstehen infolgedessen Kosten i.H.v. 1.600 € für die Anmietung einer Ersatzwohnung, die er ersetzt verlangt. Zu Recht?

Anspruch auf Schadensersatz i.H.v. 1.600 € gemäß §§ 280 Abs. 1 u. 3, 283?

I. Zwischen M und V besteht ein wirksamer Mietvertrag.
II. Dem V war es in der Zeit vom 01.04.–01.06. unmöglich, seine Leistungsverpflichtung, nämlich die Gebrauchsüberlassung zu erfüllen. Da es sich bei der Raummiete ferner regelmäßig um ein absolutes Fixgeschäft handelt, ist die Leistung auch nicht nachholbar.
Ist die Mietzeit also vertragswesentlich, so greifen im Falle der verspäteten Überlassung nicht die Regeln des Verzugs, sondern die des Ausschlusses der Leistungspflicht ein.[265]
III. Der V hat die Unmöglichkeit auch zu vertreten.

264 MünchKomm/Bieber § 539 Rn. 17.
265 MünchKomm/Häublein Vor § 536 Rn. 20.

IV. M kann gemäß §§ 280 Abs. 1 u. 3, 283 den infolge der Unmöglichkeit entstandenen Schaden ersetzt verlangen, also den Schaden, der dadurch entstanden ist, dass ihm die Mietsache vom 01.04.–01.06. nicht überlassen worden ist. Da ihm dadurch Kosten i.H.v. 1.600 € entstanden sind, kann er diese ersetzt verlangen.

B. Verzug mit der Gebrauchsüberlassung

Überlässt der Vermieter die Mietsache nicht bei Fälligkeit, so kann der Mieter gemäß **§§ 280 Abs. 1 u. 2, 286** im Falle des Verzugs den Verzögerungsschaden ersetzt verlangen. 135

Außerdem kann der Mieter bei nicht rechtzeitiger Gebrauchsgewährung gemäß **§ 543** nach fruchtloser Abmahnung fristlos kündigen. Das Rücktrittsrecht gemäß § 323 wird durch § 543 als lex specialis verdrängt.

Der Mieter kann ferner gegenüber dem Vermieter die Einrede aus **§ 320** erheben.

C. Nichterfüllung der Zahlungspflicht

Zahlt der Mieter bei Fälligkeit die Miete nicht und gerät er in Zahlungsverzug, so kann der Vermieter 136

- gemäß **§§ 280 Abs. 1 u. Abs. 2, 286** den Verspätungsschaden ersetzt verlangen und im Übrigen am Vertrag festhalten;
- gemäß **§ 543 Abs. 2 Nr. 3** vorgehen und den Vertrag fristlos kündigen. Soweit die Miete in wiederkehrenden Zeitabschnitten zu zahlen ist, scheidet allerdings ein Rücktritt gemäß § 323 aus.

D. Zahlungspflicht bei persönlicher Verhinderung des Mieters

Ist der Mieter aus in seiner Person liegenden Gründen am Gebrauch der Mietsache gehindert, so ist er gleichwohl gemäß **§ 537 Abs. 1 S. 1** weiterhin zur Zahlung der Miete verpflichtet. Die Vorschrift des § 537 ist eine **Sonderregelung gegenüber § 326**, sodass die Zahlungsverpflichtung des Mieters auch dann fortbesteht, wenn er die Verhinderung nicht zu vertreten hat.[266] 137

Deshalb entfällt die Mietzahlungspflicht auch weder bei Krankheit oder Tod des Mieters noch bei beruflicher Veränderung oder Inhaftierung.[267] Der Vermieter muss sich allerdings gemäß **§ 537 Abs. 1 S. 2** den Wert der ersparten Aufwendungen sowie die Vorteile anrechnen lassen, die er aus einer anderweitigen Verwertung des Gebrauchs erlangt.

Solange der Vermieter jedoch infolge der Überlassung des **Gebrauchs an einen Dritten** außerstande ist, dem Mieter den Gebrauch zu gewähren, ist der Mieter zur Entrichtung des Mietzinses nicht verpflichtet, **§ 537 Abs. 2**.

Ob § 537 Abs. 2 auch dann gilt, wenn der **Mieter** durch sein Verhalten die **Gebrauchsüberlassung an einen Dritten veranlasst** hat, wird nicht einheitlich beurteilt.

266 Palandt/Weidenkaff § 537 Rn. 4.

267 BeckOK/Ehlert § 537 Rn. 4.

138 **Fall 2: Vorzeitiger Auszug**

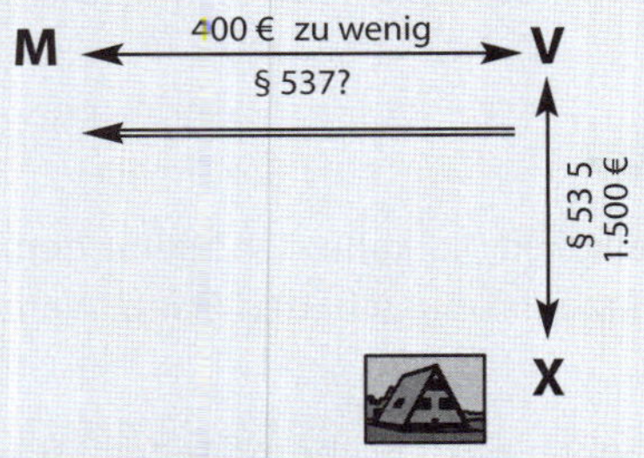

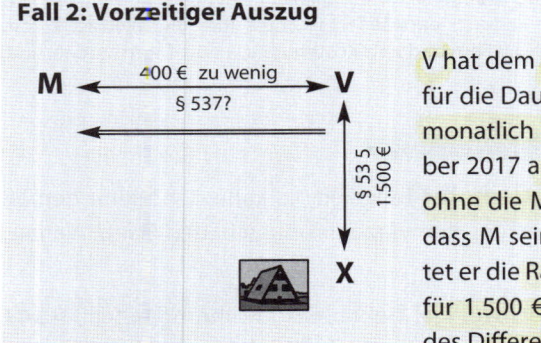

V hat dem M im Herbst 2010 ein Geschäftslokal für die Dauer von 10 Jahren zu einer Miete von monatlich 1.900 € vermietet. M zieht im Oktober 2017 aus, ohne den V zu verständigen und ohne die Miete weiter zu zahlen. Als V erfährt, dass M sein Geschäft aufgegeben hat, vermietet er die Räume nach längeren Verhandlungen für 1.500 € an X und verlangt von M Zahlung des Differenzbetrags von monatlich 400 €.

V kann den Differenzbetrag verlangen, wenn ihm ein Anspruch aus **§ 535 Abs. 2** zusteht.

I. Der **Anspruch** auf Miete ist mit Abschluss des Mietvertrags **entstanden**.

II. Dieser Anspruch könnte gemäß **§ 537 Abs. 2 erloschen** sein, weil V das Geschäftslokal an X weitervermietet hat und es ihm infolgedessen nicht möglich ist, die Mietsache an M zu überlassen. Jedoch hat M den V durch sein Verhalten zur Weitervermietung an X veranlasst, indem er grundlos ausgezogen ist und nach den gesamten Umständen nicht zu erwarten war, dass M nach der Geschäftsaufgabe wieder einziehen würde. Es stellt sich daher die Frage, ob sich M dennoch auf § 537 Abs. 2 berufen kann.

1. Zum Teil wird in der Rspr. die Auffassung vertreten, dass auch in einem solchen Fall der gesamte Anspruch auf Miete gegen den ursprünglichen Mieter nach § 537 Abs. 2 erlösche.[268]

2. Demgegenüber nimmt der BGH an, dass der vertragsuntreue Mieter gemäß **§ 242 rechtsmissbräuchlich** handelt und sich nicht auf § 537 Abs. 2 berufen kann, wenn er durch sein vertragswidriges Verhalten den Vertragspartner zur Weitervermietung veranlasst hat. Damit handele der Vermieter auch im Interesse des Mieters, weil er dadurch dessen Schadensersatzpflicht mindere.[269]

4. Demnach ist M verpflichtet, die Miete zu zahlen. Jedoch muss sich V die Vorteile anrechnen lassen, die er aus der anderweitigen Vermietung erlangt hat, § 537 Abs. 1 S. 2, sodass M für die Dauer des Mietvertrags den Differenzbetrag i.H.v. 400 € zu zahlen hat.

---

268 OLG München, Urt. v. 15.11.1991 – ZU 3019/91, NJW-RR 1992, 204.

269 BGH, Urt. v. 19.12.2007 – XII ZR 13/06, RÜ 2008, 283, 285.

E. Nichtvornahme übernommener Schönheitsreparaturen

Hat sich der Mieter vertraglich wirksam verpflichtet (vgl. dazu oben Rn. 105), die Schönheitsreparaturen auszuführen, hat der Vermieter zunächst einen diesbezüglichen vertraglichen **Erfüllungsanspruch**. Zu den Schönheitsreparaturen gehören grundsätzlich die in § 28 Abs. 4 S. 5 der II. Berechnungsverordnung angegebenen Arbeiten, nämlich das Tapezieren, Anstreichen oder Kalken der Wände und Decken, das Streichen der Fußböden und der Heizkörper einschließlich der Heizrohre, der Innentüren sowie der Fenster und der Außentüren von innen. 139

Bei Nichterfüllung der vertraglichen Verpflichtung zur Vornahme der Schönheitsreparaturen hat der Vermieter einen **Anspruch auf Schadensersatz**. Anspruchsgrundlage ist dann **§§ 280 Abs. 1 u. 3, 281**. Die Schönheitsreparaturen sind nämlich gemäß § 535 Abs. 1 S. 2 grundsätzlich Hauptpflicht des Vermieters. Werden diese vom Mieter übernommen, so bleibt der Charakter erhalten. Voraussetzung des Schadensersatzanspruches ist grundsätzlich eine angemessene Fristsetzung zur Durchführung der Schönheitsreparaturen, § 281 Abs. 1. Zieht der Mieter jedoch – unverrichteter Dinge – aus der Mietsache aus, ist darin eine endgültige Erfüllungsverweigerung zu sehen, sodass die Fristsetzung gemäß § 281 Abs. 2 entbehrlich ist. [270]

Werden die Schönheitsreparaturen vom Nachmieter ausgeführt, lässt dies den Anspruch des Vermieters nicht mangels Schadens entfallen, weil der Mietvertrag für diesen Fall dahingehend auszulegen ist, dass der Mieter dem Vermieter eine **Geldentschädigung** schuldet.[271]

6. Abschnitt: Schutz der Parteien während des Mietverhältnisses

A. Schutz des Mieters im Falle der Veräußerung

In **§ 566** findet sich eine zentrale Mieterschutzvorschrift, die dem Schutz des Mieters vor Verlust des gemieteten Grundstücks oder Raums infolge der Veräußerung an einen Dritten dient. Die Vorschrift durchbricht den Grundsatz, dass vertragliche Rechte und Pflichten nur zwischen den am Schuldverhältnis beteiligten Personen entstehen und stellt einen Fall der gesetzlichen Vertragsübernahme dar (gleiches gilt etwa für § 613 a). 140

Der Schutz des § 566 greift unter folgenden **Voraussetzungen** ein:

- Der Vermieter muss das **Grundstück veräußert**, d.h., es muss ein **Eigentumswechsel** stattgefunden haben. Entgegen der amtlichen Überschrift reicht der „Kauf" also nicht aus, um die Rechtsfolgen des § 566 auszulösen. I.

  Hintergrund der **rechtsgeschäftlichen Übertragung** kann neben dem Kauf auch eine Schenkung oder ein Tausch sein.[272]

- Über das Grundstück oder über Räume in Gebäuden auf dem Grundstück muss ein **wirksamer Mietvertrag** zwischen dem ursprünglichen Vermieter und dem Mieter im Zeitpunkt der Veräußerung bestehen. II

270 Looschelders Rn. 451.

271 Brox/Walker, Besonderes Schuldrecht, § 11 Rn. 43.

272 Looschelders Rn. 490.

- Dem Mieter muss die **Sache vor der Veräußerung** aufgrund des Mietvertrags **überlassen worden** sein.[273]

  Die Überlassung liegt in der Übergabe des Grundstücks zum Gebrauch durch Verschaffung des unmittelbaren Besitzes; bei Räumen geschieht dies häufig durch Übergabe der Schlüssel.

  Erfolgt die Überlassung erst **nach der Veräußerung**, so tritt der Erwerber nicht kraft Gesetzes in den bestehenden Mietvertrag ein. Es gilt dann die Regelung in **§ 567 a**.

Als Rechtsfolge tritt der **Erwerber anstelle des Vermieters** in die sich während der Dauer seines Eigentums aus dem Mietverhältnis ergebenden **Rechte und Pflichten** ein.

Beispiel: V und M haben einen Mietvertrag für die Dauer von fünf Jahren über ein dem E gehörendes Haus abgeschlossen. V ist im Grundbuch eingetragen. Noch vor Ablauf der Mietzeit veräußert V das Grundstück an X, ohne den Mietvertrag zu erwähnen. X wird im Grundbuch als Eigentümer eingetragen und verlangt von M nunmehr Räumung der Wohnung.
Anspruch des X gegen M auf Räumung gemäß § 985?

I. Der V hat das Grundstück gemäß §§ 873, 925, 892 wirksam an X veräußert. X hat vom nichtberechtigten V das Eigentum erworben.

II. M hat jedoch gemäß § 986 ein Recht zum Besitz, wenn zwischen ihm und X ein wirksamer Mietvertrag besteht. Da X und M sich nicht über die Vertragsbestandteile eines Mietvertrags geeinigt haben, kommt nur ein gesetzlicher „Eintritt" gemäß § 566 Abs. 1 in Betracht.

1. V hat an X das Grundstück veräußert.

2. Zwischen V und M bestand im Zeitpunkt der Veräußerung des Grundstücks ein wirksamer Mietvertrag. Die Wirksamkeit des Mietvertrags wird nicht dadurch berührt, dass V nicht Eigentümer des Grundstücks war. Ein Mietvertrag kann auch über fremde Sachen wirksam abgeschlossen werden, weil es sich dabei lediglich um ein schuldrechtliches Verpflichtungsgeschäft handelt.

3. Dem Mieter M ist aufgrund des Mietvertrags vor der Veräußerung der Besitz überlassen worden. Daher ist gemäß § 566 Abs. 1 der Erwerber in den Mietvertrag eingetreten. Der M hat gegenüber dem X ein Recht zum Besitz. Dass dem X das Bestehen des Mietvertrags nicht bekannt war, ist rechtlich unerheblich. Die Vorschrift des § 566 greift unabhängig davon ein, ob der Erwerber Kenntnis hat.
X hat mithin keinen Anspruch gegen M aus § 985.

Hinweis: *Bei Eigentumswohnungen stellt sich die Problematik des Sonder- und gemeinschaftlichen Eigentums. Die Rspr. befürwortet hier eine alleinige Vermieterstellung des Erwerbers und kein Auseinanderfallen.*[274]

B. Schutz des Mieters nach allgemeinen Vorschriften

141 Wird der Mieter als Besitzer der Mietsache im Besitz durch Dritte gestört, so kann er als Besitzer die allgemeinen **Besitzschutzansprüche** geltend machen.

I. Entzug oder Vorenthaltung

142 Der Mieter kann gegen den neuen Besitzer nachstehende Ansprüche geltend machen:

- Den Besitzentziehungsanspruch gemäß **§ 861**, wenn ihm der Besitz durch verbotene Eigenmacht entzogen worden ist.
- Der Mieter kann ferner unter den Voraussetzungen des **§ 1007** Herausgabe der Mietsache verlangen.

---

273 Palandt/Weidenkaff § 566 Rn. 13.

274 BGH, Rechtsentscheid v. 28.04.1999 – VIII ARZ 1/98, NJW 1999, 1731.

- Ein Herausgabeanspruch kann auch gemäß **§§ 823 Abs. 1, 249** (Besitz als „sonstiges Recht") und **§ 823 Abs. 2** i.V.m. der Verletzung eines Schutzgesetzes gegeben sein.

II. Besitzstörung

Im Falle der Besitzstörung kommen Ansprüche aus **§ 862** und aus den **§§ 1004, 823 Abs. 1 u. Abs. 2** i.V.m. der Verletzung eines Schutzgesetzes in Betracht. 143

Bei **Störungen** des Mieters **durch einen Mitmieter** kommen ebenfalls nur die Besitzansprüche in Betracht, die der Mieter gegenüber Dritten hat.

Beispiel: M wohnt in dem Mehrfamilienhaus des V. Der über ihm wohnende Mieter X veranstaltet wiederholt lautstarke Partys bis tief in die Nacht. Kann M von X Unterlassung der Störung verlangen? 144

I. Der Vermieter schließt mit dem einzelnen Mieter **keinen Vertrag zugunsten Dritter** mit dem Inhalt, dass jeder Mitmieter dem anderen Mieter gegenüber verpflichtet ist, Störungen zu unterlassen.[275]

II. Die Mieter sind auch **nicht in den Schutzbereich** des Mietvertrags zwischen dem Vermieter und dem anderen Mieter **einbezogen**, weil der Vermieter weder aufgrund eines personenrechtlichen Fürsorgeverhältnisses für das Wohl und Wehe der anderen Mitmieter einzustehen hat, noch ein besonderes vertragliches Schutzinteresse gegeben ist.[276]

III. M könnte gegen X gemäß § 862 einen Anspruch auf Einhaltung der Nachtruhe haben. M wird ohne seinen Willen im Besitz gestört, sodass eine verbotene Eigenmacht gemäß § 858 vorliegt.
Da M diese Störung, wenn er Eigentümer wäre, gemäß § 906 Abs. 1 wegen der erheblichen Beeinträchtigung der Nachtruhe nicht hinnehmen müsste, ist der Abwehranspruch gemäß § 862 begründet.

IV. Darüber hinaus ist X gemäß §§ 1004, 823 Abs. 1 und § 823 Abs. 2 i.V.m. § 858 zur Unterlassung der Störung verpflichtet.

Daneben kann M von V verlangen, dass V gemäß § 535 Abs. 1 S. 2 die dauernde Störung der Nachtruhe unterbindet. Da durch die Störung die Mietsache mangelhaft wird, kommen auch Mängelansprüche des M gegen V in Betracht.

Klausurhinweis: *Störung eines Mieters in seinem Besitz durch den* ***Tabakrauch*** *eines anderen Mieters, der auf dem Balkon seiner Wohnung raucht, ist auch dann eine verbotene Eigenmacht i.S.d. § 858 Abs. 1, wenn dem anderen Mieter im Verhältnis zu seinem Vermieter das Rauchen gestattet ist. Nach dem auf den Besitzschutzanspruch entsprechend anzuwendenden Maßstab des § 906 Abs. 1 S. 1 kann der Mieter Einwirkungen durch das Rauchen eines anderen Mieters nicht verbieten, wenn sie einen verständigen Nutzer in dem Gebrauch der Mietsache nicht oder nur unwesentlich beeinträchtigen.*[277]

C. Schutz des Vermieters durch das Vermieterpfandrecht

Der Vermieter erwirbt gemäß **§ 562** wegen seiner Forderungen aus dem Mietverhältnis ein **gesetzliches Pfandrecht** an den eingebrachten Sachen des Mieters. 145

I. Entstehen des Vermieterpfandrechts

Das Vermieterpfandrecht entsteht unter den folgenden **Voraussetzungen:**

---

275 Staudinger/Emmerich § 535 Rn. 135.

276 Staudinger/Emmerich § 535 Rn. 135.

277 BGH, Urt. v. 16.01.2015 – V ZR 110/14, RÜ 2015, 502.

- Es muss ein **wirksamer Mietvertrag** bestehen. Gegenstand des Vertrags muss wegen der systematischen Stellung des § 562 die Vermietung von **Wohnraum** sein. Über die Verweisungen in § 578 findet § 562 auch auf Mietverträge über **Grundstücke und Räume**, die keine Wohnräume sind, Anwendung.

- Die **Sache** muss **eingebracht** worden sein. Dazu ist erforderlich, dass der Mieter bewegliche Sachen, wozu auch Inhaberpapiere (Aktien) und indossable Wertpapiere (Wechsel) gehören, willentlich in den durch das Mietverhältnis vermittelten Machtbereich des Vermieters hineingeschafft hat und dies nicht nur zum vorübergehenden Zweck erfolgt ist. Die bloße vorübergehende Unterstellung einzelner Sachen genügt daher nicht.

  Eingebracht sind allerdings auch solche Sachen, die bestimmungsgemäß untergebracht sind, auch wenn sie die Mietsache immer wieder kurzfristig verlassen (etwa Kfz) oder endgültig von der Mietsache entfernt werden (z.B. Ware eines Kaufmanns oder die vom Mieter auf dem Grundstück hergestellten Produkte).[278]

  Da es sich bei dem „Einbringen" um rein tatsächliches, nicht rechtsgeschäftliches Verhalten handelt, kommt es insoweit auf die Geschäftsfähigkeit des Mieters nicht an.[279]

- Das Pfandrecht entsteht nach § 562 Abs. 1 S. 1 nur an den Sachen des Mieters, sodass die eingebrachte Sache im **Eigentum des Mieters** stehen muss.

  An fremden Sachen erwirbt der Vermieter auch **nicht kraft guten Glaubens** ein Pfandrecht, da es sich bei dem Vermieterpfandrecht um ein besitzloses Pfandrecht handelt und ein gutgläubiger Erwerb nur in Betracht kommt, wenn der Erwerber den unmittelbaren Besitz erlangt.[280]

  Soweit dem Mieter allerdings ein **Anwartschaftsrecht** zusteht, erstreckt sich das Pfandrecht auch auf dieses Anwartschaftsrecht.[281]

- Schließlich darf die Sache gemäß § 562 Abs. 1 S. 2 **nicht unpfändbar** sein. Der Pfändung unterliegen Sachen nicht, wenn sie Pfändungsschutz genießen. Dies bestimmt sich nach den §§ 811 ff. ZPO. Demnach zählen zu den unpfändbaren Sachen etwa diejenigen, die zum persönlichen Gebrauch oder zur Haushaltsführung benötigt werden.

  Beispiele: Nicht dem Vermieterpfandrecht unterliegen Radio, TV, Kühlschrank, Waschmaschine, wohl aber ein Anrufbeantworter.[282]

II. Umfang der Sicherung

146 Gesichert werden nach § 562 Abs. 1 S. 1 alle **Forderungen aus dem Mietverhältnis**. Dazu gehören der Anspruch auf Miete sowie der Anspruch auf Pauschalen für Nebenkosten und auch Ersatzansprüche bei Verletzung von Vertragspflichten, insbesondere Entschädigungsansprüche nach § 546 a wegen verspäteter Rückgabe.

Das Pfandrecht erfasst **auch noch nicht fällige Mietforderungen**. Allerdings lediglich für das laufende und das folgende Mietjahr (nicht Kalenderjahr!), **§ 562 Abs. 2.**[283] Für

---

278 Palandt/Weidenkaff § 562 Rn. 6.

279 Palandt/Weidenkaff § 562 Rn. 6; Erman/Lützenkirchen § 562 Rn. 8; Staudinger/Emmerich § 562 Rn. 10: Mieter muss zumindest beschränkt geschäftsfähig sein; ebenso Schmidt-Futterer/Lammel § 562 Rn. 32.

280 Looschelders Rn. 475.

281 BeckOK/Ehlert § 562 Rn. 17.

282 BeckOK/Ehlert § 562 Rn. 24.

283 Palandt/Weidenkaff § 562 Rn. 14.

künftige Entschädigungsforderungen, etwa aus § 546 a, kann das Pfandrecht indes gemäß § 562 Abs. 2 nicht geltend gemacht werden.

III. Rechte des Vermieters

Dem Vermieter stehen aufgrund des Pfandrechts folgende Rechte zu: **147**

- Der Vermieter kann gemäß **§ 562 b Abs. 1 S. 1** die Entfernung der seinem Pfandrecht unterliegenden Sachen selbst – also, ohne ein Gericht anrufen zu müssen – verhindern, wenn er die Entfernung nicht gemäß § 562 a S. 2 dulden muss, d.h., wenn z.B. die Entfernung nicht den gewöhnlichen Lebensverhältnissen entsprechend erfolgt.

  Der Vermieter hat damit ein gegenüber § 229 erweitertes **Selbsthilferecht**.

- Sind die dem Pfandrecht unterliegenden Sachen ohne Wissen des Vermieters oder gegen seinen Willen entfernt worden, so kann der Vermieter gemäß § 562 b Abs. 2 S. 1 **Rückschaffung** auf das vermietete Grundstück oder – wenn der Mieter schon ausgezogen ist – Herausgabe an sich verlangen.

  Hinweis: *Der Rückschaffungs- oder Herausgabeanspruch richtet sich auch gegen einen Dritten, der Besitzer geworden ist.*[284]

- Der Vermieter darf die Sache nach Maßgabe der über § 1257 auf das gesetzliche Vermieterpfandrecht anwendbaren §§ 1228 ff. **verwerten**.

- Klausurrelevant ist nicht selten das **Konkurrenzverhältnis** zwischen **Vermieterpfandrecht** und **Sicherungseigentum**.

Fall 3: Wettlauf der Rechte

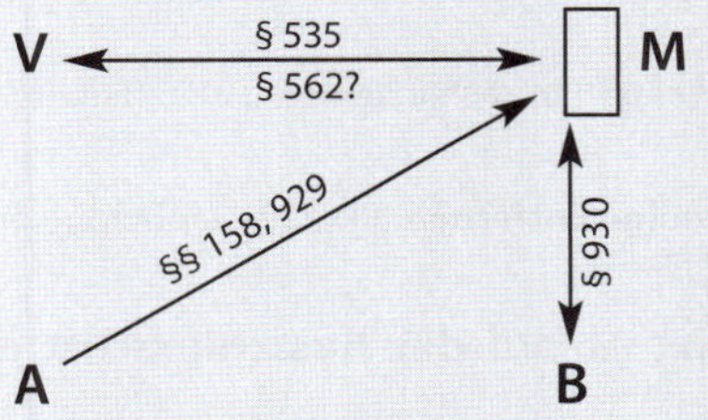

M hat von V Geschäftsräume zum Betrieb eines Kunsthandels gemietet. M, der von der B-Bank einen umfangreichen Kredit erhalten hat, schließt mit der B einen wirksamen Sicherungsübereignungsvertrag. Danach überträgt er dieser das Eigentum und die Anwartschaftsrechte an allen gegenwärtigen und künftigen Sachen in seinem Geschäft. Später erwirbt M von A zwei wertvolle Gemälde unter Eigentumsvorbehalt. Die B zahlt an A den Kaufpreis. Hat B unbelastetes Eigentum erworben?

I. B ist Eigentümerin der Gemälde geworden. M hat nämlich von A gemäß **§§ 929, 158** ein Anwartschaftsrecht an den Gemälden erworben, das M durch den Sicherungsvertrag auf B gemäß **§§ 929, 930** übertragen hat.

   Mit der Zahlung der B an A ist das **Anwartschaftsrecht unmittelbar zum Vollrecht** erstarkt, sodass B nicht von M, sondern von A das Eigentum erworben hat (kein Durchgangserwerb bei M).

284 Palandt/Weidenkaff § 562 b Rn. 8.

II. Fraglich ist, ob B das Eigentum belastet mit dem Vermieterpfandrecht erworben hat.

Da M niemals Eigentümer geworden ist, könnte das Vermieterpfandrecht gemäß § 562 mangels Eigentums des Mieters überhaupt nicht entstanden sein.

M war jedoch Anwartschaftsberechtigter und es könnte an diesem Anwartschaftsrecht das Vermieterpfandrecht entstanden sein, das sich mit dem Eigentumserwerb durch die B am Eigentum fortsetzte.

Als M das Anwartschaftsrecht erwarb, könnte die **zeitlich zuvor vereinbarte Sicherungsübereignung** wirksam geworden sein und die B unbelastetes Eigentum erworben haben.

Nach der Auffassung des BGH gebührt aber in dieser Konstellation dem **Vermieterpfandrecht** der **Vorrang**.[285]

Die Bevorzugung des Vermieterpfandrechts gegenüber dem Anwartschaftsrecht ist deshalb gerechtfertigt, weil das Vermieterpfandrecht im Gegensatz zum Anwartschaftsrecht gesetzlich normiert ist.

Mithin hat B kein unbelastetes Eigentum erworben.

IV. Erlöschen des Vermieterpfandrechts

148 Hinsichtlich des Erlöschens lassen sich die folgenden Fallgruppen unterscheiden:

- Das Vermieterpfandrecht erlischt durch **Entfernung der Sachen** gemäß **§ 562 a S. 1**, es sei denn, dass dies ohne Wissen oder gegen den beachtlichen Widerspruch des Vermieters erfolgte.

  Unter Entfernung ist – als Gegenteil zum Einbringen – jedes rein tatsächliche Herausschaffen der Sachen zu verstehen.[286]

  Unterschiedlich beurteilt wird, ob bereits das nur **zeitweilige Entfernen** (Pkw zur Benutzung oder Reparatur) das Pfandrecht zum Erlöschen bringt.[287]

- Außerdem erlischt das Vermieterpfandrecht mit **Ablauf der Ausschlussfrist** des **§ 562 b Abs. 2 S. 2**.

- Das Vermieterpfandrecht erlischt ferner nach den über **§ 1257** geltenden allgemeinen Regeln, nämlich nach den §§ 1252, 1255, 1256.
  - § 1252: mit Erlöschen der Forderung (Akzessorietät des Pfandrechts!)
  - § 1255: durch rechtsgeschäftliche Aufhebung des Pfandrechts
  - § 1256: wenn Pfandrecht und Eigentum in derselben Person zusammentreffen

- Schließlich erlischt das Vermieterpfandrecht mit dem **gutgläubigen lastenfreien Erwerb** durch einen Dritten, § 936.

285 BGH, Urt. v. 12.05.1992 – VI ZR 257/91, NJW 1992, 2014, 2016.
286 Palandt/Weidenkaff § 562 a Rn. 4.
287 Vgl. zum Meinungsstand Palandt/Weidenkaff § 562 a Rn. 4.

7. Abschnitt: Verjährung

Soweit es um Ansprüche im Zusammenhang mit einem Mietverhältnis geht, ist zu beachten, dass für bestimmte Ansprüche nicht die allgemeinen Verjährungsregelungen gemäß den §§ 195 ff. gelten, sondern **§ 548 als lex specialis**, der eine verkürzte Verjährungsfrist vorsieht. 149

A. Ansprüche des Vermieters

Nach **§ 548 Abs. 1 S. 1** verjähren die Ersatzansprüche des Vermieters wegen Veränderung oder Verschlechterung der Mietsache in **sechs Monaten**. Die Verjährung beginnt mit der Rückgabe der Mietsache, § 548 Abs. 1 S. 2. 150

Da der **Zweck** der verkürzten Verjährung darin besteht, eine **schnelle Klärung der Ansprüche** zu ermöglichen, ist die Vorschrift weit auszulegen. Die erfassten Ansprüche des Vermieters können sowohl gesetzlicher als auch vertraglicher Natur sein.[288] Außerdem können die Ansprüche ihre Grundlage auch außerhalb des eigentlichen Mietrechts haben. Deshalb werden etwa auch Ansprüche aus Verzug, wegen vorvertraglicher Pflichtverletzung oder aus den §§ 823 ff. erfasst, nicht jedoch aus § 826.[289]

Aufgrund des weiten Anwendungsbereichs unterfallen **konkurrierende Ansprüche** aus Mietvertrag und Gesetz, z.B. aus § 280 Abs. 1 und § 823 Abs. 1, gleichermaßen der Verjährung nach § 548 Abs.1.[290] Anderenfalls würde der Zweck des § 548 Abs. 1 weitgehend unterlaufen.

Wird die **Mietsache völlig zerstört**, ist § 548 Abs. 1 allerdings nicht anwendbar, weil die Sache in diesem Fall nicht mehr zurückgegeben werden kann und somit auch das Bedürfnis nach rascher Abwicklung aller Ansprüche entfällt.[291]

Die verkürzte Verjährung nach § 548 Abs. 1 greift jedoch auch bei Ersatzansprüchen wegen Schäden an Anlagen oder Einrichtungen (z.B. Treppen und Flure), die nur zur Mitbenutzung überlassen worden sind und auch bei Schäden an den zum Mietobjekt gehörenden Sachen, an denen der Mieter kein Benutzungsrecht hat und die deshalb **nicht Gegenstand des Mietvertrags** sind. Gleiches gilt, wenn die Beschädigung der gemieteten Sache zu weiteren **Sachschäden**, etwa am Nachbargrundstück, das im Eigentum **eines Dritten** steht, geführt hat. Der Schaden muss dann allerdings einen „hinreichenden Bezug zum Mietobjekt" haben.[292]

Schließlich findet § 548 Abs. 1 auch bei **Ersatzansprüchen** des Vermieters **gegen Dritte** Anwendung, wenn der Dritte in den Schutzbereich des Mietvertrags einbezogen ist.

Beispiel: Das deliktsfähige Kind der Wohnungsmieterin beschädigt die Mietsache.[293]

288 BeckOK/Ehlert § 548 Rn. 17.
289 Jauernig/Teichmann § 548 Rn. 1.
290 Palandt/Weidenkaff § 548 Rn. 7.
291 Looschelders Rn. 457.
292 MünchKomm/Bieber § 548 Rn. 8.
293 Vgl. Looschelders Rn. 458.

B. Ansprüche des Mieters

151 Gemäß **§ 548 Abs. 2** unterliegen auch Ansprüche des Mieters auf Ersatz von Aufwendungen oder auf Gestattung der Wegnahme einer Einrichtung der verkürzten Verjährung. Die **sechsmonatige Verjährungsfrist** beginnt mit der (rechtlichen) Beendigung des Mietverhältnisses und nicht wie im Rahmen des § 548 Abs. 1 mit der (tatsächlichen) Rückgabe der Mietsache.

Die verkürzte Verjährung gilt sowohl für vertragliche als auch für gesetzliche Ansprüche, die auf Aufwendungsersatz oder auf die Gestattung der Wegnahme gerichtet sind.[294] **Schadensersatzansprüche** des Mieters (z.B. aus § 536 a Abs. 1) und etwa auch der bereicherungsrechtliche Anspruch gegen den Vermieter aus **§ 812 Abs. 1 S. 1 Alt. 1** wegen aufgrund unwirksamer Renovierungsklauseln durchgeführter Schönheitsreparaturen werden dagegen **nicht** von § 548 Abs. 2 erfasst.[295]

8. Abschnitt: Beendigung des Mietvertrags und die Rechtsfolgen

152 Der Mietvertrag (§ 535) endet,

- wenn die Parteien im Rahmen der Vertragsfreiheit einen **Aufhebungsvertrag** schließen und die Ausgleichspflichten regeln, § 311 Abs. 1;
- wenn eine Partei ein **einseitiges Gestaltungsrecht** ausübt. Es treten dann die vereinbarten oder gesetzlich bestimmten Abwicklungsfolgen ein:
  - im Falle der auf den Zeitpunkt des Vertragsschlusses rückwirkenden **Anfechtung** (§§ 142 Abs. 1, 119 ff.) gemäß §§ 812 ff.;
  - im Falle des wirksamen **Rücktritts** aufgrund eines gesetzlichen Rücktrittsrechts gemäß §§ 313, 346, 349, 323, 324; § 543 ist allerdings gegenüber § 323 vorrangig;
  - im Falle der **Kündigung**, also der Aufhebung der mietvertraglichen Bindung für die Zukunft, gemäß §§ 546, 546 a, 571;

    Die Kündigung zur Beendigung eines Dauerschuldverhältnisses, insbesondere eines Mietvertrags, muss grundsätzlich von allen bzw. gegenüber allen Gesamtschuldnern erfolgen, weil i.d.R. ein einheitlicher Bestand des Dauerschuldverhältnisses gewollt ist.[296] Kündigung i.S.d. § 425 Abs. 2 meint daher nur die Fälligkeitskündigung, etwa eines Darlehens (§§ 489, 490) oder einer Grundschuld (§ 1193).[297]
- im Falle des **Zeitablaufs** bei einem befristeten Mietverhältnis.

Im Folgenden wird das Hauptaugenmerk auf die Kündigung gelegt, die den häufigsten Beendigungstatbestand im Mietrecht darstellt und die größte Examensrelevanz aufweist.

---

294 BeckOK/Ehlert § 548 Rn. 24.

295 MünchKomm/Bieber § 548 Rn. 21.

296 Vgl auch BGH, Urt v. 10.12.2014 – VIII ZR 25/14, RÜ 2015, 146, für den Fall, dass ursprünglich ein Mieter, aber nach dessen Tod gemäß § 564 S. 1 zwei Mieter existieren.

297 AS-Skript Schuldrecht AT 2 (2016), Rn. 445.

A. Kündigung

Für die **Wirksamkeitskontrolle** einer Kündigung sind zunächst die einschlägigen Vorschriften für die jeweilige Fallgruppe zu bestimmen: **153**

- Mietverträge, die **nicht** für eine **bestimmte Zeit** abgeschlossen worden sind, können grundsätzlich **formlos** gekündigt werden (**§ 542 Abs. 1**).
- Ist das Mietverhältnis für eine **bestimmte Zeit** abgeschlossen worden, kann es in den gesetzlich vorgesehenen Fällen **außerordentlich** gekündigt werden (**§ 542 Abs. 2 Nr. 1**).
- Für Mietverträge über **Wohnraum** sind Kündigungen **formbedürftig** (**§ 568**) und eine ordentliche Kündigung nur wirksam, wenn der Vermieter ein **berechtigtes Interesse** an der Beendigung des Mietverhältnisses hat (**§ 573**) oder der Mieter nicht schutzwürdig ist (**§ 573 a**). Die ordentliche Kündigung durch den Mieter bedarf indes keines Grundes.
- Ist der Wohnraum mit Rücksicht auf das Bestehen eines Dienstverhältnisses vermietet (**Werkswohnungen**), so gelten die besonderen Vorschriften in **§ 576 a** und **§ 576 b**.
- Eine **fristlose** Kündigung ist bei Mietverträgen über **Wohnraum** nur wirksam, wenn ein **wichtiger Grund** vorliegt (**§§ 543, 569**).

I. Ordentliche Kündigung

Wenn im Mietvertrag eine Mietzeit nicht bestimmt ist, kann jeder Vertragsteil unter **Einhaltung** der vereinbarten oder gesetzlichen **Kündigungsfrist** kündigen, **§ 542 Abs. 1**. **154**

Die gesetzlichen Kündigungsfristen sind in **§§ 573 c, 580 a** geregelt. Dabei ist zu unterscheiden:

- Für Mietverträge über **Grundstücke** und Räume, die weder Geschäfts- noch Wohnräume sind, gilt § 580 a, der die Kündigungsfrist von der Bemessung der Miete nach Tagen, Wochen oder Monaten abhängig macht.
- Bei Mietverträgen über **Geschäftsräume** ist die Kündigung spätestens am dritten Werktag eines Kalendervierteljahres für den Ablauf des nächsten Kalendervierteljahres zulässig (§ 580 a Abs. 2).
- Bei einem Mietvertrag über **bewegliche Sachen** gelten die in § 580 a Abs. 3 aufgeführten Kündigungsfristen.
- Für Mietverträge über **Wohnraum** gelten die Regeln des § 573 c.

II. Außerordentliche Kündigung

Eine außerordentliche Kündigung des Mietverhältnisses ist sowohl bei befristeten als auch bei unbefristeten Mietverträgen möglich.

1. Außerordentliche Kündigung eines befristeten Mietverhältnisses

Abweichend von § 542 Abs. 1 kann der Mietvertrag auch dann gekündigt werden, wenn er über eine **bestimmte Zeit** abgeschlossen worden ist und ein besonderer gesetzlicher Kündigungsgrund vorliegt (**§ 542 Abs. 2 Nr. 1**). Es ist also stets ein **besonderer Grund** erforderlich. **155**

- Der **Mieter** kann etwa kündigen,
  - wenn der Vermieter die **Genehmigung zur Untermiete** verweigert, § 540 Abs. 1 S. 2,
  - wenn der Vermieter die **Miete erhöht**, § 561,
  - wenn der Mietvertrag über **mehr als 30 Jahre** abgeschlossen worden ist, § 544 S. 1.
- Der **Vermieter** kann ebenfalls außerordentlich kündigen, wenn der Mietvertrag über mehr als 30 Jahre abgeschlossen worden ist (§ 544 S. 1) und beispielsweise auch beim Tode des Mieters (§ 580).

2. Außerordentliche Kündigung eines unbefristeten Mietverhältnisses

156 Gemäß **§ 543 Abs. 1 S. 1** kann jede Partei den Mietvertrag außerordentlich ohne Einhaltung einer Frist kündigen, wenn ein **wichtiger Grund** vorliegt.

Ein solcher Grund ist gemäß § 543 Abs. 1 S. 2 gegeben, wenn dem Kündigenden unter Berücksichtigung aller **Umstände des Einzelfalls**, insbesondere eines Verschuldens der Vertragsparteien und unter Abwägung der beiderseitigen Interessen, die Fortsetzung des Mietverhältnisses nicht zugemutet werden kann. Ferner benennt **§ 543 Abs. 2** Beispiele („insbesondere") für wichtige Gründe.

- Der Mieter kann gemäß § 543 Abs. 2 Nr. 1 fristlos kündigen, wenn ihm der **vertragsgemäße Gebrauch** der Mietsache ganz oder zum Teil **nicht** rechtzeitig **gewährt** oder wieder entzogen wird (vgl. dazu oben Rn. 119).
- Der Vermieter kann gemäß § 543 Abs. 2 Nr. 2 fristlos kündigen, wenn der Mieter die **Mietsache** durch Vernachlässigung der ihm obliegenden Sorgfalt erheblich **gefährdet** oder sie **unbefugt einem Dritten überlässt** und dadurch Rechte des Vermieters in erheblichem Umfang verletzt.

  Klausurhinweis: *Für die Beurteilung, ob die Wohnung unbefugt überlassen wurde, können vor allem die* ***§ 540*** *und* ***§ 553*** *virulent werden.*
- Gemäß § 543 Abs. 2 Nr. 3 steht dem Vermieter außerdem ein Kündigungsrecht zu, wenn der Mieter seinen Zahlungsverpflichtungen nicht nachkommt. Danach ist u.a. der **Verzug mit** der **Zahlung der Miete** für eine Kündigung ausreichend, wenn der Betrag zweier Nettomieten erreicht wird.

157 Besteht der wichtige Grund für die Kündigung in der Verletzung einer Pflicht aus dem Mietvertrag, so ist die Kündigung gemäß **§ 543 Abs. 3 S. 1** grundsätzlich erst nach erfolglosem Ablauf einer zur Abhilfe bestimmten angemessenen **Frist oder** nach erfolgloser **Abmahnung** zulässig. Unter den Voraussetzungen des § 543 Abs. 3 S. 2 ist eine Fristsetzung oder Abmahnung jedoch ausnahmsweise entbehrlich.

III. Besonderheiten bei der Kündigung von Wohnraum

Das Kündigungsrecht des Vermieters wird für den Bereich der Wohnraummiete durch die **§§ 568 ff.** deutlich eingeschränkt. Diese Vorschriften dienen vor allem dem **Bestandsschutz des Mieters**, da die angemieteten Wohnräume vielfach zur Grundlage für die private Lebensgestaltung gehören.[298]

1. Form und Inhalt der Kündigung

Gemäß **§ 568 Abs. 1** bedarf die Kündigung eines Mietverhältnisses über Wohnraum der **Schriftform**. Dieses Schriftformerfordernis gilt sowohl für die ordentliche als auch für die außerordentliche Kündigung und ferner unabhängig davon, ob der Vermieter oder der Mieter kündigt. **158**

Wird die Schriftform, die von den Mietvertragsparteien nicht abbedungen werden kann, **nicht gewahrt**, ist die Kündigung **gemäß § 125 S. 1 nichtig**.[299]

Ferner soll der Vermieter den Mieter auf die **Möglichkeit des Widerspruchs** nach § 574 sowie auf die Form und die Frist des Widerspruchs rechtzeitig hinweisen (§ 568 Abs. 2). Ein Verstoß gegen diese „Soll"-Vorschrift hat nicht die Unwirksamkeit der Kündigung zur Folge, führt aber zu einer Verlängerung der Widerspruchsfrist (§ 574 b Abs. 2 S. 2).[300]

Schließlich ist bei einer außerordentlichen Kündigung der zur Kündigung führende wichtige **Grund anzugeben** (§ 569 Abs. 4). Fehlt die Angabe, so ist die Kündigung gemäß § 125 S. 1 unwirksam. Gleiches gilt für ordentliche Kündigungen, bei denen der Kündigungsgrund gemäß **§ 573 Abs. 3 S. 1** anzuführen ist.[301]

2. Berechtigtes Interesse an ordentlicher Kündigung

Nach **§ 573 Abs. 1 S. 1** ist die vermieterseitige Kündigung von Wohnraum in Abweichung von der allgemeinen Regelung (§ 542 Abs. 1) nur wirksam, wenn der Vermieter an der Beendigung des Mietverhältnisses ein **berechtigtes Interesse** hat. In **§ 573 Abs. 2** werden drei Fallgruppen für ein solches Interesse aufgeführt. **159**

- Der Mieter begeht eine erhebliche schuldhafte **Vertragsverletzung**

  Beispiele: Mieter ist mit Zahlung der Miete in Verzug (dabei muss der Umfang des § 543 Abs. 2 Nr. 3 nicht erreicht sein);[302] Nichtdurchführung der Schönheitsreparaturen; gewerbliche Nutzung einer ausschließlich zum Wohnen überlassenen Wohnung.[303]

  Dass der **Mieter den Vermieter gegen seinen Willen aus dem Haus trägt**, muss nicht in jedem Fall ein berechtigtes Interesse begründen. Denn in die Beurteilung, ob der Vermieter angesichts einer Pflichtverletzung des Mieters ein berechtigtes Interesse (§ 573 Abs. 2 Nr. 1 BGB) an der Beendigung des Mietvertrages hat, ist ein vorangegangenes vertragswidriges Verhalten des Vermieters einzubeziehen, insbesondere, wenn es das nachfolgende vertragswidrige Verhalten des Mieters provoziert hat. Das ist der Fall, wenn der Vermieter zuvor eigenmächtig und ohne besonderen Anlass versucht hat, alle Wohnräume zu besichtigen.[304]

- Der Vermieter benötigt Räume als Wohnung für sich, seine Familienangehörigen oder Angehörige des Haushalts (**Eigenbedarfskündigung**).

  Die Anforderungen an eine Kündigung gemäß § 573 Abs. 2 Nr. 2 sind nicht zu hoch anzusetzen, es genügt ein **vernünftiges Interesse** (wirtschaftlicher oder auch nichtwirtschaftlicher Art) an einer längerfristigen Nutzung des Wohnraums.[305]

---

298 Vgl. Brox/Walker, Besonderes Schuldrecht, § 10 Rn. 6.
299 Jauernig/Teichmann § 568 Rn. 2.
300 Palandt/Weidenkaff § 568 Rn. 13.
301 Palandt/Weidenkaff § 568 Rn. 10.
302 Looschelders Rn. 498.
303 MünchKomm/Häublein § 573 Rn. 56.
304 BGH, Urt. v. 04.06.2014 – VIII ZR 289/13, RÜ 2014, 559, 560.
305 Jauernig/Teichmann § 573 Rn. 3.

Auch wenn die Voraussetzungen für eine Eigenbedarfskündigung an sich vorliegen, kann die Kündigung gleichwohl wegen **Rechtsmissbrauchs** unwirksam sein. Der Vermieter, der eine Wohnung auf unbestimmte Zeit vermietet, obwohl er entweder entschlossen ist oder zumindest erwägt, sie alsbald selbst in Gebrauch zu nehmen, setzt sich nämlich mit einer später hierauf gestützten Eigenbedarfskündigung zu seinem früheren Verhalten in Widerspruch, wenn er den Mieter, der mit einer längeren Mietdauer rechnet, bei Vertragsschluss nicht über die Aussicht einer begrenzten Mietdauer aufklärt. Der Vermieter ist indes weder verpflichtet, von sich aus vor Abschluss eines unbefristeten Mietvertrags unaufgefordert Ermittlungen über einen möglichen künftigen Eigenbedarf anzustellen (sogenannte „**Bedarfsvorschau**"), noch den Mieter ungefragt über mögliche oder konkret vorhersehbare Eigenbedarfssituationen zu unterrichten.[306]

- Der Vermieter ist an angemessener wirtschaftlicher Verwertung gehindert und daher drohen ihm erhebliche Nachteile (**Verwertungskündigung**).

  Als anderweitige wirtschaftliche Verwertung durch den Vermieter kommt etwa die Belastung mit dinglichen Rechten (Erbbaurecht, Dauerwohnrecht), entgeltliche Gebrauchsüberlassung zu anderen als Wohnzwecken sowie die Sanierung oder Modernisierung in Betracht.[307] Die Verwertung ist angemessen, wenn sie von vernünftigen, nachvollziehbaren Erwägungen getragen ist.[308]

  Ob ein Nachteil vorliegt, ist durch Vergleich der Vermögenslage des Vermieters feststellbar, wobei die gegenwärtige (vermieteter Zustand) mit der Lage verglichen wird, die hypothetisch bei unvermietetem Zustand bestünde.[309] Der Nachteil ist erheblich, wenn er weit über die Nachteile hinausgeht, die der Wohnungsverlust für den Mieter bewirkt.[310]

Die Vorschrift des § 573 Abs. 2 enthält **keine abschließende Aufzählung**. Das ergibt sich aus der Formulierung des Gesetzes („insbesondere"). Das Kündigungsinteresse des Vermieters kann sich daher auch aus anderen Gründen rechtfertigen, soweit diese ähnliches Gewicht haben wie die im Gesetz ausdrücklich genannten Fälle.[311]

Beispiele: Vermieter benötigt den Wohnraum für einen bei ihm beschäftigten Arbeitnehmer (Betriebsbedarf); Kündigung zur Erlangung von Steuervorteilen.

Gemäß **§ 573 Abs. 3** werden als berechtigte Interessen des Vermieters nur die Gründe berücksichtigt, die in dem Kündigungsschreiben angegeben sind, soweit sie nicht nachträglich entstanden sind.

160 Für die **Kündigungsfristen** gilt **§ 573 c**. Danach ist gemäß § 573 c Abs. 1 S. 1 eine ordentliche Kündigung eines Wohnraummietverhältnisses spätestens am dritten Werktag eines Kalendermonats zum Ablauf des übernächsten Monats zulässig. Während diese allgemeine Frist für Kündigungen durch den Mieter unverändert bleibt, verlängert sich die Frist für vermieterseitige Kündigungen nach fünf und acht Jahren seit der Überlassung des Wohnraums um jeweils drei Monate, § 573 c Abs. 1 S. 2.

---

306 BGH, Urt. v. 04.02.2015 – VIII ZR 154/14, RÜ 2015, 294, 295 f.

307 BeckOK/Hannappel § 573 Rn. 79.

308 Jauernig/Teichmann § 573 Rn. 7.

309 MünchKomm/Häublein § 573 Rn. 89.

310 Looschelders Rn. 499.

311 BVerfG, Beschl. v. 08.10.1991 – BvR 1324/90, NJW 1992, 105.

Abweichende Vereinbarungen von den Kündigungsfristen nach § 573 c Abs. 1 sind gemäß Abs. 4 der Vorschrift zum Nachteil des Mieters **nicht zulässig**. Ein befristeter Ausschluss des Rechts zur ordentlichen Kündigung durch den Mieter in einer Individualvereinbarung ist aber möglich.[312] Gleiches gilt für den Ausschluss in Formularmietverträgen bis zu einer Frist von vier Jahren seit Abschluss des Mietvertrags.[313]

Als Korrektiv zu § 573 enthält § 574 eine **Sozialklausel**, derzufolge der Mieter in besonderen Härtefällen der Kündigung – obwohl ein berechtigtes Interesse des Vermieters vorliegt – widersprechen und vom Vermieter die Fortsetzung des Mietvertrags verlangen kann.

Beispiele: Fortgeschrittene Schwangerschaft; Umschulung der Kinder zu ungünstigem Zeitpunkt; schwere Krankheit; Gebrechlichkeit.[314]

3. Außerordentliche fristlose Kündigung aus wichtigem Grund

Für den Bereich der Wohnraummiete ergänzt **§ 569** die allgemeinen Regelungen in **161**
§ 543, indem die Vorschrift weitere Tatbestände benennt, in denen ein wichtiger Grund i.S.d. § 543 für eine außerordentliche Kündigung vorliegt.[315]

Danach liegt ein **wichtiger Grund** für eine fristlose Kündigung auch dann vor,

- wenn die Benutzung der Mietsache mit einer **Gesundheitsgefährdung** für den Mieter verbunden ist (§ 569 Abs. 1) oder

  Beispiele: Schimmelbildung, unzureichende Beheizbarkeit, Ungeziefer, Öldämpfe aus dem Heizungskeller in der Wohnung.[316]

- wenn der Vermieter oder Mieter den **Hausfrieden nachhaltig stört** (§ 569 Abs. 2).

  Beispiele: Beleidigungen, Bedrohungen und Körperverletzungen; unberechtigte Strafanzeige gegen die andere Partei mit zumindest leichtfertig falschen Angaben; Prostitution und Drogenhandel.[317] In Extremfällen auch Störungen durch exzessives Rauchen.[318]

Außerdem ergänzt und konkretisiert **§ 569 Abs. 3** das Recht des Vermieters, gemäß § 543 Abs. 2 Nr. 3 wegen **Zahlungsverzug des Mieters** außerordentlich zu kündigen. Danach ist etwa der Mietrückstand nur dann erheblich, wenn er die Höhe einer Monatsmiete übersteigt (§ 569 Abs. 3 Nr. 1 S. 1).

Auch im Rahmen des § 569 gilt grundsätzlich das in § 543 Abs. 3 S. 1 statuierte Erfordernis einer **Fristsetzung oder Abmahnung**,[319] soweit dies (z.B. bei einer erheblichen Gesundheitsbeeinträchtigung) nicht ausnahmsweise entbehrlich ist.[320]

---

312 BGH, Urt. v. 22.12.2003 – VIII ZR 81/03, NJW 2004, 1448; Palandt/Weidenkaff § 573 c Rn. 3.

313 Palandt/Weidenkaff § 573 c Rn. 3.

314 Vgl. Jauernig/Teichmann § 573 Rn. 2.

315 Looschelders Rn. 503.

316 BeckOK/Wöstmann § 573 Rn. 6

317 MünchKomm/Häublein § 569 Rn. 20, 23.

318 Vgl. dazu BGH, Urt. v. 18.02.2015 – VIII ZR 186/14, NJW 2015, 1239; AG Düsseldorf, Urt. v. 31.07.2013 – 24 C 1355/13, BeckRS 2013, 13254.

319 OLG Braunschweig, Urt. v. 17.09.2015 – 9 U 196/14, RÜ 2016,146, 147.

320 Looschelders Rn. 503.

Verstreicht zwischen der erfolglos gebliebenen Fristsetzung und der fristlosen Kündigung mehr als ein Jahr, so erfordert eine wirksame Kündigung regelmäßig eine nochmalige Fristsetzung. Dies folgt aus dem Rechtsgedanken des § 314 Abs. 3 bzw. aus den Grundsätzen der unzulässigen Rechtsausübung bzw. der Verwirkung gemäß § 242; auch wenn § 314 Abs. 3 auf die Kündigung gemäß § 569 Abs. 1 nicht analog anwendbar ist,[321] weil dies zu einem vollständigen Ausschluss des Kündigungsrechts trotz fortbestehender erheblicher Gesundheitsgefährdung führen könnte, ist die in der Vorschrift zum Ausdruck kommende gesetzgeberische Wertentscheidung insoweit zu berücksichtigen, als der Schutzzweck des § 569 Abs. 1 dem nicht entgegensteht.[322] Das Kündigungsrecht des § 569 Abs. 1 darf hierdurch also nicht unzumutbar erschwert werden.

B. Beendigung durch Zeitablauf

162 Schließlich bedarf noch die Beendigung durch bloßen Zeitablauf besonderer Erwähnung. Gemäß **§ 542 Abs. 2 Hs. 1** endet ein auf bestimmte Zeit eingegangener Mietvertrag mit dem Ablauf dieser Zeit.

Im Bereich der **Wohnraummiete** sind Zeitmietverträge nur unter den Voraussetzungen des § 575 möglich. In **§ 575 Abs. 1 Nr. 1–3** sind die Befristungsgründe aufgezählt, die dem Mieter bei Vertragsschluss mitzuteilen sind.

Der **§ 575 Abs. 2** begründet ein **Informationsrecht** des Mieters, dessen Verletzung zu einer Verlängerung des Mietvertrages führt.

C. Rechtsfolgen der Beendigung

I. Rückgabeanspruch

163 Nach **§ 546** muss der Mieter die Mietsache an den Vermieter **zurückübertragen**, sodass der Vermieter den **unmittelbaren Besitz** an der Sache erlangt. Das gilt auch dann, wenn der Mieter nicht im Besitz der Sache ist. Er muss dann auf den Besitzer einwirken, damit dieser die Sache zurückgibt.

Der Zustand der Mietsache ist grundsätzlich für die Erfüllung der Rückgabeverpflichtung ohne Bedeutung. So ist auch **unerheblich**, in welchem Zustand sich die Räume, vor allem hinsichtlich des **Dekorationszustandes** befinden, da dies Veränderungen oder Verschlechterungen sind, die durch den vertragsgemäßen Gebrauch herbeigeführt worden sind (**§ 538**).[323]

Beispiel: Mieter M übernimmt das Mietobjekt frisch in weißer Farbe renoviert, streicht danach einzelne Wände in kräftigen Farben (rot, gelb, blau) und gibt das Mietobjekt in diesem farbigen Zustand nach Beendigung des Mietverhältnisses zurück.

M hat die Rückgabepflicht aus § 546 nicht verletzt, er hat jedoch die Pflicht zur Rücksichtnahme nach § 241 Abs. 2, § 242 verletzt, weil er die in neutraler Dekoration übernommene Wohnung bei Mietende in einem Zustand zurückgibt, der von vielen Mietinteressenten nicht akzeptiert wird.[324]

---

321 BGH, Urt. v. 13.07.2016 – VIII ZR 296/15, RÜ 2016, 758, 59 f.

322 OLG Braunschweig, Urt. v. 17.09.2015 – 9 U 196/14, RÜ 2016,146, 147.

323 BeckOK/Ehlert § 546 Rn. 14.

324 BGH, Urt. v. 06.11.2013 – VIII ZR 416/12, RÜ 2014, 217, 218.

Der Mieter ist aber etwa verpflichtet, die **Einrichtung**, mit der er die Sache versehen hat, zu **beseitigen**. Allerdings stehen einzelne zurückgebliebene Sachen in der Mietwohnung der Erfüllung der Rückgabeverpflichtung nicht entgegen, wenn der Mieter keinen Willen zum Eigenbesitz an den Gegenständen (§ 854) mehr äußert.[325]

II. Entschädigungsansprüche bei verspäteter Rückgabe

Wird dem Vermieter die Mietsache nach Beendigung des Mietvertrags nicht im geschuldeten Zustand zurückgegeben, so kann der Vermieter gemäß **§ 546 a** für die Zeit der Vorenthaltung **als Entschädigung die vereinbarte Miete** verlangen. Der Vermieter soll so stehen, wie er im Falle der Fortsetzung des Mietvertrags gestanden hätte. War die Mietsache vor Beendigung des Mietverhältnisses mit einem Mietmangel behaftet, ist nur die geminderte Miete zu zahlen.[326] Dagegen hat ein erst während der Zeit der Vorenthaltung auftretender **Mietmangel keinen Einfluss auf die Höhe der Entschädigung**, weil den Vermieter keine Gebrauchserhaltungspflicht mehr trifft.[327]Etwas anderes gilt nur dann, wenn den Vermieter nach Treu und Glauben im Rahmen des Abwicklungsverhältnisses **ausnahmsweise eine nachvertragliche Pflicht** zur Beseitigung von Mängeln der vorenthaltenen Mietsache trifft. 164

Dazu müssen durch das Unterlassen von Maßnahmen zur Instandhaltung oder Instandsetzung der Mietsache akute und **schwerwiegende Gefahren für Leben, Gesundheit oder hohe Eigentumswerte des Mieters** drohen **und zusätzlich** muss die fortgesetzte Vorenthaltung der Mietsache durch den früheren Mieter in einem **milderen Licht** erscheinen. Davon wird jedenfalls dann auszugehen sein, wenn und soweit gesetzliche Regeln – insbesondere die Vollstreckungsschutzvorschriften (§§ 721, § 765 a ZPO) – dem Mieter eine Weiterbenutzung der Mietsache gestatten. Es ist darüber hinaus an Fälle zu denken, in denen der Mieter – etwa während eines Streits um die Wirksamkeit einer von dem Vermieter ausgesprochenen Kündigung – mit nachvollziehbaren Erwägungen davon ausgehen durfte, weiterhin zum Besitz der Mietsache berechtigt zu sein.[328]

Wahlweise kann der Vermieter aber auch – und zwar bei allen Mietsachen – statt der vereinbarten Miete **die ortsübliche Miete** verlangen.[329]

Die für vergleichbare Sachen ortsübliche Miete ist **bei beendeten Wohnraummietverträgen** nicht nach Maßgabe der auf laufende Mietverhältnisse zugeschnittenen Regelung über Mieterhöhungen bis zur ortsüblichen Vergleichsmiete (§ 558 Abs. 2), sondern anhand der bei Neuabschluss eines Mietvertrages über die Wohnung ortsüblichen Miete (**Marktmiete**) zu bestimmen.[330]

Für den Entschädigungsanspruch aus § 546 a ist es ohne Belang, welche Umstände die Vorenthaltung der Mietsache ausgelöst haben, der Mieter haftet also **verschuldensunabhängig**. Der Vermieter kann die Zahlung der Miete verlangen, wenn die Mietsache überhaupt nicht, verspätet oder unvollständig zurückgegeben wird.

325 BeckOK/Ehlert § 546 Rn. 13.

326 BeckOK/Ehlert § 546a Rn. 13.

327 BGH, Urt. v. 27.05.2015 – XII ZR 66/13, RÜ 2016, 79; a.A. Schmidt-Futterer/Streyl Rn. 69; MünchKomm/Bieber Rn. 10

328 BGH, Urt. v. 27.05.2015 – XII ZR 66/13, RÜ 2016, 79, 81 f.

329 BeckOK/Ehlert § 546a Rn. 14.

330 BGH, Urt. v. 18.01.2017 – VIII ZR 17/16, RÜ 2017, 412 f.

In **§ 546 a Abs. 2** wird klargestellt, dass ein weitergehender **Schadensersatzanspruch** des Vermieters nicht durch die Entschädigung gemäß § 546 a Abs. 1 ausgeschlossen wird. Für Wohnraummietverhältnisse werden Schadensersatzansprüche aber gemäß **§ 571** beschränkt. § 546 a Abs. 2 ist keine eigene Anspruchsgrundlage, es kommen aber die folgenden Ansprüche in Betracht:

- Gerät der Mieter mit der Rückgabe in **Verzug**, so kann der Vermieter gemäß **§§ 280 Abs. 1u. 2, 286** den Verspätungsschaden ersetzt verlangen. Dabei ist eine Mahnung gemäß § 286 Abs. 2 Nr. 1entbehrlich, da eine Zeit nach dem Kalender bestimmt ist.
- Ferner kann **Schadensersatz** wegen der Nichtdurchführung von Schönheitsreparaturen oder Beschädigung der Mietsache zu leisten sein. In der Regel ist dann eine Fristsetzung gemäß **§ 281** vorzunehmen.
- Da mit Beendigung des Mietvertrags das Besitzrecht des Mieters erlischt, kommt auch ein Anspruch aus **§ 987** auf Ersatz der Nutzungen in Betracht. Die Anwendbarkeit der Vorschrift ist umstritten, nach h.M. jedoch gegeben. Dafür spricht die Klarstellung in § 546 a Abs. 2.[331]

III. Anspruch auf Rückzahlung der Kaution

165 Der Mieter kann die von ihm geleistete Mietkaution (§ 551) nach Beendigung des Mietvertrags zurückverlangen. Der Anspruch wird indes erst nach Rückgabe der Mietsache und dem **Ablauf einer angemessenen Prüfungs- und Überlegungsfrist** fällig. Dem Vermieter wird nämlich – als Konsequenz des Sicherungscharakters der Kaution – eine Frist von 3–6 Monaten zugestanden, damit er noch offene Ansprüche gegen den Mieter abklären kann, die mit der Kautionsrückforderung verrechnet werden können.[332]

Betriebskostennachforderungen aus Jahresabrechnungen des Vermieters sind wiederkehrende Leistungen im Sinne des § 216 Abs. 3, sodass es dem Vermieter deshalb nach § 216 Abs. 3 verwehrt ist, sich wegen bereits **verjährter Betriebskostennachforderungen** aus der Mietsicherheit zu befriedigen.[333]

Während des laufenden Mietverhältnisses darf der Vermieter eine Mietsicherheit wegen streitiger Forderungen gegen den Mieter nicht verwerten. Denn anderenfalls würde die Zielsetzung des § 551 Abs. 3 S. 3, nämlich sicherzustellen, dass der Mieter nach Beendigung des Mietverhältnisses auch in der Insolvenz des Vermieters ungeschmälert auf die Sicherheitsleistung zurückgreifen kann, konterkariert.[334]

9. Abschnitt: Besonderheiten bei der Pacht

166 Nach **§ 581 Abs. 2** sind auf die Pacht grundsätzlich die **mietrechtlichen Regeln entsprechend** anzuwenden, soweit in den §§ 582 ff. keine abweichende Bestimmung getroffen ist. Im Wesentlichen bestehen folgende **Sonderregelungen:**

167 Bei der **Verpachtung eines Grundstücks mit Inventar** ist bezüglich des Inventars zwischen der Mitverpachtung und der Übernahme zum Schätzwert zu unterscheiden.

---

331 Palandt/Weidenkaff § 546 a Rn. 20.

332 Palandt/Weidenkaff § 551 Rn. 15.

333 BGH, Urt. v. 20.07.2016 – VIII ZR 263/14, RÜ 2017, 7.

334 BGH, Urt. v. 07.05.2014 – VIII ZR 234/13, RÜ 2014, 561.

Inventar ist die Gesamtheit der beweglichen Sachen, die der Nutzung des Grundstücks dienen und zu diesem in einem entsprechenden räumlichen Verhältnis stehen, vgl. §§ 97, 98.

Beispiele: Maschinen auf einem Fabrikgrundstück, Zuchthengst auf einem Reiterhof.

Hinsichtlich der Mitverpachtung gemäß **§ 582** ist folgendes zu beachten:

- Der Verpächter hat nach § 582 Abs. 2 S. 1 die zufällig untergegangenen oder verlorenen Inventarstücke zu ersetzen.
- Der Pächter hat nach § 582 Abs. 1 – abweichend von §§ 581 Abs. 2, 535 – das **Inventar instand zu halten** und zu ergänzen sowie Verluste, soweit sie von ihm zu vertreten sind, durch Neuanschaffung auszugleichen.

Ferner ist bei der Verpachtung mit **Übernahme des Inventars zum Schätzwert** gemäß **§ 582 a** zu beachten:

- Nach § 582 a Abs. 1 und Abs. 2 ist der Pächter verpflichtet, alle notwendigen **Instandhaltungsmaßnahmen zu treffen** und auch bei zufälligem Untergang oder Verlust neue Inventarstücke zu beschaffen.
- Ist bei Rückgabe des Inventars dessen Schätzwert höher oder niedriger als bei Übernahme, ist der Differenzbetrag nach **§ 582 a Abs. 3 in Geld auszugleichen**.

Besonderheiten gelten schließlich auch für die **Kündigung und Abwicklung** des Pacht- **168**
vertrags:

- Bei der Pacht von Grundstücken, Räumen oder Rechten kann nach **§ 584 Abs. 1** die ordentliche Kündigung nur zum Ende eines Pachtjahres erfolgen, wobei eine Kündigungsfrist von einem halben Jahr einzuhalten ist. Das **Recht zur außerordentlichen Kündigung** wird für beide Parteien in § 584 a **eingeschränkt**. § 584 a ist aber abdingbar.[335]
- Bei verspäteter Rückgabe bemisst sich die vom Pächter zu zahlende Entschädigung, **anders als nach § 546 a**, gemäß § 584 b nach dem Verhältnis der während der Vorenthaltung erzielten oder erzielbaren Nutzungen zu den möglichen Nutzungen des ganzen Pachtjahres.

335 Palandt/Weidenkaff § 584 a Rn. 2.

4. Teil: Leasingvertrag

169 Beim Leasing verpflichtet sich der Leasinggeber, dem Leasingnehmer den Gebrauch an einer Sache zu überlassen. Der Leasingnehmer ist zur Zahlung von Leasingraten verpflichtet. Im Grundsatz ist Leasing die entgeltliche Gebrauchsüberlassung, die im deutschen Recht als Miete geregelt ist. So wird etwa „to lease" allgemein auch mit „mieten, vermieten, pachten, verpachten" übersetzt.

170 Miettypisch ist aber nur das **Operatingleasing**. Diese Form des Leasings dient der Absatzförderung von Investitionsgütern. Der Leasinggeber verpflichtet sich dabei, neben der Gebrauchsüberlassung die geleaste Sache zu überwachen, instand zu halten und eventuell auszutauschen.

- Der Leasinggeber schließt mit dem Leasingnehmer regelmäßig einen Vertrag mit **kurzzeitiger Laufzeit** ab; wird der Vertrag auf unbestimmte Zeit abgeschlossen, so besteht ein jederzeitiges **Kündigungsrecht**.
- Da der Leasinggeber nach Vertragsablauf keine Abschlusszahlungen vom Leasingnehmer erhält, trägt er das **Investitionsrisiko**.

Beim Operatingleasing steht also die zeitlich begrenzte Gebrauchsüberlassung gegen Entgelt im Vordergrund, sodass eine Einordnung als **Mietvertrag** gerechtfertigt ist.[336]

Bei der Inhaltskontrolle der beim Operatingleasing verwandten AGB ist daher auch vom Leitbild der Miete auszugehen.[337]

171 In der Praxis und im Examen ist indes das **Finanzierungsleasing** von weitaus höherer Bedeutung. Für diese Form des Leasing sind weitere Vereinbarungen typisch, die dem Mietrecht nicht entsprechen. So wird regelmäßig ein **Haftungsausschluss für anfängliche und nachträgliche Mängel** vereinbart. Anders als der Vermieter ist danach der Leasinggeber nicht zur Instandhaltung der Sache verpflichtet. Weiterhin ist häufig eine **Kaufoption** für den Leasingnehmer nach Ablauf des Leasingvertrags vorgesehen. Für den Leasingnehmer entspricht diese Konstruktion wirtschaftlich weitgehend einem durch Darlehen finanzierten Kauf.

Beispiel: N will ein neues Auto erwerben. Seine Bank G rät ihm zu einer Finanzierung durch Leasing. G kauft das von N ausgesuchte Auto bei dem Hersteller V. Sodann schließen G und N einen Leasingvertrag, nach dem N das Fahrzeug gegen Zahlung von Leasingraten für drei Jahre nutzen kann. Nach Ablauf der Leasingzeit kann N das Auto zum Preis von 10.000 € von G erwerben.

Hätte N das Auto durch ein Darlehen finanziert, hätte er es an die Bank zur Sicherheit übereignen müssen und das Eigentum bei einer auflösend bedingten Sicherungsübereignung mit Zahlung der letzten Rate erworben. Von dem finanzierten Kauf unterscheidet sich das Leasing wirtschaftlich also nur durch eine hohe Restrate.

Das Finanzierungsleasing wird wegen der nicht miettypischen Vertragsgestaltung und der Finanzierungsfunktion als **atypischer Mietvertrag** angesehen.[338]

172 Daher ist zu beachten, dass die **Mietrechtsregeln nicht uneingeschränkt** (**analog**) **Anwendung** finden. Es muss vielmehr immer den Besonderheiten des Leasingvertrags

336 Looschelders Rn 509.
337 MünchKomm/Koch Leasing Rn. 5.
338 Vgl. BeckOK/Ehlert § 535 Rn. 48 m.w.N.

Rechnung getragen werden, damit eine interessengerechte Entscheidung gewährleistet ist.[339] Hierbei ist zu berücksichtigen, dass das Leasing vorwiegend den Interessen des Leasingnehmers dient. Grundsätzlich hätte er die Sache käuflich erwerben wollen. Nur hat der Leasingnehmer hieran entweder aus finanzierungstechnischen oder steuerrechtlichen Gründen kein Interesse. Es ist daher insbesondere die kaufrechtliche Interessenlage zu berücksichtigen.

- Die **Gefahrtragung** ist im Kaufrecht sachgerecht geregelt: Wer die Sache in seiner ausschließlichen Gewalt hat, muss das Risiko der Verschlechterung und des Untergangs tragen (vgl. § 446 BGB).[340]

- Ist dem Leasingnehmer eine **mangelhafte Sache** überlassen worden, so gilt § 536 analog mit der Maßgabe, dass der Leasinggeber für nach der Überlassung verursachte Mängel nicht haftet. Der Leasinggeber kann die Gewährleistung gemäß §§ 536 ff. abbedingen, indem er seine Gewährleistungsansprüche aus dem Kaufvertrag mit dem Lieferanten an den Leasingnehmer uneingeschränkt und vorbehaltlos abtritt, mit der Folge, dass der Leasingnehmer so steht, wie er im Falle des Kaufes gestanden hätte.[341]

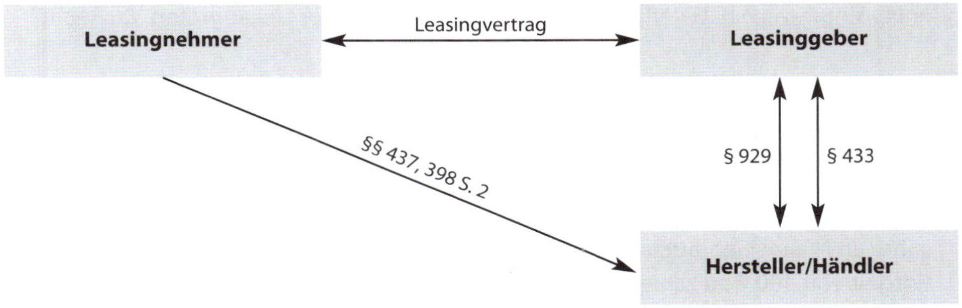

- In dieser **Abtretungskonstellation** ist die Verjährung des Anspruchs des Leasinggebers auf Zahlung der Leasingraten gemäß § 205 während eines auf Rückabwicklung des Kaufvertrages gerichteten Rechtsstreits des Leasingnehmers gegen den Lieferanten gehemmt. Denn das Recht des Leasingnehmers, die Zahlung der Leasingraten vorläufig einzustellen, wenn er ihm übertragene Ansprüche und Rechte auf Gewährleistung gegen den Lieferanten (Hersteller/Händler) klageweise geltend macht, ist ein leasingvertraglich vereinbartes **vorübergehendes Leistungsverweigerungsrecht**.[342]

339 Looschelders Rn 510.

340 Vgl. Palandt/Weidenkaff Einf v § 535 Rn. 59.

341 Palandt/Weidenkaff Einf v § 535 Rn. 56 ff.

342 BGH, Urt. v. 16.09.2015 - VIII ZR 119/14, BeckRS 2015, 17216; vgl. dazu auch Rn. 369.

A. Gefahrtragung

173 In den AGB des Leasinggebers wird regelmäßig vereinbart, dass der Leasingnehmer die Gefahr für den Untergang, die Beschädigung oder den Verlust der Sache zu tragen hat.

Fall 4: Verbrannter Volvo

Arzt N hat bei der G einen Volvo V70 für seine Praxis geleast. Die Vertragsdauer wurde auf fünf Jahre festgelegt. Die monatliche Leasingrate beträgt 400 €. In den auf dem Vertragsformular abgedruckten Allgemeinen Geschäftsbedingungen der G heißt es u.a.:

„§ 3.1 Der Leasingnehmer trägt die Gefahr des Untergangs, des Verlustes oder einer Beschädigung des Leasinggegenstands. Derartige Umstände sind ohne Einfluss auf die Verpflichtungen des Leasingnehmers aus diesem Vertrage.

§ 3.2 Bei Untergang, Verlust oder Beschädigung des Leasinggegenstands kann der Leasingvertrag von jeder Vertragspartei binnen sechs Wochen nach dem Schadenseintritt zum Ende des Kalendermonats gekündigt werden."

Nach einem Jahr wird der Pkw bei einem Brand auf dem Hof der Praxis des N zerstört. Worauf der Brand zurückzuführen ist, kann nicht geklärt werden. N stellt die Zahlung der Leasingraten ein. G verlangt weiterhin die Zahlung der Leasingraten. Zu Recht?

G könnte gegen N einen Anspruch auf Zahlung der Leasingraten haben.

174 A. Der **Zahlungsanspruch ist entstanden**, wenn zwischen den Parteien ein wirksamer Leasingvertrag abgeschlossen worden ist.

G und N haben sich darüber geeinigt, dass G verpflichtet sein soll, den Pkw für fünf Jahre an N zum Gebrauch zu überlassen. N soll verpflichtet sein, dafür monatlich ein Entgelt von 400 € zu zahlen. Mit der Einigung über die zu erbringende Leistung und die dafür geschuldete Gegenleistung ist der Leasingvertrag zustande gekommen, sodass ein Zahlungsanspruch entstanden ist.

B. Dieser **Zahlungsanspruch** könnte entsprechend § 536 Abs. 1 S. 1 automatisch **entfallen** sein. Die Anwendung des § 536 scheidet indes aus, wenn die in § 3.1 der AGB getroffene Regelung wirksam ist.

I. Bei den Vertragsbedingungen handelt es sich um AGB i.S.d. § 305 Abs. 1 S. 1. Diese sind in den Vertrag einbezogen worden. § 305 Abs. 2 u. 3 finden für die Einbeziehung in den Vertrag gemäß § 310 Abs. 1 S. 1 keine Anwendung, da die AGB gegenüber einem Unternehmer verwendet werden. Die Einbeziehung ist wirksam, weil es sich bei dieser Klausel nicht um eine überraschende Regelung i.S.d. § 305 c Abs. 1 handelt.

II. Die eindeutige Regelung unterliegt der **Inhaltskontrolle** gemäß der §§ 307–309. Im vorliegenden Fall könnte ein Verstoß gegen § 307 Abs. 2 Nr. 1 vorliegen. Dazu müsste die Klausel in § 3.1 der AGB mit wesentlichen Grundgedanken der gesetzlichen Regelungen unvereinbar sein.

1. Wenn die Gebrauchsüberlassung des Pkw aufgrund des Leasingvertrags mit der Gebrauchsüberlassung aufgrund eines Mietvertrags vergleichbar ist, dann könnte die Regelung gegen die **grundsätzliche Erhaltungspflicht des Vermieters aus § 535 Abs. 1 S. 2** verstoßen und somit unwirksam sein.

2. Allerdings sind nicht alle in einem Leasingvertrag getroffenen Abreden mit denen des Mietrechts vergleichbar. Denn beim **Finanzierungsleasing** steht für den Leasinggeber die Finanzierungsfunktion im Vordergrund und der Leasingnehmer kann die geleaste Sache wie ein Käufer seinen Interessen entsprechend verwenden. Er kann für die Sicherheit der Leasingsache Sorge tragen und entsprechende Versicherungsverträge abschließen. Mit Rücksicht auf diese Sachlage kann der **Mietvertrag nur mit Einschränkungen** Leitbild für die Inhaltskontrolle nach § 307 sein. In Bezug auf die Sach- und Gegenleistungsgefahr erscheint es vielmehr gerechtfertigt, den Leasingnehmer aufgrund der AGB wie einen **Käufer** zu behandeln.[343] Da der Käufer nach Übergabe die Gefahr für den Untergang und die Verschlechterung der Kaufsache trägt (§ 446), ist es interessengerecht, wenn auch dem Leasingnehmer diese Gefahrtragung durch AGB auferlegt werden kann.

3. Voraussetzung für eine **wirksame Abwälzung der Gefahrtragung** auf den Leasingnehmer ist beim Kfz-Leasing mit Rücksicht auf die besondere Sach- und Interessenlage jedoch, dass ihm ein **kurzfristiges Kündigungsrecht** für den Fall des Untergangs oder der erheblichen Beschädigung eingeräumt wird.[344] **175**

   Unwirksam ist daher eine Regelung beim Kfz-Leasing, derzufolge das Kündigungsrecht des § 543 Abs. 2 S. 1 Nr. 1 ausgeschlossen ist[345] oder wenn der Leasingnehmer bei Verlust der Sache zur sofortigen Zahlung aller noch ausstehenden Raten verpflichtet sein soll.[346]

   Vorliegend war jedoch nach § 3.2 der AGB ein kurzfristiges Kündigungsrecht vorgesehen, sodass die vereinbarte Regelung bzgl. der Gefahrtragung wirksam ist.

Ergebnis: G hat einen Anspruch auf Zahlung der vollen Leasingraten bis zum vereinbarten Vertragsende. Dem kann N dadurch entgegentreten, dass er von dem außerordentlichen Kündigungsrecht Gebrauch macht. Geht er so vor, realisiert sich die auf ihn abgewälzte Preisgefahr dadurch, dass er dem Leasinggeber zum Ausgleich des zum Kündigungszeitpunkt noch nicht amortisierten Gesamtaufwands verpflichtet ist.[347]

---

343 Palandt/Weidenkaff Einf v § 535 Rn. 59.
344 BGH, Urt. v. 27.09 2006 – VIII ZR 217/05, NJW 2007, 290, 292.
345 BeckOK/Ehlert § 535 Rn. 79 m.w.N.
346 BeckOK/Ehlert § 535 Rn. 79 m.w.N.
347 BGH, Urt. v. 27.09 2006 – VIII ZR 217/05, NJW 2007, 290, 292.

176 **Beschädigt oder zerstört ein Dritter die Leasingsache**, stellt sich die Frage, welche Ansprüche Leasinggeber und Leasingnehmer haben und welche Schäden sie geltend machen können.

Beispiel: D verursacht schuldhaft einen Verkehrsunfall. Dabei wird das von Leasingnehmer N geleaste Fahrzeug zerstört. Ansprüche des N und des Leasinggebers G gegen D, wenn N die Gefahr trägt?

I. G kann als Eigentümer des Fahrzeugs gemäß § 823 Abs. 1 (bzw. §§ 7, 18 StVG) nur Schadensersatz wegen der Zerstörung des Fahrzeugs verlangen. Ein Ersatzanspruch wegen der noch ausstehenden Leasingraten kommt nicht in Betracht, denn die Sach- und Gegenleistungsgefahr ist auf den N abgewälzt, gegen den der Leasinggeber einen auf Vollamortisation gerichteten Ausgleichsanspruch hat, sodass ihm durch die Beschädigung des Fahrzeugs kein Gewinn entgeht und somit kein Schaden entsteht.

II. N kann gemäß § 823 Abs. 1 wegen des Besitzentzugs Schadensersatz verlangen. Er hat jedoch keinen Anspruch auf Ausgleich der noch ausstehenden Leasingraten, die er dem G schuldet. Sein Unfallschaden besteht nämlich grundsätzlich nicht in der Belastung mit den Leasingraten, sondern nur in dem Entzug der Sachnutzung.

Hinweis: *Der BGH[348] hat klar gestellt, dass der Leasingnehmer dem Leasinggeber gegenüber nicht aus § 7 Abs. 1 StVG für Schäden am geleasten Fahrzeug haftet. Begründet wird dies damit, dass eine solche Haftung nicht vom Schutzzweck der Norm umfasst sei, da dieser nicht das gehaltene Fahrzeug selbst betreffe. „Sache" i.S.d. § 7 Abs. 1 StVG sei daher nur eine andere Sache, nicht das schädigende Fahrzeug selbst. Die verschärfte Haftung des Fahrzeughalters bezwecke nur, Dritte vor den ihnen aufgezwungenen Gefahren des Kraftfahrzeugverkehrs zu schützen. Damit sei eine Haftung des Leasingnehmers gegenüber dem Leasinggeber allein aufgrund dessen Eigentums nicht zu vereinbaren.*

B. Mängelansprüche des Leasingnehmers

177 Abweichend von § 536 wird regelmäßig in den AGB des Leasinggebers die Gewährleistung für Mängel der Leasingsache ausgeschlossen. Diese Abrede wird in der Regel damit verbunden, dass der Leasinggeber seine kaufrechtlichen Gewährleistungsansprüche gegen den Verkäufer (Hersteller/Lieferant) abtritt.

Fall 5: Like a Satellite

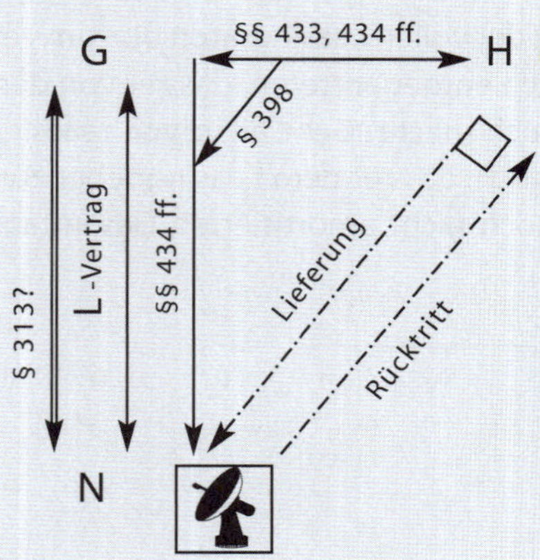

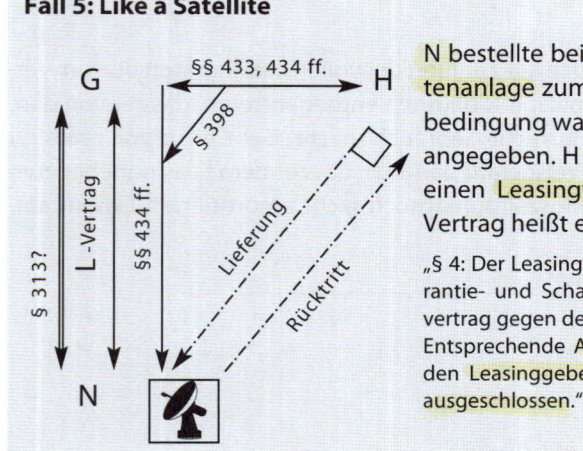

N bestellte bei H für seinen Betrieb eine Satellitenanlage zum Preis von 7.250 €. Als Zahlungsbedingung war auf dem Bestellschein „Leasing" angegeben. H übersandte dem N Formulare für einen Leasingvertrag mit der G-Bank. In dem Vertrag heißt es u.a.:

„§ 4: Der Leasinggeber tritt seine Gewährleistungs-, Garantie- und Schadensersatzansprüche aus dem Liefervertrag gegen den Verkäufer an den Leasingnehmer ab. Entsprechende Ansprüche des Leasingnehmers gegen den Leasinggeber aus dem Leasingvertrag sind dafür ausgeschlossen."

348 BGH, Urt. v. 07.12.2010 – VI ZR 288/09, RÜ 2011, 214, 216.

Die Satellitenanlage, welche die G nach Abschluss des Leasingvertrags vom Hersteller H kaufte, wurde von diesem unmittelbar an N ausgeliefert. Dieser nahm sie jedoch, weil die Reichweite entgegen der Zusicherung nicht ausreichend war, nicht in Gebrauch.

N erklärte gegenüber H wegen dieses Mangels der Anlage, nachdem eine dem H zur Nacherfüllung gesetzte angemessene Frist erfolglos verstrichen war, wirksam den Rücktritt vom Kaufvertrag. Gegenüber G erklärte N die Kündigung des Leasingvertrags, in den die AGB der G wirksam einbezogen wurden, und leistete in der Folgezeit keine Zahlungen an G. Kann G von N Zahlung der Leasingraten verlangen?

G könnte gegen N einen Anspruch auf Zahlung der Leasingraten haben. **178**

I. G und N haben einen Leasingvertrag abgeschlossen, in dem sich N zur Zahlung der Leasingraten verpflichtet hat. Für den Vertrag gelten die Formerfordernisse der §§ 506 Abs. 1, 492 Abs. 1 nicht, da N die Anlage für seinen Betrieb bestellte und daher als Unternehmer i.S.d. § 14 handelte. Mithin ist ein **Zahlungsanspruch entstanden**.

II. Dieser Zahlungsanspruch könnte indes **analog § 536 erloschen** sein. Der Leasingvertrag ist ein atypischer Mietvertrag, auf den § 536 analog anwendbar ist. In § 4 des Vertrags hat die G die Gewährleistung jedoch ausgeschlossen. Fraglich ist, ob dieser Gewährleistungsausschluss wirksam ist.

1. Da es sich um einen Formularvertrag handelt, enthält § 4 des Leasingvertrags AGB i.S.d. § 305 Abs. 1 S. 1.

2. Der Gewährleistungsausschluss müsste aber auch einer **Inhaltskontrolle** standhalten. Der Ausschluss könnte gemäß **§ 309 Nr. 8 b) aa)** unwirksam sein. Gemäß § 310 Abs. 1 S. 1 ist § 309 aber nicht anwendbar, da N als Unternehmer handelte. Auch ein Verstoß gegen **§ 309 Nr. 7** scheidet deshalb aus. Allerdings sind die Wertungen der Klauselverbote des § 309 bei der Beurteilung, ob eine unangemessene Benachteiligung i.S.d. § 307 vorliegt, zu berücksichtigen, vgl. § 310 Abs. 1 S. 2 BGB.

3. Ein Verstoß gegen **§ 307** liegt aber nicht vor, weil der Gewährleistungsausschluss unter Abtretung der kaufrechtlichen Gewährleistungsansprüche des Leasinggebers gegen den Lieferanten keine unangemessene Benachteiligung darstellt. Zwar muss der Leasingnehmer seine Gewährleistungsrechte, vorrangig gerichtet auf Nacherfüllung, gegen den Lieferanten geltend machen. Das ist jedoch eine **adäquate Kompensation** für die ausgeschlossene mietvertragliche Gewährleistung, da der Lieferant das für die Mängelbeseitigung erforderliche Fachwissen eher aufweisen wird als eine Leasinggesellschaft. Hätte der Leasingnehmer die Leasingsache gekauft, hätte er auch nur Nacherfüllung vom Verkäufer verlangen können. Ist dagegen die Nacherfüllung unmöglich, unzumutbar oder fehlgeschlagen, kann der Leasinggeber aus abgetretenem Recht gegenüber dem Lieferanten zurücktreten.

§ 536 BGB wurde deshalb durch § 4 des Leasingvertrags rechtswirksam abbedungen. Ein Erlöschen analog § 536 scheidet mithin aus.

III. Der Zahlungsanspruch der G könnte aber **durch Kündigung des Leasingvertrags erloschen** sein.

1. Eine Kündigung gemäß **§ 543 Abs. 1 u. 2 Nr. 1 analog** scheidet aus, da die Gewährleistung im Leasingvertrag wirksam ausgeschlossen worden ist (s.o.).

SGG **179** 2. Ferner kommt eine Kündigung gemäß **§ 313 Abs. 3** in Betracht.

a) Das Fortbestehen des Kaufvertrags müsste Geschäftsgrundlage des Leasingvertrags geworden sein.

aa) Dem Leasingvertrag lag zunächst ein Kaufvertrag über eine mangelfreie Kaufsache zugrunde (**tatsächliches Element**).

bb) N hätte, wenn er bereits im Zeitpunkt des Abschlusses des Leasingvertrags gewusst hätte, dass er vom Kaufvertrag wegen einer mangelhaften Kaufsache zurücktreten wird, den Leasingvertrag nicht abgeschlossen (**hypothetisches Element**).

cc) Fraglich ist, ob sich G, wenn dieser Umstand im Zeitpunkt des Vertragsabschlusses bedacht worden wäre, nach Treu und Glauben mit Rücksicht auf die Verkehrssitte hätte darauf einlassen müssen, dass der Bestand des Kaufvertrags als Bedingung des Leasingvertrags in diesem vereinbart worden wäre (**normatives Element**). Das ist der Fall, wenn das Vorliegen dieses Umstands nicht allein in den Risikobereich des sich auf den Wegfall der Geschäftsgrundlage berufenden N fällt.

Hier hat G durch die Abtretung der Gewährleistungsrechte an N zum Ausdruck gebracht, dass sie eine Verknüpfung zwischen dem mit H geschlossenen Kaufvertrag und dem Leasingvertrag anerkennt. Die Auswirkungen der Mangelhaftigkeit des Leasinggegenstands sollen also nicht nur den Kaufvertrag, sondern auch den Leasingvertrag betreffen und liegen daher **nicht allein im Risikobereich des N**.

Hat der Leasinggeber den Leasingnehmer in seinen AGB wirksam auf die Geltendmachung abgetretener Gewährleistungsansprüche verwiesen, so muss er die sich daraus ergebenden rechtlichen Folgen auch als für den Leasingvertrag verbindlich hinnehmen. Mithin ist das **Bestehen eines wirksamen Kaufvertrags** über die zu verleasende, gebrauchstaugliche Satellitenanlage zur **Geschäftsgrundlage** des Leasingvertrags zwischen N und G geworden.

b) Der Kaufvertrag über eine mangelfreie Sache und daher die **Geschäftsgrundlage** des Leasingvertrags könnte sich durch die Rücktrittserklärung des N **schwerwiegend verändert** haben. Dazu müsste der Rücktritt wirksam sein.

G und H haben einen wirksamen Kaufvertrag abgeschlossen. Die Gewährleistungsrechte aus diesem Vertrag kann N aufgrund der wirksamen Abtretung gemäß §. 4 des Leasingvertrags geltend machen, **§§ 398, 413**. N hat den Rücktritt gemäß § 349 gegenüber H erklärt. Die Satellitenanlage war bei Gefahrübergang mangelhaft i.S.d. § 434 Abs. 1 S. 1, da ihr die vereinbarte Beschaffenheit einer bestimmten Reichweite fehlt. N hat H zudem erfolglos eine angemessene Frist zur Nacherfüllung gesetzt. Da der Mangel auch nicht unerheblich i.S.d. § 323 Abs. 5 S. 2 war, ist der Rücktritt wirksam. Damit ist die Geschäftsgrundlage für den Leasingvertrag entfallen.

c) Weiterhin dürfte dem **Leasingnehmer ein Festhalten** am unveränderten Vertrag nicht zumutbar sein, § 313 Abs. 1 a.E. Es ist N **nicht zumutbar**, am Vertrag mit G festzuhalten, denn er müsste dann weiterhin die Leasingraten zahlen, während die Satellitenanlage aufgrund des Rücktritts gemäß § 346 Abs. 1 an H zurückzugewähren ist und N dadurch keine Leasingsache mehr hat.

d) Als Rechtsfolge ist grundsätzlich die Anpassung des Vertrags vorgesehen, vgl. § 313 Abs. 1 u. 3. Da hier jedoch aufgrund des Rücktritts die Satellitenanlage an H zurückzugewähren ist, N dann also keine Leasingsache mehr hat, macht eine Anpassung des Leasingvertrages keinen Sinn. Deshalb muss der Leasingvertrag gemäß § 313 Abs. 3 S. 1 aufgehoben werden. Wegen des Dauerschuldcharakters des Leasingvertrags ist ein Rücktritt nicht möglich, sodass N ein **Recht zur Kündigung** aus § 313 Abs. 3 S. 2 hat.

Der Zahlungsanspruch der G hinsichtlich der Leasingraten ist demnach durch Kündigung des N erloschen.

G hat gegen N keinen Anspruch auf Zahlung der Leasingraten aus dem Leasingvertrag.

Der Leasingnehmer kann bei der Störung der Geschäftsgrundlage nicht nur die Zahlung der (weiteren) Leasingraten verweigern, sondern auch vom Leasinggeber die **Rückzahlung erbrachter Leasingraten** verlangen. Problematisch ist allein die Anspruchsgrundlage.[349] Zum Teil wird eine Rückabwicklung über das Unmöglichkeits- oder Bereicherungsrecht favorisiert, die wohl h.M. wendet hingegen die **§§ 313 Abs. 3 S. 1, 346 Abs. 1** an und nimmt dabei eine teleologische Reduktion des § 313 Abs. 3 S. 2 vor.[350]

Nach §§ 313 Abs. 3 S. 1, 346 Abs. 1 können nach einem Rücktritt die bereits erbrachten Leistungen zurückgefordert werden. Wie der Mietvertrag ist der Leasingvertrag jedoch ein Dauerschuldverhältnis, bei dem gemäß § 313 Abs. 3 S. 2 kein Rücktrittsrecht, sondern ein Kündigungsrecht besteht. Eine **Kündigung wirkt nur für die Zukunft**, sie berechtigt deshalb nicht zur Rückforderung bereits erbrachter Leistungen.

349 Vgl. zum Meinungsstand MünchKomm/Koch Leasing Rn. 109 ff.

350 So etwa auch MünchKomm/Koch Leasing Rn. 110; Looschelders Rn. 516.

Ein Ausschluss des Rückforderungsrechts ist jedoch nicht gerechtfertigt, wenn der Leasingnehmer eine von Anfang an mangelhafte Sache erhalten hat. Die Überlassung einer mangelfreien Sache gehört zu den Hauptpflichten des Leasinggebers. Der Ausschluss der Gewährleistung durch den Leasinggeber ist nur wirksam, weil dem Leasingnehmer die Gewährleistungsansprüche gegen den Lieferanten abgetreten werden und nach dem Rücktritt vom Kaufvertrag die Geschäftsgrundlage für den Leasingvertrag entfällt. Die **Besonderheit dieser leasingtypischen Abtretungskonstruktion** erfordert es, dass der Leasingvertrag nach Rücktrittsrecht rückabgewickelt werden kann.

In dieser Konstellation stellt sich ferner die Frage, ob der Leasinggeber vom Hersteller bzw. dem Lieferanten des Leasinggegenstands die **Rückzahlung des Kaufpreises** verlangen kann, obwohl er im Leasingvertrag die Gewährleistungsansprüche an den Leasingnehmer abgetreten hat.

Geht man davon aus, dass der Leasingnehmer gemäß § 313 Abs. 3 S. 1 den Rücktritt vom Leasingvertrag erklären und bereits erbrachte Leasingraten vom Leasinggeber zurückfordern kann, so muss der Leasinggeber auch das Recht haben, die Rückzahlung des Kaufpreises von dem Lieferanten zu verlangen. Im Leasingvertrag tritt der Leasinggeber nämlich nur den Nacherfüllungsanspruch in vollem Umfang ab. Bezüglich des Rücktritts geht **nur** die **Ausübungskompetenz auf den Leasingnehmer** über.[351] Nach der Rücktrittserklärung des Leasingnehmers stehen dem Leasinggeber jedoch die Ansprüche aus dem Rückabwicklungsschuldverhältnis zu.[352]

Der **Leasingnehmer muss** nach h.M. den **Anspruch auf Rückzahlung** des Kaufpreises aus §§ 437 Nr. 2, 323 Abs. 1, 346 Abs. 1 aber **geltend machen** und gegebenenfalls den Prozess gegen den Lieferanten führen. Ist der Lieferant mit dem Rücktritt nicht einverstanden, kann der Leasingnehmer erst nach Klageerhebung gegen den Lieferanten die Zahlung weiterer Leasingraten verweigern.[353]

351 Greiner NJW 2012, 961, 962.
352 Palandt/Weidenkaff Einf v § 535 Rn. 58.
353 BGH, Urt. v. 16.06.2010 – VIII ZR 317/09, RÜ 2010, 484.

5. Teil: Leihvertrag

A. Zustandekommen des Leihvertrags

Der Leihvertrag (**§§ 598–610**) kommt mit der wirksamen Einigung über den erforderlichen Vertragsinhalt zustande. 180

I. Vertragsinhalt

Durch den Leihvertrag wird der Verleiher verpflichtet, dem Entleiher den **zeitlich begrenzten Gebrauch einer Sache unentgeltlich** zu gestatten (§ 598).

Hinweis: *In der Praxis hat die Leihe aufgrund ihrer Unentgeltlichkeit keine große Relevanz. Bedeutung – gerade auch im Examen – erlangt sie jedoch als* ***Besitzmittlungsverhältnis*** *im Rahmen von Sicherungsübereignungen (vgl. §§ 930, 868).*[354]

- **Gegenstand der Leihe** können nach dem Wortlaut des § 598 wie beim Mietvertrag nur – bewegliche oder unbewegliche – **Sachen** sein. 181

  Entsprechende Anwendung finden die §§ 598 ff. auf die Überlassung von **Tieren** (§ 90 a S. 3).[355]

  Umstritten ist demgegenüber die Behandlung der unentgeltlichen Überlassung von **Rechten und Forderungen**. Nach wohl h.M.[356] finden auch insoweit die §§ 598 ff. entsprechende Anwendung; nach der Gegenansicht[357] sollen in diesem Fall die Regeln über die Pacht (§§ 581 ff.) analoge Anwendung finden.

- Die **Unentgeltlichkeit** der Gebrauchsüberlassung setzt voraus, dass die Überlassung **unabhängig von einer Gegenleistung** des Entleihers erfolgt. Das bedeutet, dass bereits die Vereinbarung eines – auch nur ganz geringfügigen – Entgelts der Einordnung als Leihvertrag entgegensteht und in diesem Fall vielmehr ein Mietvertrag (§ 535) vorliegt.[358] 182

- Unter **Gebrauch** der Sache ist – wie bei der Miete – die tatsächliche Verwendung und Benutzung der Sache ohne Eingriff in ihre Substanz zu verstehen.[359] Das Gebrauchsrecht umfasst hingegen nicht das Recht zur Verfügung über die Sache; ein **Recht zur Fruchtziehung** besteht **nur ausnahmsweise**, wenn die Parteien dies vereinbart haben.[360]

- Die Gestattung des Gebrauchs erfasst die **Besitzüberlassung** und das **Unterlassen von Besitzstörungen.**[361] Zu beachten ist insoweit, dass sich bei der Leihe somit die Gebrauchsgestattungspflicht **auf die Überlassung des Besitzes beschränkt**. An- 183

---

354 Vgl. dazu AS-Skript Sachenrecht 1 (2017), Rn. 304 ff.

355 BeckOK/Wagner § 598 Rn. 16.

356 Vgl. BeckOK/Wagner § 598 Rn. 16 m.w.N.

357 Palandt/Weidenkaff § 598 Rn. 3.

358 Palandt/Weidenkaff § 598 Rn. 4.

359 BGH, Urt. v. 28.07.2004 – XII ZR 153/03, NJW-RR 2004, 1566; Palandt/Weidenkaff § 598 Rn. 5 m.w.N.

360 Jauernig/Mansel § 598 Rn. 8 m.w.N.; nach a.A. ist bei einem Fruchtziehungsrecht ein mit Elementen der Leihe und Schenkung gemischter Vertrag anzunehmen, vgl. Palandt/Weidenkaff § 598 Rn. 5.

361 Palandt/Weidenkaff § 598 Rn. 6.

ders als bei der Miete (vgl. dort: § 535 Abs. 1 S. 2) ist der Verleiher also **nicht verpflichtet**, die Sache in einen gebrauchsfähigen Zustand zu versetzen und sie während der Vertragslaufzeit instand zu halten.[362]

Hinweis: *Der Verleiher muss nicht zwingend Eigentümer der Sache sein. Infolge der in der Regel erfolgenden Besitzüberlassung bleibt er jedenfalls mittelbarer Besitzer, der Entleiher wird unmittelbarer Besitzer (vgl. § 868), sodass dem Entleiher (auch gegenüber dem Verleiher) der sog. possessorische Besitzschutz zusteht (§§ 858, 859, 861, 867).*[363]

II. Art und Weise des Zustandekommens

184 Der Leihvertrag ist nach **h.M.** ein **Konsensualvertrag**. Das bedeutet, dass der Leihvertrag bereits mit der Einigung über die Vertragsbestandteile und nicht erst mit der Überlassung der Sache zustande kommt.[364]

Die **früher h.M.** hat hingegen einen **Realvertrag** angenommen, der erst mit Überlassung der Sache zustande kam.

Hinweis: *Bei der Leihe wird unterschieden zwischen der sog.* ***Handleihe****, bei der die Sache sogleich mit der Einigung übergeben wird, und der sog.* ***Versprechensleihe****, bei der die Übergabe dem Vertragsschluss durch Einigung nachfolgt.*

Die Einigung ist beim Leihvertrag **formlos** möglich. Dies gilt selbst dann, wenn Gegenstand der Leihe ein Grundstück ist.[365]

III. Abgrenzung zu anderen Rechtsverhältnissen

185 Häufig ist in Klausuren näher zu untersuchen, ob eine Einigung i.S.d. § 598 über einen Leihvertrag vorliegt. Insoweit ist bei der Auslegung der Einigungserklärungen der Parteien (§§ 133, 157) der Leihvertrag insbesondere zu folgenden Rechtsverhältnissen abzugrenzen:

- **Mietvertrag** (§ 535): Der Leihvertrag ist ebenso wie der Mietvertrag auf die zeitlich begrenzte Gebrauchsüberlassung einer Sache gerichtet. Anders als bei der Miete (vgl. § 535 Abs. 2) erfolgt die Gebrauchsüberlassung bei der Leihe jedoch **unentgeltlich** (§ 598).

  Hinweis: *Im täglichen Leben wird der Begriff „Leihe" häufig im Zusammenhang mit Verträgen verwandt, die richtigerweise als „Miete" einzuordnen sind, z.B. „Leihwagen" statt Miete eines Kfz, „Leihbibliothek", etc.*

- **Schenkungsvertrag** (§ 516): Während bei der Leihe die überlassene Sache zurückzugeben ist (§ 604), verpflichtet sich bei der Schenkung der Schenker, die überlassene Sache zu übereignen, sodass diese – anders als bei der Leihe – **nicht im Vermögen des Schenkers verbleibt**.

---

362 Brox/Walker, Besonderes Schuldrecht, § 16 Rn. 2.

363 BeckOK/Wagner § 598 Rn. 17.

364 BeckOK/Wagner § 598 Rn. 2 m.w.N.

365 BeckOK/Wagner § 598 Rn. 2.

- **Sachdarlehensvertrag** (§ 607): Auch beim Sachdarlehensvertrag wird eine Sache überlassen, jedoch bezieht sich die Überlassung dort – anders als bei der Leihe – nicht nur auf die **Übertragung** des Besitzes, sondern auch auf die **des Eigentums**, da nur eine Sache gleicher Art, Güte und Menge zurückzuerstatten ist (vgl. § 607 Abs. 1 S. 2). Demgegenüber wird bei der Leihe die überlassene Sache nicht übereignet, da diese selbst zurückzugeben ist.[366]

- **Verwahrung** (§ 688): Anders als bei der Leihe wird bei der Verwahrung die Sache **nicht zum Gebrauch**, sondern nur zur Aufbewahrung überlassen (§ 688). Im Übrigen kann die Verwahrung nicht nur unentgeltlich, sondern auch **entgeltlich** vereinbart werden (vgl. § 689).

- (Bloßes) **Gefälligkeitsverhältnis**: Aufgrund der Unentgeltlichkeit der Leihe bestehen häufig Abgrenzungsprobleme zwischen der Leihe als Gefälligkeitsvertrag und bloßen Gefälligkeitsverhältnissen, bei denen der **Rechtsbindungswille fehlt** und bei deren Vorliegen die überlassene Sache jederzeit zurückgefordert werden kann.[367]

  Die **Abgrenzung** muss **im Einzelfall** nach Anlass und Zweck der Gebrauchsüberlassung, ihrer wirtschaftlichen Bedeutung und nach den Interessen der Parteien vorgenommen werden. Insoweit kann als **Indiz** für die Annahme einer Leihe vor allem das Vorliegen eines schutzwürdigen Interesses daran, die Gebrauchsmöglichkeit nicht willkürlich abzukürzen, herangezogen werden.[368]

Beispiele: Wird ein Pkw zur **Probefahrt** überlassen, handelt es sich um keine Leihe, sondern um eine Maßnahme zur Anbahnung eines Kaufvertrages.[369] Bei der Verwendung von **Mehrwegverpackungen** hängt die Frage, ob eine Leihe oder ein Kauf vorliegt, von der im Einzelfall gegebenen (konkludenten) Vereinbarung ab. Ein Leihvertrag ist nur dann anzunehmen, wenn das Eigentum bei dem Überlassenden verbleibt und der Empfänger die konkrete Verpackung zurückgeben muss.[370]

B. Vertragspflichten und Pflichtverletzungen

Da die Gebrauchsüberlassung bei der Leihe **unentgeltlich** erfolgt, steht der Übertragung **keine Verpflichtung des Entleihers gegenüber**. Weder die Erhaltungs- und Obhutspflichten des Entleihers noch die Pflicht zur Rückgabe stehen mit der Pflicht des Verleihers zur Gebrauchsüberlassung in einem Gegenseitigkeitsverhältnis. Daraus ergibt sich, dass es sich bei dem Leihvertrag nicht um einen gegenseitigen Vertrag, sondern um einen **unvollkommen zweiseitig verpflichtenden Vertrag** handelt, auf den die §§ 320 ff. keine Anwendung finden.[371] **186**

366 Palandt/Weidenkaff Einf v § 607 Rn. 2, Einf. § 598 Rn. 5.
367 Vgl. dazu ausführlich AS-Skript BGB AT 1 (2017), Rn. 44 ff.
368 Palandt/Weidenkaff Einf v § 598 Rn. 7.
369 BeckOK/Wagner § 598 Rn. 10.
370 BeckOK/Wagner § 598 Rn. 9 m.w.N.
371 Jauernig/Mansel § 598 Rn. 1.

I. Pflichten des Verleihers

1. Gebrauchsgestattung

187 Der Verleiher ist gemäß **§ 598** verpflichtet, dem Entleiher unentgeltlich den **Gebrauch der Sache zu gestatten**. Da es sich hierbei jedoch um eine **Holschuld** (§ 269) handelt, ist der Entleiher verpflichtet, die Kosten hierfür zu tragen.[372]

Im Regelfall bedingt die Pflicht zur Gebrauchsüberlassung die Pflicht zur **Besitzüberlassung**. Allerdings ist der Verleiher – anders als der Vermieter (vgl. § 535 Abs. 1 S. 2) – nicht verpflichtet, die Sache in einen **zum vertragsmäßigen Gebrauch geeigneten Zustand** zu versetzen und sie während der Vertragslaufzeit in diesem Zustand zu erhalten.[373] Vielmehr ist – wie sich aus der Regelung des **§ 601 Abs. 1** ergibt – bei der Leihe der Entleiher verpflichtet, während der Vertragslaufzeit die Leihsache zu erhalten.[374]

2. Verwendungsersatz

188 Gemäß **§ 601 Abs. 2 S. 1** ist der Verleiher verpflichtet, dem Entleiher Verwendungen, welche die gewöhnlichen Erhaltungskosten der geliehenen Sache übersteigen, nach den Vorschriften über die Geschäftsführung ohne Auftrag (**§§ 677 ff.**) zu ersetzen. Hierbei handelt es sich um einen **Rechtsgrundverweis**, sodass zusätzlich zu den Voraussetzungen des § 601 Abs. 2 S. 1 das Vorliegen der Voraussetzungen der §§ 677 ff. zu prüfen ist.[375]

Unter **Erhaltungskosten** sind solche Aufwendungen zu verstehen, die erforderlich sind, um die Sache in ihrem bisherigen Zustand zu erhalten. Die **Gewöhnlichkeit** richtet sich nach der Verkehrsauffassung.

Beispiele für gewöhnliche Erhaltungskosten: TÜV-Inspektion oder Ölwechsel beim Kfz; Schutzimpfung oder Fütterungskosten (vgl. § 601 Abs. 1) bei Tieren.[376]

Beispiele für ungewöhnliche Erhaltungskosten: Einbau eines Austauschmotors oder einer neuen Lichtmaschine beim Kfz.[377]

Der Anspruch des Entleihers auf Verwendungsersatz **verjährt** gemäß § 606 S. 1, S. 2 i.V.m. § 548 Abs. 2 **in sechs Monaten nach Beendigung der Leihe**.

189 Von den unter § 601 Abs. 2 S. 1 fallenden „Erhaltungskosten" sind jedoch abzugrenzen:

- **Schadensbeseitigungskosten** (z.B. Kosten von Schäden am Kfz oder Behandlung von Tierkrankheiten): Solche Kosten sind keine Erhaltungskosten und sind vom Entleiher nur unter den Voraussetzungen eines **Schadensersatzanspruchs** (§ 280 Abs. 1, § 823) zu tragen, wenn sie durch vertragswidrigen Gebrauch entstanden sind. Schäden, die durch **vertragsmäßigen** Gebrauch entstanden sind, hat der Entleiher hingegen nicht zu ersetzen, vgl. **§ 602**.[378]

372 Hk-BGB/Ebert § 598 Rn. 9.
373 Brox/Walker, Besonderes Schuldrecht, § 16 Rn. 2.
374 BeckOK/Wagner § 601 Rn. 1.
375 BeckOK/Wagner § 601 Rn. 5.
376 MünchKomm/Häublein § 601 Rn. 2.
377 Brox/Walker, Besonderes Schuldrecht, § 16 Rn. 6.
378 MünchKomm/Häublein § 601 Rn. 3.

- **Kosten der Gebrauchsermöglichung** (z.B. Benzin oder Kfz-Steuer beim Kfz): Auch solche Kosten sind keine Erhaltungskosten und grundsätzlich **vom Entleiher**, der hierdurch für sich den Gebrauch ermöglichen will, **zu tragen**. Lediglich in dem Fall, dass diese Kosten auch im Interesse des Verleihers liegen, können Ansprüche aus GoA (§§ 677 ff.) oder Bereicherungsrecht (§§ 812 ff.) in Betracht kommen.[379]

3. Wegnahmerecht

Zu beachten ist schließlich, dass dem Entleiher gemäß **§ 601 Abs. 2 S. 2** auch ein **Wegnahmerecht** bzgl. solcher Einrichtungen zusteht, mit denen er die Sache verbunden hat. Für das Wegnahmerecht des Entleihers ist es ohne Bedeutung, ob es sich bei den Einrichtungen um **wesentliche Bestandteile** (§§ 93 f.), die Eigentum des Verleihers geworden sind, oder um **Zubehör** (§ 97) handelt, das Eigentum des Entleihers geblieben ist.[380] Dieses Wegnahmerecht ist jedoch ausgeschlossen, wenn der Entleiher (z.B. aufgrund vertraglicher Vereinbarung) verpflichtet war, die Einrichtung anzubringen.[381] 190

Der Anspruch des Entleihers auf Gestattung der Wegnahme einer Einrichtung **verjährt** gemäß § 606 S. 1, S. 2 i.V.m. § 548 Abs. 2 **in sechs Monaten nach Beendigung des Leihverhältnisses**.

Hinweis: *Die **Durchführung** der Wegnahme richtet sich nach **§ 258**. Unter Umständen kann sich aus der Rückgabepflicht (§ 604 Abs. 1) sogar eine **Wegnahmepflicht** des Entleihers ergeben.*

4. Rechtsfolgen einer Pflichtverletzung

- Bei Pflichtverletzungen des Verleihers, die das Erfüllungsinteresse des Entleihers bzgl. der Gebrauchsüberlassung betreffen – Verzug (§ 286) und Unmöglichkeit (§ 275) –, haftet der Verleiher nach den allgemeinen Regeln gemäß §§ 280 ff. Wegen der Unentgeltlichkeit der Gebrauchsüberlassung **beschränkt** jedoch die Regelung des **§ 599** den **Haftungsmaßstab** für den Verleiher in Ausnahme zu § 276 auf Vorsatz und grobe Fahrlässigkeit. 191

- Bei **Verletzung vorvertraglicher oder vertraglicher Schutzpflichten** (§ 241 Abs. 2) haftet der Verleiher nach §§ 280 Abs. 1, 311 Abs. 2, 241 Abs. 2 bzw. gemäß §§ 280 Abs. 1, 241 Abs. 2. Dabei ist **umstritten**, ob auch insoweit die Haftungsprivilegierung des **§ 599 Anwendung findet**. Zum Teil wird für diese Fälle die Anwendbarkeit des § 599 stets befürwortet, teilweise ausnahmslos abgelehnt (sodass § 276 gelten soll). Eine vorzugswürdige vermittelnde Ansicht will § 599 jedenfalls bei solchen Schutzpflichtverletzungen anwenden, die sich auf den Vertragsgegenstand beziehen.[382] 192

  Klausurhinweis: *Folgt man der Ansicht, dass dem Verleiher das **Haftungsprivileg** des § 599 im Hinblick auf die Verletzung vorvertraglicher und vertraglicher Schutzpflichten*

379 MünchKomm/Häublein § 601 Rn. 5.
380 MünchKomm/Häublein § 601 Rn. 7.
381 Palandt/Weidenkaff § 601 Rn. 3.
382 Umfassender Überblick über den Streitstand bei MünchKomm/Häublein § 599 Rn. 3.

*zukommt, schlägt diese Regelung auch auf mit den vertraglichen Ansprüchen konkurrierende Ansprüche aus Delikt gemäß **§§ 823 ff.** durch.*[383]

193 ■ Bei **Sach- und Rechtsmängeln** trifft den Verleiher aufgrund der Uneigennützigkeit der Leihe **grundsätzlich keine Haftung**. Hiervon macht die Regelung des § 600 (wie bei der Schenkung gemäß §§ 523 Abs. 1, 524 Abs. 1) eine **Ausnahme**. Danach haftet der Verleiher dann doch für Sach- und Rechtsmängel, wenn er den Mangel **arglistig verschwiegen** hat.

***Klausurhinweis:** § 600 ist in diesem Fall selbst die **Anspruchsgrundlage**.*[384]

Nach **h.M.** gilt die Regelung des § 600 jedoch nur für **Mangelschäden** (durch die Gebrauchsbeeinträchtigung), **nicht** jedoch für die mangelbedingten **Schäden an anderen Rechtsgütern** (z.B. Körper, Gesundheit, Eigentum) des Entleihers. Solche Mangelfolgeschäden sind dann nur unter den Voraussetzungen des **§ 280 Abs. 1 bzw.** der **§§ 823 ff.** zu ersetzen.[385]

II. Pflichten des Entleihers

1. Einhaltung des vertragsgemäßen Gebrauchs

194 Der Entleiher ist verpflichtet, den vertragsmäßigen Gebrauch der Sache nicht zu überschreiten, insbesondere sie **nicht ohne Erlaubnis** des Verleihers **einem Dritten** zu **überlassen**, vgl. **§ 603**.

Bei einer **Gebrauchsüberlassung aus Gefälligkeit** ist jedoch § 603 S. 2 nicht analog anwendbar, sodass eine Schadensersatzhaftung des Begünstigten, dem die Sache überlassen wurde, ausscheidet, wenn ihn an der Beschädigung der Sache, die er dann dem Dritten überlassen hat, kein eigenes Verschulden trifft.[386]

2. Erhaltungskosten, Erhaltungs- und Obhutspflicht

195 Gemäß **§ 601 Abs. 1** hat der Entleiher die **gewöhnlichen Erhaltungskosten** (zu diesem Begriff Rn. 188), bei der Leihe eines Tieres insbesondere die Fütterungskosten, zu tragen.

Aus der Regelung des § 601 Abs. 1 ist zudem auch die **Pflicht des Entleihers** herzuleiten, die Sache während der Vertragslaufzeit zu erhalten.[387] Dies erfasst auch eine **Obhutspflicht** (vgl. auch § 605 Nr. 2), insbesondere die Pflicht, die Sache sorgfältig aufzubewahren. Eine solche Schutzpflicht ergibt sich auch aus **§ 241 Abs. 2**.[388]

---

383 BeckOK/Wagner § 599 Rn. 3.

384 Palandt/Weidenkaff § 600 Rn. 4.

385 BeckOK/Wagner § 600 Rn. 4.; Palandt/Weidenkaff § 600 Rn. 4.

386 BGH, Urt. v. 04.08.2010 – XII ZR 118/08, NJW 2010, 3087.

387 Palandt/Weidenkaff § 601 Rn. 1.

388 Brox/Walker, Besonderes Schuldrecht, § 16 Rn. 5.

3. Rückgabepflicht

Nach Beendigung der Leihe muss der Entleiher gemäß **§ 604 Abs. 1–3** die Sache dem Verleiher zurückgeben, d.h. den **unmittelbaren Besitz verschaffen**. Die Abtretung eines Herausgabeanspruchs gegen einen Dritten genügt nicht.[389] 196

Der Entleiher hat hierbei die Sache **in dem Zustand zurückzugeben**, der ihrem **vertragsmäßigen Gebrauch** (vgl. § 602) **entspricht**.

Die Rückgabepflicht des Entleihers ist eine **Bringschuld** und hat daher grundsätzlich auf Kosten des Entleihers am Wohnsitz des Verleihers zu erfolgen.[390]

Hinweis: *Hat der Entleiher die Sache – mit oder ohne Erlaubnis des Verleihers – einem Dritten zum Gebrauch überlassen, kann der Verleiher nach Beendigung der Leihe* ***von dem Dritten Herausgabe*** *verlangen,* ***§ 604 Abs. 4****. Dieser vertragliche Anspruch kann neben den dinglichen Herausgabeanspruch aus § 985 treten.*

4. Rechtsfolgen einer Pflichtverletzung

- Verletzt der Entleiher seine **Pflicht zur Einhaltung des vertragsmäßigen Gebrauchs** oder seine **Erhaltungs- und Obhutspflichten** steht dem Verleiher ein Recht zur außerordentlichen Kündigung gemäß § 605 Nr. 2 sowie in entsprechender Anwendung des § 541 ein Anspruch auf Unterlassung zu.[391] 197

  Darüber hinaus hat der Verleiher einen Schadensersatzanspruch aus **§ 280 Abs. 1**, wenn die Sache infolge schuldhaft vertragswidrigen Gebrauchs beschädigt wird. Insoweit gilt der Haftungsmaßstab der §§ 276, 278; die Privilegierung des **§ 599** ist auf die Haftung des Entleihers **nicht anzuwenden**.[392] Nach h.M. haftet der Entleiher aus § 280 Abs. 1 auch für einen **zufällig an der Sache eingetretenen Schaden**, wenn dieser ohne vertragswidrigen Gebrauch nicht eingetreten wäre und die Vertragswidrigkeit des Gebrauchs auf einem Verschulden des Entleihers beruht.[393]

  Gemäß **§ 606 S. 1 verjähren** die Schadensersatzansprüche des Verleihers **in sechs Monaten**. Nach allgemeiner Ansicht gilt diese Regelung einer kurzen Verjährung nicht nur für vertragliche Schadensersatzansprüche des Verleihers, sondern darüber hinaus auch für alle damit konkurrierenden Ansprüche, insbesondere aus Delikt oder Eigentum.[394] Der **Fristbeginn** richtet sich gemäß **§ 606 S. 2 nach § 548 Abs. 1 S. 2**.

- Bei **Unmöglichkeit** oder **Verzug** des Entleihers mit der Rückgabe haftet er nach den allgemeinen Regeln gemäß den §§ 280 ff.[395] 198

  Ist die Rückgabe der Sache wegen deren Untergangs unmöglich geworden (§ 275), gelten für den Schadensersatzanspruch des Verleihers die **allgemeinen Verjäh-**

389 Palandt/Weidenkaff § 604 Rn. 1.
390 BGH, Urt. v. 19.09.2001 – I ZR 343/98, NJW-RR 2002, 1027.
391 Palandt/Weidenkaff § 603 Rn. 2.
392 Brox/Walker, Besonderes Schuldrecht, § 16 Rn. 7.
393 BGH, Urt. v. 03.07.1972 – VI ZR 88, 160/61, BGHZ 37, 310; Palandt/Weidenkaff § 603 Rn. 2.
394 Palandt/Weidenkaff § 606 Rn. 3.
395 Palandt/Weidenkaff § 604 Rn. 2.

rungsregeln (§§ 195, 199), die Regelung des **§ 606** gilt in diesem Fall **nicht** (vgl. Wortlaut des § 606 S. 1: „Veränderung oder Verschlechterung“).

C. Beendigung des Leihvertrags

199 Bei der **Beendigung** des Leihvertrags sind folgende **Fallgruppen** zu unterscheiden:[396]

- **Ablauf** der vertraglich **vereinbarten Laufzeit** des Leihvertrags, **§ 604 Abs. 1**;
- **Zweckerreichung** der Gebrauchsüberlassung, **§ 604 Abs. 2 S. 1**;
- **Unmöglichkeit der Zweckerreichung** der Gebrauchsüberlassung, **§ 604 Abs. 2 S. 1** analog;
- **Rückforderung** bei **unbefristetem, aber zweckgebundenem Leihvertrag** auch schon vor Zweckerreichung, wenn soviel Zeit abgelaufen ist, wie objektiv für die Zweckerreichung erforderlich war, **§ 604 Abs. 2 S. 2**. Ob der Entleiher subjektiv die Möglichkeit hatte, den Zweck zu erreichen, ist nach allgemeiner Ansicht unerheblich;
- **Rückforderung** bei unbefristetem Leihvertrag, wenn sich auch aus dem Zweck der Leihe keine Dauer entnehmen lässt, **§ 604 Abs. 3**;
- **Ordentliche** Kündigung (bei dementsprechender **Vereinbarung** der Parteien);
- **Außerordentliche** Kündigung gemäß **§ 605**.

Hinweis: *Auch in den Fällen der Rückforderung gemäß § 604 Abs. 2 S. 2 oder nach § 604 Abs. 3 ist eine* ***Kündigungserklärung*** *erforderlich, die jedoch konkludent in dem Rückforderungsverlangen erblickt werden kann.*

396 Vgl. dazu MünchKomm/Häublein § 604 Rn. 1–4.

6. Teil: Dienst- und Behandlungsvertrag

Gemäß **§ 611 Abs. 1** ist der **Dienstvertrag** ein gegenseitiger Vertrag, bei dem der Dienstverpflichtete Dienste erbringt und der Dienstberechtigte dafür eine Vergütung leistet. **200**

Bis zum 31.03.2017 war der **Arbeitsvertrag** ein Unterfall des Dienstvertrags i.S.d. § 611. **201** Mit Wirkung **zum 01.04.2017** ist er nunmehr **eigenständig in § 611 a geregelt**. Der Arbeitsvertrag zeichnet sich dadurch aus, dass der Dienstverpflichtete Arbeitnehmer ist. Arbeitnehmer ist, wer zur Leistung weisungsgebundener, fremdbestimmter Arbeit in persönlicher Abhängigkeit verpflichtet ist, vgl. § 611 a Abs. 1. Das Arbeitsrecht hat als Sonderrecht und Schutzrecht der Arbeitnehmer eine wesentlich höhere praktische Bedeutung als das Recht des selbstständigen (freien) Dienstvertrags und ist im Skript „Arbeitsrecht" behandelt.

Auch der **Behandlungsvertrag** ist ein besonderer Typus des Dienstvertrags. Er ist in **202** den §§ 630 a ff. speziell geregelt und auf die medizinische Behandlung eines Patienten gegen Entgelt gerichtet.

1. Abschnitt: Dienstvertrag

A. Zustandekommen

Das Zustandekommen eines Dienstvertrags erfordert, dass sich die Parteien über die **203** entgeltliche Leistung von Diensten einigen.

Der Dienstvertrag ist vom Werkvertrag dadurch abzugrenzen, dass der Dienstverpflichtete nur die Erbringung der Dienste und damit ein **bloßes Tätigwerden schuldet**. Der Werkunternehmer ist dagegen zur Herstellung eines Erfolgs verpflichtet.

Beispiel: Bei Steuerberatern ist zu unterscheiden zwischen der umfassenden dienstvertraglichen Beratung und Werkverträgen über die Abgabe von Steuererklärungen oder die Aufstellung von Bilanzen.

Die begriffliche Trennung zwischen Dienst- und Werkverträgen ist nicht immer eindeutig, weil auch der Dienstberechtigte (natürlich) regelmäßig erwartet, dass das Tätigwerden nicht völlig erfolglos bleibt.[397]

Beispiel: Der Vertrag über die **Bereitstellung eines DSL-Anschlusses** wird von der h.M. als **Dienstvertrag** angesehen. Der Schwerpunkt der Leistung liegt in dem Transport von Daten in das und aus dem Internet. Gegen einen Werkvertrag spricht, dass die Leitungskapazitäten des Providers begrenzt sind. Der Anbieter kann daher nicht einen bestimmten Erfolg, das jederzeitige Zustandekommen einer Verbindung in das Internet mit einer bestimmten Datenrate, versprechen und der Kunde kann einen solchen Erfolg nicht erwarten. Der Provider schuldet nur die Bereithaltung des Anschlusses und das sachgerechte Bemühen um die Herstellung einer Verbindung in das Internet.[398]

Werden **Dienste als reine Nebenleistungen** geschuldet, ändert das den Vertragstypus **204** der Hauptleistung nicht.

Beispiel: Der Vertrag über die Nutzung eines **Fitnessstudios** ist regelmäßig ein reiner Mietvertrag. Er ist auf die Nutzung der Räumlichkeiten und das Zurverfügungstellen der Fitnessgeräte gerichtet. So-

397 Looschelders Rn. 542.

398 BGH, Urt. v. 24.01.2013 – III ZR 98/12, RÜ 2013, 209.

weit für die Nutzung der Geräte eine Einweisung erforderlich ist, ist diese eine reine Nebenleistung, die den Vertrag nicht zu einem Dienstvertrag oder einem typengemischten Vertrag macht.[399]

Gegenbeispiel: Umfasst ein Vertrag neben der Unterstellung, Fütterung und Pflege des Pferdes auch den Beritt, die Dressurausbildung und Gewähr einer artgerechten Bewegung sowie die Ausbildung der Reiterin, handelt es sich um einen gemischten Vertrag, der seinem Inhalt nach über einen (bloßen) Einstellvertrag und auch über einen „klassischen" Pferdepensionsvertrag hinaus geht, weil er auch – und zwar **schwerpunktmäßig** – die **Ausbildung von Pferd und Reiter** zum Gegenstand hat, und sich deshalb im Schwerpunkt als **Dienstvertrag** darstellt.[400]

205 Nach **§ 612 Abs. 1** gilt eine Vergütung als stillschweigend vereinbart, wenn die Dienstleistung den Umständen nach nur gegen eine **Vergütung zu erwarten** ist. Nur dann, wenn ein Entgelt weder vereinbart ist noch gemäß § 612 als vereinbart gilt, kann ein Auftrag gemäß § 662 vorliegen.

206 Typische selbstständige Dienstverträge sind die Anstellungsverträge von Geschäftsführern einer GmbH oder Vorständen einer Aktiengesellschaft.[401]

Hinweis: *In diesen Fällen muss streng unterschieden werden zwischen dem Anstellungsvertrag als Dienstvertrag und der Bestellung zum Geschäftsführer oder Vorstand als körperschaftlicher Akt. So kann die Bestellung zum Geschäftsführer einer GmbH gemäß § 38 Abs. 1 GmbHG jederzeit widerrufen werden, nicht aber der Anstellungsvertrag. Dieser bleibt auch bei einem Widerruf der Bestellung wirksam, bis er ordnungsgemäß nach § 621 oder außerordentlich nach § 626 gekündigt worden ist.*

B. Vertragspflichten

I. Pflichten des Dienstverpflichteten

207 Hauptleistungspflicht des Dienstverpflichteten ist die Erbringung der versprochenen Dienste. Gemäß **§ 613 S. 1** sind die Dienste **im Zweifel persönlich** zu erbringen. Eine höchstpersönliche Verpflichtung besteht insbesondere bei Dienstleistungen, die eine besondere Qualifikation erfordern. Die persönliche Verpflichtung zur Leistung der Dienste schließt nicht aus, dass Hilfspersonen zur Erfüllung herangezogen werden können.

Beispiel: Beim Vertragsschluss mit einem Einzelanwalt darf dieser anwaltliche Tätigkeiten nicht übertragen. Hilfstätigkeiten dürfen aber auf Reno-Gehilfen übertragen werden.

Bei dem Vertragsschluss mit einer Sozietät sind alle Anwälte berechtigt und verpflichtet. Zu den ärztlichen Dienstleistungen (für die § 630 b auf § 613 verweist) vgl. unten Rn. 224.

208 Die Bindung der Dienstleistung an die Person des Verpflichteten hat zur Folge, dass die Dienstleistungspflicht mit dem **Tod des Dienstverpflichteten** erlischt und nicht auf die Erben übergeht.[402]

209 **Nebenleistungspflichten** können insbesondere Aufklärungs- und Verschwiegenheitspflichten sein. Letztere sind bei anwaltlichen Dienstleistungen und beim Behandlungsvertrag sogar strafrechtlich sanktioniert (§ 203 Abs. 1 Nr. 1 und Nr. 3 StGB).

---

399 BGH, Urt. v. 08.02.2012 – XII ZR 42/01, NJW 2012, 1431.

400 BGH, Urt. v. 12.01.2017 – III ZR 4/16, RÜ 2017, 273, 274.

401 Palandt/Weidenkaff Einf v 611 Rn. 16.

402 Palandt/Weidenkaff § 613 Rn. 2.

II. Pflichten des Dienstberechtigten

Hauptleistungspflicht des Dienstberechtigten ist die **Leistung der Vergütung**. Haben die Parteien die Höhe der Vergütung vertraglich nicht festgelegt, ist sie nach **§ 612 Abs. 2** zu bestimmen. **210**

Aus dem Inhalt des jeweiligen Vertrags können sich auch **Nebenleistungspflichten** des Dienstberechtigten ergeben. Umfassende Nebenleistungspflichten wie beispielsweise die Fürsorgepflicht des Arbeitgebers bestehen jedoch bei freien Dienstverträgen regelmäßig nicht.

C. Pflichtverletzungen

Bei Pflichtverletzungen des Dienstberechtigten oder des Dienstverpflichteten können sich Schadensersatzansprüche aus den §§ 280 ff. ergeben. Hat vertragswidriges Verhalten zu einer Kündigung geführt, kann ein Schadensersatzanspruch aus § 628 Abs. 2 bestehen. Dieser ist im Verhältnis zu den §§ 280 ff. eine Spezialregelung.[403] **211**

I. Verursachung der Kündigung durch vertragswidriges Verhalten

Veranlasst der Dienstberechtigte oder der Dienstverpflichtete durch vertragswidriges Verhalten die Kündigung des anderen Teils, ist er gemäß **§ 628 Abs. 2** zum Ersatz des durch die Beendigung des Dienstverhältnisses entstandenen Schadens verpflichtet. **212**

Schadensersatz gemäß § 628 Abs. 2

I. Voraussetzungen

1. Dienstvertrag
2. Vertragswidriges Verhalten des Dienstverpflichteten oder Dienstberechtigten, das eine außerordentliche Kündigung gemäß § 626 rechtfertigen würde
3. Vertretenmüssen
4. Kündigung veranlasst

II. Rechtsfolge

Ersatz des durch die Beendigung des Vertrags entstandenen Schadens

1. Dienstvertrag

Der Anspruch aus § 628 Abs. 2 setzt zunächst einen wirksamen Dienstvertrag voraus. **213**

Vor Inkrafttreten der Schuldrechtsreform (2002) wurde § 628 Abs. 2 analog auf alle Dauerschuldverhältnisse angewandt. Nach heutigem Recht führt das Auflösungsverschulden bei anderen Schuldverhältnissen als dem Dienstvertrag zu einem Schadensersatzanspruch aus § 280 Abs. 1.

403 MünchKomm/Henssler § 628 Rn. 50.

2. Vertragswidriges Verhalten

214 Das vertragswidrige Verhalten muss das Gewicht eines **wichtigen Grundes** i.S.d. § 626 haben.[404] Ein Anspruch aus § 628 Abs. 2 kann sich deshalb nur dann ergeben, wenn auch eine fristlose **Kündigung gemäß § 626 gerechtfertigt gewesen** wäre.

3. Vertretenmüssen

215 Das Vertretenmüssen ist in § 628 Abs. 2 **nicht als Voraussetzung genannt**. Da die Vorschrift aber einen Spezialfall des § 280 regelt, setzt auch hier die Haftung eine vom Anspruchsgegner zu vertretende (**§§ 276, 278**) rechtswidrige Pflichtverletzung voraus.[405]

4. Kündigung veranlasst

216 Das vertragswidrige Verhalten muss die Kündigung verursacht haben. Dabei spielt es keine Rolle, ob eine **außerordentliche oder eine ordentliche Kündigung** erfolgt ist. Der Kündigungsberechtigte soll nicht gezwungen sein, eine außerordentliche Kündigung auszusprechen. Die Kündigung muss dann aber innerhalb der Frist des § 626 Abs. 2 ausgesprochen worden sein.[406]

Der Anspruch aus **§ 628 Abs. 2** ist **entsprechend** anwendbar, **wenn** ein **Aufhebungsvertrag** geschlossen wurde.[407]

5. Rechtsfolge

217 Der vertragswidrig Handelnde ist zum Ersatz des durch die Kündigung entstandenen Schadens verpflichtet. Der Anspruch ist zeitlich begrenzt. Es werden nur die Schäden ersetzt, die bis zu dem Zeitpunkt eingetreten sind, in dem der Dienstvertrag hätte ordentlich gekündigt werden können.[408]

***Klausurhinweis:** Geht es auch um den Ersatz von **Schäden, die vor der Kündigung** eingetreten sind, werden die §§ 280 ff. nicht durch § 628 Abs. 2 verdrängt. In diesen Fällen sind neben § 628 Abs. 2 (der nur für den Zeitraum ab der Kündigung greift) auch Ansprüche wegen Unmöglichkeit (§ 283) oder Verzug (§ 286) zu prüfen, die dann den restlichen Zeitraum abdecken können.*[409]

II. Sonstige Pflichtverletzungen

218 Die Leistung des Dienstverpflichteten kann unmöglich werden. Ist die Dienstleistung nur zu einem bestimmten Zeitpunkt möglich, tritt **Unmöglichkeit durch Zeitablauf** ein.

Beispiel: Der Auftritt einer Band zur Geburtstagsfeier ist nur an dem für die Feier vorgesehenem Zeitpunkt möglich.

---

404 Palandt/Weidenkaff § 628 Rn. 3.

405 MünchKomm/Henssler § 628 Rn. 64.

406 BAG, Urt. v. 26.07.2001 – 8 AZR 739/00, NJW 2002, 1593.

407 So die h.M., vgl. m.w.N. MünchKomm/Henssler § 628 Rn. 70; a.A. Palandt/Weidenkaff § 628 Rn. 1.

408 Palandt/Weidenkaff § 628 Rn. 8.

409 Vgl. BGH, Urt. v. 24.01.2013 – III ZR 98/12, RÜ 2013, 209, 212.

Bei **Leistungsverzögerungen** können Ansprüche aus §§ 280 Abs. 1 u. 3, 281 und §§ 280 Abs. 1 u. 2, 286 bestehen.

Beispiel: A beauftragt den Rechtsanwalt R mit der Durchsetzung eines Zahlungsanspruchs. Wird R nicht tätig, kann A nach einer erfolglosen Fristsetzung gemäß §§ 280 Abs. 1 u. 3, 281 die Mehrkosten für einen anderen Anwalt ersetzt verlangen. Daneben kann ein Anspruch auf Ersatz eines Verzögerungsschadens (z.B. entgangene Zinsen) aus §§ 280 Abs. 1 u. 2, 286 bestehen.

Eine **Schlechtleistung** wird einen Anspruch aus §§ 280 Abs. 1 u. 3, 281 nur ganz ausnahmsweise begründen können. Der Dienstverpflichtete schuldet nur das Tätigwerden, es besteht daher bei Dienstverträgen **kein Nacherfüllungsanspruch**. Mangelhafte Dienstleistungen können deshalb in aller Regel nur einen Anspruch aus § 280 Abs. 1 begründen. Auch ein Minderungsrecht des Dienstberechtigten besteht nicht. **219**

D. Beendigung des (freien) Dienstverhältnisses

Es kommen insbesondere die folgenden Beendigungstatbestände in Betracht.

- Da Dienste gemäß § 613 S. 1 persönlich zu erbringen sind, endet das Dienstverhältnis mit dem **Tod des Dienstverpflichteten**. **220**

- Gemäß § 620 Abs. 1 endet das Dienstverhältnis mit **Ablauf der vereinbarten Zeit**.

  Für Arbeitsverträge, die auf bestimmte Zeit abgeschlossen werden, gilt das Teilzeit- und Befristungsgesetz, § 620 Abs. 3.

- Die **ordentliche Kündigung** des Dienstverhältnisses, das kein Arbeitsverhältnis i.S.d. § 622 ist, regelt § 621.

- Gemäß § 626 Abs. 1 ist eine **außerordentliche Kündigung** aus wichtigem Grund möglich, wenn Tatsachen vorliegen, aufgrund derer dem Kündigenden die Fortsetzung des Dienstverhältnisses bis zum Ablauf der Kündigungsfrist oder bis zum vereinbarten Ende des Dienstverhältnisses nicht zumutbar ist. Es ist eine Interessenabwägung unter Berücksichtigung der Umstände des Einzelfalls erforderlich. Regelmäßig wird nur eine schwere Verletzung der Vertragspflichten eine Kündigung gemäß § 626 Abs. 1 rechtfertigen.

  Klausurhinweis: *Examensrelevant ist die außerordentliche Kündigung gemäß § 626 Abs. 1 vor allem im Arbeitsrecht (vgl. AS-Skript Arbeitsrecht [2016], Rn. 498 ff.).*

- **Dienste höherer Art**, die aufgrund besonderen Vertrauens übertragen werden, können gemäß **§ 627 Abs. 1** jederzeit von beiden Parteien **ohne besonderen Grund fristlos gekündigt** werden. Dienste höherer Art können solche sein, die besondere Fachkenntnis, Kunstfertigkeit oder wissenschaftliche Bildung voraussetzen oder die den persönlichen Lebensbereich betreffen. Dazu zählen insbesondere die Tätigkeiten freier Berufe wie die eines Arztes, Rechtsanwalts, Steuerberaters oder Wirtschaftsprüfers.

  Es ist indes nicht Voraussetzung der Qualifizierung einer geschuldeten Dienstleistung als Dienst höherer Art, dass der Dienstverpflichtete oder die von ihm zur Ausführung herangezogenen Personen eine staatlich geregelte Ausbildung absolviert haben oder der Schweigepflicht unterliegen. Entscheidend ist vielmehr die Art der angebotenen Dienste. Deshalb kann auch etwa ein **Vertrag über eine Therapie zur Gewichtsabnahme** als Vertrag über Dienste höherer Art nach § 627 Abs. 1 gekündigt werden.[410]

2. Abschnitt: Behandlungsvertrag

221 Der Behandlungsvertrag[411] ist eine Sonderform des Dienstvertrags. Die besonderen Regelungen der §§ 630 a–h werden gemäß § 630 b durch die Vorschriften des freien Dienstverhältnisses ergänzt.

Da es sich beim Behandlungsvertrag um eine Sonderform des Dienstvertrags handelt, ist auch dieser von einem Werkvertrag abzugrenzen. Der Behandelnde schuldet nur die medizinische Tätigkeit und nicht wie der Werkunternehmer die Herstellung eines Erfolgs.

Beispiel: Die zahnärztliche Behandlung unterfällt dem Behandlungsvertrag, die technische Herstellung einer Zahnprothese ist nach Werkvertragsrecht zu beurteilen.[412]

A. Hauptleistungspflichten

222 Gemäß § 630 a Abs. 1 verpflichtet sich im Behandlungsvertrag der Behandelnde zu einer **medizinischen Behandlung**. Der Patient verpflichtet sich zur Zahlung einer **Vergütung**, soweit nicht ein Dritter zur Zahlung verpflichtet ist.

223 ■ Eine **medizinische Behandlung** ist nicht nur die ärztliche Tätigkeit, sondern auch die medizinische Tätigkeit von Hebammen, Heilpraktikern, Physiotherapeuten, Masseuren und ähnlichen Berufen.

Hinweis: *Verträge über die Behandlung von Tieren sind dagegen regelmäßig Dienstverträge i.S.v. § 611 und keine Behandlungsverträge gemäß § 630 a, da die Informationspflichten der §§ 630 c ff. auf die Behandlung von Menschen ausgerichtet sind.*[413]

Die Behandlung hat gemäß § 630 a Abs. 2 nach den zum Zeitpunkt der Behandlung bestehenden **allgemein anerkannten medizinischen Standards** zu erfolgen, soweit nicht etwas anderes vereinbart ist. Für Ärzte sind diese Standards regelmäßig in Leitlinien enthalten, die von wissenschaftlichen Fachgesellschaften vorgegeben werden.[414] Darüber hinaus gibt es Facharztstandards, die für das jeweilige Fachgebiet maßgeblich sind. Die ausdrückliche Zulassung abweichender Vereinbarungen soll die Anwendung alternativer Behandlungsmethoden ermöglichen.

224 ■ **Behandelnder** ist derjenige, der die medizinische Behandlung zusagt. Gemäß den §§ 630 b, 613 ist der Behandelnde **im Zweifel persönlich verpflichtet**. Dies gilt vor allem für Chefarztbehandlungen gegen besondere Vergütung (Wahlarztvertrag).

Der Vertrag ist regelmäßig so auszulegen, dass Hilfstätigkeiten, wie beispielsweise das Anlegen eines Verbands, auf medizinisches Personal als Erfüllungsgehilfen

---

410 BGH, Urt. v. 10.11.2016 – III ZR 193/16, RÜ 2017, 88, 89.
411 Dazu eingehend Lüdde RÜ 2013, 294 ff.
412 Lüdde RÜ 2013, 294, 295.
413 Looschelders Rn. 612.
414 BT-Drs. 17/10488 S. 19.

(§ 278) übertragen werden kann. Behandelnder kann **auch eine juristische Person** sein, beispielsweise eine Krankenhaus-GmbH. Da diese nicht selbst handlungsfähig ist, wird dann die gesamte Behandlung durch die angestellten Ärzte und das medizinische Personal als Erfüllungsgehilfen wahrgenommen.

- Zur Gewährung der vereinbarten **Vergütung** ist gemäß § 630 a Abs. 1 zunächst der Patient verpflichtet. Dies ist auch der Regelfall, wenn der Patient privat versichert ist. 225

  Bei Kassenpatienten hat der behandelnde Arzt einen Vergütungsanspruch gegen die **Kassenärztliche Vereinigung**, die als **Dritter** i.S.d. § 630 a Abs. 1 zur Zahlung verpflichtet ist.

B. Weitere Vertragspflichten des Behandelnden

I. Einwilligungseinholung

Nach **§ 630 d Abs. 1 S. 1** ist der Behandelnde grundsätzlich verpflichtet, vor Durchführung einer medizinischen Maßnahme, insbesondere eines Eingriffs in den Körper oder die Gesundheit, die **Einwilligung des Patienten** einzuholen. **Im Zeitpunkt der Durchführung der Maßnahme** muss die Einwilligung noch bestehen. Sie darf nicht gemäß § 630 d Abs. 3 widerrufen worden sein. Primär ist die Einwilligung des Patienten einzuholen. Ist dieser nicht einwilligungsfähig, ist zunächst zu prüfen, ob eine **Patientenverfügung** die Maßnahme gestattet oder untersagt. 226

Ist dies nicht der Fall, ist die **Einwilligung eines hierzu Berechtigten** einzuholen gemäß § 630 d Abs. 1 S. 2. Berechtigt sind gesetzliche (Eltern, Vormund, Pfleger, Betreuer) oder rechtsgeschäftliche Vertreter.

Eine **Ausnahme** von dem Einwilligungserfordernis enthält § 630 d Abs. 1 S. 3. **Unaufschiebbare Maßnahmen** dürfen ohne Einwilligung durchgeführt werden, wenn sie dem mutmaßlichen Willen entsprechen. 227

Gemäß § 630 d Abs. 2 ist die Einwilligung nur wirksam, wenn vor ihrer Erteilung eine **Aufklärung gemäß § 630 e Abs. 1–4** erfolgt ist.

Die für die Wirksamkeit der Einwilligung erforderliche Aufklärung wird als Eingriffs-, Risiko- oder **Selbstbestimmungsaufklärung** bezeichnet. Sie ist von der Informationspflicht gemäß § 630 c Abs. 2 zu unterscheiden. Letztere ist die sog. therapeutische Aufklärung oder **Sicherungsaufklärung**. Anders als die Verletzung der Aufklärungspflichten aus § 630 e Abs. 1 bis 4 wirkt sich die Verletzung der Informationspflichten aus § 630 c Abs. 2 nicht auf die Wirksamkeit der Einwilligung aus.

Zum Umfang der Aufklärung enthält § 630 e Abs. 1 S. 2 eine nicht abschließende („insbesondere“) Aufzählung. Gemäß § 630 e Abs. 1 S. 3 ist auf **Alternativen zur Maßnahme** hinzuweisen.

Die **Aufklärungsperson** muss gemäß § 630 e Abs. 2 S. 1 Nr. 1 entweder der Behandelnde oder ein zur Durchführung der Maßnahme Ausgebildeter sein.

Die Aufklärung kann gemäß § 630 e Abs. 3 ausnahmsweise **entbehrlich** sein, insbesondere bei unaufschiebbaren Maßnahmen und beim Verzicht auf die Aufklärung.

II. Informationspflichten

228 **§ 630 c Abs. 2 S. 1** regelt die sog. therapeutische oder Sicherungsaufklärung. Der Patient soll damit über alle Umstände informiert werden, die er für sein eigenes therapiegerechtes Verhalten und zur **Vermeidung einer Selbstgefährdung** kennen muss.

Gemäß **§ 630 c Abs. 2 S. 2** muss der Behandelnde auf Nachfrage oder zur Abwendung gesundheitlicher Gefahren auf einen **Behandlungsfehler** hinweisen. Zum Schutz des Behandelnden dürfen diese Informationen gemäß § 630 c Abs. 2 S. 3 in einem Straf- oder Bußgeldverfahren nur mit Zustimmung des Behandelnden verwendet werden.

III. Dokumentationspflicht und Einsichtnahmerecht

229 Die Dokumentationspflicht aus **§ 630 f** und die Pflicht zur Gewährung von Einsichtnahme in Patientenakten gemäß **§ 630 g** sind Leistungspflichten des Behandelnden, die einklagbar und schadensersatzbewehrt sind. Zweck der Regelungen ist neben der Förderung einer sachgerechten Therapie die **Beweissicherung**.

Ein Anspruch auf **Akteneinsicht** kann sich auch aus **§ 810** ergeben. Dieser Anspruch wird durch das Einsichtnahmerecht aus § 630 g nicht ausgeschlossen.

IV. Mitwirkungsobliegenheit gemäß § 630 c Abs. 1

230 Das **Zusammenwirken** gemäß § 630 c Abs. 1 ist keine Leistungspflicht i.S.d. § 241 Abs. 1 und damit nicht einklagbar. Es besteht allerdings eine beiderseitige Obliegenheit, sodass ein Verstoß zur Anspruchsminderung führen kann.

Beispiel: Verstößt der Patient gegen die gemäß § 630 c Abs. 1 bestehende Obliegenheit, die für die Behandlung bedeutsamen Umstände offen zu legen und dem Behandelnden ein zutreffendes Bild von seiner Person und seiner körperlichen Verfassung zu geben, kann dies bei einem Schadensersatzanspruch des Patienten als **Mitverschulden gemäß § 254** anspruchsmindernd zu berücksichtigen sein.

C. Haftung und Beweislast (§ 630 h)

231 Verletzt der Behandelnde seine vertraglichen Pflichten, haftet er gemäß **§ 280 Abs. 1**. Bei einem Eingriff in den Körper oder die Gesundheit, der nicht von einer Einwilligung gedeckt ist, können darüber hinaus Schadensersatzansprüche aus **§ 823 Abs. 1** und **§ 823 Abs. 2 BGB i.V.m. §§ 223 ff. StGB** bestehen.

Werden die Anspruchsvoraussetzungen bestritten, **trägt** grundsätzlich der **Anspruchsteller die Beweislast**. Eine Ausnahme dazu ergibt sich aus § 280 Abs. 1 S. 2. Bei dem vertraglichen Schadensersatzanspruch wird das Vertretenmüssen vermutet, der Behandelnde haftet nicht, wenn er darlegt und beweist, dass er die Pflichtverletzung nicht zu vertreten hat.

232 **§ 630 h enthält weitere Vermutungen**, die dem Patienten die Durchsetzung seiner Schadensersatzansprüche erleichtern. Gemäß § 292 S. 1 ZPO kann der Behandelnde eine Vermutung durch den Beweis des Gegenteils widerlegen.

Nach **§ 630 h Abs. 1** wird ein Behandlungsfehler bei Realisierung eines **voll beherrschbaren, allgemeinen Behandlungsrisikos** vermutet. Hierzu zählen Gefahren, die der

Behandelnde objektiv voll ausschließen kann und muss, etwa das Fehlen medizinisch-technischer Geräte oder die Nichtbeachtung hygienischer Standards.

Auch die **Eingriffsaufklärung** und die anschließende **Einwilligung** hat der Behandelnde gemäß **§ 630 h Abs. 2 S. 1** zu beweisen. Allerdings ist es dem Behandelnden im Fall mangelhafter Aufklärung gestattet, zu behaupten (und im Bestreitensfall zu beweisen), dass der Patient auch bei ordnungsgemäßer Aufklärung eingewilligt hätte (hypothetische Einwilligung), vgl. § 630 h Abs. 2 S. 2.

Ein Verstoß gegen die **Dokumentations- und Aufbewahrungspflicht** hat gemäß **§ 630 h Abs. 3** zur Folge, dass vermutet wird, dass eine vom Behandelnden behauptete wesentliche medizinische Maßnahme nicht stattgefunden hat.

Fehlt es dem Behandelnden an der nach dem Maßstab des § 630 a Abs. 2 erforderlichen **Befähigung**, so wird gemäß **§ 630 h Abs. 4** vermutet, dass dieses Fehlen (als Verletzung der Pflicht aus § 630 a Abs. 2) für die Verletzung des Patienten ursächlich war. Die Norm stellt vor allem – unabhängig vom formalen Dürfen – auf rein tatsächlich nicht hinreichend fachlich qualifizierte Berufsanfänger ab.

Die **Ursächlichkeit eines Behandlungsfehlers** für eine Verletzung wird gemäß **§ 630 h** 233
Abs. 5 S. 1 BGB ebenfalls vermutet, wenn ein grober Behandlungsfehler vorliegt, der eine solche Verletzung grundsätzlich herbeiführen kann.

Klausurhinweis: *Die Regelung führt bei der Prüfung eines Anspruchs aus § 280 Abs. 1 dazu, dass die Kausalität zwischen der Pflichtverletzung und dem eingetretenen Schaden vermutet wird. Bei der Prüfung eines Anspruchs aus § 823 Abs. 1 wird gemäß § 630 h Abs. 5 S. 1 die Kausalität zwischen dem Behandlungsfehler und der eingetretenen Rechtsgutverletzung (Körper, Gesundheit, Leben) vermutet.*

Ein Behandlungsfehler ist dann grob, wenn er aus objektiver Sicht nicht mehr verständlich erscheint, weil er gegen gesicherte und bewährte Erfahrungen verstößt und daher schlechterdings nicht unterlaufen darf.[415] Hierunter fallen etwa grobe Diagnosefehler, grob fehlerhaftes Unterlassen der Sicherungsaufklärung und grobe Befunderhebungsfehler (d.h. besonders unverständlicher Verzicht auf den Befund).

Dem gleichgestellt ist gemäß **§ 630 h Abs. 5 S. 2 BGB** das Unterlassen **einer medizinisch gebotenen Befunderhebung**, wenn der Befund wahrscheinlich Anlass zu weiteren Maßnahmen gegeben hätte und wenn das Unterlassen dieser Maßnahmen dann grob fehlerhaft gewesen wäre (d.h. nur „normal-unverständlicher" Verzicht auf den Befund, aber dadurch grob fehlerhaftes Unterlassen einer Maßnahme).

415 Vgl. Looschelders Rn. 617c.

7. Teil: Reisevertrag

Durch den Reisevertrag wird der Reiseveranstalter verpflichtet, dem Reisenden eine „**Gesamtheit von Reiseleistungen**" zu erbringen, § 651 a Abs. 1 S. 1. Der Reisende ist gemäß § 651 a Abs. 1 S. 2 verpflichtet, den vereinbarten Reisepreis zu zahlen.

Hinweis: *Das „Dritte Gesetz zur Änderung reiserechtlicher Vorschriften",[416] das* ***zum 01.07.2018*** *in Kraft tritt, dient der Umsetzung der neuen PauschalreiseRL 2015/2302 vom 25.11.2015, deren Ziel es ist, die Rechte von Reisenden an die Entwicklung des Marktes anzupassen. Dabei soll insbesondere dem Umstand Rechnung getragen werden, dass das Internet als Mittel zum Angebot von Reiseleistungen erheblich an Bedeutung gewonnen hat.[417]*

Die Neuregelungen[418] dieses Gesetzes werden im Folgenden im entsprechenden Sachzusammenhang behandelt.

1. Abschnitt: Beteiligte Personen beim Reisevertrag

234 Im Regelfall ist zwischen vier Beteiligten zu unterscheiden:

- zwischen dem **Reiseveranstalter** und dem **Reisenden** kommt der Reisevertrag, § 651 a Abs. 1 zustande,
- zwischen dem Reisenden und dem **Reisebüro**, das den Reisenden bei der Auswahl der in Betracht kommenden Reisen berät, kommt ein Geschäftsbesorgungsvertrag, § 675 (sog. Reisevermittlungsvertrag) zustande,
- die einzelnen **Leistungsträger** (§ 651 a Abs. 2), d.h. die Unternehmen und Personen, welche die Einzelleistungen (z.B. Unterkunft, Transport) aus der Gesamtheit der Reise unmittelbar erbringen, schließen jeweils einen Vertrag mit dem Reiseveranstalter. Diese sind als Verträge zugunsten Dritter (des Reisenden) i.S.d. § 328 anzusehen.

Übersicht über die vertraglichen Beziehungen bei einer Reise

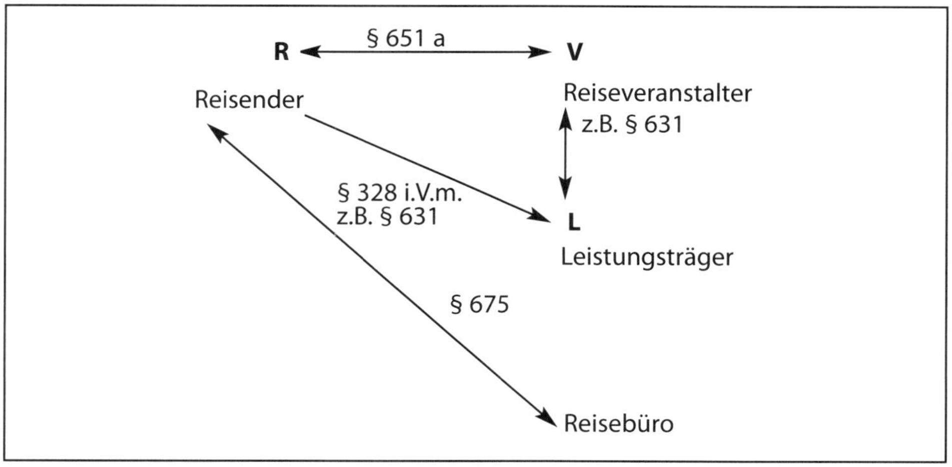

416 BGBl. I 2017, S. 2394 ff.

417 BT-Drs. 18/10822, S. 48.

418 Dazu Pechstein RÜ 2017, 703 ff.; Mäsch JuS 2017, 360.

A. Reiseveranstalter

Reiseveranstalter ist jeder, der eine **Gesamtheit von Reiseleistungen als eigene Leistung anbietet** (vgl. § 651 a Abs. 1 S. 1), der also nach dem Inhalt des Vertrags Schuldner des Reisenden für die einzelnen Reiseleistungen sein soll, die zu einer erfolgreichen Durchführung der Reise erbracht werden müssen.[419] 235

Auf die **Gewerbs- oder Geschäftsmäßigkeit** der Tätigkeit kommt es nicht an, sodass bereits die einmalige oder nur gelegentliche Erbringung einer Reise genügen kann, um das Vorliegen einer Reiseveranstaltung zu bejahen.[420]

Beispiele: Leserfahrt eines Zeitungsverlags; Besichtigungsreise der Volkshochschule; Jahresreise des Sportclubs für seine Mitglieder, sofern nicht ein anderes Reiseunternehmen mit der Durchführung betraut und die alleinige Verantwortlichkeit jenes Unternehmens deutlich gemacht wird.

Außerdem ist unerheblich, ob der Anbieter von Reiseleistungen erklärt, dass er nur die Vermittlung übernehme zwischen dem Reisenden und demjenigen, der die Einzelleistungen erbringen soll, er also als Vermittler tätig werde – sog. Vermittlerklausel. Der Anbieter ist gemäß **§ 651 a Abs. 2** gleichwohl als Reiseveranstalter anzusehen, wenn er nach den Gesamtumständen den Anschein gesetzt hat, dass er die Reiseleistungen in **eigener Verantwortung** erbringt (**Unwirksamkeit der Vermittlerklausel**). Entscheidend für die Beurteilung der Frage, ob die Erbringung einer Reise i.S.d. § 651 a oder die bloße Vermittlung einer Reise vorliegt, ist die **Sicht des Reisenden**.[421] 236

Klausurhinweis: *Das Internet gewinnt für das Reisen nicht nur in der Praxis, sondern auch in der Klausurpraxis immer mehr an Bedeutung. Dabei gilt es dann sauber zwischen Reisevermittlung und Reiseveranstaltung abzugrenzen.*
Beim bloßen Betreiber einer ***Buchungsplattform*** *im Internet handelt es sich nur um einen Reisevermittler, nicht um einen Reiseveranstalter.*[422] *Dagegen sind Internetportale, bei denen der Kunde von Online-Anbietern in Echtzeit einzelne Reiseleistungen – oft aus unterschiedlichen Quellen – wie in einem Warenkorb zusammenstellen und zu einem Gesamtpreis buchen kann, als Reiseveranstalter einzuordnen.*[423] *Denn es ist ausreichend, wenn die Bündelung der verschiedenen Reiseleistungen gleichzeitig mit dem Vertragsschluss vorgenommen wird.*[424]

Die Einstandspflicht eines Reiseveranstalters für dritte Leistungserbringer hängt auch bei einem gemeinsamen Angebot einer Flugpauschalreise mit einer Bahnreise zum Flughafen („**Rail & Fly Ticket**") davon ab, ob er eine von Dritten (z.B. das Bahnunternehmen) ausgeführte Reiseleistung als eigene anbietet, was insbesondere wiederum von der Auslegung etwa der Reisebeschreibung oder des Katalogangebots abhängt.[425]

Beispiel: K bucht bei B eine Pauschalreise in die Dominikanische Republik. Für die Anfahrt zum Flughafen nutzt K das Rail-and-Fly-Ticket, das bereits im Reisepreis enthalten ist. Obwohl K den Zug ab Köln

---

419 Palandt/Sprau Einf v § 651 a Rn. 4.

420 Löwe NJW 1982, 1683; a.A. Pickartz NJW 1982, 1135, 1136.

421 BGH, Urt. v. 12.01.2016 - X ZR 4/15, RÜ 2016, 414, 415 f.; vgl. zur Abgr. mit Beispielen aus der Rspr. Staudinger/Schmidt-Bendum NJW 2007, 2301.

422 LG Berlin, Urt. v. 07.07.2004 – 33 O 130/03, RRa 2005, 220, 222.

423 BeckOK/Geib § 651a Rn. 19.

424 BGH, Urteil vom 09.12.2014 – X ZR 85/12, NJW 2014, 1444, 1445.

425 BGH, Urt. v. 28.10.2010 – Xa ZR 46/10, RÜ 2011, 85; Staudinger/Nölke/Makret ZGS 2011, 352.

nimmt, der wie im Katalog vorgeschlagen planmäßig 2 Stunden vor dem Abflug am Flughafen Düsseldorf ankommen sollte, verpasst er den Hinflug, da der Zug über 2 1/2 Stunden Verspätung hatte. K musste umbuchen, wodurch ihm Kosten i.H.v. 1.030 € entstanden. Diese verlangt er von B ersetzt.

Der Anspruch des K gegen B ergibt sich aus § 651 c Abs. 3 S. 1, wenn es sich bei der Änderung der Anreise um eine Abhilfemaßnahme i.S.d. § 651 c wegen eines Reisemangels handelt. Fraglich ist allein, ob die Anreise zum Flughafen mittels Rail-and-Fly-Ticket bereits **Bestandteil des Reisevertrages oder nur eine vermittelte Fremdleistung** ist. Das Reiseunternehmen kann einerseits als Vermittler von Reiseleistungen, andererseits als Erbringer von Reiseleistungen in eigener Verantwortung tätig werden. Legt das Verhalten des Reiseveranstalters für den Reisenden nah, dass die Reiseleistungen im Organisations- und Verantwortungsbereich des Reiseveranstalters stattfinden und der Reisende sich bei Mängeln allein mit dem Reiseveranstalter auseinanderzusetzen hat, so ist dieser Vertragspartner.

Der Reiseveranstalter muss für Bahnverspätungen beim Angebot eines Rail-and-Fly-Tickets haften, weil er aus der maßgeblichen Sicht eines durchschnittlichen Reisenden mit seinem Gesamtverhalten den **Eindruck vermittelt, er biete den Bahntransfer als eigene Leistung an** und wolle für den Erfolg einstehen.[426] Auch wenn die Auswahl der konkreten Bahnverbindung dem Kunden überlassen ist, ändert dies nichts an der Einordnung als Eigenleistung, soweit der Veranstalter den Transfer ausdrücklich als Eigenleistung bewirbt, die Vorzüge gegenüber anderen Anreisemöglichkeiten hervorhebt und detaillierte Hinweise zur Zugauswahl bereithält. Demnach muss B dem K die entstandenen Kosten ersetzen.

Zwar stellt der allein auf die **Bereitstellung eines Ferienhauses** gerichtete Vertrag keinen Reisevertrag i.S.d. § 651 a BGB dar, da **keine Gesamtheit von Reiseleistungen** zu erbringen ist. Die Vorschriften über das **Reisevertragsrecht** sind **jedoch analog anwendbar**, denn es liegt eine planwidrige Unvollständigkeit des Gesetzes vor. Es wurde übersehen, dass die wesentlichen Merkmale einer Reiseveranstaltungsreise auch dann vorliegen können, wenn nur eine einzelne Reiseleistung gebucht wird. Für den Kunden macht es keinen Unterschied, ob er bei einem Veranstalter lediglich eine Ferienunterkunft als einzelne Reiseleistung oder eine Gesamtheit von Reiseleistungen bucht.[427]

Keine Reiseveranstalter sind:

237 ■ Das **Reisebüro**, das den Reisenden bei der Auswahl der in Betracht kommenden Reiseveranstalter berät, ihm deren Reiseprospekte aushändigt und den Vertragsschluss mit dem Reiseveranstalter vermittelt.[428]

Das Reisebüro wird für den Reiseveranstalter – nicht für den Reisenden – tätig und nimmt das mündliche oder schriftliche Angebot des Kunden entgegen (**Empfangsbote bzw. Empfangsvertreter gemäß § 164 Abs. 3**), sodass das Angebot mit dem Inhalt wirksam wird, wie es der Reisende gegenüber dem Reisebüro abgegeben hat.

Das Reisebüro handelt als Vermittler, **Handelsvertreter** (§§ 84 ff. HGB) bzw. Handelsmakler (§ 93 HGB).[429]

Die Annahme des Angebots durch den Reiseveranstalter erfolgt im Regelfall mit einer **schriftlichen Reisebestätigung**, die direkt an den Reisenden gesendet wird.

Das Reisebüro ist **Erfüllungsgehilfe** des Reiseveranstalters, § 278 S. 1 Var. 2.

---

426 BGH, Urt. v. 28.10.2010 – Xa 2 R 45/10; Staudinger/Schürmann NJW 2011, 2769.

427 BGH, Urt. v. 09.07.1992 – VIII ZR 7/92, BGHZ 119, 152, 163–164; Urt. v. 23.10.2012 – X ZR 157/11, RÜ 2013, 75, 76.

428 Looschelders Rn. 721.

429 BGH, Urt. v. 10.12.2002 – X ZR 193/99, NJW 2003, 743.

Zwischen dem Reisenden und dem Reisebüro kommt ein **Geschäftsbesorgungsvertrag** i.S.d. § 675 (sog. Reisevermittlungsvertrag) zustande. Aufgrund dieses Vertrags kann eine Haftung des Reisebüros gegenüber dem Reisenden aus § 280 Abs. 1 wegen fehlerhafter Beratung und Vermittlung neben die Haftung des Reiseveranstalters für Fehler des Reisebüros treten.[430] 238

Allerdings ist zu beachten, dass das **Reisebüro** u.U. nicht lediglich als „Vermittler", sondern als „Reiseveranstalter" tätig geworden sein kann, was sich letztlich aus der **Sicht des Reisenden** beurteilt. So kann das Reisebüro etwa dann **als Reiseveranstalter** einzuordnen sein, wenn es **einzelne Reiseleistungen kombiniert**.[431]

- Die einzelnen **Leistungsträger**, d.h. die Unternehmen und Personen, die die Einzelleistungen aus der Gesamtheit der Reise unmittelbar tatsächlich erbringen (vgl. § 651 a Abs. 2). 239

  Kennzeichnend für den Leistungsträger ist, dass er in die Organisation des Reiseveranstalters nicht eingegliedert ist und keinen arbeitsvertraglichen Weisungen unterliegt. Es ist daher – wie sich aus § 651 h Abs. 1 Nr. 2 ergibt – eine gewisse rechtliche und **wirtschaftliche Selbstständigkeit** erforderlich.[432]

  Beispiele für Leistungsträger: Beförderungsunternehmen, Hoteliers, Fremdenführer, Segelschulen.

Hinweis: *Der Reisevertrag wird mit Wirkung* ***zum 01.07.2018*** *in* ***„Pauschalreisevertrag"*** *umbenannt und in* ***§ 651 a n.F.*** *neu definiert. Gemäß § 651 a Abs. 1 S. 1 n.F. wird der Unternehmer (Reiseveranstalter) verpflichtet, dem Reisenden eine Pauschalreise zu verschaffen. Durch die neue Formulierung* ***„zu verschaffen"*** *(statt wie bisher „zu erbringen") wird verdeutlicht, dass den Reiseveranstalter eine eigene Verantwortung für die zu erbringenden Reiseleistungen trifft. Hierdurch wird von der bloßen* ***Vermittlung*** *einer Pauschalreise oder einzelner Reiseleistungen* ***abgegrenzt.*** *Die bloße Vermittlung von Reiseleistungen unterfällt (weiterhin) nicht den Vorschriften des Reiserechts, sondern es gelten die allgemeinen Vorschriften, vgl.* ***§ 651 b n.F.***

Da § 651 a n.F. *mit dem Begriff des Reiseveranstalters* ***nur noch Unternehmer*** *i.S.d. § 14 BGB erfasst, werden – anders als nach bis 30.06.2018 geltendem Recht – nichtgewerbliche Veranstalter ausgenommen. Gemäß § 651 a Abs. 5 Nr. 1 n.F. werden zudem solche Unternehmer künftig nicht mehr erfasst, die Reisen nur gelegentlich, nicht zur Gewinnerzielung und nur einem begrenzten Personenkreis anbieten.*

§ 651 a Abs. 2 S. 1 n.F. *stellt klar, dass eine Pauschalreise eine Gesamtheit von mindestens* ***zwei*** *verschiedenen Arten von Reiseleistungen für den Zweck derselben Reise darstellt. Damit wird die bisherige Rspr. des BGH zur* ***analogen Anwendbarkeit*** *des Reiserechts auf veranstaltermäßig betriebene Einzelleistungen (z.B. Ferienhaus; vgl. oben)* ***nicht*** *in das neue Gesetz* ***übernommen.*** *Eine Legaldefinition der „Reiseleistungen" findet sich in § 651 a Abs. 3 n.F.*

430 So die h.M., vgl. Palandt/Sprau Einf v § 651 a Rn. 6 m.w.N.

431 BGH, Urt. v. 25.07.2006 – X ZR 182/05, NJW 2006, 3137; Palandt/Sprau Einf v § 651 a Rn. 6.

432 Looschelders Rn. 723.

*Zu **verbundenen Online-Buchungsverfahren** wird mit **§ 651 c n.F.** eine Sonderregelung aufgenommen, wobei es hier vor allem um sog. „Click-Through-Buchungen" geht, d.h. um Buchungen, die Reisende nacheinander z.B. auf miteinander verbundenen Webseiten tätigen. Gemäß § 651 c Abs. 1 n.F. wird ein Unternehmer, der mittels eines solchen Online-Buchungsverfahrens mit dem Reisenden einen Vertrag über eine Reiseleistung geschlossen oder ihm auf diese Weise einen solchen Vertrag vermittelt hat, unter bestimmten Voraussetzungen als Reiseveranstalter eingeordnet. Das ist der Fall, wenn der Unternehmer*

- *dem Reisenden für den Zweck derselben Reise mindestens einen Vertrag über eine andere Art von Reiseleistung vermittelt, indem er den Zugriff auf das Online-Buchungsverfahren eines anderen Unternehmers ermöglicht,*
- *und den Namen, die Zahlungsdaten sowie die E-Mail-Adresse des Reisenden an den anderen Unternehmer übermittelt,*
- *und der weitere Vertrag spätestens 24 Stunden nach der Bestätigung des Vertragsschlusses über die erste Reiseleistung geschlossen wird.*

*Durch die Regelungen in den **§§ 651 v** und **651 x n.F.** wird der **Pflichtenkreis des Reisevermittlers erweitert**. Nach der bis zum 30.06.2018 geltenden Rechtslage beziehen sich die Pflichten des Vermittlers lediglich auf den Sicherungsschein und die Annahme von Zahlungen (§ 651 k Abs. 3 S. 4, Abs. 4 a.F.).*

B. Reisender

240 Reisender i.S.d. §§ 651 a ff. ist grundsätzlich der **Vertragspartner des Reiseveranstalters**, also derjenige, der mit dem Reiseveranstalter im eigenen Namen für sich und/oder für andere einen Vertrag über eine Gesamtheit von Reiseleistungen abschließt. Reisender kann daher auch derjenige sein, der als Vertragspartner eine Reise für Dritte bucht, ohne selbst eine der gebuchten Reiseleistungen in Anspruch zu nehmen.[433]

Bei der Buchung einer Reise für **mehrere Reiseteilnehmer** ist zu differenzieren:

241 - bei **Gruppenreisenden** kann davon ausgegangen werden, dass der Buchende nicht alleiniger Vertragspartner des Reiseveranstalters wird, sondern die anderen Reisenden beim Vertragsschluss nach § 164 Abs. 1 u. 3 vertritt.[434] Dies hat für den Buchenden den Vorteil, dass er nicht für alle vertraglichen Pflichten sämtlicher Mitreisender einstehen muss.

242 - Handelt es sich hingegen um **Ehepartner, Kinder oder sonstige Angehörige** des Buchenden, wird der Buchende grundsätzlich alleiniger Vertragspartner. Dann richten sich die Rechte der mitreisenden Familienmitglieder nach den Vorschriften über den Vertrag zugunsten Dritter (§§ 328 ff.).[435] Der Grund für die Annahme eines einheitlichen Reisevertrags liegt darin, dass zwischen den Teilnehmern der Reise eine **Interessen- und Wirtschaftsgemeinschaft** besteht und dies für den Reiseveranstalter aufgrund der Namensidentität oder der sonstigen Umstände ersichtlich ist.[436] Im Übrigen wollen die Familienmitglieder auch nicht aus dem Vertrag verpflichtet sein.

---

433 BGH, Urt. v. 16.04.2002 – X ZR 17/01, NJW 2002, 2238, 2239.
434 Looschelders Rn. 727.
435 Looschelders Rn. 728.
436 Looschelders Rn. 728.

C. Leistungsträger

Die Leistungsträger sind aufgrund vertraglicher Abreden für den Reiseveranstalter tätig, damit dieser seine Verpflichtungen gegenüber dem Reisenden erfüllen kann. Sie sind daher **Erfüllungsgehilfen des Reiseveranstalters**, für die er gemäß **§ 278 S. 1 Var. 2** mit der Möglichkeit der Haftungsbeschränkung nach § 651 h Abs. 1 Nr. 2 haftet. Ein völliger Haftungsausschluss ist nach § 651 m S. 1 unwirksam. **243**

Sie sind **nicht Verrichtungsgehilfen** i.S.d. § 831, da sie im Verhältnis zum Reiseveranstalter nicht weisungsgebunden sind.

Der Vertrag zwischen dem Veranstalter und dem Leistungsträger ist in der Regel als echter Vertrag zugunsten des Reisenden (§ 328) auszulegen, sodass der Reisende gegen den Leistungsträger einen eigenen Erfüllungsanspruch auf die Einzelleistung hat.[437] Bedeutung hat dies insbesondere bei der Insolvenz des Reiseveranstalters.

Beispiel: Da der Reiseveranstalter an die Fluggesellschaft nicht gezahlt hat und insolvent ist, weigert sich diese, den Reisenden zurückzubefördern.

Der Vertrag zwischen dem Reiseveranstalter und der Fluggesellschaft ist als echter Vertrag zugunsten Dritter, für den die Besonderheiten des Luftbeförderungsrechts gelten, anzusehen. Damit hat der Reisende gegen die Fluggesellschaft einen Anspruch auf Beförderung. Dieser scheitert auch nicht an § 334, demzufolge der Vertragspartner dem Dritten die Einwendungen entgegenhalten kann, die er gegenüber seinem Vertragspartner hat. Diese Vorschrift ist nämlich konkludent abbedungen.[438]

Nach einer Mindermeinung[439] ist die Zubilligung eines eigenen Leistungsanspruchs nicht mehr notwendig, um den Reisenden vor der Insolvenz des Reiseveranstalters zu schützen. Durch die Einführung der Insolvenzversicherung nach § 651 k sei diese Notwendigkeit entfallen. Dagegen spricht jedoch das weitergehende Schutzbedürfnis des Reisenden und der Umstand, dass die Leistung primär im Interesse des Reisenden liegt.

2. Abschnitt: Zustandekommen und Pflichten aus dem Reisevertrag

A. Zustandekommen

Der Reisende und der Reiseveranstalter müssen sich darüber einigen, dass der Reiseveranstalter eine Mehrheit von Reiseleistungen erbringen soll. Für den Abschluss des Reisevertrags gelten die **allgemeinen Regeln der §§ 145 ff.** Kataloge oder Reiseprospekte des Reiseveranstalters stellen regelmäßig lediglich eine invitatio ad offerendum dar.[440] Dies hat zur Folge, dass das Angebot in der Regel in der Buchung der Reise durch den Reisenden liegt. Die Annahme durch den Reiseveranstalter erfolgt dann unmittelbar durch das Buchungsprogramm oder spätestens durch die Reisebestätigung.[441] **244**

Gemäß § 651 a Abs. 3 S. 1 muss dem Reisenden bei oder unverzüglich (§ 121 Abs. 1 S. 1) nach Vertragsschluss eine **schriftliche Reisebestätigung** ausgehändigt werden (vgl. auch Art. 238 EGBGB, § 6 Abs. 1 BGB InfoVO). Jedoch ist die Einhaltung der gesetzlichen Schriftform (§ 126) nicht erforderlich, da der Zweck dieser Reisebestätigung lediglich in der zuverlässigen Information des Reisenden besteht bzw. diesem als Beweisurkunde **245**

---

437 St.Rspr. vgl. Palandt/Sprau § 651 a Rn. 10 m.w.N.

438 BGH, Urt. v. 17.01.1985 – VII ZR 63/84, NJW 1985, 1457; MünchKomm/Tonner § 651 a Rn. 39.

439 Looschelders Rn. 724 f.

440 BeckOK/Geib § 651 a Rn. 26.

441 Looschelders Rn. 729.

für den Inhalt des Reisevertrags dienen soll.[442] Der Inhalt richtet sich gemäß § 651 a Abs. 3 S. 2 nach Art. 238 EGBGB, § 6 Abs. 2 BGB InfoVO, es sei denn, die Ausnahme des § 11 BGB InfoVO (Gelegenheitsveranstalter) greift ein. Erfolgt keine Reisebestätigung, so führt dies nicht zur Unwirksamkeit des Vertrags, sondern stellt eine Pflichtverletzung i.S.d. §§ 280 ff. dar.[443]

246 Wird der Reisevertrag zwischen einem Verbraucher und dem Reiseunternehmen (Reiseveranstalter) über das Internet oder als Außergeschäftsraumvertrag (§ 312 b) abgeschlossen, wird die Frage virulent, ob die **Verbraucherschutzvorschriften** in den **§§ 312 ff.** Anwendung finden.[444]

Gemäß § 312 Abs. 2 Nr. 4 wird die Anwendbarkeit dieser Vorschriften für Verträge über Reiseleistungen nach § 651a stark eingeschränkt, sodass etwa das in **§ 312 g** statuierte Widerrufsrecht des Verbrauchers **keine Anwendung** findet. Dazu muss der Reisevertrag

- im Fernabsatz (§ 312 c) abgeschlossen werden oder
- außerhalb von Geschäftsräumen geschlossen werden, wenn die mündlichen Verhandlungen, auf denen der Vertragsschluss beruht, auf vorhergehende Bestellung des Verbrauchers geführt worden sind.

Von dieser Ausnahmeregelung bleibt jedoch die Anwendbarkeit der Vorschriften für den elektronischen Geschäftsverkehr (§§ 312 i und j) unberührt.

Hinweis: *Die Bereichsausnahme des* ***§ 312 Abs. 2 Nr. 4*** *für Verträge über Reiseleistungen wird mit Wirkung zum 01.07.2018* ***aufgehoben*** *und ein* ***neuer Abs. 7*** *eingefügt, der zusammenfassend regelt, welche Vorschriften der §§ 312 ff. auf Pauschalreiseverträge anzuwenden sind. Ferner wird* ***§ 312 g*** *redaktionell an die neue Terminologie der §§ 651 a ff. n.F. angepasst.*

B. Pflichten aus dem Reisevertrag

I. Pflichten des Reiseveranstalters

247 Die Hauptleistungspflicht des Reiseveranstalters ist die **mangelfreie Erbringung der Reiseleistung**. Außerdem zählen auch die Informations- und Nachweispflichten nach der BGB-InfoVO zu den Hauptleistungspflichten des Reiseveranstalters.[445]

Als wichtigste **Nebenpflichten** treffen den Reiseveranstalter die Schutz- und Obhutspflichten gegenüber dem Reisenden (§ 241 Abs. 2).

Für die **Informationspflichten** des Reiseveranstalters gilt nach §§ 4 ff. BGB InfoVO im Wesentlichen Folgendes:

- Die Prospektangaben müssen den in § 4 BGB InfoVO bestimmten Inhalt haben.

442 Palandt/Sprau § 651 a Rn. 12–14.

443 Jauernig/Teichmann § 651 a Rn. 10.

444 Vgl. dazu ausführlich AS-Skript Schuldrecht AT 2 (2016), Rn. 171 ff.

445 Looschelders Rn. 731.

- Nach § 5 BGB InfoVO muss der Reisende vor Vertragsschluss über die dort aufgezählten Umstände unterrichtet werden.
- In der Reisebestätigung gemäß § 6 BGB InfoVO sind die allgemeinen Reisebedingungen anzugeben.
- Bei Verträgen über Gastschulaufenthalte (§ 651 l) müssen über die in § 6 BGB InfoVO bestimmten Angaben hinaus weitere Informationen nach § 7 BGB InfoVO erteilt werden.
- Vor Beginn der Reise besteht eine Unterrichtungsverpflichtung gemäß § 8 BGB InfoVO.

Hinweis: *Die bisher in der BGB-Info-V enthaltenen* ***Informations- und Nachweispflichten*** *werden* ***neu gefasst*** *und mit Wirkung* ***zum 01.07.2018 in Art. 250–252 EGBGB*** *überführt. Dabei werden die vorvertraglichen Informationspflichten ausgeweitet, vgl. § 651 d BGB n.F. i.V.m. Art. 250 EGBGB. Insbesondere hat der Reiseveranstalter den Reisenden künftig mittels eines standardisierten Formblattes über die Rechte zu informieren, die ihm bei Buchung der angebotenen Pauschalreise aufgrund der Richtlinie zustehen (vgl. Anlage 11 zu Art. 250 § 2 Abs. 1 EGBGB).*

Außerdem enthält ***§ 651q n.F.*** *eine* ***Beistandspflicht*** *des Reiseveranstalters, wenn sich der Reisende in Schwierigkeiten befindet.*

II. Pflichten des Reisenden

Der Reisende muss den **Reisepreis zahlen** (§ 651 a Abs. 1 S. 2). Fehlt eine Fälligkeitsabrede, so ist diese Vertragslücke durch entsprechende Anwendung der Werkvertragsregeln zu schließen. Danach wird die Vergütung – in Ausnahme zu § 271 Abs. 1 Var. 1 – erst nach Beendigung der Reise fällig, §§ 641 Abs. 1, 646 entsprechend. **248**

In der Praxis wird jedoch in den AGB **regelmäßig eine Vorleistungspflicht** des Reisenden vereinbart. Solche Vorleistungsklauseln sind grundsätzlich wirksam. Sie verstoßen weder gegen § 309 Nr. 2 noch gegen § 307. Der Reisende wird durch § 651 k davor geschützt, den Reisepreis bei Insolvenz des Reiseveranstalters zu verlieren.

Den Reisenden trifft die Obliegenheit, sich einzelne **Reisedokumente**, die nach der Information des Reiseveranstalters erforderlich sind, **selbst zu beschaffen**. Darüber hinaus treffen den Reisenden vertragliche **Nebenpflichten**, vor allem die Schutzpflichten nach **§ 241 Abs. 2**.

III. Einseitige Änderungen durch den Reiseveranstalter

In **§ 651 a Abs. 4 u. 5** ist im Einzelnen geregelt, unter welchen Voraussetzungen der Reiseveranstalter den Preis oder einzelne Reiseleistungen ändern bzw. die Reise absagen kann. **249**

Hinweis: *Die bisher in §§ 651 a Abs. 4 u. 5 a.F. enthaltenen Vorschriften über Preiserhöhungen und andere Vertragsänderungen werden in den* ***§§ 651 f*** *und* ***651 g n.F.*** *den Vorgaben der PauschalreiseRL entsprechend umgestaltet.*

*In **§ 651 f Abs. 1 n.F.** wird geregelt, unter welchen Voraussetzungen eine **einseitige Erhöhung des Reisepreises** durch den Reiseveranstalter erfolgen kann. **§ 651 f Abs. 2 n.F.** stellt klar, dass **andere einseitige Änderungen** (d.h. solche, die nicht den Reisepreis betreffen) durch den Reiseveranstalter nur möglich sind, wenn ein entsprechender Änderungsvorbehalt vertraglich vorgesehen und die Änderung unerheblich ist. Nach **§ 651 f Abs. 4 n.F.** hat der Reisende künftig bei einer vorbehaltenen Preiserhöhung das Recht auf eine **Preissenkung**, wenn sich die relevanten Umstände zu seinen Gunsten ändern.*

*Außerdem betrifft die Regelung des **§ 651g n.F. erhebliche** Vertragsänderungen, die der Reiseveranstalter im Gegensatz zu den o.g. Änderungen gemäß § 651 f Abs. 1 u. 2 n.F. **nicht einseitig** vornehmen kann. Gemäß § 651 g Abs. 1 n.F. kann der Reiseveranstalter ab einer (dann „erheblichen") **Preiserhöhung von 8%** (bisher nur 5%, vgl. § 651 a Abs. 5 S. 2 a.F.) eine entsprechende Preiserhöhung anbieten und verlangen, dass der Reisende innerhalb einer angemessenen Frist entweder das Angebot annimmt oder seinen Rücktritt erklärt. Diese Regelung gilt gemäß § 651 g Abs. 1 S. 3 n.F. unter den dort genannten Voraussetzungen entsprechend für andere Vertragsänderungen als Preiserhöhungen.*

3. Abschnitt: Rechte des Reisenden vor Reisebeginn

250 Da die Reisen i.S.d. §§ 651 a ff. regelmäßig längere Zeit vor ihrem Beginn gebucht werden, tritt nicht selten der Fall ein, dass sich in der Zeit zwischen dem Vertragsschluss und dem Reisebeginn die **Umstände ändern**, die für den Entschluss des Reisenden bedeutsam waren. Daher enthält das Reisevertragsrecht **spezielle Regelungen**, nach denen der Reisende sich **einseitig vom Vertrag lösen** kann.

A. Vertragsübertragung

251 Gemäß **§ 651 b Abs. 1 S. 1** kann der Reisende **bis zum Beginn der Reise** verlangen, dass ein Dritter an seiner Stelle in die Rechte und Pflichten aus dem Reisevertrag eintritt. Ein besonderer Grund oder das Einverständnis des Reiseveranstalters sind hierfür nicht erforderlich. Die Rechte des Reiseveranstalters werden hinreichend dadurch gewahrt, dass ihm gemäß § 651 b Abs. 1 S. 2 ein **Widerspruchsrecht** zusteht.

Die **Widerspruchsgründe**, für deren Vorliegen der Reiseveranstalter die Beweislast trägt, sind in § 651 b Abs. 1 S. 2 abschließend aufgezählt.[446]

Das Verlangen nach Eintritt eines Dritten ist eine **empfangsbedürftige Willenserklärung**. Das Eintrittsrecht besteht bis zum Beginn der Reise (§ 651 i), kann also bis zum tatsächlichen Reiseantritt ausgeübt werden. Jedoch ist der Veranstalter nach Möglichkeit so rechtzeitig zu verständigen, dass er sein Widerspruchsrecht noch ausüben kann. Seine Zustimmung ist nicht erforderlich.[447]

Rechtsfolge der Vertragsübertragung ist

- ein **Parteiwechsel**, d.h. dass der Dritte durch **Vertragsübernahme** in die gesamte Rechtsstellung des Reisenden eintritt und daher alle Gewährleistungs- und Gestaltungsrechte erhält;

446 MünchKomm/Tonner § 651 b Rn. 10 ff.

447 Palandt/Sprau § 651 b Rn. 1.

- gemäß **§ 651 b Abs. 2**, dass der Dritte und der „Reisende" dem Reiseveranstalter als **Gesamtschuldner** für den Reisepreis und die ggf. entstandenen Mehrkosten haften.

Hinweis: *Die bislang in § 651 b a.F. enthaltene Regelung zur* ***Vertragsübertragung*** *wird ab dem 01.07.2018 in* ***§ 651 e n.F.*** *getroffen. Gemäß § 651 e Abs. 1 S. 1 n.F. kann der Reisende innerhalb einer angemessenen Frist vor Reisebeginn auf einem dauerhaften Datenträger erklären, dass statt seiner ein Dritter in die Rechte und Pflichten aus dem Pauschalreisevertrag eintritt. Die* ***Erklärung****, die – anders als nach bisherigem Recht in der* ***Form des dauerhaften Datenträgers*** *(§ 126 b S. 2 BGB) erfolgen muss – gilt gemäß § 651 e Abs. 1 S. 2 n.F. jedenfalls als rechtzeitig, wenn sie dem Reiseveranstalter nicht später als sieben Tage vor Reisebeginn zugeht.*

B. Rücktrittsrechte

Das Reiserecht statuiert zugunsten des Reisenden zwei besondere Rücktrittsrechte.

- Gemäß **§ 651 i Abs. 1** kann der Reisende **vor Reisebeginn ohne besonderen Grund** 252
  vom Reisevertrag zurücktreten. Die Besserstellung des Reisenden beim Rücktritt nach § 651 i besteht darin, dass der Reiseveranstalter – anders als der Werkunternehmer bei einer Kündigung nach § 649 – den Vergütungsanspruch gemäß § 651 i Abs. 2 S. 1 verliert und lediglich nach § 651 i Abs. 2 S. 2 eine angemessene Entschädigung beanspruchen kann.

  Für die Bestimmung der **Höhe des Entschädigungsanspruchs** bietet das Gesetz zwei Möglichkeiten: die konkrete Berechnung nach § 651 i Abs. 2 S. 3 und die Pauschalierung nach § 651 i Abs. 3. Da bei der Pauschalierung der Entschädigung nach § 651 i Abs. 3 auf den gewöhnlichen anderweitig möglichen Erwerb abzustellen ist, ist ein gestaffelter Prozentsatz je nach der Zeitspanne zwischen Rücktrittserklärung und Reisebeginn zulässig.[448] Was im Einzelnen als Prüfungsmaßstab für eine in den AGB enthaltene Pauschalentschädigung heranzuziehen ist, ist streitig. Nach der überwiegenden Ansicht wird über die Regelung des § 651 i Abs. 3 hinaus auch eine Inhaltskontrolle nach den §§ 307–309 befürwortet.[449]

- Erhöht der Reiseveranstalter den Reisepreis gemäß § 651 a Abs. 4 u. 5, so kann der 253
  Reisende bei einer **Erhöhung um mehr als 5% oder Änderung einer wesentlichen Reiseleistung** gemäß **§ 651 a Abs. 5 S. 2** vom Vertrag zurücktreten. Stattdessen kann er, wie bei einer Absage der Reise durch den Reiseveranstalter auch, die Teilnahme an einer mindestens gleichwertigen anderen Reise verlangen, § 651 a Abs. 5 S. 3.

Hinweis: *Der* ***Rücktritt vor Reisebeginn*** *ist ab dem 01.07.2018 in* ***§ 651 h n.F.*** *normiert. Die Vorschrift tritt damit an die Stelle des bisherigen § 651 i a.F., erfasst künftig jedoch auch Fälle, die bislang unter die Regelung des § 651 j a.F. über die Kündigung wegen höherer Gewalt fallen. Der* ***§ 651 h Abs. 1 n.F.*** *regelt - wie bisher § 651 i a.F. – dass der Reisende vor Reisebeginn jederzeit zurücktreten kann, wodurch der Reiseveranstalter den Anspruch auf den Reisepreis verliert, jedoch eine angemessene Entschädigung verlangen kann. Für die Bestimmung der Höhe der Entschädigung besteht (weiterhin) die Möglichkeit der vertraglich vereinbarten abstrakten oder konkreten Berechnungsmethode, vgl. § 651 h Abs. 2 n.F.*

---

448 Palandt/Sprau § 651 i Rn. 4.

449 MünchKomm/Tonner § 651 i Rn. 20; Palandt/Sprau § 651 i Rn. 4; Tempel NJW 2002, 2005.

§ 651 h Abs. 3 n.F. *bestimmt, dass der Reiseveranstalter bei einem Rücktritt des Reisenden* ***abweichend von Abs. 1 keine Entschädigung verlangen*** *kann, wenn am Bestimmungsort oder in dessen unmittelbarer Nähe unvermeidbare, außergewöhnliche Umstände auftreten, welche die Durchführung der Pauschalreise oder die Beförderung von Personen an den Bestimmungsort erheblich beeinträchtigen.* ***§ 651 h Abs. 3 S. 2 n.F.*** *definiert den* ***Begriff der unvermeidbaren und außergewöhnlichen Umstände*** *als solche, die nicht der Kontrolle der Partei unterliegen, die sich hierauf beruft, und sich ihre Folgen auch dann nicht hätten vermeiden lassen, wenn alle zumutbaren Vorkehrungen getroffen worden wären. Der Begriff der unvermeidbaren, außergewöhnlichen Umstände tritt somit an die Stelle des bisher in § 651 j Abs. 1 a.F. vorgesehenen Begriffs der „höheren Gewalt".*

In ***§ 651 h Abs. 4 n.F.*** *wird schließlich – abweichend von der bisherigen Rechtslage – nicht nur (wie bisher) das Rücktrittsrecht des Reisenden geregelt, sondern auch ein solches* ***des Reiseveranstalters****.*

C. Verhältnis zum allgemeinen Leistungsstörungsrecht

254 Im welchem Verhältnis das allgemeine Leistungsstörungsrecht zu den Gewährleistungsregeln der §§ 651 c ff. steht, wenn die Reise überhaupt nicht angetreten wird, ist umstritten.

- Zum Teil wird befürwortet, dass die reisevertraglichen Gewährleistungsregeln als spezielle Normen die allgemeinen Regeln der Leistungsstörung **erst ab Reiseantritt verdrängen.**[450] Dafür wird angeführt, dass das Vorliegen eines Reisemangels begrifflich voraussetzt, dass überhaupt eine Reiseleistung erbracht worden ist. Falle bereits die erste Leistung aus, so liege kein Reisemangel, sondern Unmöglichkeit wegen Zeitablaufs vor, sodass nur die §§ 275 ff. anwendbar seien.

255
- Nach ganz h.M.[451] sind bereits **ab Vertragsschluss die §§ 651 c ff. spezieller und verdrängen die allgemeinen Vorschriften**. Nur so können Rechtssicherheit und Rechtsklarheit geschaffen werden. Für diese Auffassung spricht ferner, dass zufällige Ergebnisse hinsichtlich des Zeitpunkts der Leistungsstörung vermieden werden. Somit sind die allgemeinen Regeln, wenn ein Mangel der Reise vorliegt, schon ab Vertragsschluss nicht anwendbar.

---

450 Oetker/Maultzsch § 9 Rn. 44 ff.

451 Vgl. Palandt/Sprau vor §§ 651 c ff. Rn. 9 m.w.N.

4. Abschnitt: Mängelgewährleistung

Grundschema zur Gewährleistung
I. Wirksamer **Reisevertrag**, § 651 a
II. Reisemangel, § 651 c ■ Fehler ■ Fehlen einer zugesicherten Eigenschaft
III. Zusätzliche Voraussetzungen je nach dem, ob ■ Aufwendungsersatz, § 651 c Abs. 3 ■ Minderung, § 651 d ■ Kündigung, § 651 e ■ Schadensersatz, § 651 f
IV. Kein Ausschluss gemäß **§ 651 g Abs. 1**
V. Durchsetzbarkeit, §§ 214, **651 g Abs. 2**

256

A. Reisemangel

Die Reise ist mangelhaft, wenn sie mit einem **Fehler** behaftet ist, der den mit der Reise bezweckten Nutzen beeinträchtigt oder wenn sie nicht die **zugesicherte Eigenschaft** hat, **§ 651 c Abs. 1**. 257

I. Fehler

Die Reise darf nicht mit Fehlern behaftet sein, die den Wert oder die Tauglichkeit zu dem gewöhnlichen oder nach dem Vertrag vorausgesetzten Nutzen aufheben oder mindern (§ 651 c Abs. 1). Die **Ist-Beschaffenheit der Reise** muss also **ungünstig** von der **Soll-Beschaffenheit**, also der vertraglich geschuldeten Beschaffenheit abweichen. Die Soll-Beschaffenheit wird häufig durch die Reisebestätigung (§ 651 a Abs. 3 S. 1) oder die Prospektangaben (§ 4 Abs. 1 S. 2 BGB InfoVO) bestimmt. Fehlt eine Vereinbarung darüber, wie die Reise beschaffen sein soll, wird eine Reise von normaler Beschaffenheit geschuldet. Dabei ist entscheidend, welche Erwartungen der Reisende haben durfte.[452] 258

Nicht jede Unannehmlichkeit während der Reise begründet einen Fehler. Abzugrenzen ist der Fehler i.S.d. § 651 c Abs. 1 insbesondere von 259

- der **bloßen Verwirklichung des allgemeinen Lebensrisikos**

  Beispiel: Steinwurf eines Eingeborenen bei Trekking-Tour; Raubüberfall bei Landgang.

- **Unannehmlichkeiten**, die im Rahmen des Massentourismus hingenommen werden müssen. 260

452 Looschelders Rn. 738.

Beispiele: Servieren eines halbgefrorenen Sandwiches; Plastikstühle in einem preiswerten Hotel; Essen im 50 m entfernten Nachbarhotel.[453]

Legendär und lesenswert ist die Entscheidung des AG Mönchengladbach.[454] Leitsatz der NJW-Redaktion: „Die Unterbringung in einem mit zwei Einzelbetten statt eines Doppelbetts ausgestatteten Ferienhotelzimmer und ein aufgrund dieses Umstands unharmonischer Intimverkehr während der Dauer des Urlaubs stellen nicht ohne weiteres einen zur Herabsetzung des Reisepreises berechtigenden Mangel dar." Denn – so das Gericht wörtlich – „dem Gericht sind mehrere allgemein bekannte und übliche Variationen der Ausführung des Beischlafs bekannt, die auf einem einzelnen Bett ausgeübt werden können, und zwar durchaus zur Zufriedenheit aller Beteiligten."

Bei der Abgrenzung, ob ein Mangel oder eine bloße Unannehmlichkeit vorliegt, sind die **Umstände des Einzelfalls** und dabei vor allem die Art der Reise (Trekkingtour oder Luxuskreuzfahrt), die Ortsüblichkeit und der Reisepreis maßgeblich.

Beispiel: Eine **Flugzeitänderung** von einer Stunde ist rechtlich eine bloße Unannehmlichkeit. Wird der Flug hingegen um 10 Stunden vorverlegt und dadurch die Nachtruhe des letzten Tages beeinträchtigt, so liegt ein Reisemangel vor.[455]

II. Fehlen einer zugesicherten Eigenschaft

Neben dem Fehler kann auch das Fehlen einer zugesicherten Eigenschaft einen Reisemangel i.S.d. § 651 c Abs. 1 begründen.

261 ■ **Eigenschaften** sind die tatsächlichen und rechtlichen Verhältnisse und Beziehungen zur Umwelt, soweit sie nach der Verkehrsanschauung für die Wertschätzung der Reise von Bedeutung sind.

■ Nicht jede Eigenschaftsangabe in Reiseprospekten oder Informationsheften (vgl. §§ 4–6 BGB InfoVO) ist als Zusicherung anzusehen. Eine **Zusicherung** liegt nur vor, wenn eine vertragliche Vereinbarung gegeben ist und der Reiseveranstalter zum Ausdruck bringt, dass er für alle nachteiligen Folgen einstehen will.

Die hohen Anforderungen an eine Zusicherung beruhen darauf, dass der Reiseveranstalter gemäß § 276 Abs. 1 S. 1 für das Fehlen der zugesicherten Eigenschaft verschuldensunabhängig einzustehen hat, weil die Übernahme einer Garantie die Eigenschaftszusicherung mitumfasst. Eine Leistungsbeschreibung in einem Prospekt kann dafür nicht ausreichen, weil sonst die verschuldensunabhängige Haftung zum Regelfall würde.[456]

Hinweis: *Das Gewährleistungsrecht ist mit Wirkung* ***zum 01.07.2018*** *in § 651 i bis § 651 p n.F. geregelt. Dabei wird der* ***Begriff des Reisemangels*** *in § 651 i Abs. 1 und 2 n.F neu definiert. § 651 i Abs. 1 n.F. bestimmt, dass der Reiseveranstalter dem Reisenden die Reise frei von „Reisemängeln" zu verschaffen hat. Die Mangelfreiheit ist somit Teil dessen Erfüllungspflicht, wobei anders als im Kauf- und Werkrecht nicht zwischen Sach- und Rechtsmängeln unterschieden wird.*

---

453 Vgl. dazu die ADAC-Tabelle zur Preisminderung bei Reisemängeln.

454 AG Mönchengladbach Urt. v. 25.04.1991 – 5a C 106/91, NJW 1995, 884

455 Staudinger/Krüger NJW 2012, 2853.

456 Weishaupt JuS 2005, 241, 243.

Nach der Gesetzesbegründung wird ausdrücklich an der schon bislang h.M. festgehalten, wonach das reiserechtliche Gewährleistungsrecht ***ab Vertragsschluss*** *Vorrang vor dem allgemeinen Leistungsstörungsrecht hat, sog.* ***Einheitslösung****. Durch die einheitliche Behandlung sämtlicher Störungen über das reiserechtliche Gewährleistungsrecht werden nämlich Abgrenzungsfragen vermieden und Rechtssicherheit verschafft.*[457]

Gemäß ***§ 651 i Abs. 2 S. 1 n.F.*** *ist – in Anlehnung an § 434 Abs. 1 und § 633 Abs. 2 – normiert, dass die Reise frei von Reisemängeln ist, wenn sie die vereinbarte Beschaffenheit hat. Fehlt eine solche* ***Beschaffenheitsvereinbarung*** *ist die Reise gemäß § 651 i Abs. 2 S. 2 n.F. frei von Reisemängeln, wenn sie sich für den nach dem* ***Vertrag vorausgesetzten Nutzen eignet*** *(Nr. 1), ansonsten wenn sie sich für den* ***gewöhnlichen Nutzen eignet*** *und eine Beschaffenheit aufweist, die bei Pauschalreisen der gleichen Art üblich ist und die der Reisende nach der Art der Pauschalreise erwarten kann (Nr. 2).*

Außerdem bestimmt ***§ 651 i Abs. 2 S. 3 n.F.****, dass ein Reisemangel auch dann vorliegt, wenn der Reiseveranstalter Reiseleistungen nicht oder mit unangemessener Verspätung verschafft. Das bedeutet also, dass (entsprechend der Einheitslösung) der Begriff des* ***Reisemangels*** *künftig um das* ***vollständige oder teilweise Ausbleiben*** *der Leistung sowie die Fälle der* ***Verzögerung der Leistung*** *ergänzt wird.*[458]

B. Gewährleistungsrechte des Reisenden

Ist die Reise mangelhaft, kann der Reisende

- zunächst **Abhilfe** verlangen, **§ 651 c Abs. 2** und nach Fristsetzung **selbst Abhilfe** schaffen und **Aufwendungsersatz** verlangen, **§ 651 c Abs. 3**,
- aus der **Minderung** des Reisepreises Rechte herleiten, **§ 651 d Abs. 1**,
- **kündigen, § 651 e Abs. 1** und,
- **Schadensersatz** verlangen, **§ 651 f Abs. 1**.

Hinweis: *In* ***§ 651 i Abs. 3 n.F.*** *werden ab dem 01.07.2018 die Gewährleistungsrechte des Reisenden (nach dem Vorbild der §§ 437, 634 BGB) katalogmäßig zusammengefasst. Erläuterungen zu den Neuregelungen erfolgen im Zusammenhang mit den jeweiligen Gewährleistungsrechten.*

I. Abhilfe, Selbstabhilfe und Aufwendungsersatz

Wenn ein Reisemangel (§ 651 c Abs. 1) gegeben ist, kann der Reisende gemäß **§ 651 c Abs. 2 S. 1** zunächst **Abhilfe verlangen**. 262

Der richtige **Adressat** ist in erster Linie der Reiseveranstalter sowie seine Vertreter, also vor allem die örtliche Reiseleitung, die zur Entgegennahme eines Abhilfeverlangens kurzfristig präsent, zumindest aber erreichbar sein muss.[459]

457 BT-Drs. 18/10822, S. 77 f. m.w.N.
458 Vgl. BT-Drs. 18/10822, S. 79
459 BeckOK/Geib § 651 c Rn. 43.

Dem Abhilfeverlangen kann durch die **Beseitigung** des Mangels **oder** durch die Erbringung einer **gleichwertigen** und zumutbaren **Ersatzleistung** entsprochen werden.[460]

Die Kosten der Abhilfe hat der Reiseveranstalter zu tragen.[461] Der Reiseveranstalter kann die Abhilfe verweigern, wenn sie einen unverhältnismäßigen Aufwand erfordert, § 651 c Abs. 2 S. 2.

Der Reisende kann auch gemäß **§ 651 c Abs. 3 S. 1** für **Selbstabhilfe** sorgen. Dazu muss er grundsätzlich zunächst dem Reiseveranstalter fruchtlos eine angemessene Frist gesetzt haben.

Bei der **Bemessung der angemessenen Frist** sind die beiderseitigen Interessen zu berücksichtigen, insbesondere die Aktualität und Intensität der Störung sowie die Dauer der Reise und die Zumutbarkeit des Abwartens. Je schwerer die Mängel wiegen, desto kürzere Abhilfefristen sind anzusetzen. Wird eine unangemessen kurze Frist gesetzt, so läuft eine angemessene Frist.[462]

Die Fristsetzung ist **gemäß § 651 c Abs. 3 S. 2 entbehrlich**, wenn die Abhilfe verweigert wird oder wenn die sofortige Abhilfe durch ein besonderes Interesse des Reisenden geboten ist.

Beispiel: Benutzung eines Taxis, wenn der Transferbus nicht rechtzeitig erscheint.

Soweit der Reisende zur Selbstabhilfe berechtigt war, kann er vom Reiseveranstalter gemäß **§ 651 c Abs. 3 S. 1** den **Ersatz der** dazu **erforderlichen Aufwendungen** verlangen. Erforderlich sind dabei alle Aufwendungen, die der Reisende nach sorgfältiger, die Umstände des Falles berücksichtigender Prüfung für angemessen halten durfte. Jedoch sind dabei die Anforderungen an das Beurteilungsvermögen des Reisenden nicht zu überspannen.[463]

Klausurhinweis: *Da der Gesetzgeber dem Reisenden die einzelnen Rechte wegen Mängeln kumulativ gewährt, kann neben dem Aufwendungsersatzanspruch unter den Voraussetzungen des § 651 f Abs. 1 auch Schadensersatz wegen Nichterfüllung verlangt werden. Allerdings besteht wegen des gleichen Mangels (natürlich) nur eine einmalige Zahlungspflicht. Sind in einer Klausur bestimmte Ansprüche nicht ausdrücklich von der Bearbeitung ausgeschlossen, so sind aber alle in Betracht kommenden Anspruchsgrundlagen zu prüfen.*

Fall 6: Der vierte Stern

Die R bucht beim Reisebüro B eine 14-tägige Flugreise nach Mallorca, die vom Reiseveranstalter V durchgeführt wird. Als R ankommt, ist in dem gebuchten 3-Sterne-Hotel „Alando" kein Zimmer mehr frei. Der örtliche Reiseleiter L bietet der R ein Zimmer in einem vier Kilometer entfernt liegenden 3-Sterne-Hotel an. R lehnt dies ab und mietet ein Zimmer in dem in der Nähe liegenden 4-Sterne-Hotel Tonga. Nach einer

460 Looschelders Rn. 742.

461 BeckOK/Geib § 651 c Rn. 44.

462 MünchKomm/Tonner § 651 c Rn. 152.

463 BeckOK/Geib § 651c Rn. 48.

Woche bietet der Reiseleiter der R für die zweite Woche ein Zimmer im Hotel „Alando" an. R lehnt ab mit der Begründung, der Umzug sei ihr nicht zuzumuten. Nach Beendigung der Reise verlangt R die Erstattung der Mehrkosten, die sie für das Zimmer im 4-Sterne-Hotel bezahlt hat. Zu Recht?

Bearbeitervermerk: Schadensersatzansprüche sind nicht zu prüfen.

R könnte gegen V einen Anspruch auf Aufwendungsersatz i.H.d. Mehrkosten gemäß § 651 c Abs. 3 haben. **263**

I. Ein **wirksamer Reisevertrag** i.S.d. § 651 a BGB liegt zwischen V und R, letztere vertreten durch B, vor.

II. Ferner müsste ein Reisemangel gemäß § 651 c Abs. 1 gegeben sein. V hat der R das nach dem Inhalt des Reisevertrags geschuldete Zimmer nicht überlassen. Zwar war es dem V wegen der Überbuchung **unmöglich**, die geschuldete Leistung zu erbringen, doch schuldete V die Pauschalreise, also ein Bündel von Einzelleistungen und Verhaltensweisen. Soweit eine Einzelleistung überhaupt nicht erbracht oder eine Verhaltenspflicht verletzt wird, ist die Reise nicht so beschaffen, wie sie nach dem Vertrage beschaffen sein soll und damit fehlerhaft i.S.d. § 651 c Abs. 1. Es finden mithin die Regeln der **Mängelhaftung** und nicht die der Unmöglichkeit Anwendung.

III. Der Anspruch auf Ersatz der Hotelkosten ist in Gestalt eines Aufwendungsersatzanspruchs gegeben, wenn R zur Selbstabhilfe berechtigt war und die Aufwendungen erforderlich waren.

1. Die **Selbstabhilfe** führt gemäß § 651 c Abs. 3 S. 1 grundsätzlich nur zum Aufwendungsersatz, wenn R Abhilfe innerhalb einer angemessenen Frist verlangt hat und diese Frist fruchtlos verstrichen ist.

   Da der örtliche Reiseleiter der R kein Zimmer in einem vergleichbaren Hotel im gebuchten Urlaubsort anbieten konnte und R dringend ein Zimmer benötigte, war ein ausdrückliches Abhilfeverlangen mit **Fristsetzung entbehrlich**, vgl. § 651 c Abs. 3 S. 2. R war demnach zur Selbstabhilfe berechtigt.

2. Die **Aufwendungen** – die Kosten für das 4-Sterne-Hotel – waren für die erste Reisewoche **erforderlich**, weil eine anderweitige vertragsgemäße Unterbringung nicht möglich war. Es war der R nämlich nicht zumutbar, in das vier Kilometer entfernte 3-Sterne-Hotel zu ziehen.[464]

   Ob die Aufwendungen für die letzte Reisewoche erforderlich waren, bestimmt sich danach, ob der R die mit dem Umzug verbundenen Unannehmlichkeiten zuzumuten waren.

   Grundsätzlich muss der Reisende, wenn ihm später die vertragsgemäße Leistung angeboten wird, diese **entgegennehmen**. Da noch eine Reisewoche ausstand, hätte R gegen Ersatz der mit dem Umzug verbundenen Mehraufwendungen in das vertragsgemäße Zimmer einziehen müssen, sodass diese Aufwendungen für die zweite Woche im 4-Sterne-Hotel **nicht erforderlich** waren.

464 Vgl. OLG Köln, Urt. v. 14.10.1992 – 16 U 46/92, NJW-RR 1993, 252.

3. Damit R ihre Ansprüche bezüglich der ersten Woche nicht verliert, muss sie die **Ausschlussfrist** des **§ 651 g Abs. 1** beachten. Sie muss die Ansprüche deshalb innerhalb der Monatsfrist nach der vertraglich vorgesehenen Beendigung der Reise geltend machen.

4. Eine **Verjährung** der Ansprüche tritt erst zwei Jahre nach der vertraglich vorgesehenen Beendigung der Reise ein, **§ 651 g Abs. 2**.

R hat gegen V einen Anspruch auf Aufwendungsersatz i.H.d. Mehrkosten für die erste Woche im 4-Sterne-Hotel gemäß § 651 c Abs. 3.

Hinweis: *Nach den ab dem* ***01.07.2018*** *geltenden* ***§§ 651 i Abs. 3 Nr. 1, 651 k Abs. 1 S. 1 n.F.*** *kann der Reisende zunächst* ***Abhilfe*** *verlangen, die der Reiseveranstalter gemäß § 651 k Abs. 1 S. 2 nur verweigern kann, wenn sie unmöglich ist (Nr. 1) oder unter Berücksichtigung des Ausmaßes und des Werts der betroffenen Reiseleistung mit unverhältnismäßigen Kosten verbunden ist (Nr. 2).*

Ferner hat der Reisende gemäß ***§§ 651 i Abs. 3 Nr. 2, 651 k Abs. 2 n.F.*** *nach erfolgloser Fristsetzung zur Abhilfe ein* ***Selbstabhilferecht*** *und kann* ***Ersatz der erforderlichen Aufwendungen*** *verlangen. Die Fristsetzung zur Abhilfe ist gemäß § 651 k Abs. 2 S. 2 n.F. entbehrlich, wenn die Abhilfe vom Reiseveranstalter verweigert wird oder wenn sofortige Abhilfe notwendig ist.*

Eine nicht unwesentliche ***Neuerung*** *gegenüber der bis zum 30.06.2018 geltenden Rechtslage ist, dass in dem Fall, dass der Reiseveranstalter gemäß § 651 k Abs. 1 S. 2 n.F. die Abhilfe verweigern kann und der Reisemangel einen erheblichen Teil der Reiseleistungen betrifft, der Reiseveranstalter gemäß* ***§§ 651 i Abs. 3 Nr. 3, 651 k Abs. 3 n.F.*** *Abhilfe durch angemessene* ***andere Reiseleistungen*** *(Ersatzleistungen) anzubieten hat. Dabei handelt es sich um einen modifizierten Nacherfüllungsanspruch des Reisenden.*[465]

Haben die Ersatzleistungen zur Folge, dass die Pauschalreise im Vergleich zur ursprünglich geschuldeten nicht von mindestens gleichwertiger Beschaffenheit ist, hat der Reiseveranstalter gemäß ***§ 651 k Abs. 3 S. 2 n.F.*** *dem Reisenden eine angemessene* ***Herabsetzung des Reisepreises*** *zu gewähren, wobei sich die Angemessenheit nach § 651 m Abs. 1 S. 2 n.F. richtet. Wenn die Ersatzleistungen nicht vergleichbar sind oder die angebotene Herabsetzung des Reisepreises nicht angemessen ist, kann der Reisende gemäß § 651 k Abs. 3 S. 3 n.F. die Ersatzleistungen berechtigterweise ablehnen. Gemäß § 651 k Abs. 3 S. 4 n.F. sind in diesem Fall die Regeln über die Kündigung gemäß § 651 l Abs. 2 u. 3 n.F. anzuwenden.*

Außerdem hat der Reiseveranstalter gemäß ***§§ 651 i Abs. 3 Nr. 4, 651k Abs. 4 n.F.****, wenn der Vertrag die Rückbeförderung umfasst und diese aufgrund unvermeidbarer, außergewöhnlicher Umstände nicht möglich ist, die* ***Kosten für eine notwendige Beherbergung für höchstens drei Nächte*** *in einer möglichst gleichwertigen Unterkunft zu tragen.*

---

465 BT-Drs. 18/10822, S. 80.

*Schließlich regelt **§ 651 k Abs. 5 n.F.** Fälle, in denen sich der Reiseveranstalter auf die Begrenzung des Zeitraums von höchstens drei Nächten gemäß Abs. 4 nicht berufen kann (z.B. wenn der Reisende eine Person mit eingeschränkter Mobilität ist oder besonderer medizinischer Betreuung bedarf, Schwangere oder unbegleiteter Minderjähriger ist, vgl. § 651 k Abs. 5 Nr. 2 n.F.).*

*Liegt keine Fallgestaltung des **§ 651 k Abs. 5 n.F.** vor und nimmt der Reisende infolge einer vom Reiseveranstalter zu vertretenden Nichtbeförderung mehr als drei Übernachtungen in Anspruch, unterfallen diese Kosten nicht § 651 k Abs. 4 n.F., sondern es kommt – wie nach bisheriger Rechtslage – ein Schadensersatzanspruch des Reisenden gemäß §§ 651 i Abs. 3 Nr. 7, 651 n n.F. in Betracht.*[466]

II. Minderung

Ist die Reise mangelhaft, so mindert sich der Reisepreis **kraft Gesetzes** gemäß **§ 651 d** 264
Abs. 1 S. 1 nach Maßgabe des **§ 638 Abs. 3**, also der Minderungsregelung des Werkvertragsrechts.

***Hinweis:** Abweichend vom Kauf- und Werkvertragsrecht (vgl. dort § 441 bzw. § 638) ist die Minderung nicht als Gestaltungsrecht normiert worden, sodass – ebenso wie im Mietrecht (vgl. § 536 Abs. 1) – eine Erklärung zum Eintritt der Minderung des Reisepreises nicht erforderlich ist.*

Für den – in der Praxis die Regel darstellenden – Fall, dass der Reisende den vollen Reisepreis bereits vorher bezahlt hat, verweist § 651 d Abs. 1 S. 2 auf die Rückabwicklungsregelung des **§ 638 Abs. 4**.

Bei der **Preisminderung** ist die Bezugsgröße regelmäßig der Gesamtpreis der Reise. Dieser wird grundsätzlich **anteilig pro Reisetag**, an dem ein Mangel bestand, gemindert. Allerdings kann bei besonderer Schwere eines Mangels (etwa ein Beinaheabsturz während des Rückfluges) auch ein einzelnes Ereignis eine Minderung rechtfertigen, die sich nicht auf den anteiligen Reisepreis für die Dauer des Ereignisses beschränkt.[467]

Um bei der Bemessung der Minderung eine Gleichbehandlung zu ermöglichen und ein praktikables Hilfsmittel zu schaffen, hat das LG Frankfurt die typischen Reisemängel in einer Tabelle zusammengefasst und ihnen bestimmte Rahmenprozentsätze zugeordnet (sog. **Frankfurter Tabelle**).[468]

Die Minderung entfällt gemäß **§ 651 d Abs. 2**, wenn es der Reisende schuldhaft unterlässt, den **Mangel anzuzeigen**. Die Anzeige hat gegenüber dem Reiseveranstalter zu erfolgen.[469] Hingegen ist die Anzeige bei der Hotelrezeption nicht ausreichend.[470]

Eine Fristsetzung ist – im Gegensatz zum Abhilfeverlangen – nicht erforderlich. In dem Abhilfeverlangen nach § 651 c Abs. 2 ist die Mangelanzeige aber als minus enthalten.[471]

---

466 BT-Drs. 10/822, S. 81.

467 BGH, Urt. v. 15.07.2008 – X ZR 93/07, NJW 2008, 2775, 2776.

468 LG Frankfurt NJW 1985, 113 mit Erläuterungen von Tempel NJW 1985, 97; Ergänzungen zu den Erläuterungen: Tempel NJW 1994, 1639.

469 Looschelders Rn. 744.

470 Palandt/Sprau § 651 d Rn. 4 m.w.N.

471 BeckOK/Geib § 651d Rn. 4.

Soweit die Mängelanzeige erforderlich war, ist die Minderung nur bei einem **schuldhaften** Unterlassen der Mängelanzeige ausgeschlossen. Ein Verschulden liegt nicht vor, wenn eine für die Mängelanzeige zuständige Empfangsperson fehlt oder die Anzeige aus einem in der Person des Reisenden liegenden Grund (z.B. Krankheit) nicht erfolgen kann.[472]

Da es sich bei der Mängelanzeige um eine Entstehensvoraussetzung für die Minderung handelt und nicht lediglich um eine Obliegenheit, kommt bei verspäteter Anzeige eines nach wie vor bestehenden Mangels eine Minderung grundsätzlich erst ab dem Zeitpunkt der Anzeige in Betracht.[473]

Fall 7: Viva la Revolución

R bucht beim Reiseveranstalter V eine 14-tägige Erholungsreise nach Kuba. Am zehnten Tage begannen die „organisierten Angestellten" einen rechtmäßigen Streik. Die Betreuung der Gäste ist notdürftig: Mittags gibt es nur einen Gang, der verspätet serviert wird. Zum Abend ist lediglich ein kaltes Büfett angerichtet. Die Zimmer werden nicht gereinigt, die Betten nicht gemacht usw. R will wegen der Urlaubsbeeinträchtigung an den letzten vier Reisetagen einen Teil des Reisepreises zurückhaben. Steht R der geltend gemachte Anspruch zu?

265 R könnte gegen V einen Anspruch auf Rückzahlung eines Teils des Reisepreises wegen Minderung gemäß **§§ 346 Abs. 1, 638 Abs. 4, 651 d Abs. 1 S. 2** haben.

I. Da zwischen den Parteien ein wirksamer Reisevertrag bestand und die Reise infolge der unzulänglichen Hotelbetreuung mangelhaft war, liegt ein **Minderungsgrund** vor. Der Streik wirkt sich unmittelbar auf die Reiseleistung aus und zählt daher nicht zum allgemeinen Lebensrisiko des R.

II. R schuldet kraft Gesetzes nur den geminderten Reisepreis. Er kann den zu viel gezahlten Betrag zurückverlangen, es sei denn, die Minderung ist gemäß § 651 d Abs. 2 ausgeschlossen.

1. Das **Ausmaß der Minderung** ist nach **§§ 651 d Abs. 1 S. 1, 638 Abs. 3** zu bestimmen. Der Reisepreis ist danach in dem Verhältnis herabzusetzen, in dem zur Zeit des Vertragsschlusses der Wert der Gesamtreise ohne Mängel zu ihrem tatsächlichen Wert gestanden haben würde. Bei der Ermittlung des tatsächlichen Wertes sind insbesondere Art, Intensität und Dauer des Mangels zu berücksichtigen.[474]

   Danach dürfte es gerechtfertigt sein, von den Gesamtkosten der letzten vier Tage die Hälfte abzuziehen.

2. Der Minderungsanspruch ist gemäß **§ 651 d Abs. 2** ausgeschlossen, wenn R es schuldhaft unterlassen hat, den **Mangel anzuzeigen**.

   Die Mängelanzeige ist, obwohl gesetzlich nicht geregelt, in bestimmten Ausnahmefällen **entbehrlich**, nämlich dann, wenn die Notwendigkeit der Anzeige objek-

472 MünchKomm/Tonner § 651 d Rn. 13; Palandt/Sprau § 651 d Rn. 4.

473 BeckOK/Geib § 651d Rn. 4.

474 Palandt/Sprau § 651 d Rn. 6; MünchKomm/Tonner § 651 d Rn. 17 ff.; a.A. Tempel JuS 1984, 81, 85 f., der an die einzelne Reiseleistung anknüpft.

tiv entfällt. Das ist der Fall, wenn der Reiseveranstalter den Mangel kennt oder dem Mangel auch bei erfolgter Anzeige nicht abgeholfen worden wäre.[475]

Da nach den gesamten Umständen der Streik dem örtlichen Reiseleiter bekannt war, entfiel eine Anzeigepflicht.

3. Die Vorschrift des § 651 d Abs. 1 S. 2 verweist auf die **Rückabwicklungsregelung** des werkvertraglichen Minderungsrechts, § 638 Abs. 4. Hiernach hat der Reiseveranstalter, wenn der Reisende mehr als die geminderte Vergütung gezahlt hat, dem Reisenden den Mehrbetrag zu erstatten. Gemäß § 638 Abs. 4 S. 2 finden insoweit die Vorschriften über die Wirkungen des Rücktritts, **§ 346 Abs. 1** und § 347 Abs. 1, entsprechende Anwendung. Daher kann der Reisende, wenn er bereits vor der Reise den vollen Reisepreis bezahlt hatte, den aufgrund der Minderung zuviel gezahlten Betrag gemäß § 346 Abs. 1 zurückverlangen.

R kann den zuviel gezahlten Betrag aufgrund der Minderung gemäß **§§ 346 Abs. 1, 638 Abs. 4, 651 d Abs. 1 S. 2** zurückverlangen.

Hinweis: *Nach den ab 01.07.2018 geltenden* ***§§ 651 i Abs. 3 Nr. 6, 651 m Abs. 1 S. 1 n.F.*** *mindert sich der Reisepreis für die Dauer des Reisemangels. Für die Berechnung gilt § 651 m Abs. 1 S. 2 u. 3. Ein Rekurs auf Werkvertragsrecht findet insoweit nicht mehr statt. Für den Fall, dass der Reisende mehr als den geminderten Preis bezahlt hat, ergibt sich aus* ***§ 651 m Abs. 2 S. 1, S. 2 n.F.*** *i.V.m.* ***§ 346 Abs. 1*** *ein* ***Erstattungsanspruch****.*

Zu beachten ist indes, dass die sich aus der Minderung ergebenden Rechte ausgeschlossen sind, soweit der Reiseveranstalter infolge einer ***schuldhaft unterlassenen Anzeige des Reisemangels*** *gemäß § 651 o Abs. 1 n.F. nicht Abhilfe schaffen konnte, vgl.* ***§ 651 o Abs. 2 Nr. 1 n.F.***

Wie bereits nach bis zum 30.06.2018 geltender Rechtslage ist die Minderung im Reiserecht – anders im Kauf- und Werkrecht – ***kein Gestaltungsrecht****, muss also nicht erklärt werden.*

III. Schadensersatz

Der Reisende kann, wenn die Reise mangelhaft ist, unter den weiteren Voraussetzungen des **§ 651 f** Schadensersatz verlangen. Während der Anspruch gemäß § 651 f Abs. 1 auf Ersatz von Vermögensschäden gerichtet ist, erfasst der Anspruch aus § 651 f Abs. 2 Nichtvermögensschäden. **266**

1. Schadensersatz wegen Nichterfüllung

a) Anspruchsvoraussetzungen

Zunächst muss die Reise einen **Mangel i.S.d. § 651 c Abs. 1** haben. Auf die Erheblichkeit der Beeinträchtigung kommt es – im Gegensatz zu § 651 e – nicht an.[476]

475 MünchKomm/Tonner § 651 d Rn. 12.

476 Jauernig/Teichmann § 651 f Rn. 2.

Ob der Reisende den Reisemangel gegenüber dem Reiseveranstalter angezeigt oder fruchtlos Abhilfe verlangt haben muss, wird nicht einheitlich beurteilt.[477] Der Wortlaut des § 651 f Abs. 1 enthält eine solche Voraussetzung nicht. Danach wäre weder eine Anzeige noch ein Abhilfeverlangen des Reisenden notwendig.

Nach Ansicht des BGH stellt ein rechtzeitiges **Abhilfeverlangen** bzw. eine rechtzeitige **Mängelanzeige** am Reiseort aber eine selbstverständliche Anspruchsvoraussetzung dar, von der nur dann abgesehen werden kann, wenn dem Mangel nicht abzuhelfen war, der Schaden auch bei erforderlicher Abhilfe nicht vermieden werden konnte oder der Reisende das Unterlassen der Mängelanzeige nicht zu vertreten hat.[478]

Es ist als treuwidrig anzusehen, Mängel, die zu beheben sind, stillschweigend in Kauf zu nehmen, um nach der Rückkehr daraus Regressansprüche herleiten zu können. Deshalb ist nach dem BGH das Interesse des Reiseveranstalters an unverzüglicher Unterrichtung und Abhilfemöglichkeit unabhängig davon anzuerkennen, welche Rechte für den Reisenden sich aus dem Mangel ergeben können.

Erforderlich ist ferner ein **Vertretenmüssen** des Reiseveranstalters. Dies wird – wie bei § 280 Abs. 1 S. 2 – widerlegbar **vermutet**.[479] Für ein Verschulden seiner Erfüllungsgehilfen hat der Reiseveranstalter nach § 278 S. 1 einzustehen.[480] **Erfüllungsgehilfen** des Reiseveranstalters sind alle Personen, derer er sich bei der Reisevorbereitung, bei Vertragsschluss, Reiseantritt und bei der Erbringung der Reiseleistungen bedient.

Beispiele: Zu den Erfüllungsgehilfen zählen insbesondere der **Reiseleiter**, das **Reisebüro** und die einzelnen **Leistungsträger**. Auch das Personal der Leistungsträger gehört als Erfüllungsgehilfe der Erfüllungsgehilfen zum relevanten Personenkreis.

Ob der Reiseveranstalter einen **Streik** von Personen, die zur Durchführung der Reise eingeschaltet sind, zu vertreten hat, muss differenzierend beurteilt werden. Ein **Vertretenmüssen des Reiseveranstalters selbst** kann darin bestehen, dass er die mögliche rechtzeitige Information des Reisenden über den Streik versäumt hat, die diesen eventuell zum Nichtantritt der Reise veranlasst hätte, oder dass er zumutbare, zu beschaffende Ersatzlösungen nicht anbietet.

Beim **Streik der Erfüllungsgehilfen** wird in der Lit. danach differenziert, ob es sich um einen rechtmäßigen oder rechtswidrigen Streik handelt. Nur im Falle eines rechtswidrigen Streiks der Erfüllungsgehilfen liegt ein Verschulden dieser Personen vor und der Reiseveranstalter hat dafür nach § 278 einzustehen.[481]

b) Rechtsfolgen

Rechtsfolge des § 651 f Abs. 1 ist ein Schadensersatzanspruch des Reisenden. Dieser Anspruch umfasst an sich auch den **mangelbedingten Minderwert** der Reise. Da dieser Anspruch aber nicht neben der (automatischen) Minderung geltend gemacht werden kann, ist die eigentliche Bedeutung des Anspruches in dem Ersatz von Folgeschäden zu sehen.[482]

477 Vgl. zum Meinungsstand BeckOK/Geib § 651d Rn. 4.

478 So die Rspr. und ein Teil der Lit.: BGH, Urt. v. 20.09.1984 – VII ZR 325/82, NJW 1985, 132; Palandt/Sprau § 651 f Rn. 3.

479 Looschelders Rn. 749.

480 BGH, Urt. v. 18.11.1982 – VII ZR 25/82, NJW 1983, 448 f.; OLG Düsseldorf, Urt. v. 27.02.1992 – 18 U 173/91, NJW-RR 1992, 1330, 1331.

481 Str., vgl. Erman/Schmid § 651 f Rn. 6 m.w.N.

482 BeckOK/Geib § 651d Rn. 10.

Als Schäden kommen dabei sowohl **Eigentums- und Körperschäden** als auch reine **Vermögensschäden** in Betracht. Dazu zählen etwa:

- Aufwendungen für eine Selbsthilfe, z.B. Kosten für die Suche einer anderen Unterkunft, Taxikosten oder Telefonkosten,
- Behandlungskosten wegen einer erlittenen Körperverletzung,
- Kosten für die Reparatur beschädigter Kleidung,
- Kreditkartengebühren und Impfkosten, die aufgrund der vorzeitigen Beendigung der Reise nutzlos werden,
- Schmerzensgeld wegen eines Unfalls im Hotel (ein Anspruch aus § 651 f Abs. 1 i.V.m. § 253 Abs. 2 kann neben einen Anspruch aus § 651 Abs. 2 bestehen).

2. Schadensersatz wegen nutzlos aufgewendeter Urlaubszeit

a) Anspruchsvoraussetzungen

Der Anspruch aus **§ 651 f Abs. 2** gewährt dem Reisenden – als Ausnahme von § 253 Abs. 2 – den Ersatz eines **immateriellen Schadens**, nämlich wegen nutzlos aufgewendeter Urlaubszeit. Über die Voraussetzungen des § 651 f Abs. 1 hinaus ist als zusätzliches haftungsbegründendes Merkmal die Vereitelung der Reise oder eine erhebliche Beeinträchtigung der Reise erforderlich.[483]

- Eine **Vereitelung** der Reise liegt vor, wenn die Reise gar nicht angetreten werden kann oder gleich zu Anfang abgebrochen werden muss.[484]

  Beispiele: Der Reiseveranstalter macht eine ungenaue Haltestellenangabe, sodass der Reisende dadurch vom Busfahrer übersehen wird;[485] Nichtdurchführbarkeit des Fluges, weil dem Reisenden zu Unrecht untersagt wird, medizinische Hilfsmittel, auf die er angewiesen ist, auf dem Flug mitzunehmen.[486]

- Ob eine **erhebliche Beeinträchtigung** vorliegt, wird überwiegend in quantitativer Hinsicht ermittelt und soll dann vorliegen, wenn die jeweiligen Reisemängel zu einer Minderung von 50% berechtigen.[487] Kann die Reise in einen mangelbehafteten und in einen mangelfreien Teil aufgespalten werden, reicht es aus, wenn die Erheblichkeitsschwelle beim mangelbehafteten Teil erreicht wird.[488]

  Beispiel: Muss ein Urlaubstag allein für den Umzug in eine Ersatzunterkunft beansprucht werden, so ist dieser Urlaubstag „verdorben", und begründet einen Anspruch aus § 651 f Abs. 2, auch wenn ansonsten keine erheblichen Mängel vorliegen.[489]

Die **nutzlose Verwendung** von Urlaubszeit ist **kein zusätzliches anspruchsbegründendes Merkmal**, da mit der Vereitelung der Reise zugleich der haftungsausfüllende

483 BGH, Urt. v. 11.01.2005 – X ZR 118/03, NJW 2005, 1047, 1048.
484 BeckOK/Geib § 651d Rn. 13.
485 MünchKomm/Tonner § 651 f Rn. 48.
486 AG Köln, Urt. v. 10.06.2013 – 142 C 57/12, NJW-RR 2013, 1464, 1465.
487 Jauernig/Teichmann § 651 f Rn. 6.
488 MünchKomm/Tonner § 651 f Rn. 49.
489 MünchKomm/Tonner § 651 f Rn. 49.

Tatbestand der vertanen Urlaubszeit feststeht.[490] Deshalb ist es unerheblich, wie der Reisende die für die Reise vorgesehene Zeit verbracht hat, also ob ein Berufstätiger nach Abbruch der Reise seine Berufstätigkeit sofort wieder aufnimmt, sofort krank wird oder ob er bei einem anderen Reiseveranstalter eine Ersatzreise unternimmt.[491]

b) Rechtsfolgen

Als Rechtsfolge des Anspruchs aus § 651 f Abs. 2 kann der Reisende eine **angemessene Entschädigung in Geld** verlangen.

Die Berechnung des Schadensersatzanspruchs muss sich als **Bemessungsgrundlage** am **Reisepreis** und nicht etwa am Einkommen des Reisenden orientieren.[492] Demnach ist bei einem völlig „verdorbenen" Urlaub der volle Reisepreis als Entschädigung zu leisten.[493] Wenn die Reise nicht für die gesamte Dauer beeinträchtigt wurde, ist der auf den einzelnen Tag entfallende Reisepreis vom Gesamtreisepreis einschließlich der Beförderungskosten zu berechnen und sodann mit der Zahl der beeinträchtigten Tage zu multiplizieren.[494] Dabei ist auch der Grad der Beeinträchtigung maßgebend.[495]

3. Verhältnis zu deliktischen Schadensersatzansprüchen

267 Entsteht dem Reisenden infolge des Reisemangels ein Schaden an seinen Rechtsgütern, so haftet der Reiseveranstalter sowohl nach **§ 651 f als auch gemäß § 823**. Der deliktische Anspruch steht also neben dem Gewährleistungsanspruch.

Hinweis: *Der Anspruch aus § 823 besteht auch dann, wenn die Geltendmachung des Schadensersatzanspruchs aus § 651 f nach § 651 g Abs. 1 ausgeschlossen ist, gemäß § 651 g Abs. 2 Verjährung eingetreten ist[496] oder eine Haftungsbeschränkung gemäß § 651 h eingreift.*

Hat ein Leistungsträger die Rechtsgüter des Reisenden verletzt, haftet der Reiseveranstalter **nicht** gemäß **§ 831** für das Verhalten des Leistungsträgers, weil dieser nicht Verrichtungsgehilfe ist; es fehlt an der dafür erforderlichen Weisungsabhängigkeit.[497]

Doch kann der Reiseveranstalter unmittelbar aus § 823 Abs. 1 wegen **Verletzung einer Verkehrssicherungspflicht** haften, die ihn bei der Vorbereitung und Durchführung der von ihm veranstalteten Reisen trifft. Die Pflicht bezieht sich auf die Auswahl und Kontrolle der Leistungsträger und die Beschaffenheit der Vertragshotels. Die rechtlich gebotene Verkehrssicherung umfasst die Sicherheitsvorkehrungen, die ein verständiger, umsichtiger, vorsichtiger und gewissenhafter Reiseveranstalter für ausreichend halten darf, um die Reisenden vor Schäden zu bewahren, und die ihm den Umständen nach zumutbar sind.[498]

---

490 So grundlegend BGH, Urt. v. 11.01.2005 – X ZR 118/03, NJW 2005, 1047, 1048.
491 BeckOK/Geib § 651d Rn. 16.
492 BeckOK/Geib § 651d Rn. 19.
493 MünchKomm/Tonner § 651 f Rn. 62.
494 MünchKomm/Tonner § 651 f Rn. 62.
495 Looschelders Rn. 754.
496 Palandt/Sprau § 651 g Rn. 1, 4.
497 St.Rspr., vgl. etwa BGH, Urt. v. 12.06.2007 – X ZR 87/06, NJW 2007, 2549, 2550.
498 BGH, Urt. v. 12.06.2007 – X ZR 87/06, RÜ 2007, 521.

Der vertragliche Schadensersatzanspruch des Reisenden aus § 651 f hat zwar gegenüber der deliktischen Haftung die Vorteile, dass das Vertretenmüssen vermutet wird und dass das Verhalten des Leistungsträgers über § 278 S. 1 zugerechnet werden kann. Der Nachteil ist jedoch darin zu sehen, dass dieser Anspruch der einmonatigen Ausschlussfrist des § 651 g Abs. 1 unterliegt und diese Frist in der Praxis vom Reisenden häufig versäumt wird. 268

Um dem Reisenden über diese Beschränkung seines vertraglichen Anspruchs hinwegzuhelfen, hat die bisherige Rspr. des BGH den **Kreis der deliktischen Verkehrssicherungspflichten** des Reiseveranstalters, bei deren Verletzung er gemäß § 823 Abs. 1 haftet, **weit gezogen**.

Ausgangspunkt dieser Rspr. war das sog. „**Balkonsturz-Urteil**".[499] Hiernach ist der Reiseveranstalter verpflichtet, alle sicherheitsrelevanten Teile der Hotelanlage durch einen sachkundigen und **pflichtbewussten Beauftragten überprüfen zu lassen**. Insoweit genügt nach Ansicht des BGH eine solche Kontrolle zu Beginn jeder neuen Saison lediglich den Mindestanforderungen.

Das sog. „**Wasserrutschen-Urteil**"[500] wurde in der Lit. als weitere Ausdehnung der deliktischen Verkehrssicherungspflichten durch den BGH verstanden,[501] da nach dieser Entscheidung der Reiseveranstalter selbst für eine Anlage (hier: Wasserrutsche) haften sollte, die er weder im Reiseprospekt erwähnt noch für deren Vorhandensein er vertraglich einzustehen hatte. Die deliktische Haftung des Reiseveranstalters stützte sich allein darauf, dass sich die Wasserrutsche innerhalb der Hotelanlage befand, obwohl eine vertragliche Haftung schon deshalb nicht in Betracht kommen konnte, weil der Reiseveranstalter eine solche Wasserrutsche gar nicht vertraglich schuldete.

Im sog. „**Glasschiebetür-Urteil**"[502] folgerte der BGH eine deliktische Verkehrssicherungspflicht, für die Splitterfreiheit einer innerhalb eines Appartements vorhandenen Glasschiebetür zu sorgen, aus der vertraglichen Beschreibung im Reiseprospekt, dass die Anlage „kindergerecht" sei.[503]

Andere Entscheidungen des BGH zeigen jedoch, dass die Verkehrssicherungspflichten des Reiseveranstalters gleichwohl nicht uferlos sind. Das verdeutlicht etwa das sog. **Animateur-Urteil**. 269

Hintergrund: Ein Kind wurde durch einen Schuhwurf bei einem Animationsprogramm am Kopf getroffen, nachdem die Animateurin dem Kind die Frage gestellt hatte, „Wetten, dass es Deiner Mutter nicht gelingt, in zwei Minuten 60 Schuhe einzusammeln?" Daraufhin begannen die Teilnehmer, Schuhe auf die Bühne zu werfen. Der BGH lehnte eine deliktische Verkehrssicherungspflicht des Reiseveranstalters ab.[504]

Denn hiernach ist ein Reiseveranstalter, der einen Clubbetreiber sorgfältig ausgewählt hat, nicht verpflichtet, sich von diesem die geplanten Animationsspiele zur Genehmigung vorlegen zu lassen. Er muss sich auch nicht jedes neue Spiel bei der ersten Durchführung ansehen. Vielmehr ist **ausreichend, aber auch erforderlich**, dass er **stichprobenartig** das Animationsprogramm **überprüft**. Anlass einzuschreiten hat der Reisever-

---

499 BGH, Urteil vom 25.02.1988 – VII ZR 348/86, NJW 1988, 1380.

500 BGH, Urt. v. 18.07.2006 – X ZR 142/05, NJW 2006, 3268.

501 Vgl. Tonner NJW 2007, 2738, 2740 m.w.N.

502 BGH, Urt. v. 18.07.2006 – X ZR 44/04, NJW 2006, 2918.

503 Insoweit wurde dem BGH in der Literatur eine Verquickung vertraglicher und deliktischer Gesichtspunkte vorgeworfen, vgl. Tonner NJW 2007, 2738, 2740.

504 BGH, Urt. v. 12.06.2007 – X ZR 87/06, RÜ 2007, 521; Tonner NJW 2007, 2738, 2739.

anstalter daher nur, wenn bei diesen Stichprobenkontrollen die Gefährlichkeit des Spiels erkannt wird oder zumindest erkennbar ist.[505]

Fall 8: All Inclusive: Ausritt mit Austritt

A buchte beim Reiseveranstalter „Kellersman Reisen" (V) eine zweiwöchige Pauschalreise mit Flug und All-Inclusive-Aufenthalt im „Club Carpesol" auf der Insel Ibiza. In dem Reiseprospekt des V, in dem der Club beschrieben ist, werden dem Reisenden umfangreiche Sportmöglichkeiten angeboten, die vor Ort gegen Entgelt gebucht werden können. So wird etwa auch auf einen Reitstall mit zehn Pferden auf dem Clubgelände sowie auf Reitkurse und Reitausflüge hingewiesen.

Am zweiten Tag des Clubaufenthalts nahm A an einem zweistündigen Ausritt teil, den er beim „Club" gebucht und bezahlt hatte. Als das Pferd plötzlich nervös wurde, stieg A ab. Jedoch sprang das Pferd in diesem Moment in die Luft, versetzte dem A dabei einen Tritt und verletzte ihn dadurch schwer. Das Pferd hatte zuvor schon andere Reitkunden verletzt. Noch auf Ibiza wurde A im Krankenhaus operativ versorgt und nach drei Tagen nach Deutschland zurücktransportiert, wo er weitere zwei Wochen im Krankenhaus verbleiben musste.

Unmittelbar nach seiner Rückkehr verlangt A von V Ersatz seiner Behandlungskosten, Entschädigung für vertane Urlaubszeit sowie ein angemessenes Schmerzensgeld. V wendet ein, dass der Reitausflug nicht Gegenstand des Pauschalreisevertrags gewesen sei.

A. A könnte gegen V einen Anspruch auf Schadensersatz aus **§ 651 f Abs. 1** haben.

I. Dann müssten zunächst die Voraussetzungen des § 651 f Abs. 1 vorliegen.

270 1. Zwischen A und V ist ein **Reisevertrag** i.S.d. **§ 651 a** zustande gekommen. Fraglich ist, ob der Reitausflug Gegenstand des Pauschalreisevertrags war. Das ist aus der Sicht eines durchschnittlichen Reiseinteressenten zu beurteilen.[506] Da die Reitausflüge im Katalog beworben wurden, entstand der Eindruck, dass V als Veranstalter die Möglichkeit bietet, sich gegen ein weiteres Entgelt in diesen Sportarten zu betätigen. Das legt für den Reiseinteressenten nahe, dass die genannten Sportarten trotz gesonderter Buchung dem **Organisations- und Veranstaltungsbereich des V** unterfallen.

Mithin ist der Reitausflug Gegenstand des Reisevertrags geworden.

271 2. Außerdem müsste ein **Reisemangel** i.S.d. **§ 651 c Abs. 1** vorliegen. Da das dem A für den Reitausflug zur Verfügung gestellte Pferd für den Ausritt nicht geeignet war, weil es nervös wurde, ist die reisevertragliche Leistung des V fehlerhaft.

---

505 Vgl. BGH, Urt. v. 12.06.2007 – X ZR 87/06, RÜ 2007, 521; mit dieser die Verkehrssicherungspflichten des Reiseveranstalters einschränkenden Entscheidung kommt der BGH auch der Judikatur der instanzgerichtlichen Rspr. entgegen, die häufig deliktische Verkehrssicherungspflichten des Reiseveranstalters verneinte, vgl. die zahlreichen Nachweise bei Tonner NJW 2007, 2738, 2740 in Fn. 13, 15, 17 und 18.

506 Vgl. BGH, Urt. v. 12.01.2016 – X ZR 4/15, RÜ 2016, 414, 415.

3. Ob der Schadensersatzanspruch nach § 651 f Abs. 1 davon abhängig ist, dass der Reisende gegenüber dem Reiseveranstalter den **Mangel anzeigt** bzw. **fruchtlos Abhilfe verlangt** hat, ist umstritten. Allerdings ist nach allen Auffassungen eine Mängelanzeige bzw. ein Abhilfeverlangen entbehrlich, wenn der Schaden – wie hier – durch Abhilfe nicht mehr beseitigt werden kann. **272**

4. § 651 f Abs. 1 begründet eine **Haftung für vermutetes Vertretenmüssen.** **273** Fraglich ist, ob V den Entlastungsbeweis führen kann. Zumindest der Betreiber des Reitstalls hätte die fehlende Eignung und Zuverlässigkeit des Pferdes erkennen können. Es hatten sich nämlich bereits zuvor Reitunfälle ereignet, die auf das Verhalten des Pferdes zurückzuführen waren.

   Für das fahrlässige Verhalten des Betreibers des Reitstalls als von ihm eingeschalteten Leistungsträger ist V gemäß **§ 278 S. 1** verantwortlich. Der Betreiber ist als Erfüllungsgehilfe des V tätig geworden, sodass sich V dessen Verschulden zurechnen lassen muss. V kann sich demnach nicht exkulpieren.

5. Der **Umfang des Anspruchs** aus § 651 f Abs. 1 erfasst alle Schäden einschließlich der Mangelfolgeschäden.

   a) Der gesamte, dem A infolge der Gesundheits- und Körperverletzung entstandene Vermögensschaden, insbesondere dessen **Heilbehandlungskosten**, sind ihm zu ersetzen.

   b) Da eine Körper- und Gesundheitsverletzung vorliegt, ist gemäß **§ 253 Abs. 2 Schmerzensgeld** zu leisten.

II. Der Anspruch ist auch **nicht nach § 651 g Abs. 1 erloschen**, da A unmittelbar nach seiner Rückkehr die Ansprüche geltend gemacht hat. **274**

III. Der Anspruch ist zudem **durchsetzbar**, denn er verjährt gemäß **§ 651 g Abs. 2 S. 1** in zwei Jahren, wobei die Frist gemäß § 651 g Abs. 2 S. 2 mit dem vertraglich vorgesehenen Reiseende zu laufen beginnt, d h. der hierfür bestimmte Tag zählt für die Berechnung nicht mit, § 187 Abs. 1.

B. Außerdem könnte A gegen V einen Anspruch auf angemessene **Entschädigung für vertane Urlaubszeit** gemäß **§ 651 f Abs. 2** haben.

I. Dazu muss über die Voraussetzungen des § 651 f Abs. 1 hinaus, eine Vereitelung oder erhebliche Beeinträchtigung der Reise vorliegen. Die **Reise des A** ist **vereitelt** worden, da er sogleich zu Beginn die Reise abbrechen und wieder nach Hause zurücktransportiert werden musste.

II. Dass **Urlaubszeit nutzlos aufgewendet** worden ist, steht mit der Vereitelung der Reise zugleich fest.

III. Hinsichtlich der **Höhe des Anspruchs** kommt es nicht auf das Arbeitseinkommen des Reisenden an. Zentrale Kriterien sind der Reisepreis sowie das Ausmaß der Beeinträchtigung.

   A hat gegen V einen Anspruch auf angemessene Entschädigung für vertane Urlaubszeit gemäß § 651 f Abs. 2.

C. A könnte gegen V ferner ein deliktischer Anspruch auf Schadensersatz aus den **§§ 823 ff**. zustehen.

275 I. Ein Anspruch aus **§ 831** scheidet aus. Der Leistungsträger des Reiseveranstalters ist nämlich nicht dessen Verrichtungsgehilfe, weil es an der dafür erforderlichen Abhängigkeit und Weisungsgebundenheit fehlt.

276 II. V könnte aber nach **§ 823 Abs. 1** ersatzpflichtig sein.

1. Dann müssten die Voraussetzungen vorliegen.

a) A ist an seinem **Körper** bzw. seiner **Gesundheit verletzt** worden.

b) Die Rechtsgutverletzung müsste durch ein dem **V zurechenbares Verhalten erfolgt sein**.

277 Da ein aktives Tun des V nicht zur Rechtsgutverletzung geführt hat, kommt vorliegend eine **Verletzung einer Verkehrssicherungspflicht** als Anknüpfungspunkt für ein Unterlassen des V in Betracht.

aa) Indem der Reiseveranstalter eine fremde Reiseleistung als eigene anbietet, eröffnet er im Rahmen seiner Gewerbeausübung eine **Gefahrenquelle für Dritte**. Das verpflichtet ihn, die Sicherungsvorkehrungen zu treffen, die erforderlich und ihm zumutbar sind, um einen Kunden vor Schäden zu bewahren, die bei der Vorbereitung und Durchführung der von ihm veranstalteten Reise entstehen können.[507]

bb) Dabei erstreckt sich die Überwachungsverpflichtung auch auf die Sicherheit der Einrichtung eines Leistungsträgers vor Ort, die durch Buchung bei dem Leistungsträger genutzt werden kann, wenn der Veranstalter durch die **Gestaltung seines Prospekts** bei dem Reisekunden den Eindruck erweckt hat, dass er für die Qualität auch dieser Einrichtung sorgen werde. Dieser Verkehrssicherungspflicht ist V vorliegend nicht nachgekommen.

Somit beruht die Körper- bzw. die Gesundheitsverletzung des A auf einem zurechenbaren Verhalten des V.

c) **Rechtswidrigkeit** und **Verschulden** sind gegeben.

278 d) V ist folglich nach § 823 Abs. 1 verpflichtet, dem A den infolge der Körper- und Gesundheitsverletzung entstandenen **Vermögensschaden** zu ersetzen sowie ein **angemessenes Schmerzensgeld** (§ 253 Abs. 2) zu zahlen.

Einen **Ersatz für nutzlos aufgewendete Urlaubszeit** erhält der A allerdings gemäß § 823 Abs. 1 **nicht**, da dies außerhalb des Schutzzwecks der Norm liegt. Im Bereich der unerlaubten Handlung wird der vereitelte Urlaub nämlich nicht als ersatzfähiger Vermögenswert angesehen.[508] § 651 f

---

507 BGH, Urt. v. 25.02.1988 – VII ZR 348/86, BGHZ 103, 298, 305.

508 MünchKomm/Tonner § 651 f Rn. 59; a.A. OLG Düsseldorf, Urt. v. 26.01.1996 – 22 U 161/95, NJW-RR 1996, 820.

Abs. 2 gilt – anders als § 253 Abs. 2 – nur für den vertraglichen Schadensersatzanspruch.

2. Der Anspruch ist **weder erloschen** noch gehemmt. Er verjährt gemäß **§ 195**. Die Frist ist vorliegend noch nicht abgelaufen.

   Mithin ergibt sich ein Anspruch des A gegen V auf Ersatz der Vermögensschäden sowie auf Zahlung eines angemessenen Schmerzensgelds auch aus § 823 Abs. 1.

Hinweis: *Ab dem 01.07.2018 ergibt sich der* ***Schadensersatzanspruch*** *des Reisenden aus den* ***§§ 651 i Abs. 3 Nr. 7, 651 n n.F.*** *Danach kann der Reisende unbeschadet der Minderung oder der Kündigung „Schadensersatz" verlangen. Dies gilt gemäß § 651 n Abs. 1 Hs. 2 n.F. nicht, wenn der Reisemangel vom Reisenden verschuldet ist (Nr. 1) oder von einem Dritten verschuldet ist, der weder Leistungsträger ist noch in anderer Weise an der Erbringung der von dem Pauschalreisevertrag umfassten Reiseleistungen beteiligt ist, und für den Reiseveranstalter nicht vorhersehbar oder nicht vermeidbar war (Nr. 2) oder der Reisemangel durch unvermeidbare, außergewöhnliche Umstände verursacht wurde (Nr. 3).*

Das neue Recht behält mithin die schon bislang bei § 651 f Abs. 1 geltende Systematik eines ***verschuldensabhängigen Anspruchs mit Beweislastumkehr*** *bei. Außerdem wird mit der Neuregelung der bisherige Begriff des „Schadensersatzes wegen Nichterfüllung" durch den Begriff des „Schadensersatzes" ersetzt, der – wie im Mietrecht (vgl. § 536a Abs. 1) – entsprechend der bisherigen Rechtslage sowohl* ***Mangel- als auch Mangelfolgeschäden*** *erfasst.*[509]

Ferner kann der Reisende gemäß ***§ 651 n Abs. 2 n.F.*** *auch wegen* ***nutzlos aufgewendeter Urlaubszeit*** *eine angemessene Entschädigung in Geld verlangen, wenn die Pauschalreise vereitelt oder erheblich beeinträchtigt wird. Dieser Anspruch auf Ersatz eines* ***immateriellen Schadens*** *– als Ausnahme von § 253 Abs. 2 – entspricht der bis zum 30.06.2018 geltenden Rechtslage, vgl. § 651 f Abs. 2 a.F.*

Schließlich ist zu beachten, dass gemäß ***§ 651 o Abs. 2 Nr. 2 n.F*** *der Schadensersatzanspruch – und auch der Ersatz vergeblicher Aufwendungen (arg.ex.: „anstelle" des Schadensersatzes statt der Leistung i.S.d. § 284)* ***ausgeschlossen*** *sind, soweit der Reiseveranstalter infolge einer* ***schuldhaft unterlassenen Anzeige des Reisemangels*** *gemäß § 651 o Abs. 1 n.F. nicht Abhilfe schaffen konnte. Das entspricht der h.M. zum bisherigen Recht (vgl. oben), die diese Voraussetzung verlangt hatte, obgleich dies im Wortlaut des § 651 f Abs. 1 a.F. bislang nicht ausdrücklich vorgesehen war.*

IV. Kündigung

Schließlich kann der Reisende wegen eines Mangels i.S.d. § 651 c Abs. 1 unter den Voraussetzungen des **§ 651 e** den Reisevertrag kündigen.

509 BT-Drs. 18/10822, S. 83

1. Kündigungsgrund

279 Der Mangel muss zu einer **erheblichen** Beeinträchtigung der Reise geführt haben (§ 651 e Abs. 1 S. 1) oder die Reise darf infolge eines solchen Mangels aus wichtigem, dem Reiseveranstalter erkennbaren Grund dem Reisenden nicht zumutbar sein (§ 651 e Abs. 1 S. 2).

Die **Erheblichkeit** der Beeinträchtigung beurteilt sich nach einer **Gesamtwürdigung** der konkreten Ausgestaltung der Reise sowie nach Art und Dauer der Beeinträchtigung aus der Sicht eines normalen Durchschnittsreisenden. Zum Teil wird die Erheblichkeit bejaht, wenn sich eine Minderung von 50% ergibt, zum Teil wird sie bereits bei einer geringeren Minderung angenommen.[510]

Beispiel: Die Verkürzung einer Wochenreise um einen Tag reicht nicht aus.[511]

2. Kündigungserklärung

280 Die **Kündigungserklärung** kann sowohl ausdrücklich als auch konkludent, z.B. durch die Rückreise noch am Ankunftstag, erfolgen.[512]

Zudem muss die Kündigungserklärung rechtzeitig erfolgen. Der Reisende verhält sich rechtsmissbräuchlich und verliert sein Kündigungsrecht aus § 651 e, wenn er die Mängel eine längere Zeit hinnimmt und dann erst kündigt.[513]

3. Rechtsfolgen der Kündigung

281 Der Reiseveranstalter **verliert** seinen **Anspruch auf den Reisepreis** (§ 651 e Abs. 3 S. 1). Er kann jedoch für die bereits erbrachten oder bis zur Beendigung der Reise noch zu erbringenden Leistungen eine nach § 638 Abs. 3 zu bemessende Entschädigung verlangen. Dieser **Entschädigungsanspruch** entfällt, soweit diese Leistungen infolge der Aufhebung des Vertrags für den Reisenden kein Interesse haben (§ 651 e Abs. 3 S. 2 u. 3).

Für den Fall, dass der Reisende bereits mehr bezahlt hat, als dem Reiseveranstalter nach § 651 e Abs. 3 S. 2 i.V.m. § 638 Abs. 3 zusteht, hat er einen **Rückforderungsanspruch unmittelbar aus § 651 e** (§ 638 Abs. 4 analog) und aus dem aus der Kündigung resultierenden Abwicklungsverhältnis.[514]

Der Reiseveranstalter muss dafür Sorge tragen, dass der Reisende zum Ausgangspunkt der Reise zurückbefördert wird. Die dadurch entstehenden **Mehrkosten** fallen dem **Reiseveranstalter** zur Last (§ 651 e Abs. 4).[515]

4. Verhältnis zur Kündigung gemäß § 651 j

282 Wurde der Reisemangel durch höhere Gewalt hervorgerufen, ist § 651 j **lex specialis**. Dies ergibt sich aus dem Wortlaut der Vorschrift „so können sowohl der Reiseveranstalter als auch der Reisende den Vertrag **allein** nach Maßgabe dieser Vorschrift kündigen."

---

510 Palandt/Sprau § 651 e Rn. 2 m.w.N.

511 Palandt/Sprau § 651 e Rn. 2.

512 OLG Düsseldorf, Urt. v. 12.06.1997 – 18 U 170/96, NJW-RR 1998, 52.

513 OLG Düsseldorf, Urt. v. 12.06.1997 – 18 U 170/96, NJW-RR 1998, 52.

514 MünchKomm/Tonner § 651 e Rn. 15.

515 Looschelders Rn. 748.

Hinweis: *Gemäß* ***§§ 651 i Abs. 3 Nr. 5, 651 l n.F.*** *kann der Reisende kündigen, wenn die Pauschalreise durch einen Reisemangel erheblich beeinträchtigt wird. Die bisherige Sonderregelung (**§ 651 j a.F.**) der Kündigung, wenn höhere Gewalt vorliegt,* ***entfällt*** *ab dem 01.07.2018. Kündigungsvoraussetzung ist gemäß § 651 l Abs. 1 S. 2 Hs. 1 n.F. grundsätzlich das erfolglose* ***Setzen einer Frist zur Abhilfe****, welche jedoch gemäß § 651 l Abs. 1 S. 2 Hs. 2 n.F. i.V.m. § 651k Abs. 2 S. 2 n.F. entbehrlich ist, wenn der Reiseveranstalter die Abhilfe verweigert oder sofortige Abhilfe notwendig ist.*

Anders als nach bis zum 30.06.2018 geltenden Recht *besteht gemäß* ***§ 651l Abs. 2 S. 1 Hs. 1 n.F.*** *nach der Kündigung der Anspruch des Reiseveranstalters hinsichtlich der erbrachten und gemäß Abs. 3 noch zu erbringenden Reiseleistungen fort. Der Reisende kann jedoch seinerseits eine Preisminderung, Schadensersatz oder Ersatz vergeblicher Aufwendungen geltend machen, vgl. § 651 l Abs. 2 S. 1 Hs. 2 i.V.m. § 651 i Abs. 3 Nr. 6 u. 7 n.F. Hinsichtlich nicht zu erbringender Reiseleistungen hingegen entfällt der Anspruch des Reiseveranstalters auf den vereinbarten Reisepreis, insoweit bereits erbrachte Zahlungen sind dem Reisenden zu erstatten, § 651 l Abs. 2 S. 2 n.F.*

In **§ 651 l Abs. 3 S. 1 n.F.** ist bestimmt, dass der Reiseveranstalter verpflichtet ist, die infolge der Aufhebung des Vertrages notwendigen Maßnahmen zu treffen, insbesondere, falls der Vertrag die Rückbeförderung umfasste, unverzüglich für die Rückbeförderung zu sorgen. Die Mehrkosten für die Rückbeförderung fallen gemäß S. 2 dem Reiseveranstalter zur Last. Anders als bisher in § 651c Abs. 4 S. 2 a.F. werden demnach von § 651 l Abs. 3 S. 2 n.F. „andere Mehrkosten" nicht erfasst – diese können jedoch nach § 651 n n.F. ersatzfähig sein.[516]

V. Verhältnis der Mängelansprüche zueinander

Der Schadensersatzanspruch kann neben dem Aufwendungsersatzanspruch, der Minderung und der Kündigung geltend gemacht werden, § 651 f Abs. 1. **283**

Vom Zeitpunkt einer wirksamen Kündigung an kann keine Minderung mehr geltend gemacht werden, weil mit der Kündigung der Vergütungsanspruch erlischt.

Das Kündigungsrecht aus § 651 e wird nicht durch das Rücktrittsrecht aus § 651 a Abs. 5 S. 2 verdrängt.[517]

C. Ausschluss und Verjährung

§ 651 g enthält für die Ansprüche des Reisenden aus den §§ 651 c bis f sowohl eine Ausschlussfrist als auch eine Regelung zur Verjährung der Ansprüche.

I. Ausschlussfrist

Gemäß **§ 651 g Abs. 1 S. 1** muss der Reisende innerhalb eines Monats nach der vertraglich vorgesehenen Beendigung der Reise seine Ansprüche gegen den Reiseveranstalter geltend machen. Sinn und Zweck der Ausschlussfrist ist es, dem Reiseveranstalter zu er- **284**

---

516 BT-Drs. 18/10822, S. 83.

517 Palandt/Sprau § 651 a Rn. 24.

möglichen, den Sachverhalt aufzuklären und Regressansprüche gegen die Leistungsträger zu sichern. Hieraus ergibt sich, dass das **Abhilfeverlangen nach § 651 c Abs. 2** insoweit grundsätzlich **nicht ausreicht**, weil damit ein anderer Zweck verfolgt wird, nämlich dem Reiseveranstalter die Möglichkeit zu geben, vorhandene Mängel abzustellen.[518]

Daher genügt auch die Mängelanzeige gegenüber der örtlichen Reiseleitung grundsätzlich nicht.[519] Nach Ablauf der Ausschlussfrist **erlöschen die Gewährleistungsrechte** des Reisenden (sog. materielle Präklusion). Es entsteht nach h.M. keine Einrede wie bei der Verjährung.[520] Die Ausschlussfrist ist deshalb von Amts wegen zu beachten.[521] Wegen ihres Ausnahmecharakters wirkt sich die Ausschlussfrist nur auf die Gewährleistungsrechte aus. Schadensersatzansprüche anderer Art bleiben davon unberührt.[522]

1. Anwendungsbereich

285 Die Ausschlussfrist des § 651 g Abs. 1 ist **über ihren Wortlaut hinaus** auf alle Ansprüche anzuwenden, die ihre Grundlage im Reisevertragsrecht haben. Daher wird die Anwendbarkeit auf den **Rückzahlungsanspruch bei Kündigung** nach **§ 651 e** oder **§ 651 j** bejaht,[523] nach umstrittener Ansicht auch auf den Rückzahlungsanspruch aus **§ 651 i**.[524] Hingegen gilt die Ausschlussfrist des § 651 g Abs. 1 **nicht** bei – wegen des sog. weiten Mangelbegriffs praktisch jedoch kaum bedeutsamen – sonstigen Ansprüchen, die sich nicht wegen eines Mangels aus dem Gewährleistungsrecht ergeben, z.B. nach §§ 280 Abs. 1, 241 Abs. 2 oder §§ 280 Abs. 1, 311 Abs. 2, 241 Abs. 2.[525]

286 Außerdem findet § 651 g Abs. 1 wegen seines Ausnahmecharakters **keine Anwendung** auf **deliktische Schadensersatzansprüche** des Reisenden, da der deliktische Anspruch neben dem Gewährleistungsanspruch steht.[526] Allerdings kann die Regelung des § 651 g Abs. 1 individualvertraglich auf den deliktischen Schadensersatzanspruch erstreckt werden. Eine entsprechende Regelung in den AGB des Reiseveranstalters, die den Ausschluss auf „alle Ansprüche" erstreckt, verstößt indes gegen § 307 Abs. 1 und ist daher unwirksam.[527]

2. Geltendmachung der Mängelansprüche

287 Die Geltendmachung der Mängelansprüche ist eine Erklärung des Reisenden i.S.e. geschäftsähnlichen Handlung.[528] Eine **besondere Form** für die Geltendmachung ist **nicht vorgesehen**, eine Schriftformklausel des Reiseveranstalters ist wegen § 651 m S. 1 unwirksam.[529]

---

518 Palandt/Sprau § 651 g Rn. 2 a.
519 OLG Frankfurt OLG-Report 1999, 369.
520 Palandt/Sprau § 651 g Rn. 3 und zum Unterschied zu Verjährungsfristen Palandt/Ellenberger Überbl v § 194 Rn. 13.
521 Looschelders Rn. 755.
522 Palandt/Sprau § 651 g Rn. 1.
523 Palandt/Sprau § 651 g Rn. 1; Erman/Seiler § 651 g Rn. 1.
524 A.A.: Palandt/Sprau § 651 g Rn. 1 u. § 651 i Rn. 1 m.w.N.
525 MünchKomm/Tonner § 651 g Rn. 3.
526 Grundlegend: BGH, Urt. v. 03.06.2004 – X ZR 28/03, NJW 2004, 2965, 2966; Palandt/Sprau § 651 g Rn. 1.
527 BGH, Urt. v. 03.06.2004 – X ZR 28/03, NJW 2004, 2965; BeckOK/Geib § 651 g Rn. 3.
528 Looschelders Rn. 756.
529 BeckOK/Geib § 651 g Rn. 8.

Durch **§ 651 g Abs. 1 S. 2** ist gesetzlich bestimmt, dass bei der Geltendmachung der Ansprüche gemäß § 651 g Abs. 1 S. 1 die Regelung des **§ 174 nicht anwendbar** ist. Das bedeutet, dass bei der Geltendmachung der Ansprüche durch einen Vertreter nicht die Urschrift oder Ausfertigung der Vollmachtsurkunde vorgelegt werden muss.

Aus dem Inhalt der Erklärung muss sich aber **eindeutig** ergeben, dass der Reisende wegen bestimmter Mängel Ansprüche geltend macht. Die Mängel müssen so konkret bezeichnet werden, dass der Reiseveranstalter deren Vorliegen überprüfen kann.[530] Eine nähere rechtliche Einordnung oder genaue Bezifferung der Ansprüche ist hingegen nicht erforderlich.[531]

a) Bezugnahme auf Mängelrüge während der Reise

Dem Erfordernis des § 651 g Abs. 1 wird auch dadurch genügt, dass der Reisende die Mängel gegenüber einem **Vertreter des Reiseveranstalters am Urlaubsort** im Einzelnen rügt und gegenüber dem Reiseveranstalter innerhalb der Ausschlussfrist **unter Hinweis auf diese Rüge seine Ansprüche geltend macht**. Das ergibt sich daraus, dass der Reiseveranstalter sich regelmäßig ohnehin an die vor Ort tätigen Personen wenden muss, um die Richtigkeit der Behauptungen des Reisenden zu überprüfen. Dem Aufklärungsinteresse des Reiseveranstalters wird durch konkrete Mängelbeschreibung am Urlaubsort bereits hinreichend Rechnung getragen.[532] 288

b) Geltendmachung während der Reise

Fraglich ist, ob der Reisende, der bereits **während der Reise** Ansprüche gegen den Reiseveranstalter geltend gemacht hat, dies **nach** der vertraglich vorgesehenen Beendigung der **Reise wiederholen** muss. 289

- Zum Teil wird das Erfordernis einer Doppelanmeldung bejaht, da nicht ausgeschlossen sei, dass der Reisende bei ruhiger Abwägung nach der Rückkehr von der Reise die Mängel als nicht mehr so schwerwiegend empfinden und daher von einer Klage absehen könne.[533]
- Der BGH[534] wendet sich indes gegen das Erfordernis der Doppelanmeldung, weil es eine **unnütze Förmelei** sei; die Bestimmung „innerhalb eines Monats nach der vertraglich vorgesehenen Beendigung der Reise" gebe nur den Zeitpunkt an, bis zu dem der Reisende seinen Anspruch spätestens angemeldet haben müsse. Ein schutzwürdiges Interesse des Reiseveranstalters, nach vertraglich vorgesehener Beendigung der Reise erneut von der Geltendmachung in Kenntnis gesetzt zu werden, bestehe indes nicht.[535]

  Entscheidend ist jedoch nach Ansicht des BGH, dass der Reisende **eindeutig und vorbehaltlos unter Hinweis auf bestimmte Reisemängel** dem Reiseveranstalter mitteilt, dass er nach seiner Rückkehr Ansprüche gegen ihn geltend machen werde.

530 LG Frankfurt a.M., Urt. v. 08.12.2000 – 2/21 O 189/00, NJW-RR 2001, 1497.
531 BGH, Urt. v. 11.01.2005 – X ZR 163/02, NJW 2005, 1420.
532 Vgl. MünchKomm/Tonner § 651 g Rn. 20.
533 LG Frankfurt a.M., Urt. v. 23.08.1993 – 2/24 S 394/92, NJW-RR 1993, 1330, 1331; Blaurock/Wagner Jura 1985, 169.
534 BGH, Urt. v. 22.10.1987 – VIII ZR 5/87, NJW 1988, 488; BGHZ 195, 343; zustimmend MünchKomm/Tonner § 651 g Rn. 19.
535 So auch Palandt/Sprau § 651 g Rn. 2 a.

c) Geltendmachung durch den Sozialversicherungsträger

290 Soweit ein Schadensersatzanspruch nach § 651 f Abs. 1 auf den Ersatz unfallbedingter Heilbehandlungskosten gerichtet ist und daher gemäß § 116 Abs. 1 S. 1 SGB X schon im Zeitpunkt des Unfalls auf den Sozialversicherungsträger übergeht, obliegt dem Sozialversicherungsträger die rechtzeitige Anmeldung des Anspruchs gemäß § 651 g Abs. 1.[536] Die Ausschlussfrist beginnt **auch für den Sozialversicherungsträger** mit der **vertraglich vorgesehenen Beendigung der Reise** zu laufen, nicht erst mit seiner Kenntnis von Schädigung und Ersatzpflicht.

d) Geltendmachung gegenüber dem vermittelnden Reisebüro

291 Erfolgt die Anmeldung der Ansprüche bei dem vermittelnden **Reisebüro**, so ist dies ausreichend. Denn nach überwiegender Auffassung übt das Reisebüro, das von einem Reiseveranstalter ständig mit der Vermittlung von Vertragsschlüssen betraut ist, Handelsvertretertätigkeit i.S.d. §§ 84 ff. HGB aus. Danach gilt das Reisebüro gemäß § 91 Abs. 2 S. 1 HGB als ermächtigt, Erklärungen nach § 651 g Abs. 1 entgegenzunehmen.[537]

Hinweis: *Das Reisebüro ist hingegen nicht Empfangsvertreter für das Abhilfeverlangen am Urlaubsort. Denn das Abhilfeverlangen soll dem Reiseveranstalter ermöglichen, vorhandene Mängel abzustellen. Daher muss dieses Verlangen sobald als möglich beim Reiseveranstalter selbst oder dessen Vertreter vor Ort angebracht werden.*[538]

3. Schuldloser Ablauf der Ausschlussfrist

292 Der Reisende kann **ausnahmsweise** auch nach Ablauf der Ausschlussfrist, deren Beginn und Ende nach §§ 187 Abs. 1, 188 Abs. 2 zu bestimmen sind, die Gewährleistungsrechte noch geltend machen, wenn er die Frist **schuldlos versäumt** hat, **§ 651 g Abs. 1 S. 3**.

Beispiele: Längere schwere Krankheit; Poststreik; Umzug des Reiseveranstalters; Autounfall auf der Fahrt zum Rückflug mit der Folge einer 80%igen Arbeitsunfähigkeit.

Wenn der Reiseveranstalter seine **Pflicht zum Hinweis** auf die Ausschlussfrist des § 651 g Abs. 1 nicht erfüllt hat, besteht eine **widerlegbare Vermutung** dafür, dass die Fristversäumung entschuldigt ist.[539]

Gemäß **§ 6 Abs. 2 Nr. 8 BGB-InfoV** und § 651 a Abs. 3 S. 2 muss die Reisebestätigung, die der Reiseveranstalter dem Reisenden bei oder unverzüglich nach Vertragsschluss auszuhändigen hat (vgl. § 6 Abs. 1 BGB-InfoV), unter anderem Angaben über die nach § 651 g Abs. 1 einzuhaltenden Fristen enthalten.

Gemäß **§ 6 Abs. 4 BGB-InfoV** kann der Reiseveranstalter seine Verpflichtungen nach § 6 Abs. 2 BGB-InfoV auch dadurch erfüllen, dass er auf die in einem von ihm herausgegebenen und dem Reisenden zur Verfügung gestellten Prospekt enthaltenen Angaben verweist, die den Anforderungen nach § 6 Abs. 2 BGB-InfoV entsprechen. Der BGH stellt insoweit klar, dass hierfür ein allgemeiner Hinweis auf die AGB des Reiseveranstalters in der Reisebestätigung nicht ausreicht, vielmehr muss zumindest ein Hinweis auf die Existenz von Ausschlussfristen und auf deren Fundstelle im Prospekt enthalten sein. Darüber hinaus ist zumindest bei einer Buchung im Reisebüro auch Voraussetzung, dass der Reiseveranstalter dem Reisenden den Prospekt ausgehändigt hat.[540]

---

536 BGH, Urt. v. 22.06.2004 – X ZR 171/03, RÜ 2005, 575, 576.

537 Palandt/Sprau § 651 g Rn. 2.

538 Palandt/Sprau § 651 c Rn. 4, § 651 d Rn. 4.

539 BGH, Urt. v. 12.06.2007 – X ZR 87/06, RÜ 2007, 521.

540 BGH, Urt. v. 12.06.2007 – X ZR 87/06, RÜ 2007, 521.

Die Versäumung der Ausschlussfrist des § 651 g Abs. 1 ist auch entschuldigt, soweit der Reisende **gesundheitliche Spätschäden** geltend macht, die für ihn persönlich bis zum Fristablauf nicht vorhersehbar waren,[541] d.h. Schäden, die sich erst nach Fristende zeigen. Nach Ansicht des BGH ist die Gefahr einer verspäteten Anspruchsanmeldung nur bei Kenntnis oder Erkennbarkeit des Schadensersatzanspruchs vorhersehbar. Unkenntnis des anspruchsbegründenden Schadens ist daher ein Entschuldigungsgrund.[542] 293

Nach dem Wegfall des Hindernisses muss der Anspruchsberechtigte die Geltendmachung seines Anspruchs **unverzüglich** (§ 121 Abs. 1 S. 1) **nachholen**, um seine Ansprüche nicht doch zu verlieren.[543]

II. Verjährung der Gewährleistungsrechte gemäß § 651 g Abs. 2

Die Ansprüche des Reisenden aus den §§ 651 c bis f verjähren gemäß § 651 g Abs. 2 S. 1 in **zwei Jahren**, wobei die Frist gemäß § 651 g Abs. 2 S. 2 mit dem vertraglich vorgesehenen Reiseende zu laufen beginnt. Dies gilt auch dann, wenn die Reise nicht angetreten oder vorzeitig beendet wird. 294

Erfasst sind zudem auch die Rückzahlungsansprüche aus den §§ 651 e, 651 j und 651 i (letzteres str., vgl. oben Rn. 285).

§ 651 g Abs. 2 enthält – anders als etwa die §§ 438 Abs. 3, 634 a Abs. 3 – keine Ausnahmeregelung für den Fall der **Arglist** des Reiseveranstalters. Da für eine besondere Privilegierung des Reiseveranstalters insoweit kein sachlicher Grund besteht, handelt es sich dabei um eine Regelungslücke, die durch einen Rekurs auf den Rechtsgedanken des § 634 a Abs. 3 zu schließen ist. Bei arglistigem Verhalten des Reiseveranstalters gilt deshalb die regelmäßige **dreijährige Verjährungsfrist** des § 195.[544]

Hinweis: *Gemäß § 651 j n.F., der zum 01.07.2018 in Kraft tritt,* ***verjähren*** *die in* ***§ 651 i Abs. 3 n.F.*** *genannten Ansprüche des Reisenden wie bisher in 2 Jahren ab dem vertraglich vorgesehenen Reiseende. Zu beachten ist jedoch, dass die bisher in § 651 g Abs. 1 vorgesehene einmonatige* ***Ausschlussfrist*** *künftig* ***entfällt****.*

5. Abschnitt: Weitere Regelungsgegenstände

A. Rückabwicklung des Reisevertrags infolge höherer Gewalt

Wird die Reise infolge bei Vertragsschluss nicht voraussehbarer höherer Gewalt erheblich erschwert, gefährdet oder beeinträchtigt, so können die Vertragspartner – der Reiseveranstalter und der Reisende – den Vertrag kündigen (**§ 651 j Abs. 1**). 295

Höhere Gewalt ist ein **von außen kommendes**, keinen betrieblichen Zusammenhang aufweisendes, auch durch die äußerste, vernünftigerweise zu erwartende Sorgfalt **nicht abwendbares Ereignis**.[545]

541 BGH, Urt. v. 12.06.2007 – X ZR 87/06, RÜ 2007, 521.

542 BGH, Urt. v. 12.06.2007 – X ZR 87/06, RÜ 2007, 521.

543 Palandt/Sprau § 651 g Rn. 3.

544 Führich NJW 2002, 1082, 1083; einschränkend Tempel NJW 2000, 3677, 3684.

545 BGH, Urt. v. 12.03.1987 – VII ZR 172/86, NJW 1987, 1938, 1939.

Beispiel: Der Reisende kann den Reisevertrag über eine Kreuzfahrt nach § 651 j kündigen, sofern er den Ausgangshafen nicht rechtzeitig erreichen kann, weil der Flug dorthin wegen eines Vulkanausbruchs auf Island annulliert worden war.[546]

Weitere Beispiele für höhere Gewalt: Krieg[547] oder Kriegsgefahren; Reaktorunfall und Epidemien.

Die **Rechtsfolgen** einer Kündigung gemäß § 651 j sind:

- Der Reiseveranstalter **verliert** den Anspruch auf den vereinbarten **Reisepreis**, er kann nur eine nach § 638 Abs. 3 zu bemessende **Entschädigung** verlangen.
- Für den Fall, dass der Reisende bereits mehr bezahlt hat, als dem Reiseveranstalter nach § 651 j Abs. 2 S. 1 i.V.m. § 651 e Abs. 3 S. 2, § 638 Abs. 3 zusteht, hat der Reisende einen **Rückforderungsanspruch** unmittelbar aus § 651 j.[548]
- Der Reiseveranstalter muss die notwendigen Maßnahmen für die Rückabwicklung bzw. **Rückbeförderung** treffen.

  Die **Mehrkosten für die Rückbeförderung** sind von den Parteien je zur Hälfte zu tragen, die übrigen Mehrkosten fallen dem Reisenden zur Last (§ 651 j Abs. 2 S. 2 u. 3).[549]

Beispiel: R bucht bei V eine 22-tägige Flugpauschalreise nach Hawaii. Unmittelbar nach der Ankunft erfolgt die erste Sturmwarnung. R muss in ein vom Strand weiter entferntes Hotel einziehen. Nach dem Sturm ist das Land verwüstet. R fliegt zurück. V erstattet einen Teilbetrag des Reisepreises. R verlangt demgegenüber die vollständige Rückzahlung der Reisekosten.

I. Die Reise ist infolge höherer Gewalt – Wirbelsturm – erheblich beeinträchtigt, sodass die Voraussetzungen des § 651 j vorliegen.
II. Der Vertrag ist konkludent gekündigt worden.
1. Der Reiseveranstalter kann anstelle des Reisepreises eine Entschädigung verlangen, die nach § 638 Abs. 3 zu bemessen ist, §§ 651 j Abs. 2 S. 1, 651 e Abs. 3 S. 2. Außerdem kann der Reiseveranstalter etwaige Mehrkosten für die Rückbeförderung zur Hälfte ersetzt verlangen, § 651 j Abs. 2 S. 2.
2. Der Reisende hat etwaige übrige Mehrkosten zu tragen, § 651 j Abs. 2 S. 3.

Für das **Verhältnis des § 651 j zu anderen Rechten** und Rechtsinstituten gilt Folgendes:

- Die Regelung des § 651 j ist als Sonderfall einer Störung der Geschäftsgrundlage (§ 313) anzusehen.[550] Daher ist die **Anwendung des § 313** im Anwendungsbereich des § 651 j **ausgeschlossen**.

296
- Durch die Formulierung „allein nach Maßgabe dieser Vorschrift" in § 651 j Abs. 1 wird klargestellt, dass der Reisende bei einer durch höhere Gewalt bedingten erheblichen Beeinträchtigung der Reise **nur gemäß § 651 j**, nicht jedoch gemäß § 651 e kündigen kann. Der Veranstalter kann aber wegen Verletzung von Hinweispflichten auf Schadensersatz haften.[551] Auch das allgemeine Kündigungsrecht aus wichtigem Grund gemäß § 314 ist verdrängt, wenn die insoweit speziellen Kündigungsrechte des Reiserechts aus § 651 j oder § 651 e eingreifen.[552]

---

546 BGH, Urt. v. 18.12.2012 – X ZR 2/12; zu den Rechten bei Vulkanausbruch des „Ejjafjallujökull" Schwertfeger/Voigt JA 2010, 772; Richter JuS 2010, 805.

547 Ausbruch des Irakkrieges am 20.03.2003 bzgl. einer am 03.04.2003 beginnenden Reise, LG Leipzig, Urt. v. 27.04.2005 – 1 S 4/05, NJW-RR 2005, 995.

548 Palandt/Sprau § 651 j Rn. 6.

549 Palandt/Sprau § 651 j Rn. 6.

550 BGH, Urt. v. 23.11.1989 – VII ZR 60/89, NJW 1990, 572.

551 OLG Frankfurt a.M., Urt. v. 31.05.2001 – 16 U 164/00, RRa 2001, 178.

552 MünchKomm/Tonner § 651 j Rn. 23.

- Da nach dem Wortlaut des § 651 j Abs. 1 der Vorrang der Kündigung nach § 651 j nur gegenüber anderen Kündigungsrechten, nicht aber für sonstige Gewährleistungsrechte gilt, kann der Reisende bei durch höhere Gewalt verursachten Mängeln bis zu dem Zeitpunkt, an dem eine der Vertragsparteien gemäß § 651 j kündigt, nach § 651 d mindern.[553] 297

Hinweis: *Mit Wirkung zum 01.07.2018* ***entfällt*** *das* ***Kündigungsrecht wegen höherer Gewalt****. Der Reiseveranstalter hat* ***jedoch*** *gemäß* ***§ 651 h Abs. 4 Nr. 1*** *das Recht, bei unvermeidbaren und außergewöhnlichen Umständen zurückzutreten.*

B. Sicherstellung des Reisenden und verbundene Reiseleistungen

§ 651 k schützt den Reisenden im Falle der **Zahlungsunfähigkeit oder der Insolvenz** des Reiseveranstalters, indem der Reiseveranstalter verpflichtet wird, für diese Fälle eine Versicherung abzuschließen oder das Zahlungsversprechen eines Kreditinstituts einzuholen.[554] 298

Hinweis: *Die* ***§§ 651 r bis 651 t n.F.*** *regeln ab dem 01.07.2018 die bislang in § 651 k a.F. vorgesehe Verpflichtung des Reiseveranstalters zur* ***Insolvenzsicherung*** *des Reiseveranstalters.*

§ 651 w n.F. *regelt die neue Kategorie der* ***verbundenen Reiseleistungen****, die Situationen erfassen soll, in denen zwar keine Pauschalreise zustande kommt, aber dennoch ein verbindendes Element zwischen den gebuchten Reiseleistungen besteht, das es rechtfertigt, dem Vermittler Informationspflichten aufzuerlegen (§ 651 w Abs. 2 n.F.). Darüber hinaus ist er unter den Voraussetzungen des § 651 w Abs. 3 n.F. auch zur Insolvenzsicherung verpflichtet.*

In dem Fall, dass der Vermittler verbundener Reiseleistungen diese Verpflichtungen nicht erfüllt, kann der Reisende Rechte in Anspruch nehmen, die sonst nur für Pauschalreisen gelten, vgl. ***§ 651 w Abs. 4 n.F.***

Zudem wird eine Informationspflicht geregelt, die weitere ***beteiligte Unternehmer*** *gegenüber dem Vermittler verbundener Reiseleistungen zu erfüllen haben (§ 651 w Abs. 5 BGB n.F.).*

C. Gastschulaufenthalte

Zweck der Vorschrift des **§ 651 l** ist, in Übereinstimmung mit der schon bislang h.M., gesetzlich zu regeln, dass der Vertrag über einen Auslandsschulaufenthalt mit Unterbringung in einer Gastfamilie als Reisevertrag einzuordnen ist.[555] Zudem werden in § 651 l Abs. 2–4 die §§ 651 a ff. **ergänzende Regelungen** für einen solchen Vertrag getroffen. 299

Hinweis: *Die ab dem 01.07.2018 geltende Vorschrift des* ***§ 651 u n.F.*** *behält die bisher in § 651 l a.F. normierte Regelung über Gastschulaufenthalte bei.*

553 Palandt/Sprau § 651 j Rn. 1.
554 Vgl. hierzu BGH, Urt. v. 16.02.2005 – IV ZR 275/03, NJW-RR 2005, 782.
555 Palandt/Sprau § 651 l Rn. 1.

D. Abweichende Vereinbarungen

300 Gemäß **§ 651 m S. 1** können die Parteien zwar zugunsten des Reisenden (mit Ausnahme der Regelung des § 651 m S. 2), aber keine von den §§ 651 a–l **zuungunsten** des Reisenden abweichenden Vereinbarungen treffen (halbzwingendes Recht). Eine hiergegen verstoßende Vereinbarung, die auch in einem Umgehungsgeschäft liegen kann, ist **gemäß § 134 nichtig**.[556] Die Wirksamkeit des Restvertrages beurteilt sich nach § 139.

Beispiel: R landet in einem Hotel, das erheblich von einem Streik betroffen ist. V bucht den R kurz nach Streikbeginn in ein anderes Hotel um, das angeblich weniger vom Streik betroffen sein soll. Dafür unterschreibt R folgende Erklärung: „Ich erkläre mich mit der Umbuchung einverstanden und werde gegen V keine weiteren Regressansprüche stellen." Es zeigt sich, dass die Zustände in dem neuen Hotel keineswegs anders sind als in der vorher bewohnten Unterkunft. Ist der Minderungsanspruch des R aufgrund der unterschriebenen Erklärung ausgeschlossen?

Verzichtserklärungen wie die vorliegende verstoßen gegen § 651 m S. 1 und sind daher gemäß § 134 unwirksam.[557] **§ 651 m S. 1** verbietet sämtliche Vereinbarungen, die zum Nachteil des Reisenden von den §§ 651 a–651 l abweichen, also auch alle Verzichtserklärungen – unabhängig davon, ob sie sich auf bereits bestehende oder zukünftige Ansprüche beziehen. Selbst Verzichtserklärungen, die der Reisende gegen eine Abfindung abgibt, sind nichtig.[558]

Nach der Regelung des **§ 651 m S. 2** kann jedoch die **zweijährige Verjährungsfrist des § 651 g Abs. 2** durch Vereinbarung erleichtert werden, vor Mitteilung des Reisemangels an den Reiseveranstalter **allerdings nicht auf weniger als ein Jahr ab dem vertraglich vorgesehenen Reiseende**.

Ferner statuiert **§ 651 h** eine **zulässige Haftungsbeschränkung** für Schäden, die nicht Körperschäden sind.

Hinweis: *Entsprechend der Vorgaben der PauschalreiseRL 2015/2302, die mit Wirkung zum 01.07.2018 umgesetzt werden, verkürzt* ***§ 651 p n.F.*** *die bislang bestehende Möglichkeit einer Haftungsbeschränkung des Reiseveranstalters bei Schäden, die nicht Körperschäden sind.*

556 Palandt/Sprau § 651 m Rn. 1; nach der Gegenansicht folgt die Nichtigkeit unmittelbar aus der Regelung des § 651 m selbst, vgl. die Nachweise bei Hk-BGB/Ebert § 651 m Rn. 4.

557 OLG Düsseldorf, Urt. v. 13.11.1991 – 18 U 123/91, NJW-RR 1992, 245; Palandt/Sprau § 651 m Rn. 1.

558 OLG Düsseldorf, Urt. v. 13.11.1991 – 18 U 123/91, NJW-RR 1992, 245.

8. Teil: Maklervertrag

Der Maklervertrag hat in Bezug auf die Vermittlung von Wohnungen, Immobilien, Versicherungen und Darlehen eine **große praktische Bedeutung**. Das BGB enthält in den **§§ 652 bis 656** Regelungen über den Maklervertrag, den es altdeutsch als „Mäklervertrag" bezeichnet. Mit dem Maklervertrag verpflichtet sich der **Auftraggeber** gemäß § 652 Abs. 1 S. 1 für den Nachweis der Gelegenheit zum Abschluss eines Vertrags (**Nachweismakler**) oder für die Vermittlung eines Vertrags (**Vermittlungsmakler**) an den Makler ein Entgelt zu zahlen. 301

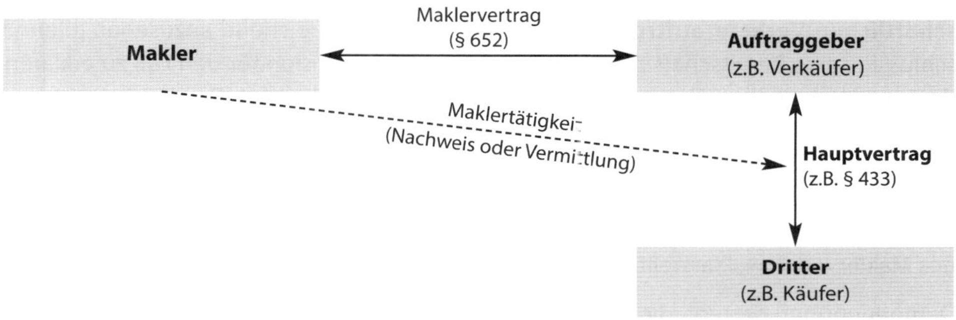

Außerhalb des BGB bestehen für die **Arbeits-**[559] **und Wohnungsvermittlung** besondere gesetzliche Regeln. Bei der Arbeitsvermittlung sind die §§ 292, 296 ff. SGB III vorrangig zu berücksichtigen, für die Wohnungsvermittlung enthält das Wohnungsvermittlungsgesetz (WoVermittG) Sondervorschriften. Im Übrigen gelten auch für diese Bereiche die §§ 652 ff.

Neben der Mietpreisbremse (vgl. Rn. 86) ist mit dem Gesetz zur Dämpfung des Mietanstiegs auf angespannten Wohnungsmärkten und zur **Stärkung des Bestellerprinzips bei der Wohnungsvermittlung** (MietNovG)[560] seit dem 01.06.2015 die Position der (potenziellen) Mieter auch in Bezug auf die Wohnungsvermittlung verbessert worden (dazu Rn. 304, 309).

Sonderbestimmungen gelten auch für den **Handelsmakler nach §§ 93–104 HGB**. Der Handelsmakler ist im Gegensatz zum Makler i.S.d. §§ 652 ff. BGB unparteiischer Dritter; daher ist im Zweifel jede Partei des von ihm zustande gebrachten Vertrags zur Zahlung der Hälfte der Vergütung verpflichtet.

1. Abschnitt: Zustandekommen

Für das Zustandekommen des Maklervertrags gelten die allgemeinen Regeln der Rechtsgeschäftslehre. Die Parteien müssen sich darüber einigen, dass der Auftraggeber zur Zahlung einer Provision verpflichtet ist, falls der Hauptvertrag zustande kommt. Fehlt eine Vergütungsvereinbarung, gilt gemäß **§ 653 Abs. 1** ein Maklerlohn als still- 302

559 Vgl. zur Arbeitsvermittlung Dehner NJW 2002, 3747, 3749.

560 BGBl. I 2015, 610 (Nr. 16 v. 27.04.2015).

schweigend vereinbart, wenn die Leistung den Umständen nach nur gegen eine Vergütung zu erwarten ist.

303 Maklerverträge werden regelmäßig ausdrücklich geschlossen. Ein **konkludenter** Vertragsschluss kommt nur dann in Betracht, wenn das Verhalten der Parteien den **eindeutigen Willen** erkennen lässt, dass der eine Teil für den anderen zur Vermittlung von Verträgen eingeschaltet werden soll.[561] Somit ist es Sache des Maklers, etwaige Unsicherheiten aufseiten des anderen Teils zu beseitigen, was in der Regel ein ausdrückliches Provisionsverlangen voraussetzen wird.[562]

Wendet sich ein Interessent an einen Makler, der **mit Angeboten werbend im geschäftlichen Verkehr auftritt**, ist dies noch nicht als ausreichend anzusehen, hiermit schlüssig seine Bereitschaft zur Zahlung einer Maklerprovision für den Fall zu erklären, dass ein Vertrag über das angebotene Objekt zustande kommt. Der Interessent darf nämlich, soweit ihm nichts Gegenteiliges bekannt ist, davon ausgehen, dass der Makler das Objekt von der Gegenseite an die Hand bekommen hat und deshalb mit der angetragenen Leistung (z.B. Weitergabe von Informationen) eine Leistung für diese erbringt, diese Leistung somit kein schlüssiges Angebot an den Interessenten zum Abschluss eines Maklervertrages darstellt.[563]

Demgegenüber besteht die Verpflichtung zur Zahlung der Provision gemäß § 652 Abs. 1, wenn der Interessent **in Kenntnis** eines eindeutigen und ausdrücklichen, an ihn gerichteten Provisionsverlangens des Maklers die **Maklerdienste in Anspruch nimmt**.[564]

Anders verhält es sich jedoch, wenn der angesprochene Interessent vor Inanspruchnahme der Maklerdienste ausdrücklich erklärt, keine Maklerprovision zahlen zu wollen. In diesem Fall begründet der Umstand, dass er die Dienste des Maklers dennoch in Anspruch nimmt, keine Provisionspflicht, insbesondere setzt er sich mit diesem tatsächlichen Verhalten auch nicht in Widerspruch (§ 242) zu einer ablehnenden Erklärung.[565]

304 Das Zustandekommen des Maklervertrages hängt grundsätzlich nicht von der Einhaltung einer bestimmten **Form** ab.

Verpflichtet sich der Auftraggeber jedoch bereits im Maklervertrag, ein bestimmtes, vom Makler zu vermittelndes Grundstück zu erwerben oder ein Grundstück an einen vom Makler zu vermittelnden Interessenten zu veräußern, erfordert der **Schutzzweck des § 311 b Abs. 1** die analoge Anwendung der Vorschrift und damit die notarielle Beurkundung des Maklervertrags.[566]

Ferner ist zu beachten, dass der Makler – seit der Mietrechtsnovellierung zum **01.06. 2015** – gemäß **§ 2 Abs. 1 S. 2 WoVermittG** für die Vermittlung einer Wohnung vom Mieter nur noch eine Provision verlangen kann, wenn der Vermittlungsvertrag der **Textform** (§ 126 b) genügt. Dazu bedarf es eines dauerhaften Datenträgers.

Beispiele: Die Erklärungen hinsichtlich des Maklervertrags können auf Papier, Computerfax oder per E-Mail abgegeben werden.[567]

561 Palandt/Sprau § 652 Rn. 3.
562 Fischer NJW 2007, 3107.
563 BGH, Urt. v. 22.09.2005 – III ZR 393/04, NJW 2005, 3779, 3780; Fischer NJW 2007, 3107, 3108.
564 BGH, Urt. v. 16.11.2006 – III ZR 57/06, NJW-RR 2007, 400.
565 BGH, Urt. v. 06.12.2001 – III ZR 296/00, NJW 2002, 817.
566 BeckOK/Kotzian-Marggraf § 652 Rn. 19.
567 Vgl. zur Textform AS-Skript BGB AT 2 (2017), Rn. 135.

2. Abschnitt: Pflichten und Pflichtverletzungen

Mit dem wirksamen **Abschluss des Maklervertrags** entstehen grundsätzlich **noch keine Hauptleistungspflichten**. 305

- Der **Makler** ist nämlich **nicht zum Tätigwerden verpflichtet**.
- Der **Auftraggeber** muss ferner die Provision erst und nur dann zahlen, wenn er den Hauptvertrag abgeschlossen hat. Er ist zudem nicht daran gehindert, eine ihm vom Makler nachgewiesene Gelegenheit zum Vertragsschluss abzulehnen, er ist also **in seiner Entschließungs- und Abschlussfreiheit nicht beschränkt**. Der Auftraggeber darf sich grundsätzlich auch selbst um den Abschluss des Vertrags bemühen und auch andere Makler beauftragen.[568]
- Nur wenn der Auftraggeber dem Makler einen **Alleinauftrag** erteilt, ist der Makler 306 **verpflichtet**, für den Auftraggeber **tätig zu werden**.[569] Der Auftraggeber verzichtet dann für die Laufzeit des Vertrags auf sein Recht, gleichzeitig noch andere Makler zu beauftragen, sowie auf seine Berechtigung zum jederzeitigen Widerruf.[570]

A. Hauptpflicht des Auftraggebers

Die Hauptpflicht des Auftraggebers besteht in der Zahlung der vereinbarten Provision, soweit die Voraussetzungen des Anspruchs aus § 652 Abs. 1 vorliegen.

307

Anspruch aus § 652 Abs. 1
I. Wirksamer Maklervertrag
II. Makler hat Leistung erbracht (Nachweis oder Vermittlung)
III. Hauptvertrag wirksam abgeschlossen (bei nachträglichem Entfallen des Hauptvertrags bleibt der Provisionsanspruch regelmäßig bestehen)
VI. Hauptvertrag stimmt mit beabsichtigtem Vertrag im Wesentlichen überein (Kongruenz)
V. Maklerleistung für Hauptvertragsabschluss mitursächlich
VI. Auftraggeber hat von Tätigkeit des Maklers Kenntnis gehabt
VII. Anspruch nicht gemäß § 654 (analog) ausgeschlossen

I. Wirksamer Maklervertrag

Die Parteien müssen einen wirksamen Maklervertrag abgeschlossen haben. Dabei sind 308 insbesondere die **Formvorschriften** für bestimmte Maklerverträge zu beachten (vgl. dazu Rn. 304).

568 Palandt/Sprau § 652 Rn. 13 ff. und 19 ff.
569 Palandt/Sprau § 652 Rn. 78.
570 Palandt/Sprau § 652 Rn. 75 f.

309 Außerdem kann im Bereich der **Wohnungsvermittlung** – seit der Mietrechtsnovellierung zum 01.06.2015 – der Makler für die Vermittlung oder den Nachweis der Gelegenheit zum Abschluss von Mietverträgen über Wohnräume kein Entgelt mehr fordern, sich versprechen lassen oder annehmen, es sei denn, der Wohnungsvermittler holt ausschließlich wegen des Vermittlungsvertrags mit dem Wohnungssuchenden vom Vermieter oder von einem anderen Berechtigten den Auftrag ein, die Wohnung anzubieten, vgl. **§ 2 Abs. 1 a WoVermittG**.

Im Gegensatz zur Mietpreisbremse ist diese Regelung weder regional auf Gebiete angespannter Wohnungsmärkte begrenzt noch zeitlich befristet.

Der Mieter muss also die Maklervergütung nur noch dann tragen, wenn der Makler ausschließlich auf Initiative des Mieters tätig geworden ist. Die angebotene Wohnung darf nicht bereits davor dem Makler (etwa vom Vermieter) an die Hand gegeben worden sein. Dieses **faktische Verbot der Geltendmachung der Provision beim Mieter** wird durch **§ 2 Abs. 5 WoVermittG** abgesichert. Damit soll sowohl die direkte als auch eine indirekte Belastung des Mieters verhindert werden.[571] Entsprechende Maklerverträge zulasten des Mieters sind unwirksam.

II. Erbringung der Maklerleistung

310 Erforderlich ist der **Nachweis** der Gelegenheit zum Abschluss eines Vertrags oder die **Vermittlung** eines Vertrags oder beides. Die Grenzen zwischen Nachweis und Vermittlung sind fließend. Eine andere als die Nachweis- oder Vermittlungstätigkeit, mag sie auch nützlich sein und den Vertragsschluss gefördert haben, begründet keinen Provisionsanspruch aus § 652.[572]

1. Vermittlungstätigkeit

311 Eine Vermittlungstätigkeit als provisionsbegründender Tatbestand erfordert die **bewusste und aktive Einwirkung** des Maklers auf den zukünftigen Hauptvertragspartner seines Auftraggebers mit dem Ziel der Herbeiführung des Hauptvertrages.[573]

Beispiele: Erstellung eines Vertragsentwurfs, Beratung der Parteien oder Durchführung eines Besichtigungstermins.

Nicht erforderlich ist demgegenüber, dass der Makler beim Vertragsschluss selbst mitwirkt[574] oder dass der Dritte dem Kunden vorher unbekannt gewesen ist.[575]

2. Nachweistätigkeit

312 Ein Nachweis der Gelegenheit zum Abschluss eines Vertrages liegt vor, wenn der Kunde des Maklers durch dessen Mitteilung **in die Lage versetzt** wird, **in konkrete Verhandlungen über** den von ihm angestrebten **Hauptvertrag einzutreten**.[576]

571 Gramlich § 2 WoVermittG Rn. 1.
572 Palandt/Sprau § 652 Rn. 24.
573 BeckOK/Kotzian-Marggraf § 652 Rn. 25.
574 BGH WM 1974, 257.
575 BGH DB 1984, 980.
576 BGH, Urt. v. 16.12.2004 – III ZR 119/04, BGHZ 161, 349, 355; Fischer NJW 2007, 3107, 3109.

Diese Nachweistätigkeit setzt eine so präzise Mitteilung des **Gegenstands und** des möglichen **Vertragspartners des Hauptvertrages** durch den Makler voraus, dass der Kunde von sich aus die Vertragsverhandlungen über den angestrebten Hauptvertrag mit dem Dritten aufnehmen kann.[577]

Inhaltlich erfordert der Nachweis i.S.d. § 652 Abs. 1 S. 1 jedenfalls beim Immobilienkauf oder der Immobilienanmietung grundsätzlich nicht nur das zur Kenntnisbringen des konkreten Grundstücks, sondern auch des **Namens und der Anschrift** des möglichen Verkäufers oder Vermieters.[578] **313**

Ein ausreichender Nachweis kann aber **ausnahmsweise** auch dann vorliegen, wenn der Makler den Namen des Vertragspartners (noch) nicht mitgeteilt hat. Die **Namhaftmachung** ist nämlich **gemäß § 242 entbehrlich**, wenn bei der Mitteilung der Angaben zum Objekt keine weiteren Nachforschungen zur Feststellung des Interessenten erforderlich sind, etwa weil der Verkäufer oder Vermieter unter der angegebenen Grundstücksadresse erreichbar ist.[579]

Die Nichtnennung des Eigentümers kann den Provisionsanspruch ferner dann nicht zu Fall bringen, wenn es dem Maklerkunden vorerst nicht auf dessen Person ankam, weil er sich zunächst einmal über die Geeignetheit des Grundstücks schlüssig werden wollte.[580] Denn mit der Benennung der erforderlichen Daten zum Objekt ist bereits die wesentliche (geldwerte) Maklerleistung erbracht und es muss verhindert werden, dass ein zahlungsunwilliger Maklerkunde den Eigentümer „am Makler vorbei" ermittelt.[581]

III. Abschluss des Hauptvertrags

Der Provisionsanspruch entsteht mit dem wirksamen Abschluss des Hauptvertrags, wobei der Abschluss des schuldrechtlichen Vertrags ausschlaggebend ist. **314**

Umstände, die einen wirksamen **Abschluss** des Hauptvertrags **verhindern** oder ihn als **von Anfang an unwirksam** erscheinen lassen, sodass der Hauptvertrag also an einer anfänglichen Unvollkommenheit leidet, schließen den Provisionsanspruch aus. Dies ist insbesondere gegeben bei:[582]

- Formnichtigkeit, **§ 125** (Beachte: Bei nachträglicher Heilung des Formmangels, z.B. gemäß § 311 b Abs. 1 S. 2, entsteht jedoch der Provisionsanspruch!); Gesetzeswidrigkeit, **§ 134**, oder Sittenwidrigkeit, **§ 138 Abs. 1**, und anfänglicher Unmöglichkeit, § 275 Abs. 1.[583]
- Bei der Vereinbarung einer **Bedingung** ist zu unterscheiden: Handelt es sich um eine aufschiebende Bedingung, entsteht der Provisionsanspruch erst mit Bedingungseintritt (§ 652 Abs. 1 S. 2). Vereinbaren die Parteien eine auflösende Bedingung, entsteht dagegen der Provisionsanspruch sofort.[584]

---

577 BGH, Urt. v. 16.12.2004 – III ZR 119/04, BGHZ 161, 349, 355.
578 Palandt/Sprau § 652 Rn. 25.
579 Vgl. BeckOK/Kotzian-Marggraf § 652 Rn. 24.
580 BGH, Urt. v. 06.07.2006 – III ZR 379/4, NJW 2006, 3062, 3063, RÜ 2006, 469.
581 BGH, Urt. v. 06.07.2006 – III ZR 379/4, NJW 2006, 3062, 3063, RÜ 2006, 469.
582 Vgl. Palandt/Sprau § 652 Rn. 34 ff.
583 Dehner NJW 2002, 3747 f.
584 Jauernig/Mansel § 652 Rn. 22 f.

- Die **Anfechtung** des Hauptvertrags, etwa wegen arglistiger Täuschung wirkt gemäß § 142 Abs. 1 zurück. Sie beseitigt auch den Provisionsanspruch des Maklers.[585]

315 Der Provisionsanspruch **bleibt** jedoch dann **bestehen**, wenn der wirksam zustande gekommene Hauptvertrag **nachträglich rückabgewickelt** wird.[586]

Der einmal entstandene Provisionsanspruch besteht somit insbesondere fort bei nachträglichen Leistungshindernissen gemäß **§ 275 Abs. 1–3**, **Kündigung** des Hauptvertrags, **Aufhebungsvereinbarung** (es sei denn, die Parteien haben die Aufhebung wegen eines bestehenden Anfechtungsgrundes vereinbart[587]) oder beim Rücktritt gemäß § 313 Abs. 3 S. 1.[588]

316 Auch bei einem **vertraglich vereinbarten Rücktrittsrecht** bleibt der Provisionsanspruch grundsätzlich bestehen. Eine Ausnahme gilt dann, wenn das Rücktrittsrecht zeitlich befristet und von keiner weiteren Voraussetzungen abhängig ist, da dieser Fall mit dem einer aufschiebenden Bedingung vergleichbar (§ 652 Abs. 1 S. 2) ist. Dann entsteht der Anspruch erst, wenn die für den Rücktritt vereinbarte Frist abgelaufen ist, ohne dass dieser ausgeübt wurde.[589]

317 Der Provisionsanspruch bleibt grundsätzlich bestehen, wenn der **Rücktritt** vom Hauptvertrag **nach dem Gewährleistungsrecht** (z.B. §§ 437 Nr. 2, 323) erfolgt. Davon wird allerdings eine Ausnahme gemacht, wenn der Käufer arglistig getäuscht wurde.

Fall 9: Makeln mit Mängeln

Mit notariell beurkundetem Vertrag vom 06.10. kauft K von V dessen Hausgrundstück zum Preis von 90.000 €. Der Vertrag kommt durch Nachweis der Maklerin B zustande, an die K eine Provision in Höhe von 3.000 € zahlt. Später stellt sich heraus, dass das erworbene Wohnhaus verborgene Mängel aufweist. Dadurch ist die Statik des Hauses so unzureichend, dass Einsturzgefahr besteht. Diesen Mangel hatte V arglistig verschwiegen. Daraufhin erklärt K im Mai des Folgejahres wirksam den Rücktritt vom Kaufvertrag. K verlangt nunmehr von B die Rückzahlung der Maklerprovision. Zu Recht?

K könnte gegen B einen Anspruch auf Rückzahlung der Maklerprovision aus **§ 812 Abs. 1 S. 2 Alt. 1** wegen nachträglichem Wegfall des Rechtsgrunds haben.

I. B hat einen Vermögensvorteil i.H.v. 3.000 € erlangt.

II. Diesen Vermögensvorteil müsste K geleistet haben. Leistung ist die gewollte und zweckgerichtete Mehrung fremden Vermögens. K hat zum Zweck der Erfüllung einer vermeintlichen Provisionsverpflichtung aus dem Maklervertrag an B geleistet.

585 Palandt/Sprau § 652 Rn. 36.
586 BGH, Urt. v. 09.07.2009 – III ZR 104/08, RÜ 2010, 81, 83.
587 BGH, Urt. v. 15.01.1986 – IVa ZR 46/84, NJW 1986, 1165, 1166.
588 MünchKomm/Roth § 652 Rn. 171.
589 Palandt/Sprau § 652 Rn. 40.

III. Diese Leistung erfolgte ohne Rechtsgrund, wenn der **Provisionsanspruch** der B aus § 652 Abs. 1 S. 1 **nachträglich weggefallen** ist.

1. Zwischen K und B bestand ein **wirksamer Maklervertrag**.

2. Die B müsste eine **Maklertätigkeit** erbracht haben. Vorliegend hat die B einen **Nachweis** der Gelegenheit zum Abschluss eines Kaufvertrags erbracht.

3. Der Provisionsanspruch aus § 652 Abs. 1 S. 1 setzt weiterhin voraus, dass der **Hauptvertrag**, hier also der Kaufvertrag zwischen K und V, **wirksam** zustande gekommen ist.

   a) Da die Anfechtung eines Vertrags gemäß § 142 Abs. 1 zurückwirkt, ist der Hauptvertrag nicht wirksam zustande gekommen, wenn er angefochten wird. Hier bestand zwar ein Anfechtungsgrund gemäß § 123 Abs. 1, da V die Mängel arglistig verschwiegen hat. K hat jedoch **nicht** gemäß § 143 Abs. 1 die **Anfechtung erklärt**.

   b) B hat wegen der arglistig verschwiegenen Mängel aber den **Rücktritt** gemäß §§ 437 Nr. 2, 323 erklärt. Anders als die Anfechtung wirkt der Rücktritt indes nicht ex tunc. Er ändert deshalb nichts daran, dass der Hauptvertrag zunächst wirksam zustande gekommen ist und **lässt den Anspruch auf die Maklerprovision grundsätzlich unberührt**.

   Der Rücktritt vom Hauptvertrag lässt den Anspruch auf die Maklerprovision jedoch **ausnahmsweise** dann (nachträglich) entfallen, **wenn im Zeitpunkt der Rücktrittserklärung auch eine Anfechtung möglich gewesen** wäre. Denn aus der Sicht des Maklers ist es dann rein zufällig, ob der Käufer die Anfechtung oder den Rücktritt erklärt.[590] Statt zurückzutreten hätte K auch die Anfechtung gemäß §§ 123 Abs. 1, 143 Abs. 1 erklären können. Da die Täuschung im Oktober erfolgte, war nämlich im Zeitpunkt der Rücktrittserklärung (Mai des Folgejahres) die Anfechtungsfrist des § 124 von einem Jahr noch nicht abgelaufen.

   Der von K erklärte Rücktritt hat demnach auch den Anspruch auf die Maklerprovision entfallen lassen.

K kann von B die Rückzahlung der Provision gemäß §§ 812 Abs. 1 S. 2 Alt. 1 verlangen.

IV. Kongruenz

Zwischen dem nach dem Maklervertrag beabsichtigten und dem abgeschlossenen Hauptvertrag ist eine **inhaltliche Identität** erforderlich, d.h. es muss der mit dem Maklervertrag verfolgte wirtschaftliche Zweck mit Abschluss des Hauptvertrags erreicht werden.[591] Ein wichtiges Indiz für einen gleichwertigen Inhalt ist die **Austauschbarkeit der Objekte**. 318

590 BGH, Urt. v. 19.12.2000 – III ZR 3/00, NJW 2001, 966, 967.

591 BGH, Urt. v. 16.12.2004 – III ZR 119/04, NJW 2005, 753; Dehner NJW 2000, 1986, 1990.

Beispiel: Statt einer zunächst gewünschten Eigentumswohnung wird schließlich ein Haus erworben.[592]

Zudem muss die **persönliche Identität** gewahrt sein, d.h. der Hauptvertrag muss zwischen dem Auftraggeber und dem Dritten zustande gekommen sein, es sei denn, der Auftraggeber will, dass eine andere Person an seiner Stelle den Vertrag abschließt.[593]

V. Ursächlichkeit

319 Die Tätigkeit des Maklers muss für den Abschluss des Hauptvertrags **mitursächlich** geworden sein. Es ist also unschädlich, wenn andere vom Makler nicht veranlasste Umstände auch zum Vertragsschluss beigetragen haben.[594] Der Beitrag des Maklers muss aber wesentlich gewesen sein, der **Abschluss des Hauptvertrages** muss sich deshalb **als Arbeitserfolg der Maklerleistung** erweisen.[595]

Da **Mitursächlichkeit genügt**, kann der Auftraggeber grundsätzlich auch mehreren Maklern gegenüber provisionspflichtig werden.[596]

VI. Kenntnis von der Maklertätigkeit

320 Der Auftraggeber muss spätestens bei Abschluss des Hauptvertrags Kenntnis von der Maklertätigkeit gehabt haben, damit er die Provisionsforderung bei den Vertragsverhandlungen berücksichtigen kann. [597]

Beispiel: Der Zugang eines Objektangebots vor dem Abschluss eines entsprechenden Hauptvertrags ist regelmäßig ein Indiz für die rechtzeitige Kenntniserlangung.[598]

VII. Kein Ausschluss gemäß § 654

321 Gemäß § 654 ist der Anspruch bei einer **vertragswidrigen Doppeltätigkeit** ausgeschlossen. § 654 wird **analog** angewendet, wenn der Makler seine vertraglichen Pflichten vorsätzlich oder grob fahrlässig in schwerwiegender Weise verletzt und dadurch den Interessen seines Auftraggebers in wesentlicher Weise zuwider handelt.[599]

B. Pflichtverletzungen des Maklers

322 Da für den Makler grundsätzlich keine Verpflichtung zum Tätigwerden besteht, er also nicht zur Leistung verpflichtet ist, kommen Ansprüche wegen Nichterfüllung der Leistungsverpflichtung (Unmöglichkeit, Verzug) nicht in Betracht.

Für den Makler bestehen jedoch, wie für jeden Vertragspartner, in zumutbarem Maße gemäß § 241 Abs. 2 **nicht leistungsbezogene Nebenpflichten** (insbesondere die Pflicht zur umfassenden und wahrheitsgemäßen Information über alle für den Ent-

592 MünchKomm/Roth § 652 Rn. 149.
593 Dehner NJW 1997, 18, 19 ff.
594 Palandt/Sprau § 652 Rn. 47.
595 BeckOK/Kotzian-Marggraf § 652 Rn. 41.
596 MünchKomm/Roth § 652 Rn. 178.
597 Waibel/Reichstädter Jura 2002, 649, 652.
598 Palandt/Sprau § 652 Rn. 52.
599 Jauernig/Mansel § 654 Rn. 1.

schluss des Auftraggebers wesentlichen Punkte), deren Verletzung Schadensersatzansprüche aus **§§ 280 Abs. 1, 241 Abs. 2** auslöst.[600]

Bei befristeten Maklerverträgen können darüber hinaus Pflichtverletzungen des Maklers einen **wichtigen Grund** für die außerordentliche Kündigung **gemäß § 314 Abs. 1** darstellen.[601]

C. Pflichtverletzungen des Auftraggebers

In dem Fall, dass der Auftraggeber, der zur Zahlung der Provision verpflichtet ist, nicht leistet, kann der Makler unter den Voraussetzungen der **§§ 280 Abs. 1 u. 2, 286** den Verzögerungsschaden ersetzt verlangen. 323

Darüber hinaus bestehen auch für den Auftraggeber gemäß § 241 Abs. 2 nicht leistungsbezogene Nebenpflichten (insbesondere Sorgfaltspflichten, Pflicht zur Wahrung der Vertraulichkeit, im Rahmen des Zumutbaren auch Aufklärungspflichten), deren Verletzung Ansprüche aus **§§ 280 Abs. 1, 241 Abs. 2** auslöst. Der Makler ist dann so zu stellen, wie er ohne die Pflichtverletzung stünde.[602] Die entgangene Provision ist gemäß § 252 S. 1 allerdings nur ersatzfähig, wenn er die Möglichkeit einer anderen provisionspflichtigen Veräußerung des Vertragsobjekts nachweisen kann.[603]

3. Abschnitt: Beendigung des Maklervertrags

Soweit die Parteien keine abweichende Abrede getroffen haben, ist die Laufzeit des Maklervertrags unbefristet. Der **unbefristete Maklervertrag** kann vom Auftraggeber bis zum Abschluss des Hauptvertrags jederzeit gekündigt werden.[604] Die **Kündigung des Auftraggebers** wird – in Anlehnung an die Regelung des § 671 Abs. 1 – auch Widerruf genannt. 324

Hat der Makler während der Vertragsdauer seine Leistung bereits erbracht, so kann sich der Auftraggeber der Provisionspflicht (selbstverständlich) nicht durch Kündigung entziehen, wenn er den Nachweis nach Vertragsende ausnutzt.[605]

Ob auch der **Makler** einen unbefristeten Maklervertrag jederzeit kündigen kann, wird nicht einheitlich beurteilt.

- Teilweise wird angenommen, dass eine Kündigung des Maklers nur unter den Voraussetzungen des **§ 626** zulässig ist. Demnach müsste ein wichtiger Grund für die Kündigung bestehen.[606]
- Nach anderer Ansicht kann auch der Makler **ohne wichtigen Grund** jederzeit kündigen.[607] Für diese Auffassung spricht die fehlende Tätigkeitverpflichtung des Maklers.

600 Looschelders Rn. 774.
601 Palandt/Sprau § 652 Rn. 18, 12.
602 Palandt/Sprau § 652 Rn. 21.
603 Palandt/Sprau § 652 Rn. 21 m.w.N.
604 BGH, Urt. v. 14.05.1969 – IV ZR 787/68, NJW 1969, 1626; Palandt/Sprau § 652 Rn. 12.
605 Palandt/Sprau § 652 Rn. 12 a.E.
606 Jauernig/Mansel § 652 Rn. 7.
607 Palandt/Sprau § 652 Rn. 12; MünchKomm/Roth § 652 Rn. 87.

Ein **befristeter Maklervertrag** kann sowohl vom Auftraggeber als auch vom Makler vorzeitig nur bei Vorliegen eines wichtigen Grundes durch Kündigung gemäß **§ 314** beendet werden.[608]

Im Übrigen kommen als Beendigungsgründe der **Abschluss eines Aufhebungsvertrags** und **nach § 673 S. 1 analog der Tod des Maklers** (es sei denn, der Vertragspartner war eine Maklergesellschaft) in Betracht (bei Tod des Auftraggebers können seine Erben kündigen).[609]

4. Abschnitt: Besondere Maklerverträge

Das BGB enthält in den **§§ 655 a bis 656** die allgemeinen Bestimmungen der §§ 652 ff. ergänzenden **Spezialvorschriften** für besondere Formen des Maklervertrags.

A. Vermittlung von Verbraucherdarlehensverträgen

325 Nach der Bestimmung des **§ 655 a Abs. 1** liegt ein **Darlehensvermittlungsvertrag** vor, wenn ein Unternehmer (§ 14) einem Verbraucher (§ 13) gegen Entgelt einen Verbraucherdarlehensvertrag i.S.d. § 491 Abs. 1 vermittelt oder ihm die Gelegenheit zum Abschluss eines solchen Vertrags nachweist. Die §§ 655 a ff. erfassen mithin sowohl den Nachweis- als auch den Vermittlungsmakler.

326 **§ 655 b Abs. 1** regelt die **Formerfordernisse** für den Darlehensvermittlungsvertrag. Gemäß § 655 b Abs. 1 S. 1 ist Schriftform erforderlich. Die Regelungen der Sätze 2 und 3 tragen ferner dem Umstand Rechnung, dass gemäß § 126 Abs. 3 die Schriftform auch durch die elektronische Form (§ 126 a) ersetzt werden kann, bei der keine Vertragsurkunde in Papierform existiert. Deshalb wurde in § 655 b Abs. 1 S. 3 das Erfordernis der Mitteilung des Vertragsinhalts in **Textform** (§ 126 b) aufgenommen.

Außerdem ordnet **§ 655 b Abs. 2** – als Spezialregelung zu § 125 S. 1 – als Folge des Verstoßes gegen die Erfordernisse des § 655 b Abs. 1 S. 1 u. 2 bzw. gegen Pflichten aus Art. 247 EGBGB die **Nichtigkeit des Vertrags** an.

327 Durch **§ 655 c S. 1** werden zudem für den Darlehensvermittlungsvertrag die **Voraussetzungen des § 652 Abs. 1** für die Verpflichtung zur Zahlung der Provision **verschärft**. Voraussetzungen für die Entstehung des Provisionsanspruchs sind hiernach:

- Formgerechter Abschluss des Verbraucherdarlehensvertrags gemäß §§ 491 Abs. 1, 492 infolge der Vermittlung oder des Nachweises des Unternehmers.
- Leistung des Darlehens an den Verbraucher (**Auszahlung**) aufgrund des vermittelten oder nachgewiesenen Verbraucherdarlehensvertrags. Insoweit ist also Ursächlichkeit der Vermittlung bzw. des Nachweises erforderlich.
- Rechtliche **Unmöglichkeit des Widerrufs** des Darlehensvertrags durch den Verbraucher gemäß § 495 Abs. 1 i.V.m. § 355. Demnach entsteht der Provisionsanspruch des Maklers grundsätzlich erst nach Ablauf der zweiwöchigen Widerrufsfrist.

---

608 Palandt/Sprau § 652 Rn. 12, 76; Palandt/Grüneberg § 314 Rn. 2.

609 Palandt/Sprau § 652 Rn. 12.

Klausurhinweis: *Zahlt der Verbraucher zunächst die Vergütung und erklärt er danach (fristgerecht) den Widerruf des Verbraucherdarlehens, besteht gegen den Makler ein Rückzahlungsanspruch aus § 812 Abs. 1 S. 1 Alt. 1.*[610]

§ 655 c S. 2 regelt den Fall der **Umschuldung** und hat den Zweck, das sog. Umschuldungskarussell zurückzudrängen.[611] Der Verbraucher soll damit also vor wirtschaftlich sinnlosen Darlehen zur Umschuldung bereits bestehender Darlehen geschützt werden.[612]

Ferner statuiert **§ 655 d S. 1** ein **gesetzliches Verbot** für Leistungen, die mit der Vermittlung des Verbraucherdarlehensvertrags oder dem Nachweis der Gelegenheit zum Abschluss eines solchen Vertrags zusammenhängen, neben der Vergütung gemäß § 655 c S. 1 ein zusätzliches Entgelt zu vereinbaren. Solche **Nebenentgelte** i.S.d. § 655 d S. 1 sind insbesondere Bearbeitungspauschalen oder Schreibgebühren. Rechtsfolge eines Verstoßes gegen das Verbot des § 655 d S. 1 ist die **Teilnichtigkeit des Vertrags gemäß § 134**. Die Regelung des § 139 ist nicht anwendbar.[613] **328**

Gemäß § 655 d S. 2 kann jedoch die Erstattung entstandener, erforderlicher Auslagen – **nicht pauschaliert** und nicht im Voraus – vereinbart werden. Dieser Anspruch darf die Höhe oder die Höchstbeträge, die der Darlehensvermittler dem Verbraucher gemäß Artikel 247 § 13 Abs. 2 S. 1 Nr. 4 des EGBGB mitgeteilt hat, aber nicht übersteigen. Unter § 655 d S. 2 fallen z.B. nicht Kosten für Fahrten zum Kunden.[614]

§ 655 e Abs. 1 enthält in Satz 1 ein **Abbedingungs-** und in Satz 2 ein **Umgehungsverbot**. **329**

Die besonderen Regelungen der §§ 655 a ff. erklärt **§ 655 e Abs. 2** auch für den Fall für anwendbar, dass der Darlehensvermittlungsvertrag zwischen einem Unternehmer und einem **Existenzgründer i.S.d. § 515** abgeschlossen wird. Hierdurch wird der Anwendungsbereich dieser Vorschriften gegenüber § 655 a S. 1 erweitert, da nach § 513 auch solche natürlichen Personen erfasst werden, die sich ein Darlehen bis zu 75.000 € für die **Aufnahme einer gewerblichen oder selbstständigen beruflichen Tätigkeit** gewähren lassen, mithin also nicht unter die Begriffsbestimmung des Verbrauchers in §§ 655 a S. 1, 13 fallen.

B. Ehemaklervertrag

§ 656 betrifft den besonderen Fall, dass der Maklervertrag auf eine **Heiratsvermittlung** abzielt. Das Versprechen des Ehemaklerlohns begründet dann **nach § 656 Abs. 1 keine Verbindlichkeit**, sondern **nur eine Naturalobligation**. Das bedeutet, dass der Ehemakler keinen durchsetzbaren Provisionsanspruch erhält, aber eine Provision, die er bereits erhalten hat, nicht wieder herausgeben muss, § 656 Abs. 1 S. 2, soweit das Rückzah- **330**

610 Looschelders Rn. 778.

611 Palandt/Sprau § 655 c Rn. 1.

612 Looschelders Rn. 779.

613 Palandt/Sprau § 655 d Rn. 1, § 139 Rn. 18.

614 Palandt/Sprau § 655 d Rn. 1.

lungsverlangen nur darauf gestützt werden kann, dass ein Vergütungsanspruch nicht bestand.[615]

331 In der Praxis haben jedoch zunehmend die sog. **Partnervermittlungsverträge**, die (zunächst) auf die Begründung **außerehelicher Partnerschaften** gerichtet sind, den Ehemaklervertrag verdrängt. In der Regel handelt es sich hierbei um Verträge, die auf eine erfolgsunabhängige Tätigkeit gerichtet sind und für die grundsätzlich die Regelungen über den Dienstvertrag gemäß **§§ 611 ff.** gelten. Daneben findet **§ 656 analoge Anwendung**.[616]

Allerdings ist § 656 nicht (analog) anwendbar bei Verträgen über die Begründung einer Mitgliedschaft in Freizeitclubs ohne Verpflichtung zur Partnerschaftsanbahnung oder Verträgen über Partnerschaftsberatung.[617]

---

615 Vgl. Waibel/Reichstädter Jura 2002, 649, 655.

616 Looschelders Rn. 781.

617 Waibel/Reichstädter Jura 2002, 649, 655; Palandt/Sprau § 656 Rn. 1a.

9. Teil: Die Bürgschaft und ihre Stellung im Kreditsicherungsrecht

Um die Bürgschaft, ein in beiden Examina häufig geprüftes Thema, zu durchdringen, müs- 332
sen gewisse ***Eckpfeiler im Kreditsicherungsrecht*** *bekannt sein. Jedes Sicherungsmittel hat zwar seine Besonderheiten. Zunächst müssen Sie sich aber die Grundlagen der jeweiligen Sicherheit erarbeiten, und dies können Sie am besten tun, indem Sie die jeweiligen Sicherheiten miteinander vergleichen und vernetzen. Sie werden Gemeinsamkeiten und Gegensätze erkennen und feststellen, dass es mit den Sicherheiten wie mit Fremdsprachen ist: Je mehr man bereits kennt, umso leichter fällt das Erlernen jeder weiteren.*

Diese ***Grundlagen, Gemeinsamkeiten und Gegensätze*** *werden zunächst dargestellt, sodann folgen die spezifischen Ausführungen zur Bürgschaft. Die einzelnen Kreditsicherungsmittel sowie die mit ihnen verwandten Institute stellen wir entsprechend ihrer* ***systematischen Stellung*** *in folgenden Skripten dar:*

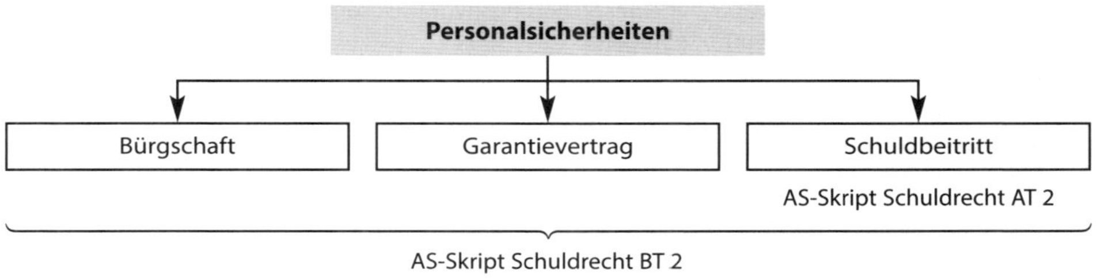

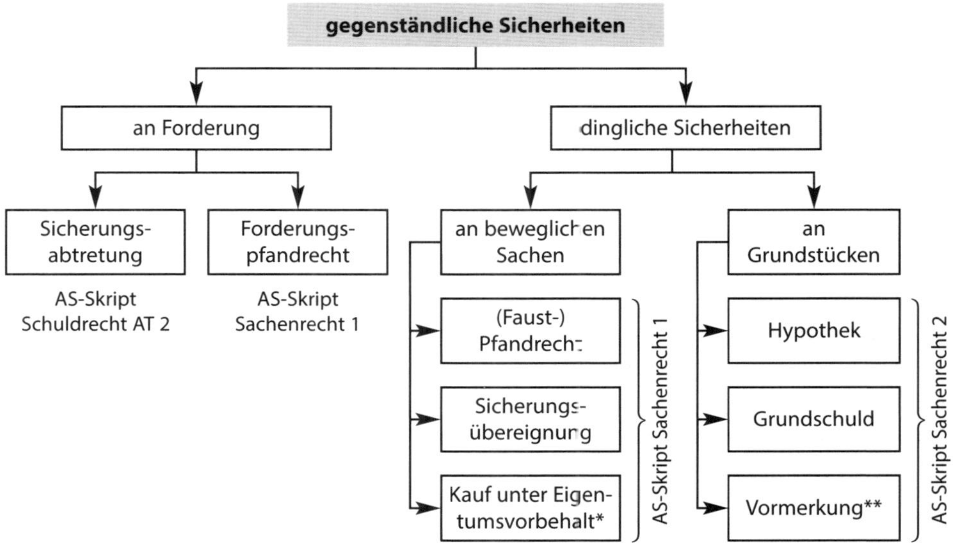

*Der Eigentumsvorbehalt ist eine Sicherheit im weiteren Sinn. Zwar lässt sich der Verkäufer für seinen Anspruch aus § 433 Abs. 2 keine zusätzliche Sicherheit gewähren, aber er bewahrt sich das Eigentum an der verkauften Sache selbst als Sicherheit.

** Die Vormerkung ist keine Sicherheit, die für den Gläubiger wirtschaftlich an die Stelle des ausgefallenen Anspruchs tritt. Sie sichert vielmehr unmittelbar den bedrohten Anspruch rechtlich ab, indem sie seinen Untergang durch Unmöglichkeit gemäß § 275 Abs. 1 verhindert.

1. Abschnitt: Eckpfeiler des Kreditsicherungsrechts

333 Der Gläubiger einer Forderung hat ein Interesse daran, eine alternative Befriedigungsmöglichkeit für den Fall zu haben, dass sein primärer Schuldner (**Hauptschuldner**) die Forderung trotz Fälligkeit und Durchsetzbarkeit nicht erfüllen kann (**Sicherungsfall**). Der Gläubiger will seine Forderung mit einer oder mehreren **Sicherheiten besichern**.

Dieses Interesse des Gläubigers besteht prinzipiell hinsichtlich jeder Forderung. In der Praxis und im Examen werden aber am häufigsten **Zahlungsforderungen** besichert. Unter diesen nimmt wiederum die Forderung des Darlehensgebers gegen den Darlehensnehmer aus **§ 488 Abs. 1 S. 2** auf Rückzahlung der Darlehensvaluta (gegebenenfalls zuzüglich vereinbarter Zinsen)[618] die Spitzenposition jedenfalls im Examen ein.

Die Bezeichnung „Kreditsicherung" erfasst nur die Forderung aus § 488 Abs. 1 S. 2 und ist daher streng genommen zu eng. Behalten Sie im Hinterkopf, dass Ihnen im Examen auch die Besicherung **anderer Zahlungsforderungen** begegnen kann. Z.B. ist die Besicherung der Forderung des Werkunternehmers auf Werklohn aus § 631 Abs. 1 Var. 2 mit einer Sicherungshypothek sogar ausdrücklich in §§ 648, 648a (ab dem 01.01.2018: §§ 650e, 650f)[619] geregelt.

Manche Sicherheiten können **für jede vermögensrechtliche Verbindlichkeit** bestellt werden, so etwa die Bürgschaft ausweislich des weiten Wortlauts des § 765 Abs. 1.[620] Andere Sicherheiten können **nur für Zahlungsforderungen** bestellt werden, z.B. die Hypothek und die Grundschuld, vgl. §§ 1113 Abs. 1, 1191 Abs. 1.[621]

334

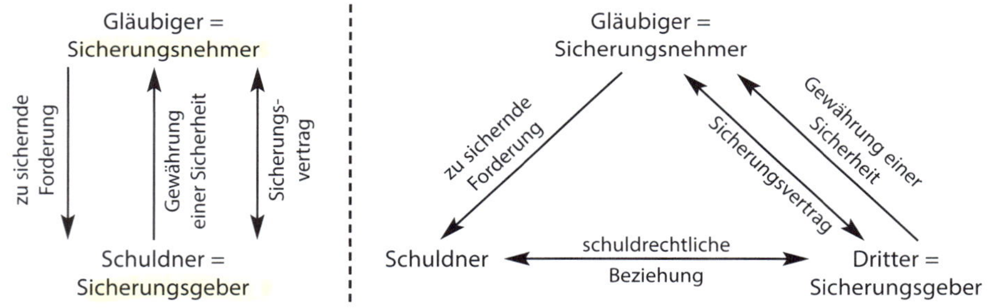

Die Besicherung geschieht in der Regel durch **Rechtsgeschäft** zwischen demjenigen, der die Sicherheit zur Verfügung stellt (**Sicherungsgeber**) und demjenigen, zu dessen Gunsten die Sicherheit im Sicherungsfall Wirkung entfalten soll (**Sicherungsnehmer**). Die folgenden Ausführungen, insbesondere zur Entstehung (**Ersterwerb**) einer Sicherheit, beziehen sich auf diese rechtsgeschäftliche Besicherung.

Einige akzessorische Sicherheiten – zu diesem Begriff sogleich – können aber auch **kraft Gesetzes** entstehen, insbesondere die Pfandrechte des Vermieters (§§ 562 ff.),[622] des Werkunternehmers (§ 647)[623] und des Gastwirts (§ 704). Häufig stellt sich bei diesen Pfandrechten in Klausuren die Frage, ob sie auch an Sachen entstehen, die nicht dem Schuldner gehören.[624] Kaum klausurrelevant ist die Entstehung einer Sicherheit **kraft Hoheitsakt**, wie etwa die Eintragung einer Zwangshypothek gemäß § 867 ZPO.[625]

---

618 S.o. Rn. 7 zum Darlehensvertrag.

619 Die examensrelevanten Änderungen des Kauf- und Werkrechts zum 01.01.2018 werden dargestellt von Pechstein, RÜ 2017, 360.

620 Vgl. Palandt/Sprau § 765 Rn. 17.

621 Vgl. Palandt/Herrler § 1113 Rn. 15.

622 Näher Rn. 145.

623 Näher AS-Skript Schuldrecht BT 1 (2016), Rn. 441 ff.

624 Hierzu hinsichtlich des Werkunternehmerpfandrechts AS-Skript Schuldrecht BT 1 (2016), Rn. 442 ff.

625 Näher AS-Skript ZPO (2017), Rn. 483, 491.

Der eigentlichen rechtsgeschäftlichen Besicherung geht eine formfreie schuldrechtliche Abrede (**Sicherungsvertrag oder Sicherungsabrede**) voraus, in welcher Sicherungsgeber und Sicherungsnehmer das Pflichtenprogramm der Besicherung festlegen. **335**
Der Sicherungsvertrag beruht auf der Vertragsfreiheit (§ 311 Abs. 1, Art. 2 Abs. 1 GG) und ist nicht gesetzlich ausgestaltet, aber vom Gesetzgeber anerkannt, vgl. § 1192 Abs. 1a. Je nach Art der Sicherheit – zu den Arten sogleich näher unter A. und B. – spielt der Sicherungsvertrag eine mehr oder weniger wichtige Rolle.

- Bei der Besicherung mit einer **gegenständlich-abstrakten Sicherheit** (z.B. Sicherungsabtretung, Sicherungsübereignung, Grundschuld) spielt der Sicherungsvertrag die größte Rolle.[626] Er **verknüpft die gesicherte Forderung mit der Sicherheit**. In ihm **verpflichtet** sich der Sicherungsgeber insbesondere, dem Sicherungsnehmer die Sicherheit mittels **Verfügung** zu bestellen (**Ersterwerb**). Auch hier gilt also das **Trennungs- und Abstraktionsprinzip**. Ist der Sicherungsvertrag nichtig, so fehlt es daher an dem Rechtsgrund für die Sicherheit und sie kann nach §§ 812 ff. kondiziert werden. Ist die gesicherte Forderung erfüllt, so hat der Sicherungsgeber aus dem Sicherungsvertrag einen Anspruch auf Rückübertragung der Sicherheit.

- Auch bei **gegenständlich-akzessorischen Sicherheiten** (z.B. Hypothek, Faustpfandrecht) ist die Verpflichtung zur Sicherheitsbestellung der verfügenden Bestellung vorgeschaltet. Die Verknüpfung der Forderung mit der Sicherheit muss aber nicht im Sicherungsvertrag geregelt werden, weil sie ohnehin im Gesetz steht. Bei Erfüllung der gesicherten Forderung etwa fällt die Sicherheit ipso iure an den Sicherungsgeber zurück, s. z.B. § 1163 Abs. 1 S. 2.

- **Persönliche Sicherheiten** (z.B. Bürgschaft) entstehen hingegen bereits durch die entsprechende schuldrechtliche Vereinbarung, ohne dass noch eine Verfügung erforderlich wäre, und auch bei Ihnen ist die Verknüpfung von Forderung und Sicherheit gesetzlich geregelt. Gleichwohl enthält die Vereinbarung über die Sicherheit oft sicherungsvertragstypische Ausgestaltungen hinsichtlich einzelner Nebenpunkte.

Während der Sicherungsnehmer in aller Regel zugleich auch der Gläubiger der gesicherten Forderung ist, kann der **Sicherungsgeber** entweder der **Schuldner** der gesicherten Forderung **selbst** oder aber ein **Dritter** sein.[627] **336**

Als solche **Dritte** kommen **z.B.** in Betracht die Bank, die die Schuld ihres Kunden gegenüber seinem Vermieter aus § 535 Abs. 2 mit einer Bankbürgschaft absichert, wobei die Bank hierfür in aller Regel eine Gebühr von ihrem Kunden erhebt, oder die vermögende Tante, die die Schuld ihres studierenden Neffen gegenüber der Bank aus § 488 Abs. 1 S. 2 aufgrund eines Studiendarlehens mit einer Grundschuld an einem ihrer Grundstück absichert, ohne dafür eine Gegenleistung vom Neffen zu verlangen.

Wenn ein Dritter als Sicherungsgeber auftritt, dann besteht **zwischen dem Dritten und dem Schuldner** in aller Regel eine weitere, vom Sicherungsvertrag zwischen Drittem und Gläubiger zu unterscheidende **schuldrechtliche Beziehung**. Das kann bei einer Sicherheit ohne Gegenleistung eine Schenkung (in Abgrenzung zur reinen Gefälligkeit) und bei einer kostenpflichtigen Sicherheit ein Auftrag oder eine Geschäftsbesorgung **337**

---

626 Er wird daher bei diesen Sicherheiten ausführlicher dargestellt in AS-Skript Schuldrecht AT 2 (2016), Rn. 382 ff., AS-Skript Sachenrecht 1 (2017), Rn. 319 ff., AS-Skript Sachenrecht 2 (2016), Rn. 105 ff.

627 Ein hervorragendes Beispiel für die Identitäten der beteiligten Personen und ihre Veränderungen im Laufe des Geschehens liefert Ihnen BGH, Urt. v. 18.07.2014 – V ZR 178/13, RÜ 2014, 688.

sein. Sprechen der Dritte und der Sicherungsgeber sich nicht ab, so ist an eine Geschäftsführung ohne Auftrag zu denken.

Besteht keines der genannten Verhältnisse bzw. ist es unwirksam, so ist schließlich an eine **bereicherungsrechtliche Beziehung** zu denken – indem der Dritte die Forderung besichert, erlangt der Schuldner die Befreiung von seiner Verpflichtung aus dem Sicherungsvertrag gegenüber dem Gläubiger, selbst eine Sicherung zu bestellen. Obgleich der Dritte die Sicherheit dem Sicherungsnehmer gewährt, wird in der Regel eine Leistung i.S.d. § 812 an den Schuldner vorliegen, weil der Dritte seine (vermeintliche) Verpflichtung gegenüber dem Schuldner zur Besicherung aus der (vermeintlich bestehenden) schuldrechtlichen Beziehung zwischen Drittem und Schuldner erfüllen will. Es handelt sich um eine untypische Variante der klassischen bereicherungsrechtlichen **Anweisungsfälle.**[628]

338 Wichtig für das Lösen von Kreditsicherungsfällen im **3-Personen-Verhältnis** ist ferner, dass man sich der **Interessenlage** zwischen den Beteiligten bewusst ist. Von ihr lässt sich in vielerlei Hinsicht auf die korrekte rechtliche Lösung schließen. Es gilt dann nur noch, diese bei den akzessorischen Sicherheiten im Gesetz zu finden bzw. bei den abstrakten Sicherheiten in den Sicherungsvertrag mittels Auslegung hineinzulesen.

- Der **Gläubiger alias Sicherungsnehmer** strebt die Erfüllung der gesicherten Forderung an. Ihm ist in der Regel egal, ob der Schuldner oder der Dritte als Sicherungsgeber erfüllt. Wenn erfüllt wird, dann hat der Gläubiger keinen Bedarf mehr an der Sicherheit, sodass er diese ipso iure verliert (akzessorische Sicherheiten) bzw. zurückgewähren muss (abstrakte Sicherheiten).

- Der **Sicherungsgeber** hofft zunächst, dass der Schuldner die gesicherte Forderung erfüllen und daher der Sicherungsfall nicht eintreten wird. Nimmt aber der Sicherungsnehmer den Sicherungsgeber in Anspruch, so wird der Sicherungsgeber versuchen, seinen Verlust zu minimieren:

  - Der Sicherungsgeber wird versuchen, **Regress beim Schuldner** zu nehmen. Mit diesem hat er in der Regel (konkludent) vereinbart, dass die Sicherheit zwar dem Sicherungsnehmer zur Verfügung stehen soll, dass aber im Ergebnis der Schuldner für seine Schuld selbst geradestehen soll.

    Der **Sicherungsgeber haftet** mit seiner Sicherheit also regelmäßig **nachrangig**. Es liegt kein Fall der Gesamtschuld, die Gleichstufigkeit erfordert, vor, sodass der Regress gegen den Schuldner nicht über § 426 Abs. 1 u. 2 läuft.[629] Vielmehr hat der Sicherungsgeber erstens **aus der schuldrechtlichen Beziehung** zum Schuldner einen Anspruch (insbesondere aus § 670). Ferner bestimmt das Gesetz hinsichtlich der **akzessorischen Sicherheiten**, dass die gesicherte Forderung vom Sicherungsnehmer – der sie aufgrund seiner Befriedigung durch den Sicherungsgeber nicht mehr benötigt – **ipso iure** auf den Sicherungsgeber übergeht (vgl. § 774 Abs. 1 und § 1143 Abs. 1). Bei einer **abstrakten Sicherheit** hat der Sicherungsgeber gegen den Sicherungsnehmer **aus dem Sicherungsvertrag** einen entsprechenden Anspruch auf Rückübertragung der Sicherheit. Der Sicherungsgeber kann also im Ergebnis zweitens die gesicherte Forderung beim Schuldner geltend machen.

628 Näher zu den Anweisungsfällen AS-Skript Schuldrecht BT 3 (2017), Rn. 236 ff.

629 Näher zur Gesamtschuld AS-Skript Schuldrecht AT 2 (2016), Rn. 431 ff.

Es steht dem Sicherungsgeber und dem Schuldner im Innenverhältnis allerdings frei, zu vereinbaren, dass **umgekehrt** im Ergebnis der Sicherungsgeber den Vermögensverlust tragen soll. Für die Hypothek ist in dieser Konstellation ausdrücklich in § 1164 Abs. 1 S. 1 bestimmt, dass der Schuldner nach seiner Zahlung an den Gläubiger Inhaber der Hypothek wird. Mit dieser kann er dann umgekehrt Regress gegen den Sicherungsgeber nehmen.

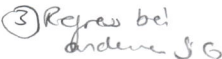

- Oft ist beim Schuldner aber nichts mehr zu holen, wenn der Sicherungsfall eingetreten ist. Bestehen noch weitere Sicherheiten, so wird der Sicherungsgeber versuchen, **Regress bei den anderen Sicherungsgebern** zu nehmen. Teilweise nimmt der Gesetzgeber eine Gleichstufigkeit unter den Sicherungsgebern an und bestimmt daher die Anwendung des § 426 Abs. 1 u. 2, z.B. gemäß § 774 Abs. 2 im Fall zweier Bürgschaften. Das Aufeinandertreffen von einerseits Hypothek oder Grundschuld und andererseits Bürgschaft ist hingegen gesetzlich nicht geregelt. Unter dem Schlagwort **Wettlauf** (bzw. Stillstand) **der Sicherungsgeber** wird diskutiert, ob Gleichstufigkeit vorliegt.[630]

A. Gegenständliche und persönliche Sicherheiten

339

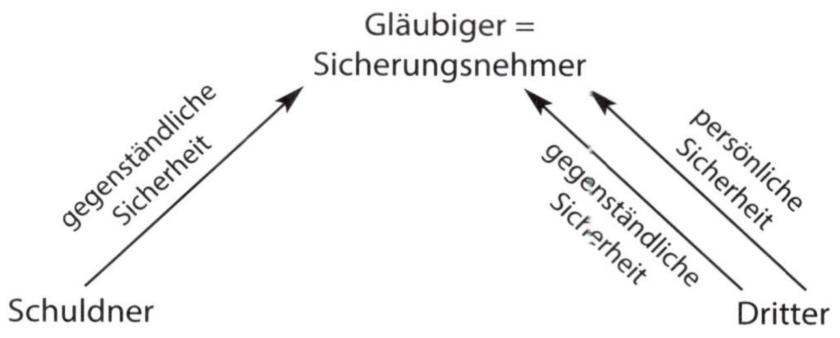

Als Sicherheit kann ein **Gegenstand** übertragen werden. Der Begriff des **Gegenstands** ist weiter als der Begriff der **Sache**. Gegenstand ist alles, was Objekt von Rechten sein kann, also neben körperlichen Sachen u.a. auch unkörperliche Forderungen.[631] Da dieser Gegenstand dem Gläubiger im Sicherungsfall zur Verwertung zur Verfügung steht, ist ihm in der Regel gleich, von wem er ihn erhält. Sicherungsgeber einer gegenständlichen Sicherheit kann daher der **Schuldner oder ein Dritter** sein.

Beispiele: die Sicherungsabtretung einer Forderung, die Sicherungsübereignung einer beweglichen Sache sowie die Verpfändung einer Forderung (per Forderungspfandrecht), einer beweglichen Sache (per Faustpfandrecht) oder eines Grundstücks (per Grundpfandrecht: Hypothek oder Grundschuld).

Der Sicherungsgeber kann **sich selbst persönlich**, d.h. vorbehaltlich besonderer Vereinbarungen sein gesamtes Vermögen als Sicherheit zur Verfügung stellen. In diesen Fällen sind **Schuldner und Dritter** stets **personenverschieden**, denn der Schuldner haftet dem Gläubiger bereits aufgrund der zu sichernden Forderung mit seinem gesamten Vermögen. Die persönliche Besicherung ist daher nur sinnvoll, wenn sie dem Gläubiger zu einer weiteren haftenden Vermögensmasse neben der des Schuldners verhilft. 340

Beispiele: Bürgschaft, Schuldbeitritt, Garantie.

---

630 Vgl. zum Wettlauf/Stillstand der Sicherungsgeber AS-Skript Sachenrecht 2 (2016), Rn. 161 u. 225 f., sowie in diesem Skript knapp Rn. 420.

631 Vgl. Palandt/Ellenberger Überbl v § 90 Rn. 2.

B. Akzessorische und abstrakte Sicherheiten

341

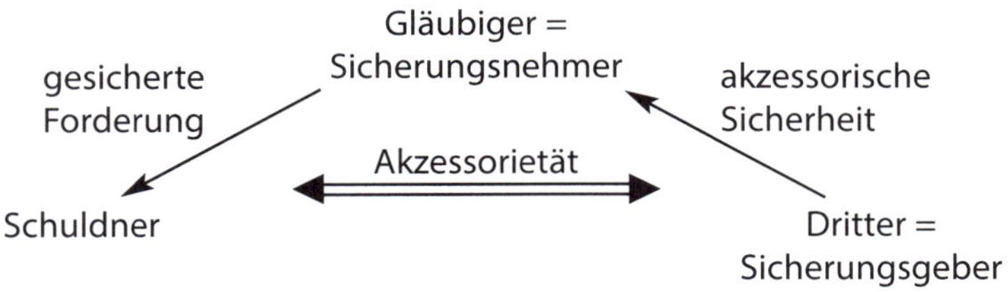

Akzessorische Sicherheiten teilen kraft Gesetzes direkt das Schicksal der Forderung.

- Sie **entstehen** nur, sobald und soweit auch die Forderung entsteht (vgl. für die Bürgschaft §§ 765 Abs. 1, 767 Abs. 1 S. 1).
- Bei **Abtretung** der Forderung geht auch die Sicherheit auf den Zessionar über, vgl. allgemein § 401. Eine isolierte Übertragung ist in aller Regel nicht möglich.

  Klausurrelevante **Ausnahme**: forderungsentkleidete Hypothek, § 1138 Var. 1.[632]
- Die Sicherheit **erlischt**, sobald und soweit die Forderung durch Zahlung des Schuldners erlischt. **Einreden** gegen die Forderung wirken auch gegen die Sicherheit (vgl. für die Bürgschaft §§ 767, 768).

  Gegen Bürgschaft und Hypothek besteht gemäß § 770 (i.V.m. § 1137 Abs. 1 S. 1 Var. 1) weitergehend sogar dann eine Einrede, wenn die Hauptforderung zwar besteht, aber **gestaltbar** ist.
- Zahlt hingegen der Sicherungsgeber an den Gläubiger, so **geht die Forderung auf ihn über** (vgl. für die Bürgschaft § 774 Abs. 1 S. 1 u. für die Hypothek § 1143).

Akzessorische Sicherheiten (vgl. § 401): Bürgschaft, Faustpfandrecht, Hypothek, Vormerkung (als Sicherungsmittel eigener Art; § 401 wird nach h.M. auf die Vormerkung analog angewendet).

342 Sie müssen also die Entstehungsvoraussetzungen, die Einwendungen und die Einreden **zweigleisig prüfen**, bezogen sowohl auf die zu sichernde Forderung als auch auf die akzessorische Sicherheit. Die akzessorische Sicherheit ist nur frei von Fehlern, wenn **sowohl sie selbst als auch die gesicherte Forderung** an keinem Mangel leiden.[633]

So ist **z.B.** der Anspruch aus § 1210 Abs. 1 S. 1 **nicht entstanden**, wenn die Bestellung des Faustpfandrechts nach §§ 1204 ff. und/oder der der gesicherten Forderung zu Grunde liegende Vertrag (z.B. ein Darlehen) gemäß § 142 Abs. 1 nichtig ist. Der Anspruch aus der Hypothek ist gemäß § 1147 Abs. 1 **erloschen**, soweit er selbst und/oder die gesicherte Forderung gemäß § 362 Abs. 1 erfüllt wurde. Der Anspruch aus der Bürgschaft gemäß § 765 Abs. 1 ist **nicht durchsetzbar**, wenn er selbst und/oder die gesicherte Forderung verjährt ist – Achtung, bzgl. der gegenständlich-akzessorischen Sicherheiten durchbricht § 216 Abs. 1 hinsichtlich der Verjährung die Akzessorietät.[634]

Beachten Sie auch, dass neben den allgemeinen Einreden **für bestimmte Sicherheiten spezielle Einreden** normiert sind, die nur für diese gelten.

Beispiele: Einrede der Vorausklage gegen die Bürgschaft (§ 771, beachte § 773 Abs. 1 Nr. 1 und § 349 HGB); Zurückbehaltungsrecht gegen die Hypothek aus § 1144.

---

632 Näher zur forderungsentkleideten Hypothek AS-Skript Sachenrecht 2 (2014), Rn. 97 ff. u. 105 ff.

633 Vgl. zur Zweigleisigkeit der Prüfung akzessorischer Sicherheiten auch AS-Aufbauschemata Zivilrecht/ZPO (2015), S. 338 f.

634 Vgl. auch Palandt/Ellenberger § 216 Rn. 2 ff.; dort heißt es, die Norm gelte auch für die abstrakten Sicherheiten, wobei sich das bereits aus eben der Abstraktheit dieser Sicherheiten ergibt.

343

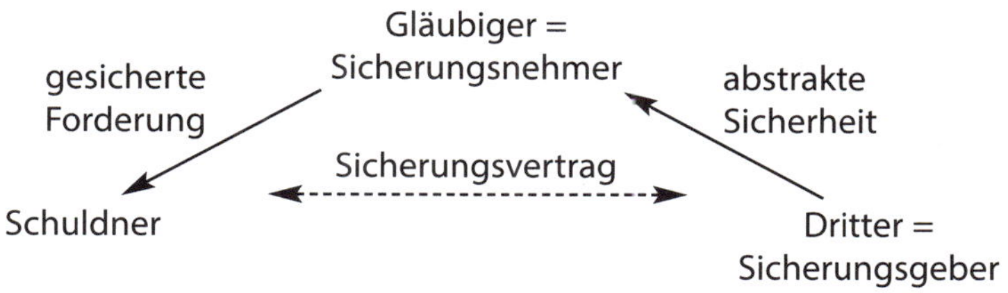

Abstrakte (auch: **fiduziarische**) Sicherheiten sind von Gesetzes wegen nicht mit der zu sichernden Forderung verwoben. Sie können ohne Forderung entstehen und bleiben nach Untergang der Forderung bestehen. Sie wechseln nicht ipso iure ihren Inhaber, wenn die Forderung den Inhaber wechselt. Die Parteien können sie zwar mittels Vereinbarung von Bedingungen an die Forderung knüpfen. Das verstößt nicht gegen das Abstraktionsprinzip, muss aber ausdrücklich vereinbart werden.[635]

Abstrakte Sicherheiten: Garantievertrag, Sicherungsübereignung, Grundschuld – wobei die Sicherungsgrundschuld nach § 1192 Abs. 1 a hinsichtlich bestimmter Einreden quasi-akzessorisch ist.[636]

Allerdings folgt aus dem **Sicherungsvertrag** regelmäßig ein Anspruch auf Herstellung 344
derjenigen Rechtslage, die bei einer vergleichbaren akzessorischen Sicherheit bereits kraft Gesetzes entstehen würde.

Beispiel:[637] Zahlt der Schuldner an den Gläubiger, so erwirbt der Eigentümer des Grundstücks (vorbehaltlich § 1164 Abs. 1 S. 1) die sichernde Hypothek gemäß § 1163 Abs. 1 S. 2. Eine Sicherungsgrundschuld geht hingegen nicht auf den Eigentümer über, da § 1163 nicht gemäß § 1192 Abs. 1 auf die Sicherungsgrundschuld anwendbar ist. Der Sicherungsgeber (i.d.R. alias Eigentümer) hat aber gegen den Sicherungsnehmer alias Gläubiger einen Anspruch auf Rückübertragung der Sicherungsgrundschuld aus dem Sicherungsvertrag. Wenn ein solcher Anspruch nicht ausdrücklich in den Sicherungsvertrag aufgenommen wurde, dann ergibt er sich aus einer interessengerechten, Treu und Glauben entsprechenden Auslegung des Sicherungsvertrags (§§ 133, 157, 242). Denn der Gläubiger ist befriedigt und hat kein schützenswertes Interesse mehr daran, die Sicherungsgrundschuld weiter innezuhaben.

C. Entstehung (Ersterwerb) und Übertragung (Zweiterwerb) einer Sicherheit

345

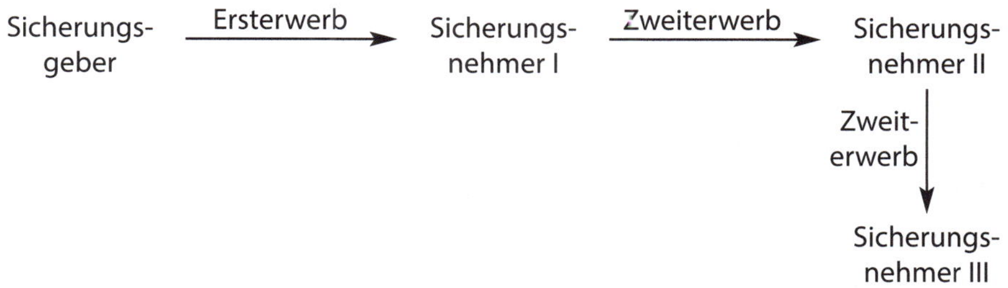

Die Erschaffung einer Sicherheit „aus dem Nichts" bezeichnet man als **Entstehung** oder auch **Ersterwerb**. Die **Übertragung** einer bestehenden Sicherheit bezeichnet man als **Zweiterwerb**, wobei beliebig viele Übertragungen nacheinander geschehen können.

635 Vgl. allgemein AS-Skript BGB AT 1 (2017), Rn. 24, und zur Sicherungsübereignung AS-Skript Sachenrecht 1 (2017), Rn. 312.

636 Näher zu § 1192 Abs. 1 a AS-Skript Sachenrecht 2 (2016), Rn. 216 ff.

637 Näher AS-Skript Sachenrecht 2 (2016), Rn. 187 f.

Wer diese Unterscheidung nicht kennt und konsequent vornimmt, begeht elementare Fehler, weil für beide Erwerbsformen **verschiedene Voraussetzungen** gelten.

***§§ 929 ff.** und **§§ 873, 925** regeln **nur den Zweiterwerb** (derivativer Erwerb) des Eigentums. Sein Ersterwerb (originärer Erwerb) vollzieht sich kraft Gesetzes (§§ 937–984) oder kraft Hoheitsakt. Ebenso regeln **§§ 398 ff. nur den Zweiterwerb** einer Forderung.*

	Ersterwerb	Zweiterwerb
Faustpfandrecht (dinglich/akzessorisch)	§§ 1204 ff.	§§ 1250 Abs. 1 S. 1, 401
Sicherungsübereignung (dinglich/abstrakt)	– – –	§§ 929 S. 1, 930
Eigentumsvorbehalt/ Anwartschaftsrecht (dinglich/„akzessorisch")	§§ 929 ff., 158 Abs. 1	§§ 929 ff. (h.M.)
Forderungspfandrecht (dinglich/akzessorisch)	§§ 1274 Abs. 1 S. 1, 398	§§ 1273 Abs. 2 S. 1, 1250 Abs. 1 S. 1, 401
Sicherungsabtretung (gegenständlich/abstrakt)	– – –	§ 398
Hypothek (dinglich/akzessorisch)	§§ 873, 1113 ff.	§§ 401, 1153 Abs. 1 (beachte § 1154 für Abtretung der Forderung)
Grundschuld (dinglich/abstrakt)	§§ 873, 1192 Abs. 1, 1113 ff.	§§ 398, 1154, 1192 Abs. 1
Bürgschaft (persönlich/akzessorisch)	§ 765	§ 401
Vormerkung (akzessorisch)	§§ 883, 885	§ 401 analog

346 Für den **Zweiterwerb** der Sicherheit **vom Nichtberechtigten** – also von dem, der weder ihr verfügungsbefugter Inhaber noch zu ihrer Übertragung ermächtigt ist – gilt:

- Wenn es bereits **keine gesetzlichen Voraussetzungen** für einen Zweiterwerb der Sicherheit gibt, dann ist dieser selbstredend auch nicht möglich.

  Beispiel: Bürgschaft.

- Ist **ein anderer** Inhaber der Sicherheit, so kann diese unter den jeweiligen gesetzlichen Voraussetzungen erworben werden.

  Beispiel: Hypothek über § 892, Anwartschaftsrecht an beweglichen Sachen über §§ 932 ff. analog.

- **Existiert die Sicherheit überhaupt nicht**, so können nur solche Sicherheiten unter den jeweiligen gesetzlichen Voraussetzungen gutgläubig erworben werden, für die ein Publizitätsträger besteht, auf dem der gute Glaube des Erwerbers beruhen kann.

  Beispiel: Hypothek über § 892 aufgrund ihrer Eintragung im Grundbuch, nicht aber das nicht verbriefte Anwartschaftsrecht an beweglichen Sachen oder an einem Grundstück

2. Abschnitt: Der Anspruch gegen den Bürgen aus § 765 Abs. 1

Im Examen wird das Bürgschaftsrecht sehr oft **inzident** im Rahmen des Anspruchs des Gläubigers gegen den Bürgen aus dem Bürgschaftsvertrag (§ 765 Abs. 1) abgeprüft. Neben dem Bürgschaftsvertrag bestehen in der Regel folgende weitere schuldrechtliche Beziehungen: **347**

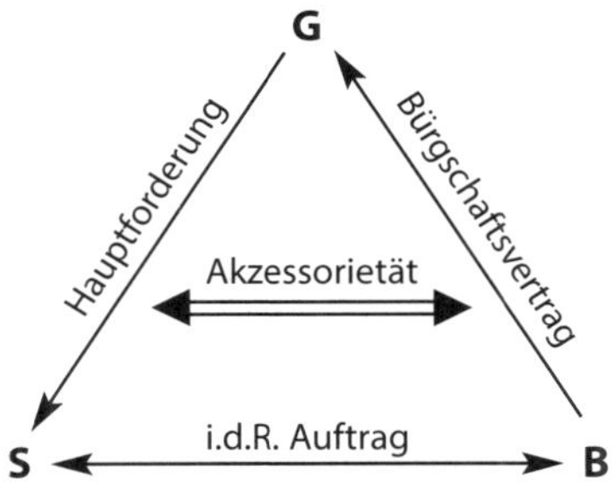

- zu sichernde Forderung des G gegen S (Hauptforderung), die sich oft aus einem (vertraglichen oder gesetzlichen) Schuldverhältnis ergibt;
- Rechtsverhältnis B – S, im Regelfall Auftrag;
- Bürgschaftsvertrag, aus dem B gegenüber G verpflichtet ist, soweit die Hauptforderung entstanden, nicht erloschen und durchsetzbar ist (Akzessorietät);

Ordnen *Sie Ihre Gedanken nach dem bewährten* ***Entstanden-Erloschen-Durchsetzbar-Denkschema****. Bei der* ***Formulierung ihres Gutachtens*** *sollten Sie ihn aber sparsam verwenden und stattdessen Schwerpunkte setzen, damit es nicht anfängerhaft wirkt.*[638]

Als Besonderheit der Bürgschaft als ***akzessorisches Sicherungsmittel*** *müssen Sie dabei* ***zweigleisig*** *prüfen: Der Anspruch gegen den Bürgen ist nur dann entstanden/nicht erloschen/durchsetzbar, wenn sowohl die Hauptforderung als auch der Anspruch im Übrigen selbst entstanden/nicht erloschen/durchsetzbar ist.*

Zweigleisige Prüfung des Anspruchs aus § 765 aufgrund der Akzessorietät

I. Entstehung

1. Wirksame Einigung Bürge–Gläubiger

2. Entstehung der Hauptforderung (**Akzessorietät**)

II. Erlöschen

1. Erlöschen der Bürgschaft selbst: § 776 S. 1, § 777, Schuldrecht AT (insbesondere §§ 362 ff., 418 Abs. 1 S. 1)

2. Erlöschen der Hauptforderung (**Akzessorietät**), auch wegen Ausübung eines Gestaltungsrechts

III. Durchsetzbarkeit

1. Einrede gegen Bürgschaft selbst, insbesondere § 771

2. Einreden gegen die Hauptforderung (§ 768) und Gestaltbarkeit (§ 770) der Hauptforderung (**Akzessorietät**)

638 Näher zu den Vorteilen und Gefahren dieses Denkschemas AS-Skript BGB AT 1 (2017), Rn. 12.

A. Entstehung durch Begründung der Bürgschaft (Ersterwerb)

I. Die Einigung

348 Die Bürgschaft ist ein, wenn auch nur einseitig den Bürgen verpflichtender, **Vertrag**. Eine einseitige Erklärung des Bürgen genügt also nicht. Vielmehr müssen sich die Parteien des Bürgschaftsvertrags, also der Bürge und der Gläubiger, nach Maßgabe der §§ 104 ff. über den von § 765 vorgesehenen Inhalt **einigen**, um eine Bürgschaft zu begründen (**Ersterwerb**).

1. Inhalt der Einigung

349 Mit dem Bürgschaftsvertrag verpflichtet sich gemäß § 765 Abs. 1 der Bürge gegenüber dem Gläubiger eines Dritten (Hauptschuldner), für die Erfüllung der Verbindlichkeit des Dritten (Hauptschuld) einzustehen. Es muss – nach einer Auslegung gemäß §§ 133, 157 aus Sicht des objektiven Empfängers – ein **Verbürgungswille** deutlich werden. Ferner muss die **Hauptschuld**, für die die Bürgschaft übernommen wird, nach Gläubiger, Schuldner, Schuldgrund und -höhe bestimmt werden oder wenigstens **bestimmbar** (vgl. § 765 Abs. 2 Var. 1) sein.

2. Abgrenzung: Bürgschaft, Schuldbeitritt oder Garantie

350 Ebenfalls im Rahmen der Auslegung ist die Bürgschaft von anderen Sicherungsinstituten **abzugrenzen**, insbesondere dem **Schuldbeitritt** und dem **Garantievertrag**.[639]

*In der Prüfung müssen Sie – wie immer – den **Umfang** ihrer Ausführungen zur Auslegung **vom Einzelfall abhängig** machen. Ist im Sachverhalt knapp und ausdrücklich von einer „Bürgschaft" des (vielleicht sogar rechtskundigen) „Bürgen" die Rede, so wäre es jedenfalls ohne konkreten Anlass verfehlt, lang und breit zu prüfen, ob nicht vielleicht doch ein Schuldbeitritt vorliegt. Heißt es hingegen vage, der Sicherungsgeber wolle für die Hauptschuld „aufkommen", „geradestehen" o.ä., so wird eine ausführliche Auslegung erwartet.*

*Der **Standort** dieser Auslegung in Ihrem Gutachten ist ein Stück weit Geschmackssache: Insbesondere in akademisch geprägten Gutachten ist (wohl) die Auslegung bereits im Rahmen der Einigung üblicher. Ein Praktiker wird sich diese Mühe hingegen erst dann machen, wenn die Auslegung für das Ergebnis unmittelbar relevant ist. Das ist nicht bereits bei der Einigung der Fall, denn wegen der Vertragsfreiheit (Art. 2 Abs. 1 GG, § 311 Abs. 1) ist zunächst irrelevant, wie man das abgeschlossene Geschäft bezeichnet. In Klausuren wird eine auslegungsbedürftige Einigung häufig mit Formproblemen zu § 766 kombiniert, sodass oft (spätestens) dort die Auslegung erfolgen muss, um zu klären, ob die Norm anwendbar ist.*

351 Die Abgrenzung erfolgt maßgeblich danach, wie **schutzbedürftig** der Sicherungsgeber ist. Wegen der besonders weiten und strengen Akzessorietät und wegen des Formerfordernisses des § 766 verleiht die **Bürgschaft den stärksten Schutz**.

Ein wichtiger Aspekt für die Schutzbedürftigkeit ist die Frage, in welchem Umfang **der Sicherungsgeber ein eigenes Interesse an dem Geschäft zwischen Gläubiger und**

---

639 Vgl. zur Abgrenzung Bürgschaft/Schuldbeitritt/Garantievertrag (auch von weiteren Rechtsinstituten) MünchKomm/Habersack vor § 765 Rn. 10 ff.; Palandt/Sprau Einf v § 765 Rn. 15 ff.

Hauptschuldner hat. Je eher er eigene Interessen verfolgt, umso eher ist es gerechtfertigt, ihm besonderen Schutz zu versagen und ihn stattdessen wie den Schuldner einer originär eigenen Verbindlichkeit zu behandeln.

Wenn die Auslegung, welcher Vertragstyp vorliegt, zu keinem eindeutigen Ergebnis führt, **ist im Zweifel eine Bürgschaft anzunehmen.**[640] Auch wenn Sicherungsgeber und Sicherungsnehmer aufgrund ihrer Vertragsfreiheit ihr Verhältnis (im Rahmen der §§ 134, 138, 242) nach Belieben ausgestalten können, ist doch die Bürgschaft das einzige gesetzlich ausdrücklich vorgesehene persönliche Sicherungsmittel. Anderenfalls würde insbesondere die Schutzvorschrift des § 766 unterlaufen.

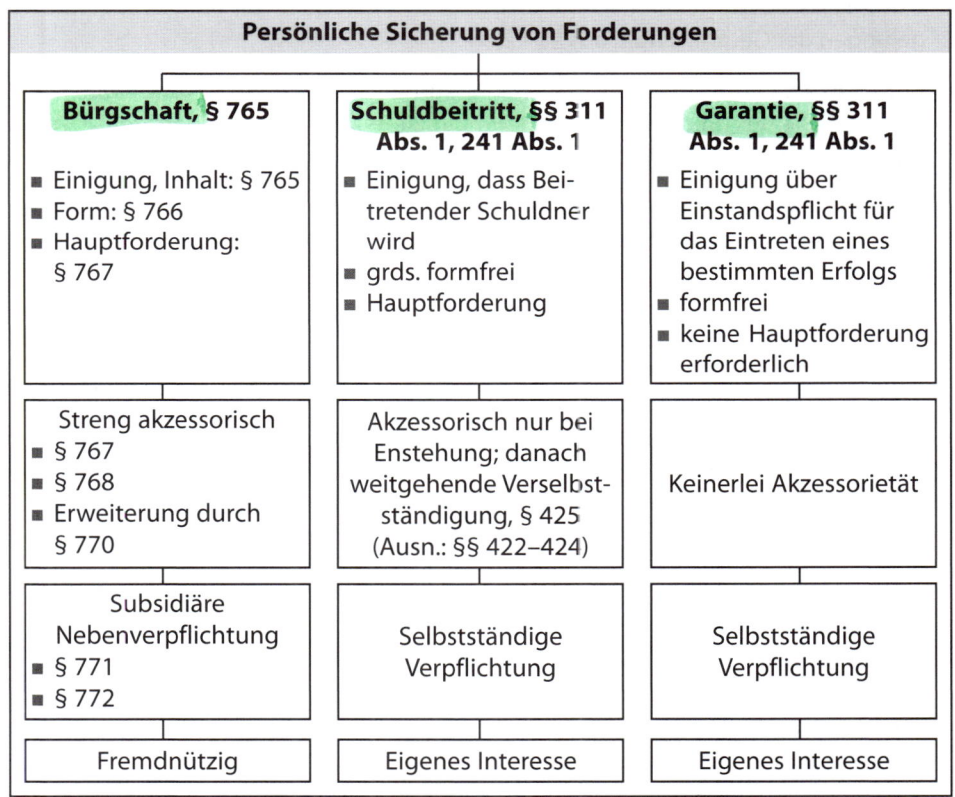

Persönliche Sicherung von Forderungen

Bürgschaft, § 765	**Schuldbeitritt, §§ 311 Abs. 1, 241 Abs. 1**	**Garantie, §§ 311 Abs. 1, 241 Abs. 1**
■ Einigung, Inhalt: § 765 ■ Form: § 766 ■ Hauptforderung: § 767	■ Einigung, dass Beitretender Schuldner wird ■ grds. formfrei ■ Hauptforderung	■ Einigung über Einstandspflicht für das Eintreten eines bestimmten Erfolgs ■ formfrei ■ keine Hauptforderung erforderlich
Streng akzessorisch ■ § 767 ■ § 768 ■ Erweiterung durch § 770	Akzessorisch nur bei Enstehung; danach weitgehende Verselbstständigung, § 425 (Ausn.: §§ 422–424)	Keinerlei Akzessorietät
Subsidiäre Nebenverpflichtung ■ § 771 ■ § 772	Selbstständige Verpflichtung	Selbstständige Verpflichtung
Fremdnützig	Eigenes Interesse	Eigenes Interesse

- Der **Bürge** will eine **fremde** Schuld begleichen, er will die Hauptforderung des Gläu- 352
  bigers gegen den Schuldner, so wie sie im Zeitpunkt der Geltendmachung der Bürgschaft besteht, erfüllen. Seine Haftung ist nur abgeleitet von der Haftung des Hauptschuldners für seine Verbindlichkeit. Treten also vom Zeitpunkt der Übernahme der Bürgschaft bis zur Inanspruchnahme des Bürgen Veränderungen bzgl. der Hauptforderung ein, so kann sich der Bürge darauf berufen, §§ 767, 768, 770. Die Entstehung, der Fortbestand und der Umfang der Bürgschaft sind daher **dauerhaft** von der Hauptschuld abhängig – **Akzessorietät.**

640 BGH Urt v. 19.09.1985 – VII ZR 338/84, NJW 1986, 580; OLG Hamm, Urt. v. 10.02.1993 – 12 U 167/92, NJW 1993, 2625; Palandt/Grüneberg Überbl v § 414 Rn. 4.

Die Bürgschaftserklärung bedarf der **Form** des § 766.

353 ■ Derjenige, der der **Schuld beitritt**, haftet gleichstufig neben dem ursprünglichen Schuldner. Der Beitretende wird daher gemäß § 421 Gesamtschuldner, d.h. er wird neben dem ursprünglichen Schuldner selbst verpflichtet, sodass er eine **eigene** Verbindlichkeit begründet. Der vertragliche Schuldbeitritt ist gesetzlich nicht geregelt.

Es gibt aber Fälle, in denen jemand **kraft Gesetzes** einer Schuld beitritt, § 2382, §§ 25, 28, 130 HGB.

In ihrer **Entstehung** ist diese Verbindlichkeit – wie die Bürgschaft – abhängig von der ursprünglichen Verbindlichkeit, denn es kann denklogisch nur der Beitritt zu einer tatsächlich bestehenden Schuld geschehen. Hinsichtlich ihres **Untergangs** und ihrer **Durchsetzbarkeit** gelten nach ganz h.M. – im Unterschied zur Bürgschaft – die Regelungen der Gesamtschuld aus §§ 422 ff.:[641]

- Gemäß § 425 Abs. 1 wirken Tatsachen grundsätzlich nur für und gegen den jeweiligen Gesamtschuldner, in dessen Person sie eintreten (**einzelwirkende Tatsachen**, Beispiele nennt § 425 Abs. 2).
- Nur die in § 422–424 genannten Tatsachen wirken für und gegen alle Gesamtschuldner, also quasi akzessorisch (**gesamtwirkende Tatsachen**).

Nach a.A. sollen auf den Schuldbeitritt diejenigen **Regelungen der Bürgschaft** analog angewendet werden, die Ausdruck der Akzessorietät sind. Konkret wären also nicht die §§ 422 ff., sondern die §§ 767, 768, 770 auf den Schuldbeitritt anzuwenden.[642] Gegen diesen Ansatz spricht, dass die §§ 422 ff. eine ausdrückliche Regelung enthalten und daher für die analoge Anwendung anderer Vorschriften kein Raum ist.

Der Schuldbeitritt ist **grundsätzlich formfrei**, insbesondere wird nicht § 766 analog herangezogen. Dies gilt jedoch nicht für den Schuldbeitritt eines Verbrauchers zu einem Darlehensvertrag. Dieser ist analog § 492 Abs. 1 formbedürftig.[643]

An die Einordnung der Willenserklärungen als Schuldbeitritt sind höhere Anforderungen als an eine Bürgschaft zu stellen, weil der Beitretende nicht durch ein Formerfordernis und nur durch eine partielle Akzessorietät geschützt wird. Erforderlich ist, dass der Beitretende ein **wirtschaftliches oder rechtliches Eigeninteresse** an der Erfüllung der Hauptforderung hat.[644] Denn nur, wenn er selbst einen wirtschaftlichen oder rechtlichen Vorteil in Aussicht hat, wird er eine für den Gläubiger zwar attraktive, für ihn selbst aber gefährlichere Sicherheit bestellen wollen.

354 ■ Aufgrund des **Garantievertrags** wird die Verpflichtung begründet, verschuldensunabhängig für den Eintritt eines bestimmten zukünftigen Erfolgs einzustehen oder das Risiko einer zukünftigen Gefahr zu übernehmen. Es wird eine vom Bestand und Umfang einer anderen Forderung völlig unabhängige, **selbstständige** neue Forderung begründet, die keiner Veränderung unterliegt. Im Unterschied zur Bürgschaft ist die Garantie also gänzlich **nicht akzessorisch**.

---

641 Vgl. zu den §§ 422 ff. auch AS-Skript Schuldrecht AT 2 (2016), Rn. 443 ff.

642 Vgl. MünchKomm/Habersack vor § 765 Rn. 15.

643 S. oben Rn. 24.

644 Palandt/Sprau Einf v § 765 Rn. 17.

Obwohl der Garantievertrag zu einer sehr weitreichenden Haftung des Garanten führt, bedarf er **keiner Form**. § 766 ist nach h.M. auch nicht analog anwendbar.[645]

An die Einordnung der Willenserklärungen als Garantievertrag sind sehr hohe Anforderungen zu stellen, weil der Garant weder durch ein Formerfordernis noch durch irgendeine Akzessorietät geschützt wird. Erforderl ch ist, dass der Garant ein **starkes wirtschaftliches oder rechtliches Eigeninteresse** an der Erfüllung der (womöglich nicht einmal bestehenden) Hauptforderung hat.[646] Nur, wenn er selbst einen wirtschaftlichen oder rechtlichen Vorteil in Aussicht hat, wird er eine für den Gläubiger zwar sehr attraktive, für ihn selbst aber sehr gefährliche Sicherheit bestellen wollen.

II. Die Wirksamkeit der Einigung

Die Einigung nach § 765 ist unwirksam, soweit **Nichtigkeitsgründe** des BGB AT erfüllt **355**
sind. Es folgt eine nicht abschließende Aufzählung derjenigen Nichtigkeitsgründe, die typischerweise im Examen im Zusammenhang mit der Bürgschaft auftauchen.

1. Die Formvorschrift des § 766

§ 766 stellt gewisse Formvoraussetzungen auf, deren Nichtbeachtung gemäß **§ 125 S. 1** **356**
zur Nichtigkeit des Bürgschaftsvertrags führt.

a) Das Formerfordernis des § 766 S. 1 u. 2

Das **Bürgschaftsversprechen** des Bürgen – also nur die **Willenserklärung des Bürgen** **357**
und nicht der Vertrag insgesamt – muss grundsätzlich **schriftlich** abgegeben werden, §§ 766 S. 1, 126. Typischerweise tauchen hierzu im Examen folgende Probleme auf:

- Zweck der Vorschrift ist, den Bürgen zu warnen und ihm das übernommene Risiko vor Augen zu führen. Daher müssen sich aus der Urkunde die **wesentlichen Bestandteile** (essentialia negotii) der Bürgschaftsverpflichtung entnehmen lassen, d.h. der Verbürgungswille, die zu sichernde Hauptforderung sowie die Personen von Gläubiger und Hauptschuldner.[647]

  Das Schriftformerfordernis kann nach allgemeinen Grundsätzen auch dann gewahrt sein, wenn ein oder mehrere Bestandteile des Vertrags **unklar oder mehrdeutig** formuliert, die Zweifel aber im Wege der Auslegung gemäß §§ 133, 157 zu beseitigen sind. Es gelten die allgemeinen Grundsätze der für alle schriftlichen Erklärungen geltenden **Andeutungstheorie**: Es dürfen und müssen auch außerhalb der Urkunde liegende Umstände herangezogen werden, sofern sich für den Willen des Erklärenden ein Anhaltspunkt in der Urkunde findet, der Inhalt der Bürgschaftsverpflichtung also dort irgendwie seinen Ausdruck gefunden hat.[648]

---

645 MünchKomm/Habersack vor § 765 Rn. 19; Looschelders Rn. 942.

646 Palandt/Sprau Einf v § 765 Rn. 17.

647 BGH, Urt. v. 29.02.1996 – IX ZR 153/95; MünchKomm/Habersack § 766 Rn. 8 ff.; Palandt/Sprau § 766 Rn. 3.

648 BGH, Urt. v. 17.02.2000 – IX ZR 32/99, NJW 2000, 1569; vgl. allg. zur Andeutungstheorie AS-Skript BGB AT 2 (2017), Rn. 156.

Auch die Grundsätze der **falsa demonstratio** sind anwendbar.[649] Es ist also nicht der niedergeschriebene, sondern der wirkliche (nicht einmal angedeutete) Wille der Parteien maßgeblich, soweit die Parteien diesen Willen gemeinsam hatten.

Beispiel: B erklärt schriftlich, für „die Mietschuld" des S zu bürgen. G steckt die Urkunde ein und nickt. Tatsächlich wollten B und G aber eine Bürgschaft für die Kaufpreisschuld des S vereinbaren. B hat sich gegenüber G wirksam (nur) für die Kaufpreisschuld verbürgt. Die Falschbezeichnung durch B schadet nicht, weil G konkludent eine übereinstimmende Falschbezeichnung vorgenommen hat (falsa demonstratio non nocet).

358 ■ Eine mittels **Telefax** übermittelte Bürgschaftserklärung wahrt – wie jede andere Erklärung auch – die gesetzliche Schriftform nicht, weil der Erklärende die Verfügungsmacht über die Originalurkunde behält, während der Adressat nur eine Fernkopie der Erklärung erhält. Die Schriftform ist nur gewahrt, wenn der Adressat die tatsächliche Verfügungsgewalt über die Urkunde erlangt, denn nur dann ist ihm die Erklärung i.S.d. § 130 Abs. 1 S. 1 „zugegangen".[650]

Ebenso wenig wahrt eine **unsignierte E-Mail** das Erfordernis der Schriftform, zumal in diesem Fall bereits keine Urkunde i.S.d. § 126 Abs. 1 vorliegt, die dem Adressaten zugehen könnte.

*Ein Fax und eine E-Mail wahren allerdings die **Textform** des § 126 b. Allerdings steht diese im Rang unter der Schriftform und kann diese daher nicht ersetzen (Umkehrschluss aus § 126 Abs. 3 u. 4).[651] Ferner wahren sie gemäß § 127 Abs. 2 S. 1 die gewillkürte Schriftform.*

Grundsätzlich kann die Schriftform gemäß § 126 Abs. 3 durch die **elektronische Form**, also insbesondere durch eine **qualifiziert signierte E-Mail**, ersetzt werden. Für die Bürgschaftserklärung ist dies gemäß § 766 S. 2 jedoch nicht zulässig.

359 ■ Der Schriftform bedarf es nach **§ 350 HGB** nicht, wenn der Bürge nach §§ 1 ff. HGB ein Kaufmann ist und die Übernahme der Bürgschaft (zumindest) für ihn ein Handelsgeschäft i.S.d. §§ 343, 344 HGB darstellt.[652]

360 ■ Wird die Form des § 766 S. 1 nicht eingehalten, kann es – wie bei anderen Formvorschriften auch – ausnahmsweise gegen **Treu und Glauben** (§ 242) verstoßen, wenn der Bürge sich auf den Formmangel beruft. Er muss sich dann so behandeln lassen, als habe er sich formwirksam verbürgt. Allerdings bezweckt § 766 vornehmlich nicht die Dokumentation der Bürgschaft, sondern die **Warnung** des Bürgen zu seinem Schutz. Dieser Einwand greift daher nur in **extremen Ausnahmefällen**, in denen die Unwirksamkeit des Rechtsgeschäfts für den Sicherungsnehmer zu **schlechthin untragbaren Härten** führen würde.[653]

b) Die Heilung nach § 766 S. 3

361 Der Mangel der Form wird geheilt, wenn der Bürge trotz des Formmangels die **Hauptverbindlichkeit erfüllt**, § 766 S. 3.

---

649 BGH, Urt. v. 17.02.2000 – IX ZR 32/99, NJW 2000, 1569; vgl. allg. zur falsa demonstratio AS-Skript BGB AT 2 (2017), Rn. 157.

650 Vgl. BGH, Urt. v. 30.01.1997 – IX ZR 133/96, NJW-RR 1997, 684.

651 Näher zu den Formerfordernissen, den Ausnahmen und der Nichtigkeit nach § 125 AS-Skript BGB AT 2 (2017), Rn. 113 ff.

652 Näher zur Kaufmannseigenschaft und zum Begriff des Handelsgeschäfts AS-Skript Handelsrecht (2017), Rn. 5 ff. und 238 ff.

653 BGH, Urt. v. 17.01.1991 – IX ZR 170/90, NJW-RR 1991, 757; Riehm JuS 2000, 241, 246.

Fall 10: Zahlungszusage

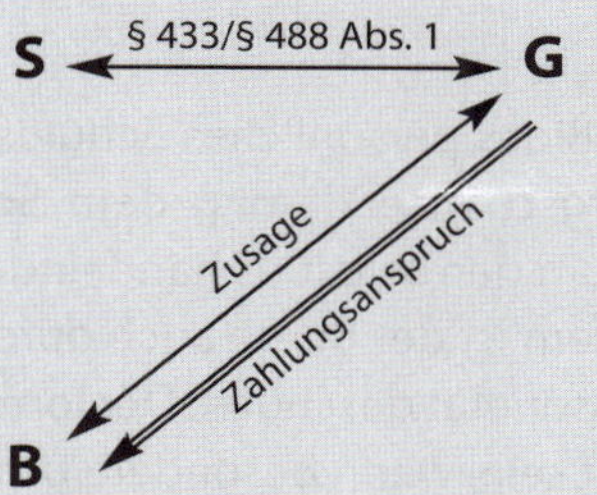

S schuldet seiner Nachbarin G aus einem privaten Pkw-Kaufvertrag 7.500 €. S bittet um Zahlungsaufschub. G willigt unter der Bedingung ein, dass S Sicherheit leistet. Die vermögende Ehefrau des S (B) teilt der G per qualifiziert signierter E-Mail mit, dass sie für die Kaufpreisschuld des S aus dem Kaufvertrag bis zu einem Betrag von 7.500 € einstehen werde. G fordert daraufhin von S den Kaufpreis zunächst nicht ein. Später nimmt G die B in Anspruch, nachdem sich herausstellt, dass S nicht zahlen kann.

Besteht der geltend gemachte Anspruch?

G könnte gegen B einen Zahlungsanspruch aus einer im Rahmen der Vertragsfreiheit (§ 311 Abs. 1 BGB, Art. 2 Abs. 1 GG) geschlossenen **vertraglichen Abrede** haben. **362**

I. G und B müssen sich nach Maßgabe der §§ 145 ff. **geeinigt** haben. B hat G **angeboten**, für die Schuld des S einzustehen. G hat daraufhin den Kaufpreis von S nicht gefordert und hierdurch konkludent die **Annahme** erklärt. Das avisierte Geschäft war für G ausschließlich von Vorteil, sodass der Zugang dieser Annahmeerklärung bei B gemäß § 151 S. 1 Var. 1 nach der Verkehrssitte nicht erforderlich war. G und B haben sich geeinigt.

II. Die Einigung ist aber gemäß § 125 S. 1 unwirksam, wenn zumindest eine der beiden Erklärungen nicht der **gesetzlich vorgeschriebenen Form** genügt. Ein Formerfordernis für die Erklärung der G besteht nicht. Ob die Erklärung der B per qualifiziert signierter E-Mail gegen ein Formerfordernis verstößt, hängt davon ab, welche Rechtsnatur das von B und G vereinbarte Geschäft hat. Denn die Garantie ist als atypischer, gesetzlich nicht geregelter Vertrag **formlos** wirksam. Gleiches gilt – abgesehen von der hier nicht gegebenen Ausnahme des Beitritts eines Verbrauchers zu einem Darlehen – für den Schuldbeitritt. Für die Bürgschaftserklärung ist hingegen grundsätzlich gemäß §§ 766 S. 1, 126 die **Schriftform** erforderlich. In Ausnahme zu § 126 Abs. 3 war es der B gemäß § 766 S. 2 nicht möglich, diese Schriftform mit ihrer (der elektronischen Form i.S.d. § 126 a genügenden) qualifiziert signierten E-Mail zu ersetzen. Auch ist sie keine Kauffrau i.S.d. §§ 1 ff. HGB, sodass bereits aus diesem Grund die Formerleichterung des § 350 HGB nicht greift. Folglich ist die Erklärung der B unwirksam, wenn es sich um eine Bürgschaftserklärung handelt.

Aus dem Wortlaut „einstehen" lässt sich die Rechtsnatur des Geschäfts nicht eindeutig bestimmen. Sie ist daher im Wege der **Auslegung** gemäß §§ 133, 157 aus Sicht des objektiven Empfängers unter Berücksichtigung aller Umstände zu ermitteln.

1. Es könnte eine **Garantieerklärung** vorliegen. B erklärte jedoch, dass sie „für die Schuld" des S „einstehen" werde. Sie gab zu erkennen, abhängig von der Schuld des S, also nur akzessorisch haften zu wollen. Die Garantie begründet hingegen eine **abstrakte**, in keiner Weise akzessorische Haftung des Garantiegebers, sodass B keine Garantieerklärung abgegeben hat.

2. Die gewollte **akzessorische** Haftung konnte B sowohl durch einen weitgehend akzessorischen **Schuldbeitritt** als auch durch eine streng akzessorische **Bürgschaft** erreichen.

Der Gesetzgeber hat die Bürgschaft als regelmäßiges persönliches Schuldsicherungsmittel ausdrücklich geregelt und die Bürgschaftserklärung dem Schriftformerfordernis gemäß § 766 S. 1 unterworfen, um den selbstlos handelnden Sicherungsgeber zu warnen und zu schützen. Zudem ist der Bürge auch durch die nur bei der Bürgschaft bestehende strenge Akzessorietät geschützt. Der formfreie Schuldbeitritt kann daher nur dann von B gewollt sein, wenn besondere Umstände zu dem Schluss führen, dass B als Sicherungsgeberin eine nach Maßgabe der §§ 422 bis 425 nur teilweise akzessorische Sicherheit bestellen wollte. Ein gewichtiges, aber nicht zwingendes Indiz liegt vor, wenn der Sicherungsgeber eben nicht selbstlos handelt, sondern an der Tilgung der zu sichernden Forderung ein **eigenes wirtschaftliches oder rechtliches Interesse** hat. Denn nur dann hat der Sicherungsgeber einen Grund dafür, eine dem Gläubiger vorteilhaftere Sicherheit zu wählen, die für ihn selbst aber risikoreicher als eine Bürgschaft ist. Wenn die Auslegung zu keinem eindeutigen Ergebnis führt, ist zum Schutz des Sicherungsgebers **im Zweifel eine Bürgschaft** anzunehmen.[654]

Das **bloße persönliche und verwandtschaftliche Interesse** der B daran, dass ihr Ehemann zunächst den Kaufpreis nicht zahlen muss, genügt nicht, um zweifelsfrei davon auszugehen, dass B auf den Schutz einer strengen Akzessorietät verzichten wollte. Die Erklärung der B war daher auf eine Bürgschaft gerichtet.

Diese Erklärung der B wahrt nicht die von §§ 766 S. 1, 126 vorgesehene Form. B hat zudem nicht an G gezahlt, sodass dieser Formverstoß auch **nicht** nach § 766 S. 3 **geheilt** wurde. Die Erklärung der B ist also gemäß § 125 S. 1 nichtig.

Es besteht kein Bürgschaftsvertrag und daher auch kein Anspruch der G gegen B aus einer vertraglichen Abrede.

---

654 BGH Urt v. 19.09.1985 – VII ZR 338/84, NJW 1986, 580; OLG Hamm, Urt. v. 10.02.1993 – 12 U 167/92, NJW 1993, 2625; Palandt/Grüneberg Überbl v § 414 Rn. 4.

c) Blankobürgschaft

Examensklassiker ist die Kombination des stellvertretungsrechtlichen Problems der **Blanketterklärung**[655] mit dem Erfordernis des § 766 im Fall der **Blankobürgschaft**. 363

Fall 11: Warenbeschaffungsnot

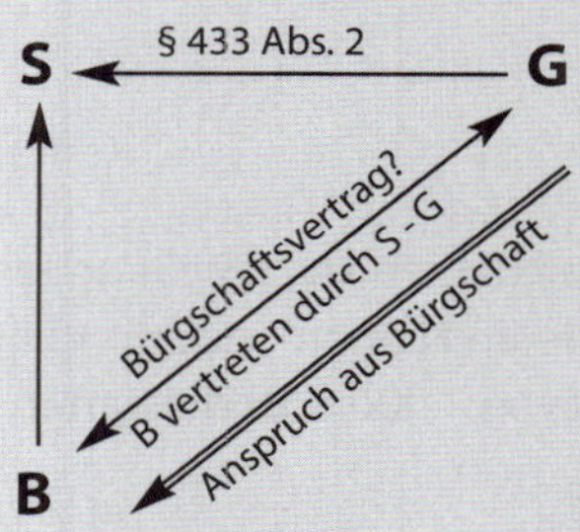

Kaufmann S ist in Schwierigkeiten, weil er sich Waren beschaffen muss, ohne das erforderliche Geld zu haben. Er bittet seinen Freund B um die Übernahme einer Bürgschaft. B unterschreibt folgende Erklärung: „Ich verbürge mich für Warenschulden des S bis zu 1.500 €." B erklärt dem S, er könne ja den Namen des Gläubigers einsetzen, sobald er wisse, von wem er die Waren beziehe. S händigt die Erklärung unverändert dem Lieferanten G für eine Lieferung von Kartenspielen im Wert von 1.500 € aus. G nimmt später, nachdem S in Insolvenz geraten ist, den B in Anspruch. Mit Aussicht auf Erfolg?

G kann den B in Anspruch nehmen, soweit er gegen ihn einen Anspruch aus einem Bürgschaftsvertrag gemäß § 765 Abs. 1 hat. Ein solcher erfordert grundsätzlich eine **Einigung** zwischen B als Bürgen und G als Sicherungsnehmer. B und G persönlich haben sich aber nicht geeinigt. 364

I. Bereits als B dem S die unvollständige Bürgschaftserklärung übergab, könnten B und S einen **echten Bürgschaftsvertrag zugunsten des G** gemäß §§ 765, 328 Abs. 1 abgeschlossen haben. Eine solche Vereinbarung ist zulässig, insbesondere wirkt die Bürgschaft als einseitig den B verpflichtender Vertrag nur zugunsten, nicht aber zulasten des G.

   Allerdings muss auch bei einer solchen Bürgschaft die Einigung alle **vertragswesentlichen Bestandteile** (essentialia negotii) enthalten bzw. diese müssen bei einer künftigen Forderung i.S.d. § 765 Abs. 2 Var. 1 durch Auslegung bestimmbar sein.[656] Anderenfalls fehlt der zwingend erforderliche **Rechtsbindungswille**. Die Erklärung nennt den Hauptschuldner S und die Höhe der Bürgschaftssumme. Es war bei Abgabe der Erklärung aber überhaupt nicht absehbar, auf welche konkreten Hauptforderungen sich die Bürgschaft beziehen und insbesondere wer deren Gläubiger sein werde. Daher haben B und S sich nicht zugunsten des G geeinigt.

II. Als S dem G die unvollständige Bürgschaftserklärung aushändigte, könnte ein **Bürgschaftsvertrag zwischen B, vertreten durch S, und G** zustande gekommen sein. Nunmehr war klar, dass die Bürgschaft zugunsten des G erfolgen und sich auf die Kaufpreisforderung aus dem Verkauf der Kartenspiele gemäß § 433 Abs. 2 Var. 1 beziehen sollte. Die essentialia negotii liegen vor. Zweifelhaft ist jedoch bereits, ob S den B wirksam gemäß § 164 Abs. 1 u. 3 vertreten hat (dazu sogleich die Abwandlun-

655 Allgemein zur Blanketterklärung AS-Skript BGB AT 1 (2017), Rn. 77 f.

656 Zum Bürgschaftsvertrag zugunsten Dritter MünchKomm/Habersack § 765 Rn. 11.

gen). Jedenfalls aber ist die Festlegung des Gläubigers und der Hauptforderung nur mündlich erfolgt und sie werden in der Urkunde nicht einmal angedeutet, sodass das Schriftformerfordernis der §§ 766 S. 1, 126 nicht gewahrt ist. Ausnahmen vom Schriftformerfordernis liegen nicht vor, insbesondere ist zwar S, nicht aber B Kaufmann, sodass § 350 HGB nicht greift. Die Erklärung des S für B ist daher gemäß § 125 S. 1 nichtig.

Daher hat G gegen B keinen Anspruch aus § 765 Abs. 1.

1. Abwandlung:

S übergibt G nicht die unvollständige Erklärung des B. Stattdessen setzt S ein neues Schriftstück auf, das er G gibt. In diesem heißt es, S erkläre im Namen und mit Vollmacht des B, dass B sich gegenüber G bis zu einem Betrag von 1.500 € für die Kartenspiellieferung des G an S verbürge.

365 Als S dem G das neue Schriftstück aushändigte, könnte ein Bürgschaftsvertrag zwischen B und G zustande gekommen und damit ein Anspruch aus § 765 Abs. 1 entstanden sein.

I. S und G haben sich über sämtliche essentialia negotii der Bürgschaft **geeinigt**. Die Bürgschaftserklärung genügt dem **Schriftformerfordernis** des § 766 S. 1

II. Diese Einigung wirkt aber nur für und gegen B, wenn S den B bei der Einigung wirksam gemäß § 164 Abs. 1 u. 3 **vertreten** hat. S hat eine eigene Willenserklärung ausdrücklich im Namen des B abgegeben. B hatte dem S auch rechtsgeschäftlich Vertretungsmacht in Form einer **Innenvollmacht** i.S.d. § 167 Abs. 1 Var. 1 erteilt.

Nach dem eindeutigen **Wortlaut** des § 167 Abs. 2 konnte diese **Vollmacht formlos** erteilt werden, sodass die mündlich erteilte Vollmacht wirksam ist. Demzufolge hätte S den B wirksam vertreten.[657]

Hierdurch würde aber der **Sinn und Zweck** des § 766 S. 1, den Bürgen zu warnen und zu schützen, ausgehöhlt und konterkariert. Es ist dem Sicherungsgeber nur in Schriftform möglich, sich für eine bestimmte oder zumindest bestimmbare Schuld zu verbürgen. Er könnte aber mündlich eine Vollmacht darüber erteilen, ihn zum Bürgen für eine noch nicht einmal bestimmbare Schuld zu machen.[658] Die Vollmacht ist daher gemäß § 125 S. 1 unwirksam.

S handelte daher ohne Vertretungsmacht. Ob die nach §§ 177 Abs. 1, 182 Abs. 1, 184 grundsätzlich formlos mögliche Genehmigung auch im Fall einer entgegen § 167 Abs. 2 ausnahmsweise formbedürftigen Vollmacht formlos erklärt werden kann,[659] kann dahinstehen, denn B hat nicht genehmigt.

Zwischen B und G ist kein Bürgschaftsvertrag zustande gekommen. G hat daher gegen B keinen Anspruch aus § 765 Abs. 1.

---

657 So die frühere st.Rspr., zuletzt angedeutet von BGH, Urt. v. 14.11.1991 – IX ZR 20/91, NJW 1992, 1448.

658 So grundlegend, bezogen auf die Ausfüllungsermächtigung (vgl. Abwandlung 2), BGH, Urt. v. 29.09.1996 – IX ZR 153/95, BGHZ 132, 119; vgl. auch Looschelders Rn. 953.

659 Die h.M. lässt auch in diesem Fall eine formlose Genehmigung zu, näher AS-Skript BGB AT 1 (2017), Rn. 353.

§ 167 Abs. 2 wird nach h.M. auch bei anderen Formerfordernissen nicht angewendet, die eine Warn- und Schutzfunktion haben, z.B. bei § 311 Abs. 1.[660] *Für den Verbraucherdarlehensvertrag ist ausdrücklich in § 492 Abs. 4 bestimmt, dass die Vollmacht, soweit es sich nicht um eine Prozessvollmacht oder eine notariell beurkundete Vollmacht handelt, den Anforderungen des § 492 Abs. 1 u. 2 genügen muss.*[661]

2. Abwandlung:

S hat die unvollständige Bürgschaftserklärung des B um den Namen des G und die zu sichernde Verbindlichkeit aus dem Kartenspielverkauf ergänzt. Die nachträgliche Ergänzung ist nicht als solche zu erkennen. S gibt diese Urkunde dem G.

Als S dem G die ergänzte Urkunde aushändigte, könnte ein Bürgschaftsvertrag zwi- **366**
schen B und G zustande gekommen und damit ein Anspruch aus § 765 Abs. 1 entstanden sein. Dazu muss aber das Handeln des S, namentlich das **Vervollständigen einer fremden Blankoerklärung**, und insgesamt die Einigung für und gegen B wirken.

I. Eine Zurechnung über **§ 164 Abs. 1 u. 3 direkt** scheitert daran, dass S keine eigene Willenserklärung abgegeben hat und daher nicht Stellvertreter war. Die Norm ist zwar analog auf den Boten anzuwenden, aber S hat nicht lediglich eine fremde Willenserklärung überbracht. **§ 164 Abs. 1 u. 3** ist aber **analog** auf denjenigen anzuwenden, der eine fremde Erklärung vervollständigt.[662]

   Das erfordert allerdings analog §§ 164 Abs. 1, 167 f., dass eine wirksame **Ausfüllungsermächtigung** zugunsten des S vorliegt. B hat den S zwar zur Ausfüllung ermächtigt, jedoch nur mündlich. Auch die auf eine Bürgschaft bezogene Ausfüllungsermächtigung muss aber trotz § 167 Abs. 2 mit Blick auf den Sinn und Zweck des § 766 S. 1 schriftlich erfolgen.[663] Die Ausfüllungsermächtigung ist daher gemäß § 125 S. 1 unwirksam.

II. B könnte aber aufgrund eines **Rechtsscheins** so zu behandeln sein als habe er S wirksam ermächtigt. § 172 Abs. 2 erfordert, dass G die Urkunde zu Gesicht bekommen hat, bevor sie verändert wird (arg. ex Abs. 1 „vorlegt"´), was aber nicht geschehen ist. Jedoch ist derjenige, der sogleich eine veränderte Urkunde vorgelegt bekommt, mindestens ebenso schutzwürdig wie derjenige, der zunächst die vom Geschäftsherrn gewollte Fassung sieht. Die Interessenlage ist also vergleichbar, sodass die planwidrige Regelungslücke durch eine **analoge Anwendung des § 172 Abs. 2** zu schließen ist, ergänzt durch die **allgemeinen ungeschriebenen Voraussetzungen der Rechtsscheinshaftung.**[664]

   Durch Ergänzung der Urkunde ist der objektive Eindruck einer von B nicht gewollten Erklärung, also ein **Rechtsschein** entstanden. Diese hat B auch **zurechenbar gesetzt**, als die unvollständig ausgefüllte, aber bereits unterschriebene Blankoerklä-

660 Vgl. AS-Skript BGB AT 1 (2017), Rn. 275 und zur weiteren Kasuistik Palandt/Ellenberger § 167 Rn. 2.

661 Vgl. oben Rn. 33.

662 Vgl. AS-Skript BGB AT 1 (2017), Rn. 80.

663 BGH, Urt. v. 29.09.1996 – IX ZR 153/95, BGHZ 132, 119; vgl. auch Looschelders Rn. 953.

664 Grundlegend zur Rechtsscheinshaftung bei Blankettausfüllung BGH, Urt. v. 11.07.1963 – VII ZR 120/62, BGHZ 40, 65.

rung aus der Hand gab. Schließlich war nicht zu erkennen, dass die Urkunde im Nachhinein vervollständigt wurde, sodass G auch **schutzwürdig** ist.

Mithin ist B so zu behandeln, als hätte er S zur Ausfüllung ermächtigt. Die Einigung wirkt analog § 164 Abs. 1 u. 3 für und gegen B. G hat gegen B einen Anspruch aus § 765 Abs. 1.

---

2. Die Sittenwidrigkeit der Bürgschaft nach § 138

367 Eine Nichtigkeit der Bürgschaft wegen des spezielleren **§ 138 Abs. 2** (**Wucher**) scheitert daran, dass die Bürgschaft kein **Austauschvertrag** ist und daher ein Missverhältnis zwischen Leistung und Gegenleistung nicht bestimmt werden kann.[665]

368 Die Bürgschaft kann aber nach **§ 138 Abs. 1** sittenwidrig und daher nichtig sein. Folgende Voraussetzungen haben sich im Laufe jahrzehntelanger Rspr. herausgebildet.

Sittenwidrigkeit der Bürgschaft, § 138 Abs. 1

I. Objektiver Tatbestand

1. Voraussetzungen für die Vermutung der Sittenwidrigkeit

a) krasse finanzielle Überforderung des Bürgen und (!)

b) Weitere Umstände, z.B.

- Erhebliche Beeinträchtigung der Entscheidung des Bürgen
- Besonderes persönliches Näheverhältnis zwischen Hauptschuldner und Bürgen

2. Ausnahmsweise wirksam, wenn begrenzter Bürgschaftszweck in der Bürgschaftsurkunde festgelegt (Widerlegung der Vermutung)

- Eigenes wirtschaftliches Interesse des Bürgen an der Bürgschaft
- Sicherung von Vermögensverlagerung

II. Subjektiver Tatbestand

Kenntnis der die Sittenwidrigkeit begründenden Umstände oder „bewusstes Sichverschließen" aufseiten des Gläubigers.

a) Die krasse finanzielle Überforderung des Bürgen

369 Es gelten folgende **Grundsätze** für die Bestimmung der krassen finanziellen Überforderung:

665 MünchKomm/Habersack § 765 Rn. 16 m.w.N.

- Eine krasse finanzielle Überforderung liegt i.d.R. vor, wenn ein **krasses Missverhältnis** zwischen der durch den Bürgen übernommenen **Haftungsverpflichtung** und seiner wirtschaftlichen **Leistungsfähigkeit** besteht.

  - Eine solches Missverhältnis ist anzunehmen, wenn der Sicherungsgeber voraussichtlich nicht einmal in der Lage sein wird, die ihm drohende **Zinslast** bei Eintritt des Sicherungsfalles aus seinem pfändbaren Einkommen und/oder seinem Vermögen **dauerhaft zu tragen**.[666] Soweit die Bürgschaft auf eine maximale, unter der Hauptforderung liegende Haftungshöhe begrenzt ist (**Höchstbetragsbürgschaft**, vgl. Fall 12, Rn. 384),[667] ist für die Berechnung der Zinslast auch nur diese (niedrigere) Haftungshöhe heranzuziehen.[668]

  - Diese Bewertung ist anhand des Sachverhalts vorzunehmen, wie er sich bei Vereinbarung der Bürgschaft darstellt. Es ist also eine **Prognose ex ante** (und nicht etwa eine ex- post-Betrachtung) vorzunehmen. Für diese Prognose gilt insbesondere,

    – dass bei einer gesicherten Darlehensforderung auf die **gesamte vertraglich festgelegte Darlehenslaufzeit** abzustellen ist – es genügt also, wenn die krasse finanzielle Überforderung voraussichtlich irgendwann im Laufe dieser Zeitspanne eintreten wird[669] und

    – dass bei der Bewertung unbeweglichen Vermögens des Bürgen die zum Zeitpunkt des Vertragsschlusses bestehenden **dinglichen Belastungen**[670] grundsätzlich wertmindernd zu berücksichtigen sind.[671] Anderenfalls würde ein Bürge wegen seines formalen Eigentums als leistungsfähig behandelt, obwohl das Grundstück aufgrund der Belastungen wirtschaftlich betrachtet keinen bzw. einen geringeren Wert hat.[672]

- Eine krasse finanzielle Überforderung des Bürgen scheidet demgegenüber aus, wenn der Bürge **zwar einkommensschwach** ist, er die gesamte Bürgschaftsschuld aber – wiederum aufgrund einer **Prognose** – voraussichtlich durch **Verwertung seines Vermögens**, tilgen kann.

  - Dem Bürgen ist somit sogar zuzumuten, seinen **einzigen werthaltigen Vermögensgegenstand** zur Befriedigung des Gläubigers einzusetzen. Das gilt sogar dann, wenn es sich hierbei um einen für die Lebensführung des Bürgen zentral wichtigen Gegenstand wie etwa sein selbst genutztes Eigenheim handelt.[673]

---

666 BGH, Urt. v. 16.06.2009 – XI ZR 539/07, RÜ 2009, 545, 546 f.

667 Zur Höchstbetragsbürgschaft Palandt/Sprau, Einf v § 765 Rn. 7.

668 BGH, Urt. v. 19.02.2013 – XI ZR 82/11, NJW 2013, 1534.

669 BGH, Urt. v. 13.11.2001 – XI ZR 82/01, RÜ 2002, 103.

670 Insbesondere Hypotheken und Grundschulden. Die weiteren examensrelevanten dinglichen Belastungen werden aufgezählt in AS-Skript Sachenrecht 2 (2016), Rn. 116.

671 BGH, Urt v. 14.05.2002 – XI ZR 50/01, RÜ 2002, 387, in Abkehr von der Rspr. des bislang zuständigen Senats, z.B. BGH, Urt. v. 25.04.1996 – IX ZR 177/95, RÜ 1996, 307.

672 Nobbe/Kirchhof BKR 2001, 1, 9 f.

673 BGH Urt. v. 19.06.2002 – IV ZR 168/01, NJW 2002, 2633.

- Eine im relevanten Zeitraum **zu erwartende** (aber naturgemäß nicht sichere) **Erbschaft** ist nur zulasten des Bürgen zu berücksichtigen, wenn im Bürgschaftsvertrag bestimmt ist, dass die Verpflichtung des Bürgen nur im Erbfall entsteht.[674]

370 Teilweise wird vertreten, dass ein persönlicher Sicherungsgeber nie so weitgehend finanziell überfordert sein könne, dass dies sittenwidrig sein könne. Die Möglichkeit der **Restschuldbefreiung** nach §§ 286 ff. InsO bewahre den Sicherungsgeber davor, derart stark und lange unter den Folgen seiner Erklärung zu leiden, dass dies gegen das Anstandsgefühl aller billig und gerecht Denkenden verstoßen könne.[675] Vorherrschend wird aber davon ausgegangen, dass die Möglichkeit einer Restschuldbefreiung die Sittenwidrigkeit nicht ausschließt.[676] Dafür spricht, dass die §§ 286 ff. InsO dem Insolventen einen Neustart ermöglichen, nicht aber die Banken vor der Rechtsfolge des § 138 bewahren sollen.[677]

b) Das Vorliegen weiterer, die Sittenwidrigkeit begründender Umstände

371 Der **Grundsatz der Vertragsfreiheit** erlaubt es jedem, sich auch weit über seine finanziellen Verhältnisse hinaus zu verschulden. Allein das Vorliegen der krassen Überforderung des Bürgen vermag deshalb – auch wegen des möglichen Erwerbs künftigen Vermögens – den objektiven Vorwurf der Sittenwidrigkeit nicht zu begründen.

*Auch für den Bürgen gilt im Grundsatz „**pacta sunt servanda**", und selbst der Volksmund weiß: „**Wer bürgt, wird gewürgt**."*

Um die objektive Sittenwidrigkeit zu bejahen, müssen daher **weitere Umstände** gegeben sein, aus denen sich ergibt, dass die Bürgschaft gegen das Anstandsgefühl aller billig und gerecht Denkenden verstößt.[678] Es haben sich in der Rspr. zwei Fallgruppen herausgebildet, in welchen regelmäßig von der Sittenwidrigkeit auszugehen ist.

*Im **Einzelfall** – und nur diesen prüfen Sie in der üblichen Gutachtenklausur – kann aber auch trotz dieser weiteren Umstände die Sittenwidrigkeit zu verneinen sein (dazu sogleich c)).*

aa) Die Beeinträchtigung der Entscheidungsfreiheit

372 Die Verpflichtung des finanziell überforderten Bürgen ist sittenwidrig, wenn er durch weitere Umstände in seiner **Entscheidungsfreiheit erheblich beeinträchtigt** wird.[679]

- Der Sicherungsnehmer **bagatellisiert** und **verharmlost** den Umfang und die Tragweite der Haftung.

  Beispiel: Der Sicherungsnehmer erklärt: „Hier, bitte unterschreiben Sie mal. Sie gehen dabei keine große Verpflichtung ein; ich brauche das für die Akten."[680] oder „Es handelt sich um eine ‚reine Formsache'[681] ‚ohne Risiko'".[682]

---

674 BGH, Urt. v. 23.01.1997 – IX ZR 96/96, NJW 1997, 1003; BGH, Urt. v. 08.10.1998 – IX ZR 257/97, NJW 1999, 58.

675 Krüger MDR 2002, 856; Aden NJW 1999, 3763 f.

676 BGH, Urt. v. 16.06.2009 – XI ZR 539/07, RÜ 2009, 545; Looschelders Rn. 959; Palandt/Ellenberger § 138 Rn. 37.

677 BGH, Urt. v. 16.06.2009 – XI ZR 539/07, RÜ 2009, 545, 549.

678 Vgl. BGH, Urt. v. 25.01.2005 – XI ZR 325/03, NJW 2005, 973, 975; BGH, Urt. v. 25.01.2005 [sic] – XI ZR 28/04, NJW 2005, 971, 972; Riehm JuS 2000, 241, 242.

679 BGH, Urt. v. 24.02.1994 – IX ZR 93/93, NJW 1994, 1278, 1279.

680 BGH, Urt. v. 24.02.1994 [sic] – IX ZR 227/93, NJW 1994, 1341, 1343.

681 BGH, Urt. v. 06.10.1998 – XI ZR 244/97, NJW 1999, 135, für den Schuldbeitritt.

682 OLG Brandenburg, Urt. v. 13.08.2014 – 4 U 108/12, RÜ 2014, 749, 751.

Derartige **Angaben eines Dritten** werden dem Sicherungsnehmer nur zugerechnet, wenn sie seine Beschäftigten sind oder zumindest in seinem Auftrag handeln.[683]

- Der Sicherungsnehmer **verschweigt** ungewöhnliche und schwerwiegende, dem Bürgen insbesondere aufgrund seiner Geschäftsunerfahrenheit ersichtlich unbekannte **Haftungsrisiken**.[684]
- Der Sicherungsnehmer **überrumpelt** den unvorbereiteten Bürgen mit dem Verlangen der Haftungsübernahme.[685]
- Der Sicherungsnehmer versetzt den Bürgen in eine **Zwangslage**.

Beispiel: Ein Arbeitnehmer wird veranlasst, aus **Sorge um seinen Arbeitsplatz** für einen Kredit seines Arbeitgebers eine ihn finanziell krass überfordernde Bürgschaft einzugehen.[686]

Beispiel: Nach **teilweiser Auszahlung** des Darlehens fordert die Bank die Bürgin auf, sie solle für die Verbindlichkeiten ihres Ehemannes und des von diesem gegründeten Unternehmens einstehen, sonst könne die **Kreditzusage rückgängig** gemacht werden.[687]

Gegenbeispiel: Hat die Bank dagegen **von Anfang an** erklärt, dass der Kredit von einer Bürgschaft der Partnerin abhängt, hält sich der von der Bank ausgehende Druck im Rahmen der berechtigten Wahrnehmung eigener Interessen.[688]

bb) Besonderes persönliches Näheverhältnis zwischen Hauptschuldner und Bürgen

Bei einer **emotionalen Bindung** des Bürgen an den Hauptschuldner ist regelmäßig von einer **schwächeren Verhandlungsposition** des Bürgen und daher von seiner besonderen Schutzwürdigkeit auszugehen. **373**

Eine solche emotionale Bindung liegt regelmäßig bei einer Bürgschaftserklärung im Rahmen eines **besonderen persönlichen Näheverhältnisses** des Bürgen zu einer **Nahbereichsperson** oft vor. Handelt sich beim Hauptschuldner um eine solche Nahbereichsperson des Bürgen, so wird daher widerleglich (§ 292 ZPO) **vermutet**, dass die Bürgschaftserklärung aus emotionaler Verbundenheit (und nicht aufgrund einer autonomen Entscheidung) abgegeben wurde.[689] Nahbereichspersonen sind[690]

- der Ehegatte oder Lebenspartner i.S.d. § 1 Abs. 1 LPartG,
- der Verlobte oder nichteheliche Lebensgefährte,
- die Eltern,
- die Geschwister – jedenfalls wenn sie noch nicht volljährig sind,
- die Kinder – jedenfalls wenn sie noch nicht volljährig sind.

---

683 OLG Brandenburg, Urt. v. 13.08.2014 – 4 U 108/12, RÜ 2014, 749, 751.
684 BGH, Urt. v. 24.02.1994 – IX ZR 93/93, NJW 1994, 1278; BGH, Urt. v. 28.05.2002 – XI ZR 199/01, NJW 2002, 2634, 2635.
685 BGH, Urt. v. 16.01.1997 – IX ZR 250/95, NJW 1997, 1980.
686 BGH, Urt. v. 14.10.2003 – XI ZR 121/02, RÜ 2004, 13.
687 BGH, Urt. v. 02.11.1995 – IX ZR 222/94, NJW 1996, 513, 514.
688 BGH, Urt. v. 23.01.1997 – IX ZR 55/96, NJW 1997, 1005.
689 BGH, Urt. v. 25.01.2005 – XI ZR 28/04, NJW 2005, 971, 972; BGH, Urt. v. 25.01.2005 – XI ZR 325/03, NJW 2005, 973, 975.
690 Vgl. insgesamt zu den Nahbereichspersonen m.w.N. Palandt/Ellenberger § 138 Rn. 38.

Bei **anderen Personen** greift die Vermutung nicht. Es müssen dann konkrete Anhaltspunkte vorliegen, aus denen sich positiv ergibt, dass eine emotionale Bindung besteht.

374 *Die dargestellten Grundsätze über die Sittenwidrigkeit der Haftung aufgrund krasser finanzieller Überforderung naher Familienangehöriger* ***gelten*** *nicht nur für die Bürgschaft, sondern* ***auch*** *für die Mithaftung aus* ***Schuldbeitritt****.[691] Die Grundsätze zur Sittenwidrigkeit einer Bürgschaft sind hingegen* ***nicht anwendbar*** *bei einer Kreditsicherung durch eine* ***Sicherungsgrundschuld****.[692] Denn zum einen unterliegt der Eigentümer des grundschuldbelasteten Grundstücks – anders als der Bürge – nicht einer persönlichen, sondern nur einer dinglich beschränkten Haftung allein mit dem Grundstück (vgl. §§ 1147, 1192 Abs. 1). Zum anderen zeigt der Einsatz des Grundstücks als Sicherheit stets, dass der Sicherungsgeber über Vermögen verfügt, während dies beim Bürgen eben nicht feststeht.*

c) Widerlegung des Sittenwidrigkeitsvorwurfs

375 Der Sittenwidrigkeitsvorwurf kann insbesondere trotz emotionaler Verbundenheit ausnahmsweise **widerlegt** sein. Auch hier haben sich zwei Fallgruppen herausgebildet.

aa) Eigenes Interesse des Bürgen an der Kreditaufnahme

376 Ein eigenes Interesse des finanziell krass überforderten Bürgen (oder erst recht: des Schuldbeitretenden) an der Kreditaufnahme kann ein Handeln allein aus emotionaler Verbundenheit voll ausgleichen. Insoweit ist erforderlich, dass der Bürge (oder Schuldbeitretende) aus der Kreditgewährung **unmittelbar ins Gewicht fallende geldwerte Vorteile** zieht.[693] Erlangt er solche unmittelbaren geldwerten Vorteile, besteht nämlich bei **wirtschaftlicher Betrachtung** kein wesentlicher Unterschied zu den Fällen, in denen die beiden Nahbereichspersonen hauptvertragliche Mitdarlehensnehmer sind.[694]

Beispiele: Bürgschaft (oder Schuldbeitritt) des Kommanditisten für seine KG,[695] des Gesellschafters für seine GmbH[696] oder des Ehegatten für die gemeinsamen Lebenshaltungskosten, die der andere Ehegatte zunächst alleine getragen hatte.[697]

377 Hat der Bürge oder der aufgrund eines Schuldbeitritts Mithaftende nur **in Höhe eines Teils** der gesicherten Forderung ein **eigenes Interesse an der Kreditaufnahme**, so ist grundsätzlich gemäß **§ 139** gleichwohl die gesamte Bürgschaft bzw. der gesamte Schuldbeitritt nichtig.

Allerdings ist gemäß § 139 das Rechtsgeschäft **teilweise aufrechtzuerhalten**, wenn die Vertragsschließenden bei Kenntnis des Nichtigkeitsgrundes anstelle der unwirksamen Regelung eine andere, auf das zulässige Maß beschränkte Regelung vereinbart hätten und sich der Vertragsinhalt in eindeutig abgrenzbarer Weise in den nichtigen Teil und

---

691 BGH, Urt. v. 28.05.2002 – XI ZR 205/01, NJW 2002, 2705, 2706; OLG Brandenburg, Urt. v. 02.04.2007 – 3 W 37/06, RÜ 2007, 505.

692 BGH, Urt. v. 19.06.2002 – IV ZR 168/01, NJW 2002, 2633; a.A. Wagner AcP 205 (2005), 715.

693 BGH, Urt. v. 14.11.2000 – XI ZR 248/99, RÜ 2001, 100.

694 Vgl. dazu BGH, Urt. v. 04.12.2001 – XI ZR 56/01, NJW 2002, 744; BGH, Urt. v. 14.11.2000 – XI ZR 248/99, NJW 2002, 2705.

695 BGH, Urt. v. 28.05.2002 – XI ZR 199/01, NJW 2002, 2634.

696 BGH, Urt. v. 15.01.2002 – NJW 2002, 956.

697 Siehe näher die nächste Randnummer.

den von der Nichtigkeit nicht berührten Rest aufteilen lässt.[698] Die Frage der **eindeutigen Abgrenzbarkeit** richtet sich danach, ob eine Aufteilung möglich ist, ohne dem Gläubiger durch eine unbillige geltungserhaltende Reduktion das Risiko der Nichtigkeit der Absicherung einseitig abzunehmen.

Beispiel:[699] Eine Ehefrau verbürgt sich/erklärt den Schuldbeitritt zu einem ihrem Ehemann gewährten Kredit, der zum Teil der Umschuldung eines Betriebsmittelkredits ihres Ehemanns, zum anderen der Ablösung solcher Schulden des Ehemannes diente, welche dieser für die private Lebensführung des Ehepaares aufgenommen hatte.

Die Bürgschaft/der Schuldbeitritt ist hinsichtlich der Umschuldung gemäß § 138 Abs. 1 nichtig, hinsichtlich der Ablösung gemäß § 139 hingegen wirksam. Die Sicherheit kann alleine aufgrund der objektiven Umstände ohne wertende Betrachtung aufgeteilt werden. Die Ehefrau hätte ebenso gut zwei getrennte Sicherheiten gewähren können, von denen dann die eine nichtig wäre.

Gegenbeispiel: Ein Ehemann verbürgt sich derart hoch, dass alleine die Zinsen der Hauptschuld monatlich 1.000 € betragen, obwohl seine pfändbaren monatlichen Einkünfte sich nur auf 700 € belaufen.

Die Bürgschaft ist vollständig gemäß § 138 Abs. 1 nichtig. Sie ist nicht etwa gemäß § 139 geltungserhaltend zu reduzieren und in Höhe des gerade noch zulässigen Betrags (700 €/1.000 € = 70% der ursprünglichen Summe) aufrechtzuerhalten. Sonst könnte der Gläubiger stets eine viel zu hohe Sicherheit ansetzen und müsste nur befürchten, dass diese auf das gerade noch zulässige Maß gestutzt wird.

bb) Überwiegende Interessen des Gläubigers

Der Gläubiger hat regelmäßig ein schützenswertes Interesse daran, eine mit der Bürgschaft finanziell überforderte Person in die Haftung für eine Verbindlichkeit des Hauptschuldners mittels einer Bürgschaft einzubinden, wenn die konkrete **Gefahr von Vermögensverlagerungen** vom Hauptschuldner auf den Bürgen besteht. Denn würde man trotz einer solchen Gefahr die Bürgschaft als unwirksam ansehen, dann könnte der Hauptschuldner jederzeit sein Vermögen auf den ins Auge gefassten Bürgen übertragen, ohne dass der Gläubiger eine Handhabe gegen den Bürgen hätte. **378**

Klassisches Beispiel aus der Rspr.:[700] Bürgschaft des einen, vermögenslosen Ehegatten für den anderen, vermögenden Ehegatten.

Entfällt die Gefahr der Vermögensverlagerung, so kommt nach den Regeln der **Störung der Geschäftsgrundlage** gemäß § 313 Abs. 1 eine Anpassung des Bürgschaftsvertrags oder unter den zusätzlichen Voraussetzungen des § 313 Abs. 3 ein Rücktritt vom Bürgschaftsvertrag in Betracht.[701] Haben die Parteien sogar eine entsprechende **auflösende Bedingung** (§ 158 Abs. 2) vereinbart, ist diese vorrangig maßgeblich.[702]

Fortsetzung des Beispiels: Die Scheidung der Ehe kann der Bürgschaft die Geschäftsgrundlage entziehen bzw. als auflösende Bedingung für die Bürgschaft vereinbart werden.

d) Der subjektive Tatbestand des § 138 Abs. 1

Der Gläubiger muss die objektiven, die Sittenwidrigkeit der Bürgschaft begründenden Umstände **kennen und ausnutzen** oder er muss sich zumindest den sich insoweit aufdrängenden Umständen **bewusst verschließen**. Letzteres ist der Fall, wenn der Gläubi- **379**

698 Vgl. zu § 139 BGB AS-Skript BGB AT 2 (2017), Rn. 261 ff.

699 Nach BGH, Urt. v. 14.11.2000 – XI ZR 248/99, RÜ 2001, 100.

700 BGH, Urt. v. 25.11.1999 – IX ZR 40/98, NJW 2000, 362; BGH, Urt v. 27.01.2000 – IX ZR 198/98, NJW 2000, 1182, 1185.

701 BGH, Urt. v. 23.01.1997 – IX ZR 69/96, NJW 1997, 1003, 1004.

702 Erman/Hermann § 765 Rn. 15.

ger sich aufdrängenden Zweifeln hinsichtlich der objektiven Sittenwidrigkeit nicht nachgeht und es unterlässt, entsprechende Erkundigungen einzuholen.[703]

3. Anfechtung wegen Irrtums über die Zahlungsfähigkeit und Kreditwürdigkeit einer Person, §§ 142 Abs. 1, 119 Abs. 2 Var. 1

380 Der Bürgschaftsvertrag ist unwirksam, soweit (mindestens) eine der beiden Vertragserklärungen gemäß **§ 142 Abs. 1** aufgrund einer Anfechtung nichtig ist. Hier können sämtliche Problemstellungen des Anfechtungsrechts nach dem BGB AT auftauchen.[704]

Es bietet sich für den Aufgabensteller **zum Beispiel** an, die Sittenwidrigkeit der Bürgschaft wegen Beeinträchtigung der Entscheidungsfreiheit des Bürgen mit der Anfechtung nach § 123 zu kombinieren.

381 Ein bürgschaftstypischer Klassiker ist die Frage, ob ein **Irrtum über die Zahlungsfähigkeit und Kreditwürdigkeit** einer Person zur Anfechtung nach § 119 Abs. 2 Var. 1 berechtigt. Das hängt davon ab, wer bezüglich wem irrt:

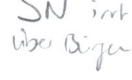

- Zu den Eigenschaften einer Person gehört auch ihre Zahlungsfähigkeit und Kreditfähigkeit. Insbesondere für Kreditgeschäfte sind diese Eigenschaften des bzw. der Schuldner in aller Regel auch verkehrswesentlich.[705] Dementsprechend kann der **Gläubiger alias Sicherungsnehmer** seine **Darlehenserklärung** gegenüber dem Hauptschuldner bzw. seine **Bürgschaftserklärung** gegenüber dem Bürgen anfechten, wenn er über deren jeweilige Solvenz irrt und wenn er seine Erklärung bei Kenntnis der wahren Umstände nicht abgegeben hätte (§ 119 Abs. 1 a.E.).

  Ist das **Darlehen** aufgrund Anfechtung nichtig, so muss der Gläubiger es nicht mehr valutieren bzw. er kann nach Valutierung die Valuta (nicht aber eventuell vereinbarte Zinsen) sofort und vollständig vom Hauptschuldner gemäß § 812 Abs. 1 S. 1 Var. 1 (h.M.) bzw. S. 2 Var. 1 herausverlangen. Tatsächlich gezogene Habenzinsen und auch ersparte Schuldzinsen muss der Hauptschuldner allerdings als erlangte Nutzungen herausgeben (§ 818 Abs. 1).[706]

  Die Beseitigung einer **Bürgschaft** erscheint für den Gläubiger auf den ersten Blick nicht sinnvoll, schließlich bringt sie ihm ausweislich des § 765 ausschließlich Vorteile. Allerdings führt die Vereinbarung einer Bürgschaft dazu, dass ein entsprechender Anspruch des Gläubigers auf Bereitstellung einer Sicherheit (etwa aus einem Sicherungsvertrag oder aus § 843 Abs. 2 S. 2 i.V.m. §§ 232 Abs. 2, 239) gemäß § 362 Abs. 1 erlischt. Ficht der Gläubiger in diesem Fall seine Bürgschaftserklärung an, so lebt sein Anspruch wieder auf und er kann (erneute) Bereitstellung einer (diesmal werthaltigen) Sicherheit verlangen.

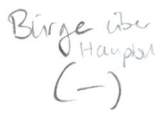

- Die Solvenz des Hauptschuldners ist zwar für den **Bürgen** gleichfalls von großer Wichtigkeit, denn mit sinkender Solvenz steigt das Risiko seiner Inanspruchnahme. Gleichwohl kann der Bürge seine **Bürgschaftserklärung** wegen eines solchen Irrtums nicht anfechten.[707] Sinn und Zweck der Bürgschaft ist es gerade, dass der Bürge dem Gläubiger das Risiko der Zahlungsunfähigkeit des Hauptschuldners abnimmt. Dieser Zweck würde konterkariert, wenn der Bürge seine Erklärung, mit der er zuvor eben dieses Risiko übernommen hat, ausgerechnet wegen der Realisierung dieses Risikos anfechten dürfte.

---

703 Vgl. BGH, Urt. v. 04.12.2001 – XI ZR 56/01, NJW 2002, 744, 745.
704 Ausführlich zur Anfechtung nach BGB AT AS-Skript BGB AT 2 (2017), Rn. 160 ff.
705 Palandt/Ellenberger § 119 Rn. 26.
706 Vgl. AS-Skript Schuldrecht BT 3 (2017), Rn. 145
707 MünchKomm/Armbrüster § 119 Rn. 128.

4. Anpassung oder Rücktritt nach § 313

Da der Bürge grundsätzlich das **Haftungsrisiko** zu tragen hat und damit auch das Risiko trägt, dass der Schuldner bei Fälligkeit der Forderung nicht zahlen kann, kommt eine Störung der Geschäftsgrundlage nach § 313 Abs. 1 nicht in Betracht, wenn der Schuldner, gleichgültig aus welchen Gründen, nicht leistungsfähig ist.[708] **382**

Es können lediglich **Umstände**, die **außerhalb des Bürgschaftsrisikos,** also der Zahlungsunfähigkeit des Hauptschuldners, liegen, Geschäftsgrundlage sein, z.B. die Erwartung, dass das Arbeitsverhältnis zwischen Bürgen und Hauptschuldner weiter bestehen wird.[709] In diesen Fällen kann die Bürgschaft angepasst (§ 313 Abs. 1, ggf. i.V.m. Abs. 2) oder von ihr zurückgetreten (§ 313 Abs. 3 S. 1) werden.[710]

5. Unwirksamkeit einer Globalbürgschaft nach §§ 305 ff.

Die AGB der Kreditinstitute enthalten oft Globalbürgschaften. Sie sehen vor, dass der Bürge für **alle gegenwärtigen** und **zukünftigen Forderungen** des Schuldners aus einer bestimmten Geschäftsbeziehung haftet. **383**

Solche Vereinbarungen verstoßen zwar nicht gegen das **Bestimmtheitserfordernis**, weil § 765 Abs. 2 Var. 1 auch die Verbürgung für künftige Forderungen zulässt und die jeweilige Haftung des Bürgen bestimmbar ist.[711] Werden sie aber in **AGB** getroffen, so kann sich ihre Unwirksamkeit insbesondere aus § 305 c Abs. 1 und aus § 307 ergeben.[712]

384

Fall 12: Transparente Global- und Höchstbürgschaften

Der G war Geschäftsführer der B-GmbH (B), deren alleinige Gesellschafterin seine Ehefrau S war. S hat ihre Konten beim Kreditinstitut K überzogen und benötigt eine Sicherheit für K, um K zu besänftigen. Vertreten durch G übernahm die B durch Ausfüllen eines entsprechenden Formulars der K gegenüber selbiger eine Bürgschaft „zur Sicherung aller bestehenden und künftigen Ansprüche" der K „aus der Geschäftsverbindung" mit S. Bei Vertragsschluss unterhielt S bei K drei Girokonten, die einen Sollsaldo von insgesamt 200.000 € aufwiesen. Später duldete K eine Kontoüberziehung bis auf 270.000 €. Nachdem S ihrer Verpflichtung, die Konten bis zum Jahresende auszugleichen, nicht nachgekommen war, kündigte K die Kreditvereinbarung und nahm die B auf Rückzahlung von 270.000 € in Anspruch.
B ist der Ansicht, sie hafte nur für den Anlasskredit von 200.000 €, die von der K gewährte Überziehung sei von der Bürgschaft nicht gedeckt. Wie ist die Rechtslage?

K könnte gegen B gemäß § 765 Abs. 1 einen **Anspruch auf Zahlung** von 270.000 € aus einer Bürgschaft haben.

A. K und B, vertreten durch G gemäß § 164 Abs. 1 u. 3, § 35 Abs. 1 S. 1 GmbHG, haben sich zwar dem Grunde nach über den Abschluss eines Bürgschaftsvertrags **geeinigt**.

---

708 Palandt/Sprau § 765 Rn. 11.

709 Palandt/Grüneberg § 313 Rn. 47, mit weiteren Beispielen.

710 Vgl. ausführlich zur Prüfung des § 313 AS-Skript Schuldrecht AT 2 (2016), Rn. 124 ff.

711 BGH, Urt. v. 18.05.1995 – IX ZR 108/94, NJW 1995, 2553; Erman/Herrmann S. 765 Rn. 3; Looschelders Rn. 961.

712 Siehe ausführlich zu den allgemeinen Grundsätzen einer AGB-Prüfung AS-Skript BGB AT 2 (2017), Rn. 273 ff.

Zweifelhaft ist aber, ob auch eine Einigung über **die zu sichernden Forderungen** getroffen wurde. Die Forderungen sind aufgrund der formularmäßigen Erklärung der B bezüglich „aller bestehenden und künftigen Ansprüche" zwar hinreichend bestimmbar. Es handelt sich hierbei aber um eine **AGB** i.S.d. § 305 Abs. 1, sodass diese nur Bestandteil des Bürgschaftsvertrags geworden ist, soweit sie wirksam in diesen **einbezogen** wurde.

I. Die Einbeziehungsvoraussetzungen des **§ 305 Abs. 2** sind erfüllt.

II. Die Klausel ist jedoch nicht Vertragsbestandteil geworden, wenn es sich bei ihr um eine **überraschende Klausel**[713] i.S.d. **§ 305 c Abs. 1** handelt. Nach dessen Wortlaut ist die Klausel überraschend, wenn sie so ungewöhnlich ist, dass der Vertragspartner (hier: B) mit ihr nicht zu rechnen braucht. Das ist im Allgemeinen dann anzunehmen, wenn zwischen ihrem Inhalt und den Erwartungen des Vertragspartners eine deutliche Diskrepanz besteht. Dass die Klausel unüblich ist, reicht nicht aus. Vielmehr muss der Klausel ein **Überrumpelungs- oder Übertölpelungseffekt** innewohnen, sie muss eine Regelung enthalten, auf die der Vertragspartner nach Lage der Umstände vernünftigerweise nicht gefasst zu sein braucht.[714]

Für den Bürgen ist regelmäßig eine Bürgschaft überraschend, die lediglich aus **Anlass eines bestimmten Geschäfts** zwischen Hauptschuldner und Gläubiger – etwa zur Finanzierung eines bestimmten Gegenstandes – übernommen wird, die sich aber gleichwohl auf alle bestehenden und künftigen Verbindlichkeiten aus der Geschäftsverbindung erstreckt.[715] So liegt der Fall hier jedoch nicht. Vielmehr hat B sich hinsichtlich der drei Girokonten verbürgt, um eben diese zu sichern. Anlass und Bezugspunkt der Bürgschaft decken sich also.

Es sprechen auch keine weiteren Umstände für eine Überrumpelung, sodass die Klausel trotz § 305 c Abs. 1 Bestandteil der Bürgschaft geworden ist. B und K haben sich also auf eine Bürgschaft hinsichtlich aller bestehenden und künftigen Ansprüche aus der Bürgschaft geeinigt.

B. Die schriftliche Bürgschaftserklärung der B ist **nicht** gemäß § 125 S. 1 **formnichtig**.

In Ausnahme zu §§ 766 S. 1, 126 hätte B sich als Handelsgesellschaft (§ 13 Abs. 3 GmbHG, § 6 Abs. 1 HGB) gemäß § 350 HGB ***sogar formlos*** *verbürgen können.*

C. Die Absicherung aller bestehenden und zukünftigen Ansprüche (sog. **Globalbürgschaft**) könnte gegen § 307 verstoßen und daher nach Maßgabe des § 306 unwirksam sein.

I. Die Klausel weicht von § 767 Abs. 1 S. 3 ab, sodass gemäß § 307 Abs. 3 S. 1 die **Inhaltskontrolle eröffnet** ist.

713 Auch wenn der Wortlaut des § 305 c Abs. 1 diesen Begriff nicht enthält, handelt es sich dabei doch um den vom Gesetzgeber vorgesehen Terminus, vgl. die amtliche Überschrift der Norm.

714 MünchKomm/Basedow § 305 c Rn. 10.

715 Palandt/Grüneberg § 305 c Rn. 11; Palandt/Sprau § 765 Rn. 20.

II. Die Klausel könnte weitergehend nicht nur am Rande, sondern zentral vom **wesentlichen Grundgedanken** des § 767 Abs. 1 S. 3 abweichen und daher eine **unangemessene Benachteiligung** i.S.d. § 307 Abs. 1 S. 1, Abs. 2 Nr. 1 darstellen.

Gemäß § 767 Abs. 1 S. 3 gilt für die Bürgschaft das **Verbot der Fremddisposition**. Dieses soll eine vom Bürgen nicht zu beeinflussende Haftungsausweitung verhindern. Dieses gesetzliche Leitbild wird aber unterlaufen, soweit der Bürge für durch den Hauptschuldner begründete Hauptschulden einstehen muss, deren Art und Umfang er im Zeitpunkt der Übernahme der Bürgschaft nicht übersehen konnte. Es kommt also darauf an, ob B den Umfang der von S aufgenommenen Kredite beeinflussen kann. Dies ist jedoch nicht der Fall, da die Bürgschaft Forderungen deckt, die die Alleingesellschafterin S auch ohne oder gegen den Willen der B begründen kann. Die Alleingesellschafterin kann die Rechtshandlung der Gesellschaft regelmäßig nach eigenen Vorstellungen steuern, dagegen gilt dies umgekehrt gerade nicht.[716]

Die Benachteiligung der Handelsgesellschaft B (§§ 13 Abs. 3 GmbHG, § 6 Abs. 1 HGB) könnte aber gleichwohl angemessen sein, weil im Handelsrecht der Grundsatz[717] gilt, dass **Handelsgesellschaften und Kaufleute** generell weniger schutzwürdig sind als andere Privatrechtssubjekte. Jedoch sind auch geschäftserfahrene Bürgen schützenswert, sofern sie nicht in der Lage sind, die Entschließung des Hauptschuldners nach ihrem Willen und Interesse zu steuern.[718] B ist hierzu wie ausgeführt nicht in der Lage, sodass B ebenso zu schützen ist wie ein nicht-kaufmännischer Bürge.

Damit verstößt die Klausel gegen den wesentlichen Grundgedanken des § 767 Abs. 1 S. 3 und benachteiligt B i.S.d. § 307 Abs. 1 S. 1, Abs. 2 Nr. 1 unangemessen.

III. Ferner könnte das **Transparenzgebot** des § 307 Abs. 1 S. 2 verletzt sein. Die Klausel muss hiernach klar und verständlich sein. Es soll gewährleistet sein, dass der Bürge bei Vertragsschluss über die Art und den Umfang der Haftung im Zeitpunkt der Fälligkeit unterrichtet ist, um sein Haftungsrisiko abschätzen zu können. Es war B nicht möglich, im Zeitpunkt des Vertragsschlusses abzusehen, wie hoch die gesicherten Forderungen und somit ihre Verbindlichkeit aus § 765 Abs. 1 einmal sein würden. Das Transparenzgebot ist mithin ebenfalls verletzt.

Die Anforderungen des (hier verletzten) ***Transparenzgebots bei AGB-Bürgschaften*** *sind als* ***höher*** *als diejenigen des (hier gewahrten)* ***Bestimmbarkeitsgebots****, das für alle Bürgschaften gilt.*[719]

IV. **Rechtsfolge** der beiden Verletzungen ist zunächst nicht etwa eine gemäß § 139 mögliche Gesamtnichtigkeit, sondern nach dem spezielleren § 306 Abs. 1 die **Teilnichtigkeit** nur der in Rede stehenden Klausel zum Umfang der Bürgschaft. Der Umfang der Bürgschaft ist daher gemäß § 306 Abs. 2 den gesetzlichen Vor-

---

716 BGH, Urt. v. 18.07.2002 – IX ZR 294/00, RÜ 2002, 543, 544.

717 Siehe zu den Grundsätzen des Handelsrechts AS-Skript Handelsrecht (2017), Rn. 1.

718 BGH, Urt. v. 18.07.2002 – IX ZR 294/00, RÜ 2002, 543, 544.

719 Vgl. Palandt/Sprau § 765 einerseits Rn. 18 und andererseits Rn. 20.

schriften zu entnehmen. Es existiert aber zum Umfang der Bürgschaft nur die gesetzliche Höchstgrenze des § 767 Abs. 1 S. 3. Eine positive Festlegung des Umfangs findet sich im Gesetz nicht, sie steht vielmehr zur Disposition der Parteien im Rahmen ihrer Vertragsfreiheit. Das bedeutet aber nicht, dass die Höhe der Bürgschaft 0 € beträgt, denn das käme einer Gesamtnichtigkeit gleich.

Vielmehr ist die Bürgschaft **ergänzend auszulegen**. Die verständige Würdigung der Parteiinteressen ergibt regelmäßig, dass die Parteien redlicherweise nur eine solche Bürgschaftshöhe vereinbart hätten, die der bei Vertragsschluss erkennbaren Höhe der zu sichernden Forderung entspricht. Die Bürgschaft ist demnach in derjenigen Forderungshöhe wirksam, die den **konkreten Anlass** für die Verbürgung gebildet hat.[720] Den konkreten Anlass der Bürgschaft der B hat die Kontoüberziehung der S i.H.v. 200.000 € gebildet. Die Überziehung um weitere 70.000 € war bei Vereinbarung der Bürgschaft hingegen noch nicht absehbar. Die in Rede stehende Klausel ist demnach i.H.v. 200.000 € wirksam und im Übrigen wegen eines Verstoßes gegen § 307 Abs. 1 S. 1, Abs. 2 Nr. 1 sowie gegen § 307 Abs. 1 S. 2 unwirksam.

K hat gegen B gemäß § 765 Abs. 1 einen Anspruch auf Zahlung von 200.000 €.

---

*Das Ergebnis wirkt so, als habe eine **geltungserhaltende Reduktion** stattgefunden, die gemäß § 306 Abs. 2 gerade nicht stattfinden soll. Das ist aber **nicht der Fall**. Die Reduktion auf das „Gerade-noch-Zulässige" ist dem Umstand geschuldet, dass § 767 Abs. 1 S. 3 nur eine Höchstgrenze enthält und alle Beträge unterhalb dieser Grenze im Rahmen der Vertragsfreiheit frei verhandelbar sind.*

III. Das Bestehen der Hauptschuld

385 Wegen der (auch) **anfänglichen Akzessorietät** der Bürgschaft zur gesicherten Forderung entsteht die Bürgschaft nur soweit, wie die Hauptforderung besteht.

*Gleiches gilt für den ebenfalls anfänglich-akzessorischen **Schuldbeitritt**. Die rein abstrakte **Garantie** entsteht demgegenüber unabhängig von der Hauptschuld.*

386 Folgende **Szenarien** sind denkbar und zu unterscheiden:

- Besteht überhaupt keine Hauptschuld, so entsteht kein Anspruch gegen den Bürgen aus § 765 Abs. 1. Ist die Hauptschuld geringer als die vereinbarte Bürgschaftssumme, so entsteht die Bürgschaft auch nur in dieser geringeren Höhe. Maßgeblich ist dabei der **Zeitpunkt des Abschlusses des Bürgschaftsvertrags**, sodass es unerheblich ist, ob die Hauptforderung früher einmal in größerem Umfang bestanden hat.

  *Sie prüfen also im **gutachtlichen Aufbau** an dieser Stelle das Entstehen der Hauptforderung einschließlich der rechtshindernden Einwendungen gegen die Hauptforderung. Fer-*

720 Sog. Anlassrechtsprechung des BGH: Urt. v. 18.07.2002 – IX ZR 294/00, RÜ 2002, 543; siehe auch BGH, Urt. v. 15.01.2003 – IX ZR 171/00, RÜ 2003, 400.

ner prüfen Sie, ob zeitlich vor Abschluss des Bürgschaftsvertrags rechtsvernichtende Einwendungen die Hauptforderung ganz oder teilweise wieder zu Fall gebracht haben. Hingegen prüfen Sie die erst später greifenden rechtsvernichtenden Einwendungen sowie sämtliche rechtshemmenden Einreden an späterer Stelle im Gutachten.

- Falls es sich bei der Hauptschuld um eine **bestimmbare künftige oder aufschiebend bedingte Forderung** handelt (vgl. § 765 Abs. 2), so wird die Bürgschaft erst wirksam, wenn die künftige Forderung entsteht bzw. sobald die aufschiebende Bedingung eintritt (vgl. § 158 Abs. 1).

- Ist die zu sichernde Hauptschuld nicht entstanden, so kann die Bürgschaft nicht zur zusätzlichen Sicherung einer **anderen Verbindlichkeit** genutzt werden. Es bedarf vielmehr des Abschlusses eines neuen, auf die andere Verbindlichkeit bezogenen Bürgschaftsvertrags.

  *Es ist grundsätzlich nicht möglich, bei **akzessorischen Sicherheiten** die gesicherte Forderung auszutauschen (siehe aber für die Hypothek § 1180). Bei **abstrakten Sicherheiten** kann dies hingegen durch Änderung des Sicherungsvertrags geschehen.*

- Insbesondere bei der Besicherung eines Darlehens kann anstatt der Forderung aus § 488 Abs. 1 S. 2 ein **Anspruch aus Bereicherungsrecht** entstehen, wenn der Darlehensvertrag nichtig ist und der Darlehensgeber trotzdem das Darlehen valutiert. Grundsätzlich gilt für diesen Anspruch, dass die Bürgschaft ihn nicht sichert. Allerdings kann im Einzelfall eine Auslegung der Bürgschaft ergeben, dass sie auch diesen Anspruch sichern soll.[721]

  *Im entsprechenden Fall bei der **Hypothek** wird teilweise angenommen, dass die Parteien in aller Regel (konkludent) auch den Bereicherungsanspruch absichern wollen.[722]*

- Die **Abtretung der Hauptforderung** führt grundsätzlich nicht zum Erlöschen der Bürgschaft, vielmehr geht die Bürgschaft gemäß § 401 Abs. 1 auf den Zessionar über.

  Gleiches gilt gemäß §§ 412, 401 Abs. 1 für den **gesetzlichen Forderungsübergang**.

  Anders ist es aber, wenn der Zedent und der Zessionar[723] oder bereits bei Abschluss des Bürgschaftsvertrags der Gläubiger alias Sicherungsnehmer und der Bürge[724] vereinbart haben, dass die Abtretung **nicht zum Übergang der Bürgschaft** führen soll. Eine solche Vereinbarung hat absolute Wirkung gegenüber jedermann und bedingt den disponiblen § 401 Abs. 1 ab. Folge ist, dass nur die Forderung auf den Zessionar übergeht, nicht aber die Bürgschaft. Da die Bürgschaft nicht forderungsentkleidet beim Zedenten verbleiben kann, geht sie analog § 1250 Abs. 2 unter.[725]

  *Auch hinsichtlich der **Hypothek** kann zwar § 401 Abs. 1 abbedungen werden. Nicht abdingbar ist jedoch der insofern inhaltsgleiche § 1153 Abs. 1 u. 2,[726] sodass es in dieser Hin-*

grds

Ausn bei Vereinbarung

721 OLG Frankfurt, Urt. v. 09.07.1980 – 17 U 16/80, NJW 1980, 2201.
722 Näher AS-Skript Sachenrecht 2 (2016), Rn. 126.
723 RG, Urt. v. 22.10.1914 – VI ZR 179/14, RGZ 85, 363.
724 BGH, Urt. v. 19.10.1991 – IX ZR 296/90, NJW 1991, 1869.
725 Palandt/Grüneberg § 401 Rn. 3.
726 Vgl. AS-Skript Sachenrecht 2 (2016), Rn. 137.

sicht nicht zu einem gewillkürten Auseinanderfallen von Hypothek und Forderung kommen kann. Gleichwohl kann eine forderungsentkleidete Hypothek in bestimmten Fällen des Erwerbs nach § 1138 Var. 1 entstehen.[727]

B. Erlöschen des Anspruchs aus dem Bürgschaftsvertrag

I. Erlöschen und Erhöhung der Bürgschaftsforderung

387 Wegen der **Akzessorietät** der Bürgschaft zur gesicherten Forderung **erlischt** die Bürgschaft soweit, wie die Hauptforderung erlischt, § 767 Abs. 1 S. 1.

Ein **Teilerlöschen** der gesicherten Forderung führt dementsprechend zu einem Teilerlöschen der Bürgschaft.

*Sie prüfen also im **gutachtlichen Aufbau** an dieser Stelle, ob zeitlich nach Abschluss des Bürgschaftsvertrags rechtsvernichtende Einwendungen die Hauptforderung ganz oder teilweise wieder zu Fall gebracht haben. Hierzu zählen auch auflösende Bedingungen i.S.d. § 158 Abs. 2 – während Sie aufschiebende Bedingungen (§ 158 Abs. 1) wie ausgeführt beim Entstehen der Hauptforderung und somit beim Entstehen der Bürgschaft prüfen. Ferner prüfen Sie hier auch ausgeübte Gestaltungsrechte, während das bloße Bestehen eines Gestaltungsrechts erst im Rahmen der rechtshemmenden Einrede der Gestaltbarkeit analog § 770 – dazu näher unten – relevant wird.*

*Der **Schuldbeitritt** ist nach seiner Entstehung gemäß § 425 Abs. 1 grundsätzlich nicht akzessorisch und bleibt daher bei Erlöschen der Hauptforderung bestehen. Er erlischt allerdings gemäß §§ 422, 423 i.V.m. mit den §§ 362 ff., soweit die Hauptforderung durch Erfüllung oder aufgrund eines Erfüllungssurrogats erlischt. Die rein abstrakte **Garantie** bleibt in aller Regel unabhängig von der Hauptschuld bestehen.*

388 Hinsichtlich einer **Erhöhung** der Hauptforderung nach Abschluss des Bürgschaftsvertrags ist – nach der dispositiven gesetzlichen Regelung des § 767 – zu differenzieren:[728]

- Mit einer Erhöhung der Hauptforderung **kraft Gesetzes** muss der Bürge rechnen. Daher haftet er gemäß § 767 Abs. 1 S. 2 für Ansprüche des Gläubigers gegen den Hauptschuldner aus Verschulden oder Verzug, insbesondere aus §§ 280 ff., 288.
- Geschieht die Erhöhung durch **Rechtsgeschäft** des Hauptschuldners (insbesondere mit dem Gläubiger), so erhöht sich die Bürgschaft gemäß § 767 Abs. 1 S. 3 hingegen nicht. Ansonsten läge letztlich ein unzulässiges Rechtsgeschäft zulasten eines Dritten – des Bürgen – vor.
- Gleichwohl haftet der Bürge gemäß § 767 Abs. 2 für die Kosten, die dem Gläubiger aufgrund einer **Kündigung** oder **Rechtsverfolgung** entstehen.

II. Bürgschaft auf Zeit

389 Wenn die Bürgschaft **auf bestimmte Zeit** vereinbart ist, also ein Endtermin für die Bürgschaft bestimmt ist, so erlischt diese gemäß § 777 Abs. 1 S. 1 Hs. 1 grundsätzlich beim

727 Näher zur forderungsentkleideten Hypothek AS-Skript Sachenrecht 2 (2016), Rn. 139 ff. u. 148 ff.

728 Vgl. Looschelders Rn. 967.

Eintritt des Endtermins. Allerdings besteht die Haftung gemäß § 777 Abs. 1 S. 1 Hs. 2 fort, wenn der Gläubiger unverzüglich die Forderung beim Hauptschuldner einzuziehen versucht und nach Erfolglosigkeit dem Bürgen anzeigt, dass er nunmehr ihn in Anspruch nimmt. Eine unverzügliche Klageerhebung gegen den Bürgen ist nicht erforderlich.[729]

Ist allerdings die **Einrede der Vorausklage** ausgeschlossen, so muss gemäß § 777 Abs. 1 S. 2 die Anzeige unverzüglich nach Zeitablauf geschehen.

Der **Umfang** der Bürgschaft wird in beiden Fällen nach Maßgabe des § 777 Abs. 2 nach oben beschränkt.

*§ 777 enthält eine Sonderregelung zu Gunsten des Gläubigers. Nach der **Grundregel der §§ 163, 158 Abs. 2** würde der Bürge mit Zeitablauf ohne Ausnahme frei werden.*[730]

III. Aufgabe einer anderen Sicherheit

Der Bürge wird gemäß § 776 S. 1 frei, wenn der Sicherungsnehmer eine für die gesicherte Forderung bestellte **akzessorische Sicherheit** aufgibt. Würde nämlich der Bürge den Gläubiger befriedigen, so würden gemäß § 774 Abs. 1 S. 1 die gesicherte Forderung und gemäß §§ 412, 401 sämtliche akzessorische Sicherheiten auf ihn übergehen. Der Bürge soll davor geschützt werden, diesen Vorteil zu verlieren. Gemäß § 776 S. 2 gilt das sogar für solche Sicherheiten, die erst nach Übernahme der Bürgschaft entstanden sind, deren späterer Übergang auf den Bürgen für selbigen also zunächst nicht gewiss war. **390** § 776

Die Norm findet **analoge Anwendung** auf solche **abstrakten Sicherheiten**, zu deren Übertragung der Sicherungsnehmer aufgrund einer (konkludenten, sich aus dem Rechtsgedanken des § 774 Abs. 1 S. 1 ergebenden) Abrede mit dem Bürgen verpflichtet war.[731] Ein solcher Rückübertragungsanspruch wird insbesondere hinsichtlich der Grundschuld, dem Sicherungseigentum, der zur Sicherheit abgetretenen Forderung und dem Eigentumsvorbehalt bejaht.[732]

*Aus dem Sicherungsvertrag ergibt sich wie eingangs dargestellt in der Regel ein **Anspruch auf Herstellung der Rechtslage**, die bei einer akzessorischen Sicherheit ipso iure eintritt.*

Aufgabe ist jede gewollte Handlung, durch die der Gläubiger alias Sicherungsnehmer auf eine Verwertungsmöglichkeit der Sicherheit verzichtet oder bewusst – also vorsätzlich (!) – deren wirtschaftlichen Wert beseitigt.[733] **391**

Beispiele:[734] Verzicht, Rückübertragung, Überlassung an Dritte; auch der bloße Rücktritt im Rang der Sicherheit zu Gunsten anderer Gläubiger, denen die Sicherheit ebenfalls dient.[735]

Wurde die Sicherheit einmal aufgegeben, ändert daran auch eine spätere Neubegründung oder ihr Rückerwerb nichts.[736] Eine **Heilung der Aufgabe** und somit eine Beseitigung der Rechtsfolge des § 776 ist also nicht möglich.

---

729 BGH, Urt. v. 22.12.1982 – VIII ZR 199/81, NJW 1983, 750.
730 Vgl. Palandt/Sprau § 777 Rn. 2.
731 BGH, Urt. v. 04.06.2013 – XI ZR 505/11, RÜ 2013, 479.
732 Palandt/Sprau § 774 Rn. 9.
733 BGH, Urt. v. 04.06.2013 – XI ZR 505/11, Rn. 14, RÜ 2013, 479, 480.
734 Vgl. Palandt/Sprau, § 776 Rn. 4
735 Vgl. zum Rang von Sicherheiten an Grundstücken §§ 879 f. sowie AS-Skript Sachenrecht 2 (2016), Rn. 250 ff.
736 BGH, Urt. v. 04.06.2013 – XI ZR 505/11, RÜ 2013, 479.

392 § 776 enthält kein zwingendes Recht, sondern ist grundsätzlich – im Rahmen der §§ 134, 138, 242 – **abdingbar**. Eine Klausel in den AGB, in denen der Bürge auf den Schutz des § 776 generell verzichtet, verstößt jedoch regelmäßig gegen § 307 Abs. 1.[737]

*Auf andere Fälle der Kreditsicherung, wie **Schuldbeitritt**, **Garantievertrag** oder das **Faustpfandrecht** ist § 776 nicht (auch nicht entsprechend) anwendbar.*[738]

IV. Wechsel des Hauptschuldners

§ 418

393 Die Bürgschaft erlischt gemäß § 418 Abs. 1 S. 1 grundsätzlich bei einem Wechsel des Hauptschuldners durch befreiende **Schuldübernahme**. Gleiches gilt analog im Fall der kompletten **Vertragsübernahme**.[739] Der Bürge soll nicht für einen Hauptschuldner haften, den er sich nicht selbst ausgesucht hat.

Gemäß § 418 Abs. 1 S. 3 (analog) erlischt die Bürgschaft hingegen nicht, wenn der Bürge in die Schuld- bzw. Vertragsübernahme **einwilligt** und dadurch den neuen Hauptschuldner billigt. Eine solche Einwilligung kann auch konkludent geschehen.

Beispiel für eine konkludente Einwilligung:[740] X ist alleiniger Geschäftsführer der A-GmbH (A), der B-GmbH (B) und der C-GmbH (C). S hat einen Anspruch gegen A, für den B sich verbürgt hat. C, vertreten durch X, übernimmt die Schuld bzw. den Vertrag von A. –
Die ausdrückliche Übernahmeerklärung des X für C enthält eine konkludente Einwilligung i.S.d. § 418 Abs. 1 S. 3 des X für B. X könnte zwar durchaus für C die Übernahme vereinbaren und für B die Einwilligung in selbige verweigern. Das muss X dann aber S ausdrücklich mitteilen. Anderenfalls darf S aus Sicht des objektiven Empfängers davon ausgehen, dass X an der Übernahme für alle von ihm vertretenen Gesellschaften so mitwirkt, dass aus der Übernahme für S keine Nachteile (hier aus § 418 Abs. 1 S. 1) entstehen.

V. Kündigung des Bürgschaftsvertrags

394 Ein **gesetzliches** Kündigungsrecht sehen die §§ 765 ff. für den Bürgschaftsvertrag nicht vor. Ein Kündigungsrecht kann sich aber im Einzelfall ergeben[741]

- aus **vertraglicher** Vereinbarung zwischen dem Bürgen und dem Sicherungsnehmer oder
- aus **§ 314** und/oder **§ 242**, wobei ein wichtiger Grund und/oder eine Treuwidrigkeit z.B. vorliegen kann, wenn
  - bei einer unbefristeten Bürgschaft ein **gewisser Zeitraum abgelaufen** ist, wobei dann eine angemessene Kündigungsfrist anzusetzen ist,
  - der Bürge **Gesellschafter der Hauptschuldner-Gesellschaft** ist und aus dieser ausscheidet oder
  - die **Vermögensverhältnisse** des Hauptschuldners sich **nach** Abschluss der Bürgschaft stark **verschlechtern**.

---

737 BGH, Urt. v. 02.03.2000 – IX ZR 328/98, NJW 2000, 1566.

738 Palandt/Sprau § 776 Rn. 3.

739 Palandt/Grüneberg, § 418 Rn. 1; vgl. zur Abgrenzung von Schuld-, Erfüllungs- und Vertragsübernahme AS-Skript Schuldrecht AT 2 (2016), Rn. 394 ff.

740 Nach BGH, Urt. v. 08.05.2015 – V ZR 56/14, RÜ 2015, 630; im Originalfall ging es nicht um eine Bürgschaft, sondern um eine Sicherungsgrundschuld, vgl. hierzu die Modifikation des § 418 Abs. 1 S. 1 durch § 418 Abs. 1 S. 3.

741 Vgl. zum Folgenden Palandt/Sprau § 765 Rn. 16; BGH, Urt. v. 21.01.1993 – III ZR 15/92, NJW-RR 1993, 944.

***Anfänglich** schlechte Vermögensverhältnisse des Hauptschuldners geben hingegen ebenso wenig einen Kündigungsgrund, wie sie – siehe oben – ein Anfechtungs- oder ein Rücktrittsrecht begründen. Denn dieses Risiko übernimmt der Bürge ohne Ausnahme.*

Die Rechtsfolge der Kündigung ist die Unwirksamkeit der Bürgschaft ex nunc. Die Bürgschaft ist daher der Höhe nach auf die **Höhe der Verbindlichkeit im Zeitpunkt der Kündigung** beschränkt.[742] Sie geht also nicht etwa, wie bei einem Rücktritt, vollständig und mit Wirkung ex tunc unter. **395**

VI. Widerruf nach §§ 495 Abs. 1, 355 ff., 312 ff. BGB

Will der Bürge seine **Bürgschaftserklärung** nach § 495 S. 1 **widerrufen**, so sind bei der Prüfung des Erfolgs dieses Widerrufs[743] insbesondere die folgenden bürgschaftstypischen Problemkreise zu beachten. **396**

*Beachten Sie, dass das **Verbraucherschutzrecht**, welches sich inhaltlich bei Weitem nicht auf das Widerrufsrecht beschränkt,[744] **umfangreich zum 13.06.2014 und zum 01.01. 2002 geändert** wurde. Das ist als **Hintergrundwissen** erforderlich, um die sogleich zitierten Urteile zeitlich korrekt einordnen zu können.*

1. Entgeltliche Leistung

Voraussetzung aller Widerrufsrechte ist gemäß § 312 Abs. 1, dass ein **Verbrauchervertrag** i.S.d. § 310 Abs. 3 vorliegt, der eine **entgeltliche Leistung des Unternehmers** zum Gegenstand hat. Eine entgeltliche Leistung ist gegeben, soweit die Gegenseite – also der Verbraucher – sich zu einer Gegenleistung verpflichtet hat.[745] **397**

- Verbürgt sich ein Verbraucher gegenüber einem Unternehmer, so leistet zwar der Verbraucher an den Unternehmer die Bürgschaft als Sicherheit. Jedoch steht diese Leistung des Verbrauchers isoliert. Es handelt sich nicht um eine Gegenleistung für eine Leistung des Unternehmers. Die Bürgschaft ist ein einseitig den Bürgen verpflichtender Vertrag. Daher liegt nach dem **Wortlaut** der Norm keine entgeltliche Leistung des Unternehmers vor. Teilweise wird vertreten, dass dementsprechend die §§ 312 ff. nicht auf die Bürgschaft anzuwenden seien.[746]
- Gleichwohl hält die h.M.,[747] insbesondere der EuGH und ihm folgend unter Aufgabe seiner bisherigen Rspr. der BGH,[748] die Bürgschaft für einen entgeltlichen Verbrauchervertrag i.S.d. § 312 Abs. 1. Der **Sinn und Zweck** der zu Grunde liegenden EU-Richtlinie, den Verbraucher umfassend zu schützen, könne sonst nicht erreicht werden. Wenn bereits der Verbraucher, der vom Unternehmer eine Gegenleistung erhält, geschützt werde, dann müsse erst recht der Verbraucher-Bürge, der vom Unternehmer nichts erhalte, geschützt werden.

742 Palandt/Sprau § 765 Rn. 16.

743 Vgl. ausführlich zur allgemeinen Prüfung des Widerrufsrechts i.S.d. 355 ff. BGB AS-Skript Schuldrecht AT 2 (2016), Rn. 167 ff. u. 233 ff.

744 Eine Übersicht, wo welche Regelungsbereiche dargestellt sind, finden Sie in AS-Skript Schuldrecht AT 2 (2016), Rn. 150.

745 Vgl. allgemein zu diesen Begriffen AS-Skript Schuldrecht AT 2 (2016), Rn. 168.

746 von Loewenich NJW 2014, 1409, 1411, unter Verweis auf den seit der Reform zum 13.06.2014 noch klareren Wortlaut.

747 Palandt/Grüneberg, § 312 Rn. 5; Schürnbrand WM 2014, 1157.

748 EuGH, Urt. v. 17.03.1998 – Rs. C-45/96, RÜ 1998, 221, und BGH, Urt. v. 14.05.1998 – IX ZR 56/95, RÜ 1998, 457.

*Dementsprechend wird man den **Schuldbeitritt** und wohl auch die **Garantie** eines Verbrauchers ebenfalls als entgeltliche Verbrauchverträge ansehen müssen.*[749]

2. Außergeschäftsraumvertrag

398 Es besteht Einigkeit, dass auch ein Bürgschaftsvertrag ein Außergeschäftsraumvertrag sein kann, wenn der Bürge sich bei seinem Abschluss in einer der in **§ 312 b Abs. 1 S. 1** genannten Situationen befunden hat. Zweifelhaft ist aber, ob das auch dann gilt, wenn die **gesicherte Forderung nicht aus einem Verbrauchervertrag** stammt.

- Laut EuGH muss nicht nur der **Bürge** sich **als Verbraucher** verbürgen, sondern der **Hauptschuldner** muss auch die Hauptschuld **als Verbraucher** begründet haben.[750] Dem hatte sich der damals für das Bürgschaftsrecht zuständige 9. Senat des BGH angeschlossen.[751] Für diese Sichtweise lässt sich u.a. anführen, dass die Bürgschaft aufgrund der Akzessorietät das Schicksal der Hauptschuld auch hinsichtlich der Frage teilen muss, ob sie als Verbrauchervertrag einzuordnen ist.

- Der derzeit zuständige 11. Senat des BGH hält hingegen für alleine maßgeblich, ob der **Bürge** sich **als Verbraucher** verbürgt hat. Der Charakter der Hauptschuld spiele keine Rolle.[752] Hierfür spricht, dass der Verbraucher-Bürge, der sich in einer von § 312 b Abs. 1 S. 1 beschriebenen Situation befindet, unabhängig davon schutzwürdig ist, welchen Charakter die von ihm besicherte Hauptschuld hat. Die EG-Richtlinie gebietet diesen hohen Schutz des Bürgen zwar nicht, sie verbietet ihn aber auch nicht. Sie stellt nur einen Mindeststandard auf, von dem das nationale Recht zu Gunsten des Verbrauchers abweichen darf. Ferner soll die für die Gegenansicht angeführte Akzessorietät, wie auch § 767 Abs. 1 S. 3 zeigt, den Bürgen nur schützen und nicht etwa belasten. Dementsprechend hat zwar der Bürge analog § 770 die Möglichkeit, sich mit der Einrede der Gestaltbarkeit auf ein Widerrufsrecht des Hauptschuldners zu berufen,[753] daraus lässt sich aber nicht umgekehrt schließen, dass das originäre Widerrufsrecht des Bürgen nur dann besteht, wenn auch der Hauptschuldner ein solches hat. Schließlich spielt der Charakter der Hauptschuld auch beim weniger schutzwürdigen Schuldbeitretenden[754] keine Rolle.

Die Entscheidung des 11. Senats ist allerdings ergangen, bevor die zugrundeliegende EG-Richtlinie, die zum 13.06.2014 ins deutsche Recht übernommen wurde, geändert wurde. In ihrer neuen Fassung ist die Richtlinie u.a. **vollharmonisierend**, d.h. sie lässt nur ausdrücklich aufgenommene Abweichungen zu. Der BGH müsste daher, wenn er heute diesen Fall nochmal entscheiden müsste, die Frage (erneut) dem EuGH vorlegen.[755] In der **Prüfungssituation** wird man zu diesem Punkt von Ihnen nur Ausführungen verlangen können, wenn man Ihnen die Richtlinie im Wortlaut vorlegt.

---

749 MünchKomm/Masuch § 312 Rn. 29; für den Schuldbeitritt BGH, Urt. v. 02.05.2007 – XII ZR 109/04, RÜ 2007, 462 (Rn. 27); beide Quellen allerdings jeweils für die bis zum 12.06.2014 geltende Fassung der §§ 312 ff.

750 EuGH, Urt. v. 17.03.1998 – Rs. C-45/96, RÜ 1998, 221, bezogen auf die bis zum 31.12.2001 geltende Fassung der Regelungen zum „Haustürgeschäft" außerhalb des BGB.

751 BGH, Urt. v. 14.05.1998 – IX ZR 56/95, RÜ 1998, 457, bezogen auf die bis zum 31.12.2001 geltende Fassung der Regelungen zum „Haustürgeschäft" außerhalb des BGB.

752 BGH, Urt. v. 10.01.2006 – XI ZR 169/05, RÜ 2006, 169; vgl. auch BGH, Urt. v. 27.02.2007 – XI ZR 195/05, RÜ 2007, 225; beide Urteile bezogen auf die bis zum 12.06.2014 geltende Fassung der §§ 312 ff.

753 Zu dieser Einrede noch näher unten Rn. 409 ff.

754 MünchKomm/Masuch § 312 Rn. 29; BGH, Urt. v. 02.05.2007 – XII ZR 109/04, NJW 2007, 2110, 2111 (Rn. 27); beide Quellen jeweils für die bis zum 12.06.2014 geltende Fassung der §§ 312 ff.

755 Prütting/Wegen/Weinreich § 312 Rn. 7; vgl. auch Palandt/Grüneberg, § 312 Rn. 5; a.A. Schürnbrand WM 2014, 1157, 1161.

3. Fernabsatzvertrag

Dem Bürgen kann nach h.M. **theoretisch ein Widerrufsrecht** aus § 312 c Abs. 1 zustehen, wobei es dazu **in der Praxis wohl kaum** kommen wird – anders aber vielleicht in einer (arg konstruierten) Klausur oder Prüfung: **399**

- Die seit dem 13.06.2014 geltende Definition des Fernabsatzvertrags § 312 c Abs. 1 verlangt – anders als die Vorgängerfassung in § 312 b Abs. 1 S. 1 a.F. – nicht, dass das Geschäft auf eine Warenlieferung oder eine Dienstleistung gerichtet sein muss. Auf den **Geschäftsinhalt** kommt es daher nach h.M. nicht mehr an, sodass insofern auch die Bürgschaft und andere Sicherungsrechte erfasst sind.[756]

- Auch ein mit **Fernkommunikationsmitteln** i.S.d. § 312 c Abs. 2 geschlossener Bürgschaftsvertrag kann wirksam sein. Zwar muss der Verbraucher-Bürge, für den § 350 HGB nicht gilt, seine Bürgschaftserklärung gemäß **§ 766 S. 1 BGB** grundsätzlich schriftlich abgeben. Es kann aber eine der oben dargelegten **Ausnahmen** zu diesem Formerfordernis greifen.

  Beispiel: B verbürgt sich per E-Mail für eine Zahlungsforderung i.H.v. 10.000 €. Später nimmt der Gläubiger ihn i.H.v. 3.000 € in Anspruch. B zahlt. –
  Die Bürgschaftserklärung war zunächst gemäß § 125 S. 1 schwebend unwirksam. Gemäß § 766 S. 3 ist die Erklärung aber i.H.v. 3.000 € durch Heilung wirksam geworden.

- Jedoch wird der Bürge seine Erklärung kaum **im Rahmen eines für den Fernabsatz organisierten Vertriebs- und Dienstleistungssystems** abgeben,[757] und selbst wenn, dann wird er regelmäßig kein Verbraucher sein. Es lassen sich aber Sachverhalte konstruieren, welche zumindest Anlass zu näherer Prüfung geben.

  Beispiel: B handelt gewerblich mit Haarpflegemitteln im Internet. B will sich für seinen Freund F verbürgen. Aus Bequemlichkeit gibt er seine Erklärung mit Hilfe seiner Software ab, mit der er ansonsten die Bestellungen seiner Kunden bestätigt. –
  B gibt die Erklärung zwar „mit" einem organisierten System ab. Gleichwohl ist aber auch in diesem Fall zweifelhaft, ob B seine Erklärung „im Rahmen" eines solchen Systems abgibt.

4. Verbraucherdarlehen

Für die Bürgschaftserklärung eines Verbrauchers für ein Darlehen besteht nach h.M. jedenfalls dann **kein Widerrufsrecht** nach § 495 Abs. 1 analog, wenn das Darlehen **kein Verbraucherdarlehen** i.S.d. 491 Abs. 1 ist.[758] Das verstößt nicht gegen die EG-Richtlinie über den Verbraucherkredit, die hinsichtlich der Bürgschaft keine Regelungen trifft.[759] **400**

Dafür wird ferner angeführt, dass auch bei einem – wie von § 491 Abs. 2 S. 1 u. Abs. 3 S. 1 gefordert – entgeltlichen Darlehen die Bürgschaft im Verhältnis zum Gläubiger stets **unentgeltlich** sei.[760] Mit diesem Argument setzt man sich allerdings in Widerspruch zu der Annahme, dass die Bürgschaft – wie ausgeführt – entgeltlich i.S.d. § 312 Abs. 1 ist.

---

756 Palandt/Grüneberg, § 312 c Rn. 2; a.A. Schürnbrand WM 2014, 1157.

757 Looschelders Rn. 964.

758 BGH, Urt. v. 21.04.1998 – XI ZR 258/97, NJW 1998, 1939; OLG Düsseldorf, Urt. v. 12.09.2007 – I-3 U 31/07, WM 2007, 209; OLG Frankfurt/Main, Urt. v. 20.12.2006 – 9 U 18/06, ZGS 2007, 240.

759 EuGH, Urt. v. 23.03.2000 – C-208/98, NJW 2000, 1323.

760 Palandt/Weidenkaff § 491 Rn. 11.

Entscheidend ist vielmehr, dass der Verbraucher-Bürge nur aufgrund seiner Verbürgung für eine Darlehensschuld **nicht schutzwürdiger** ist als der Verbraucher-Bürge, der sich für eine andere Schuld verbürgt. Darin liegt der **zentrale Unterschied zum Widerrufsrecht beim Außergeschäftsraumvertrag**, bezüglich welchem – wie ausgeführt – dem Bürgen ein Widerrufsrecht eingeräumt wird. Während der Bürge beim Außergeschäftsraumvertrag vor einer Überrumpelung geschützt werden soll, bezweckt der § 495 weder direkt noch analog den Schutz eines Bürgen. Die Norm soll vielmehr nur dem Darlehensnehmer die Sondierung des Kreditmarktes hinsichtlich Anbietern und Konditionen ermöglichen. Hat der Darlehensnehmer seine Wahl getroffen, so kann der Bürge diese aber ohnehin nicht mehr beeinflussen.[761]

401 Man wird dem Bürgen wohl auch dann kein Widerrufsrecht aus § 495 Abs. 1 zusprechen müssen, wenn er sich **für ein Verbraucherdarlehen** verbürgt. Wenn es im Rahmen des § 312 b – wie ausgeführt – trotz der Akzessorietät nur auf die Rechtsnatur der Bürgschaft und nicht auch der gesicherten Forderung ankommt, dann wird man dies auch hinsichtlich § 495 Abs. 1 so handhaben müssen.

*Der **Schuldbeitritt** zu einem Darlehen kann hingegen laut BGH analog § 495 Abs. 1 widerrufen werden, wenn die übrigen Voraussetzungen des § 491 vorliegen.[762] Begründet wird das im Wesentlichen damit, dass es keinen Unterschied machen könne, ob sofort zwei Darlehensnehmer den Darlehensvertrag schließen oder ob ein Darlehensnehmer erst später hinzutritt. Im Ergebnis steht hinsichtlich §§ 491 ff. also der Bürge, anders als sonst, schlechter als der Schuldbeitretende!*

5. Herbeiführung des Bürgschaftsfalls durch den Gläubiger, § 242

402 Im Einzelfall kann die Inanspruchnahme des Bürgen rechtsmissbräuchlich sein und daher gemäß § 242 den Anspruch aus § 765 Abs. 1 zum Erlöschen bringen. Hierunter fällt insbesondere die **Herbeiführung des Bürgschaftsfalls** (also des Entstehens oder der Fälligkeit der gesicherten Forderung) durch den Gläubiger alias Sicherungsnehmer.

Dieser Rechtsgedanke kommt für die Bedingung in § 162 Abs. 2 zum Ausdruck.

Führt der Gläubiger den Bürgschaftsfall durch Ausübung eines **Gestaltungsrechts** herbei, so muss diese Ausübung **ihrerseits** ausnahmsweise **rechtsmissbräuchlich** sein.[763]

C. Die Einreden des Bürgen

I. Originäre Einreden des Bürgen

403 Bürge und Sicherungsnehmer können **vertragliche** Einreden des Bürgen in den Bürgschaftsvertrag aufnehmen.

Daneben sieht das **Gesetz** insbesondere die folgenden Einreden des Bürgen vor:

761 OLG Düsseldorf, Urt. v. 12.09.2007 – I-3 U 31/07, WM 2007, 209; OLG Frankfurt/Main, Urt. v. 20.12.2006 – 9 U 18/06, ZGS 2007, 240.

762 BGH, Urt. v. 25.10.2011 – XI ZR 331/10, NJW 2012, 166.

763 OLG Brandenburg, Urt. v. 13.08.2014 – 4 U 108/12, RÜ 2014, 749.

- Gemäß § 771 S. 1 muss der Gläubiger grundsätzlich zunächst die Zwangsvollstreckung gegen den Hauptschuldner erfolglos versucht haben, bevor er den Bürgen in Anspruch nimmt. Handelt es sich bei der gesicherten Forderung um eine Geldforderung, so ergeben sich aus § 772 Abs. 1 u. 2 die näheren Anforderungen an den Vollstreckungsversuch. Solange der Sicherungsnehmer die Vollstreckung nicht versucht hat, kann der Bürge die **Einrede der Vorausklage** erheben. Das gilt nicht
  - in den Fällen des **§ 773**, insbesondere gemäß § 773 Abs. 1 Nr. 1, wenn der Bürge sich **selbstschuldnerisch** verbürgt und so auf die Einrede verzichtet hat, und
  - gemäß § 349 S. 1 HGB, wenn die Bürgschaft für den Bürgen ein **kaufmännisches Handelsgeschäft** ist.
- Die Einrede der **Verjährung** der Bürgschaftsforderung gemäß § 214 Abs. 1 kann der Bürge nach Ablauf der Verjährungsfrist erheben. Dauer und Beginn der Verjährungsfrist ergeben sich aus §§ 195, 199 Abs. 1 u. 4. Zwei Besonderheiten sind zu beachten:
  - § 199 Abs. 1 Nr. 1 fordert das Entstehen des Anspruchs. „Entstehen" in diesem Sinne ist sehr weit zu verstehen, gemeint ist die Einklagbarkeit des Anspruchs. Die Bürgschaftsforderung aus § 765 Abs. 1 muss also auch **fällig** i.S.d. § 271 Abs. 1 Var. 1 sein.[764] Im Fall einer selbstschuldnerischen Bürgschaft wird die Bürgschaftsforderung bereits mit Fälligkeit der gesicherten Forderung fällig. Es ist nicht erforderlich, dass der Gläubiger den Bürgen zur Leistung auffordert oder ihm die Höhe der Hauptschuld belegt.[765]

    Ohne Aufforderung und Erteilung dieser Belege gerät der Bürge allerdings gemäß § 286 Abs. 4 nicht in **Verzug**, wenn ihn kein sonstiges Verschulden hinsichtlich seiner Unkenntnis trifft.[766]

    *Die Fälligkeit der Bürgschaftsforderung ist u.a. auch Voraussetzung, um mit ihr **aufzurechnen** oder um sie im Rahmen eines **Zurückbehaltungsrechts** einzuwenden.*
  - Erhebt der Bürge die nicht nach § 773 ausgeschlossene **Einrede der Vorausklage**, so wird gemäß § 771 S. 2 die Verjährung i.S.d. § 209 **gehemmt**, bis der Gläubiger erfolglos die Vollstreckung beim Hauptschuldner versucht hat.

Irrelevant für die Durchsetzbarkeit des Anspruchs des Sicherungsnehmers aus § 765 Abs. 1 ist hingegen, ob der Bürge seinerseits **Einwendungen oder Gegenrechte gegen den Hauptschuldner** hat, inklusive eines möglichen Befreiungsanspruchs aus § 775. Diese schlagen nicht auf das Verhältnis des Bürgen zum Sicherungsnehmer durch. **404**

*Obgleich die Bürgschaft in aller Regel über den Anspruch aus § 765 Abs. 1 oder über den unten erörterten Regress des Bürgen geprüft wird, kann natürlich auch ein **Anspruch aus § 775 Prüfungsgegenstand** sein. Neben den dort aufgestellten besonderen Voraussetzungen ist dann inzident zu prüfen, ob und in welcher Höhe der Bürge dem Sicherungsnehmer aus § 765 Abs. 1 haftet, denn die Befreiung von einem Anspruch kann nur so weit gehen, wie dieser Anspruch selbst geht. Sie landen also schnell wieder im gewohnten Fahrwasser.*

---

764 Palandt/Ellenberger § 199 Rn. 3.

765 BGH, Urt. v. 10.02.2011 – VII ZR 53/10, RÜ 2011, 276.

766 BGH, Urt. v. 10.02.2011 – VII ZR 53/10, RÜ 2011, 276.

II. Vom Schuldner abgeleitete Einreden des Bürgen

405 Einreden und selbst bloße Gestaltungsrechte des **Hauptschuldners gegen den Sicherungsnehmer** kann hingegen aufgrund der **Akzessorietät** auch der Bürge dem Sicherungsnehmer entgegenhalten.

*Sie prüfen also im **gutachtlichen Aufbau** an dieser Stelle, ob rechtshemmende Einreden die Durchsetzbarkeit der Hauptforderung für immer (peremptorisch) oder zeitweise (dilatorisch) verhindern. Ferner prüfen Sie, ob das Rechtsverhältnis, das der gesicherten Forderung zu Grunde liegt, vom Hauptschuldner gestaltbar ist.*

1. Einreden des Hauptschuldners, § 768

406 Gemäß § 768 Abs. 1 S. 1 kann der Bürge **die dem Hauptschuldner gegen die gesicherte Forderung zustehenden Einreden** geltend machen, mit Ausnahme der Einrede der beschränkten Erbenhaftung (§§ 768 Abs. 1 S. 2, 1975, 1990).

Beispiel: S schuldet G aus Warenkauf im Jahr 2014 15.000 €. Dafür hat sich B im Jahr 2017 selbstschuldnerisch verbürgt. Da S nicht zahlt, nimmt G den B im Jahr 2018 in Anspruch. B beruft sich gemäß § 214 Abs. 1 auf Verjährung. –
Eine **originäre Einrede der Verjährung der Bürgschaftsforderung** steht B nicht zu. Die Bürgschaft selbst wurde erst im Jahr 2017 vereinbart, sodass die Verjährungsfrist nach §§ 195, 199 Abs. 1 im Jahr 2018 noch nicht abgelaufen ist. Jedoch steht B über § 768 Abs. 1 S. 1 die von S **abgeleitete Einrede der Verjährung der Hauptschuld** zu. Diese wurde im Jahr 2014 begründet, sodass ihre Verjährungsfrist gemäß §§ 195, 199 Abs. 1 Ende 2017 abgelaufen ist.

Beispiel:[767] S hat sich gegenüber G in der Sicherungsabrede u.a. zur Beschaffung einer Vertragserfüllungsbürgschaft verpflichtet. B verbürgt sich. Die Sicherungsabrede ist gemäß §§ 307 Abs. 1, 306 Abs. 3 insgesamt unwirksam, weil sie S zugunsten von G unangemessen mit den Kosten der Beschaffung der Bürgschaft belastet. –
S kann von G die Bürgschaft kondizieren und könnte ihre Erbringung – wäre sie noch nicht geschehen – aufgrund der Bereicherungseinrede nach § 821 verweigern. Auf diese Einrede kann sich über § 768 Abs. 1 S. 1 auch B gegenüber G berufen.

407 Ein vorheriger **Verzicht des Bürgen** auf die Wirkung des § 768 Abs. 1 S. 1 ist individualvertraglich in den Grenzen der §§ 134, 138, 242 möglich, wobei die Schriftform des § 766 S. 1 zu wahren ist. Ein umfassender Verzicht in AGB verstößt gegen den Grundgedanken der in § 768 Abs. 1 S. 1 verankerten Akzessorietät und ist daher gemäß § 307 Abs. 1 u. 2 unwirksam.[768] Zulässig ist aber im Einzelfall eine AGB, mit welcher der Bürge nur auf einzelne Einreden oder nur vorläufig auf seine Einreden verzichtet, insbesondere im Fall der Bürgschaft auf erstes Anfordern.[769]

408 Ein **Verzicht des Hauptschuldners** auf eine Einrede gegen die Hauptforderung wirkt sich gemäß § 768 Abs. 2 nicht auf die Wirkung des § 768 Abs. 1 S. 1 aus. Über den Wortlaut hinaus ist nach Dafürhalten des BGH[770] der Begriff des Verzichts weit zu verstehen. Erfasst sind von § 768 Abs. 1 analog grundsätzlich auch solche Verhaltensweisen des Hauptschuldners, die seine Einrede nicht beseitigen, aber erschweren.

---

767 Nach BGH, Urt. v. 16.06.2016 – VII ZR 29/13, NJW 2016, 2802.

768 BGH, Urt. v. 12.02.2009 – VII ZR 39/08, RÜ 2009, 287.

769 Palandt/Sprau § 768 Rn. 8; zur Bürgschaft auf erstes Anfordern noch näher unten Rn. 421.

770 BGH, Urt. v. 18.09.2007 – XI ZR 447/06, BeckRS 2007, 18303, Rn. 18; vgl. Palandt/Sprau § 768 Rn. 9, auch mit Nachweisen zur Gegenansicht.

Hinsichtlich der Einrede der **Verjährung** stellen

- solche Handlungen einen (nach § 768 Abs. 2 unbeachtlichen) **Verzicht** des Hauptschuldners dar, die die Verjährungsfrist der Hauptforderung durch **Disposition des Hauptschuldners** verlängern oder neu beginnen lassen. Das ist z.B. der Fall, wenn der Hauptschuldner
  - **sich rechtskräftig verurteilen lässt**, insbesondere durch Versäumnisurteil, und so die dreißigjährige Frist des § 197 Abs. 1 Nr. 3 in Kraft setzt oder
  - die Hauptforderung **anerkennt** und so gemäß § 212 Abs. 1 Nr. 1 den Neubeginn der Verjährung auslöst.[771]
- hingegen solche Handlungen **keinen Verzicht** des Hauptschuldners dar, die keine Disposition des Hauptschuldners beinhalten, sondern nur als **Rechtsreflex** die Verlängerung der Verjährung zur Folge haben. Sie wirken also gegen den Bürgen, § 768 Abs. 2 ist nicht anwendbar.
  - Das gilt insbesondere für die Hemmung der Verjährung durch **Verhandlungen** gemäß §§ 203, 209. Diese Regelung soll Rechtsstreitigkeiten vermeiden und den Beteiligten ermöglichen, eine gütliche Einigung ohne Zeitdruck erzielen. Dieser Zweck würde verfehlt, wenn man Verhandlungen als Verzicht i.S.d. § 768 Abs. 2 ansieht. Denn dann müsste der Gläubiger, der mit dem Hauptschuldner kurz vor Verjährungsende verhandelt, gleichwohl gegen den Hauptschuldner klagen, um gemäß § 204 Abs. 1 S. 1 die Verjährung gegenüber dem Hauptschuldner so zu hemmen, dass diese Hemmung auch gegen den Bürgen wirkt.[772]
  - Ebenso verhält es sich bei der Hemmung der Verjährung aufgrund eines zwischen Gläubiger und Hauptschuldner vereinbarten **vorübergehenden Leistungsverweigerungsrechts** i.S.d. § 205. Der Parteiwille ist hier in der Regel nur auf die rechtsgeschäftliche Begründung des Verweigerungsrechts gerichtet. Die Verlängerung der Verjährung gemäß § 205 ist nur eine gesetzlich angeordnete Folge.

    Beispiel:[773] S least bei G ein Auto. B verbürgt sich gegenüber G für die von S zu zahlenden Leasingraten. S und G haben vereinbart, dass S die Leasingraten vorübergehend zurückhalten darf, sobald und solange es zu einem Rechtsstreit über die Rückabwicklung zwischen dem Lieferanten des Autos und S (an den G seine Gewährleistungsrechte abgetreten hat)[774] kommt. –
    Gemäß §§ 205, 209 wird die Verjährung der Leasingraten gegenüber S gehemmt. Über § 768 Abs 1 S. 1 kann sich B zwar ebenfalls auf die Verjährung der Leasingraten berufen, allerdings wirkt die Hemmung auch gegen ihn. Daran ändert auch § 768 Abs. 2 nichts, denn die Hemmung ist kein rechtsgeschäftlicher Verzicht des S gegenüber G auf seine Einrede aus § 214. Vielmehr ist sie ein von § 205 angeordneter, bloßer Reflex des von S und G vereinbarten Verweigerungsrechts.

2. Die Einrede der Gestaltbarkeit, § 770

§770

Der Bürge kann dem Gläubiger gemäß § 770 (analog) entgegenhalten, dass das **Rechtsverhältnis, das der Hauptschuld zu Grunde liegt, gestaltbar** ist. Die Akzessorietät 409

771 BGH, Urt. v. 18.09.2007 – XI ZR 447/06, BeckRS 2007, 18303, Rn. 18; BGH, Urt. v. 14.06.2016 – XI ZR 242/15, NJW 2016, 3158; vgl. Palandt/Sprau § 768 Rn. 9.

772 BGH, Urt. v.14.07.2009 – XI ZR 18/08, RÜ 2009, 636, Rn. 22.

773 Nach BGH, Urt. v. 16.09.2015 - VIII ZR 119/14, BeckRS 2015, 17216; vgl. zur leasingrechtlichen Einordnung dieser Entscheidung Rn. 172.

774 Vgl. ausführlich zu den Gewährleistungsansprüchen beim Leasing Rn. 172 u. 177 ff.

verwandelt also ein Gestaltungsrecht des Hauptschuldners in eine Einrede des Bürgen. Die Ausübung des Gestaltungsrechts bleibt aber dem Hauptschuldner vorbehalten.

*Sollte der Hauptschuldner das Gestaltungsrecht **bereits ausgeübt** haben, so ist die Wirkung des Gestaltungsrechts bereits im Rahmen des § 767 Abs. 1 S. 1 hinsichtlich der Frage zu erörtern, ob der Anspruch aus § 765 Abs. 1 (teilweise) erloschen ist. § 770 spielt dann keine Rolle.*

410 Die Einrede hat folgende **Ausprägungen**:

- § 770 Abs. 1 gewährt dem Bürgen die **Einrede der Anfechtbarkeit**.
- § 770 Abs. 2 gewährt dem Bürgen die **Einrede der Aufrechenbarkeit**.
  - Nach dem Wortlaut gilt das aber nur, solange und soweit (**auch**) **der Gläubiger** aufrechnen kann, also unabhängig davon, ob (auch) der Hauptschuldner aufrechnen kann.[775]

Das Aufrechnungsrecht steht nicht immer beiden Beteiligten zu. Zum einen verlangt § 387 die **Fälligkeit** nur der Gegenforderung. Zum anderen stellen die §§ 390 ff. in der Regel nur einseitig wirkende **Aufrechnungsverbote** auf.[776]

Teilweise wird die Einrede dem Bürgen auch gewährt, wenn **nur der Hauptschuldner** aufrechnen kann. Die Akzessorietät gebiete den Schutz des Bürgen gerade dann, wenn der Hauptschuldner sich verteidigen könne. Auch § 770 Abs. 2 bzw. zumindest § 770 Abs. 1 sei Ausdruck der Akzessorietät und müsse daher analog angewendet werden.[777] Dem wird neben dem eindeutigen Wortlaut entgegengehalten, dass § 770 Abs. 2 **nicht die Akzessorietät, sondern die Subsidiarität der Bürgenhaftung schütze**. Der Gläubiger dürfe, wie § 771 S. 1 vorbehaltlich § 773 zeige, den Bürgen erst in Anspruch nehmen, wenn er vom Hauptschuldner keine Befriedigung erlange. Daher komme es ausdrücklich darauf an, ob der Gläubiger die Hauptforderung durch Aufrechnung zum Erlöschen bringen könne. Das Subsidiaritätsprinzip dürfe auch nicht mit einer analogen Anwendung des die Akzessorietät ausdrückenden § 770 Abs. 1 umgangen werden.[778]

Letztlich entbehrlich ist eine Entscheidung dieser Streitfrage, wenn der Hauptschuldner ohnehin gegen den Gläubiger aufgrund der gegenseitigen Forderungen ein **Zurückbehaltungsrecht** hat, denn dieses kann der Bürge dem Gläubiger gemäß **§ 768 Abs. 1 S. 1** entgegenhalten.[779] Beachten Sie aber, dass das nicht immer der Fall sein muss, wenn eine Aufrechnungslage besteht. Das Zurückbehaltungsrecht aus § 320 besteht z.B. nur hinsichtlich Forderungen aus einem gegenseitigen Vertrag, und nur (vgl. § 320 Abs. 1 S. 3) das Zurückbehaltungsrecht aus § 273 kann gemäß §§ 273 Abs. 3 S. 1, 232 ff. durch Sicherheitsleistung abgewendet werden.

*Beachten Sie, dass die h.M. die **Parallelnorm des § 129 Abs. 3 HGB** im Gegensatz zu § 770 Abs. 2 gerade nicht anwendet, wenn ihr Wortlaut (Aufrechnungsrecht des Gläu-*

---

775 BGH, Urt. v. 16.01.2003 – IX ZR 171/00, RÜ 2003, 400, stellt klar, dass nicht erforderlich ist, dass Hauptschuldner und Gläubiger ein Aufrechnungsrecht haben.

776 Näher zur Aufrechnung AS-Skript Schuldrecht AT 2 (2016), Rn. 27 ff.

777 MünchKomm/Habersack § 770 Rn. 10, der sich für die Lösung über § 770 Abs. 1 analog ausspricht, m.w.N. auch zu den anderen Ansichten.

778 Erstmalig RGZ 137, 34, 36; Staudinger/Horn § 770 Rn. 9; offengelassen von BGH, Urt. v. 14.12.1964 – VIII ZR 119/63, NJW 1965, 627 (in dieser Entscheidung ging es um die Parallelnorm in § 129 Abs. 3 HGB).

779 Palandt/Sprau, § 770 Rn. 3.

bigers) erfüllt ist, sondern verlangt, dass der Gesellschaft ein Aufrechnungsrecht zusteht.[780]

- Es muss **sicher sein, dass der Gläubiger wird aufrechnen können**. Das Risiko, dass diese Aufrechnung scheitert, soll nämlich auch § 770 Abs. 2 dem Bürgen nicht nehmen. Insbesondere bei mehreren Sicherheiten kann es hieran fehlen.

  Beispiel:[781] G hat gegen S einen Zahlungsanspruch. Für diesen verbürgen sich B und C. S hat gegen G einen Gegenanspruch; sowohl G als auch S könnten aufrechnen. C zahlt die Hälfte der Summe an G. –
  Die Einrede des B aus § 770 Abs. 2 erlischt hierdurch. Denn aufgrund der Zahlung erlischt die Hauptforderung nicht etwa nach § 362 Abs. 1 zur Hälfte, sondern sie geht gemäß § 774 Abs. 1 S. 1 – zu diesem sogleich näher im 3. Abschnitt – zur Hälfte auf C über. Daher kann S gemäß §§ 412, 406 gegenüber C aufrechnen. Sobald und soweit S aber gegenüber C aufrechnet, kann G nicht mehr gegenüber S aufrechnen. Es ist also nicht gewiss, dass G von S Befriedigung durch eine einfache Aufrechnung (anstatt einer langwierigen Klage) wird erreichen können.

- Demgegenüber besteht Einigkeit darüber, dass aufgrund der Akzessorietät dem Bürgen analog § 770 Abs. 1 die **Einrede der Gestaltbarkeit** zusteht, wenn der Hauptschuldner sonstige Gestaltungsrechte (z.B. Rücktritt, Minderung, Widerruf) i.S.d. § 355 gegen den Gläubiger innehat.[782]

Ein **Verzicht des Bürgen** auf den Schutz des § 770 ist wie hinsichtlich § 768 Abs. 1 S. 1 **411**
individualvertraglich möglich und hingegen jedenfalls dann nach § 307 Abs. 1 unwirksam, wenn er in AGB enthalten ist.[783]

Ein **Verzicht des Hauptschuldners** auf seine Gestaltungsrechte führt allerdings zum Erlöschen der Einreden des Bürgen aus § 770, denn dieser enthält gerade keine dem § 768 Abs. 2 entsprechende Regelung.[784]

Beruht allerdings der Verzicht des Hauptschuldners auf einer **unerlaubten Handlung** des Gläubigers, so bleibt gemäß § 853 der Hauptschuldner und daher über **§ 768 Abs. 1. S. 1** auch der Bürge zur Leistungsverweigerung berechtigt.[785]

3. Abschnitt: Die Rückgriffsansprüche bei Leistung des Bürgen

Die Rückgriffsansprüche des Bürgen gegen den Hauptschuldner und gegen andere Si- **412**
cherungsnehmer sind beliebtes Klausurthema, weil dies den Weg in die (Inzident-)Prüfung der Rechtsbeziehungen sämtlicher Beteiligten eröffnet. Allen Konstellationen ist gemein, dass der Bürge den Gläubiger hinsichtlich seiner Forderung aus § 765 Abs. 1 „**befriedigt**" i.S.d. § 774 Abs. 1 S. 1. Dies kann durch Erfüllung (§ 362 Abs. 1), aber auch durch die üblichen Erfüllungssurrogate[786] (§§ 362 Abs. 2, 378, 389, 397) erfolgen. Gemäß § 271 Abs. 2 kann der Bürge im Zweifel erfüllen, bevor der Anspruch aus § 765 Abs. 1 fällig wird. Nach Maßgabe des § 267 lösen auch Leistungen eines Dritten die Erfüllungswirkung aus.[787]

---

780 Näher AS-Skript Gesellschaftsrecht (2015), Rn. 114; siehe auch Primaczenko JA 2007, 173, der die beiden Normen vergleichend gegenüberstellt.

781 Nach OLG Brandenburg, Urt. v. 13.08.2014 – 4 U 108/12, RÜ 2014, 749.

782 Palandt/Sprau § 770 Rn. 4.

783 Palandt/Sprau § 770 Rn. 1a.

784 MünchKomm/Habersack § 770 Rn. 5.

785 MünchKomm/Habersack § 770 Rn. 5.

786 Näher zur Erfüllung und den Erfüllungssurrogaten AS-Skript Schuldrecht AT 2 (2016), Rn. 1 ff.

787 MünchKomm/Habersack, § 774 Rn. 4.

A. Der Bürge als alleiniger Sicherungsgeber leistet

413 Wenn der Bürge den Anspruch des Sicherungsnehmers aus § 765 Abs. 1 erfüllt, dann erhält er zwei Ansprüche gegen den Hauptschuldner.

- Es entsteht ein **vertraglicher Aufwendungsersatzanspruch** gegen den Hauptschuldner aus dem Rechtsverhältnis zwischen Hauptschuldner und Bürgen, entweder kraft ausdrücklicher Vereinbarung oder regelmäßig aus §§ 662, 670. Besteht ein solches Rechtsverhältnis nicht, ergibt sich ein Anspruch oft aus Geschäftsführung ohne Auftrag gemäß §§ 677, 683 S. 1, 670. Diesem Anspruch kann der Hauptschuldner nicht die Einreden entgegensetzen, die er gegen den Gläubiger hat, es sei denn, dies ist ausdrücklich vereinbart.
- Außerdem geht gemäß § 774 Abs. 1 S. 1 **kraft Gesetzes die gesicherte Forderung des Gläubigers gegen den Hauptschuldner** auf den Bürgen über. Der gesetzliche Forderungsübergang hat
  - zwar den **Vorteil**, dass weitere **akzessorische Sicherheiten** gemäß §§ 412, 401 Abs. 1 (Hypothek, Faustpfandrecht sowie analog §§ 412, 401 Abs. 1 die Vormerkung) ebenfalls auf den Bürgen übergehen,
  - aber den **Nachteil**, dass der Hauptschuldner dem Bürgen gemäß §§ 412, 404 die **Einwendungen und Einreden** entgegenhalten kann, die er gegenüber dem Gläubiger hatte.

Nach h.M. handelt es sich um **zwei getrennte Ansprüche**, bezüglich derer der Bürge ein **Wahlrecht** hat.[788]

*Eine ähnliche Häufung besteht auch beim Innenausgleich unter **Gesamtschuldnern**:*[789]

- *eigener originärer Ausgleichsanspruch aus Vertrag/GoA,*
- *weiterer originärer Ausgleichsanspruch aus § 426 Abs. 1 und*
- *Übergang des Anspruchs des Gläubigers gemäß § 426 Abs. 2, wegen §§ 412, 401 Abs. 1, 404 mitsamt der akzessorischen Sicherheiten und Einwendungen/Einreden.*

788 Palandt/Sprau § 774 Rn. 4, m.w.N.

789 Ausführlich zur Gesamtschuld AS-Skript Schuldrecht AT 2 (2016), Rn. 431 ff., insb. Rn. 446 ff. zum Innenausgleich.

Fall 13: Bürgenrückgriff

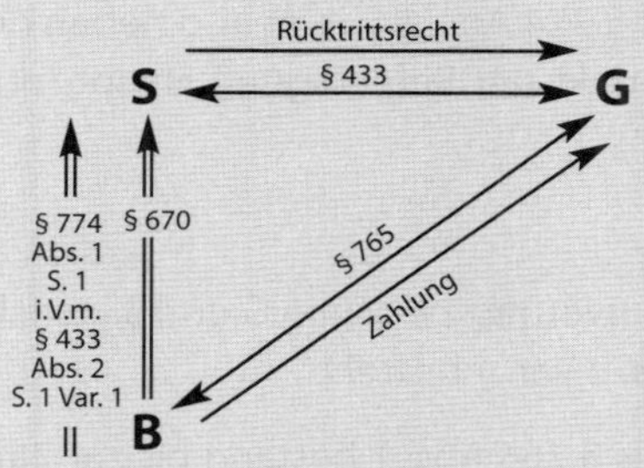

S schuldet dem G aus dem Kauf einer Maschine 115.000 €, die am 01.05. fällig sind. Der Geschäftspartner B des S übernimmt auf dessen Bitte eine Bürgschaft. Am 15.05. zahlt B auf Verlangen des G, um keine Unannehmlichkeiten zu haben. Als B im Rückgriff von S Zahlung verlangt, macht dieser geltend, er sei wegen des Mangels der Maschine gegenüber G zur Verweigerung der Kaufpreiszahlung und nach vorgenommener erfolgloser Fristsetzung zur Nacherfüllung nunmehr zum Rücktritt berechtigt gewesen. B hätte ihn vorher verständigen müssen. Kann B von S Zahlung verlangen?

A. B könnte gegen S einen Anspruch auf Aufwendungsersatz aus einem **Auftrag** gemäß §§ 662, 670 haben.

I. Zwischen B und S ist ein **Auftrag** zustande gekommen, da B die Bürgschaft auf Bitten des S übernommen hat. Angesichts des hohen Risikos, dass B einging, handelt es sich nicht nur um eine rechtlich unverbindliche Gefälligkeit. **414**

II. Da B zum Zwecke der Ausführung dieses Auftrags 115.000 € aufgewendet hat, steht ihm in dieser Höhe ein Aufwendungsersatzanspruch gemäß § 670 zu. Die Norm verlangt allerdings, dass B diese Zahlung **den Umständen nach für erforderlich halten** durfte. Abzustellen ist also auf die subjektive Sicht des B.

Die gesicherte Forderung war **fällig** i.S.d. § 271 Abs. 1 Var. 1, sodass die Zahlung insofern zur Vermeidung gerichtlicher Schritte aus Sicht des B erforderlich war. **Für** diese Annahme spricht ferner, dass B zwar objektiv dem G analog § 770 Abs. 1 die **Einrede der Gestaltbarkeit** des Kaufvertrags durch Rücktritt entgegenhalten konnte, vom Vorliegen ihrer Voraussetzungen aber **nichts wusste**.

Gleichwohl spricht aber **gegen** die subjektive Erforderlichkeit, dass eine Verpflichtung des S zur Mitteilung der Rücktrittsberechtigung nicht bestand, weil dem B die **Einrede der Vorausklage** aus § 771 Abs. 1 zustand und G auch keinen erfolglosen Vollstreckungsversuch bei S behauptete. B hätte das Zahlungsbegehren des G also leicht durch Erhebung der Einrede der Vorausklage, welche grundsätzlich dem Bürgen stets und unabhängig von Mängeln zusteht und dem Bürgen daher bekannt sein muss, abweisen können. Der Hauptschuldner muss nicht damit rechnen, dass der Bürge ohne vorherige Rücksprache mit ihm die Forderung begleicht. Dementsprechend darf der Bürge eine solche Zahlung nicht für erforderlich halten.[790]

B hat folglich keinen Anspruch gegen G aus §§ 662, 670.

B. B könnte gegen S einen Zahlungsanspruch aus **übergegangenem Recht** gemäß §§ 774 Abs. 1 S. 1, 433 Abs. 2 Var. 1 haben. Nach § 774 Abs. 1 S. 1 geht die Forderung **415**

790 RGZ 59, 207, 209 ff.; Weitzel JuS 1981, 112, 116.

des Gläubigers gegen den Hauptschuldner kraft Gesetzes auf den Bürgen über, soweit der Bürge den Gläubiger befriedigt, also auf die bestehende Bürgschaftsforderung zahlt. Für den Forderungsübergang gemäß § 774 Abs. 1 S. 1 ist also neben der Leistung des Bürgen erforderlich, dass im Zeitpunkt der Befriedigung Haupt- und Bürgschaftsschuld bestehen.[791]

I. B hat G in Höhe von 115.000 **befriedigt**.

II. Die **gesicherte Hauptforderung** aus dem Kaufvertrag zwischen G und S, gerichtet auf die Kaufpreiszahlung gemäß § 433 Abs. 2 Var. 1 besteht.

III. Die **Bürgschaftsforderung** des G gegen B aus § 765 Abs. 1 bestand bis zur Zahlung des B. Ihr Erlöschen gemäß § 362 Abs. 1 ist unbeachtlich.

IV. Jedoch kann S dem B gemäß **§§ 412, 404** alle Einreden entgegenhalten, die er auch G entgegenhalten konnte. Die Maschine war mangelhaft, sodass S dem G die **Mängeleinrede** aus § 320 bzw. aus § 438 Abs. 4 S. 2[792]entgegenhalten kann, bis der Mangel behoben ist. Die gleiche Einrede hat S über §§ 412, 404 gegen B.

B hat daher gegen S keinen Anspruch aus §§ 662, 670 und einen derzeit nicht durchsetzbaren Anspruch aus §§ 774 Abs. 1 S. 1, 433 Abs. 2 Var. 1.

B. Ein Mitbürge leistet

416 Haben sich **für dieselbe gesicherte Forderung mehrere Personen** verbürgt, so entsteht eine Mitbürgschaft i.S.d. § 769.

Die Mitbürgschaft ist von der Nach-, der Ausfall- und der Rückbürgschaft ***abzugrenzen****. Zu diesen besonderen Formen der Bürgschaft noch näher unten.*[793]

Die Befriedigung des Gläubigers durch einen der Mitbürgen hat folgende **Rechtsfolgen**:

- Die **Hauptforderung** des Gläubigers gegen den Hauptschuldner geht gemäß § 774 Abs. 1 S. 1 soweit auf den Mitbürgen über, wie die Befriedigung reicht.

  Beispiel:[794] B1 und B2 haben sich für die Schuld des S gegenüber G, die sich auf 10.000 € beläuft, jeweils voll verbürgt. B1 zahlt an G 4.000 €. –
  Die gesicherte Forderung geht i.H.v. 4.000 € auf B1 über. B1 kann in dieser Höhe Regress bei S nehmen.

Bürge -> Mitbürge

- Die **Bürgschaftsforderung** des Gläubigers gegen die Mitbürgen geht nicht etwa gemäß §§ 412, 401 Abs. 1 auf den zahlenden Mitbürgen in voller Höhe über. § 774 Abs. 2 bestimmt als lex specialis, dass die Mitbürgen untereinander nur nach § 426

---

791 Palandt/Sprau § 774 Rn. 6 f.; vgl. BGH, Urt. v. 10.02.2000 – IX ZR 397/98, RÜ 2000, 233.

792 Vgl. zur Herleitung der unstreitig bestehenden Mängeleinrede Palandt/Grüneberg § 320 Rn. 9 u. Palandt/Weidenkaff § 438 Rn. 19.

793 Rn. 422 ff.

794 Eine im Gutachtenstil formulierte, ausführlichere Lösung findet sich in AS-Skript Schuldrecht AT 2 (2016), Rn. 455 f.

Abs. 1 u. 2, also **wie Gesamtschuldner haften**. Abweichend vom in § 426 vorgesehenen Regelfall tritt die Haftung aber nicht erst ein, wenn ein Bürge an den Gläubiger mehr als den auf ihn aufgrund des Innenverhältnisses fallenden Anteil zahlt, sondern der zahlende Bürge kann von den Mitbürgen **ab dem ersten Euro anteiligen Regress** nehmen. Denn aus der gleichrangigen und im Vorfeld ungewissen Haftung der Bürgen ergibt sich etwas „anderes" i.S.d. § 426 Abs. 1 S. 1.[795] Der zahlende Mitbürge hat daher gegen den/die anderen Mitbürgen folgende Ansprüche:

- eventuell gesondert vereinbarte **vertragliche Ansprüche**,
- gemäß § 426 Abs. 1 S. 1 einen **originären anteiligen Ausgleichsanspruch**, dessen Höhe sich im Zweifel nach Kopfteilen bemisst

  B1 kann im **obigen Beispiel** ab dem ersten gezahlten Euro hälftigen Regress nehmen, also von B2 gemäß § 426 Abs. 1 S. 1 Zahlung von 2.000 € verlangen. (Im Normalfall der Gesamtschuld könnte B1 hingegen vollen Regress, aber erst ab einer Zahlung an G von mehr als 5.000 € verlangen.)

- und aus der ursprünglich dem Gläubiger gegen die Mitbürgen zustehenden und nunmehr auf den zahlenden Mitbürgen gemäß § 426 Abs. 2 **anteilig übergegangenen Bürgschaftsforderung**.

  Im **obigen Beispiel** kann B1 somit von B2 auch gemäß §§ 426 Abs. 2, 765 Abs. 1 Zahlung von 2.000 € verlangen. B1 muss sich dabei allerdings gemäß §§ 412, 404 alle Einwendungen und Einreden entgegenhalten lassen, die B2 gegen G hatte, insbesondere aus den §§ 768, 770, 771. Andererseits bewirken §§ 412, 401 Abs. 1, dass weitere akzessorische Sicherheiten, die für die gesicherte Forderung bestehen, auf B1 i.H.v. 2.000 € übergehen.

*Bei **Sicherheiten in unterschiedlicher Höhe** stellt sich die Frage, in welchem Verhältnis der Regress im Innenverhältnis stattfindet. Dazu sogleich in Rn. 423.*

C. Der Ausgleich im Falle der Bürgschaft und anderer Sicherheiten

Bestehen für die Hauptforderung weitere **andere Sicherheiten** und befriedigt der Bürge den Gläubiger, so ist hinsichtlich des Schicksals der Sicherheiten grundsätzlich wie folgt zu **differenzieren**: **417**

- Der Bürge erhält mit der gesicherten Forderung gegen den Hauptschuldner gemäß §§ 774 Abs. 1 S. 1, 412, 401 Abs. 1 **ipso iure** auch die **akzessorischen Sicherheiten**.
- Die **abstrakten Sicherheiten** gehen hingegen nicht ipso iure auf den Bürgen über, der Wortlaut des § 401 Abs. 1 ist insofern eindeutig. Allerdings hat der befriedigte Gläubiger kein schützenswertes Interesse mehr daran, die anderen abstrakten Sicherheiten zu behalten. Eine an Treu und Glauben orientierte ergänzende Vertragsauslegung (§§ 133, 157, 242) des Bürgschaftsvertrags führt daher in der Regel zu dem Ergebnis, dass der Bürge gegen den Gläubiger einen **schuldrechtlichen Anspruch auf Übertragung** der abstrakten Sicherheiten analog §§ 774 Abs. 1 S. 1, 412, 401 Abs. 1 hat.[796]

795 BGH, Urt. v. 13.01.2000 – IX ZR 11/99, NJW 2000, 1034, 1035.

796 Palandt/Sprau § 774 Rn. 9, m.w.N. zur Rspr. hinsichtlich der einzelnen abstrakten Sicherheiten.

I. Bürgschaft für einen von mehreren Gesamtschuldnern, insbesondere bei späterem Schuldbeitritt

418 Ist die andere Sicherheit ein Schuldbeitritt, so ergeben sich Besonderheiten daraus, dass der Schuldbeitritt im **Außenverhältnis** zum Gläubiger keine gegenüber der Hauptschuld nachrangige Sicherheit ist, sondern vielmehr grundsätzlich zu einer **gleichstufigen, gesamtschuldnerischen Haftung** des Schuldners und des Schuldbeitretenden gemäß § 421 führt. Kommt hinzu, dass der Bürge sich **nur zu Gunsten des ursprünglichen alleinigen Hauptschuldners** und nicht auch zu Gunsten des Schuldbeitretenden verbürgt, so hat er nach h.M. gegen diesen keinen Anspruch.

Fall 14: Ausgleich bei Schuldbeitritt und Bürgschaft

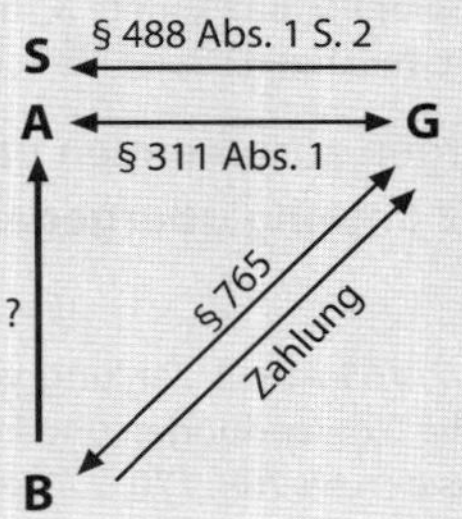

S will eine Boutique eröffnen. Die G-Bank (G) räumt dem S einen Kredit in Höhe von 50.000 € ein. B verbürgt sich selbstschuldnerisch. Der Geschäftsfreund des S, der A, tritt der Schuld des S später bei. S nimmt den Kredit in Anspruch und bezahlt die Lieferanten. Als S vermögenslos ist, zahlt B an G und verlangt von A Ausgleich. Zu Recht?

419 I. Ein **Vertrag** zwischen B und A, aus dem sich Ansprüche ergeben könnten, besteht nicht.

II. Ferner hat B mit seiner Zahlung seine eigene Verbindlichkeit aus § 765 Abs. 1 objektiv erfüllt und auch subjektiv erfüllen wollen, sodass auch ein Anspruch aus der **Führung eines fremden Geschäfts** gemäß §§ 677, 683 S. 1, 670 nicht besteht.

III. Die Forderung des G gegen A aus dem Schuldbeitritt zu dem Darlehen (§ 311 Abs. 1 i.V.m. § 488 Abs. 1 S. 2) könnte **gemäß § 774 Abs. 1 S. 1** auf B übergegangen sein.

Dazu müsste B sich aber (auch) **für die Schuld des A aus dem Schuldbeitritt verbürgt** haben. B hat sich aber (nur) für die Schuld des S aus § 488 Abs. 1 S. 2 verbürgt. Im Zeitpunkt seiner Verbürgung war noch gar nicht bekannt, dass es zu einem Schuldbeitritt des A kommen würde. Es ist zwar der Anspruch des G gegen S, nicht aber der Anspruch des G gegen A gemäß § 774 Abs. 1 S. 1 auf B übergegangen.[797]

Folglich führt alleine § 774 Abs. 1 S. 1 nicht zu einem Anspruch des B gegen A

IV. Mit dem Übergang der Forderung der G gegen S auf B gehen gemäß **§§ 412, 401 Abs. 1** auch die **akzessorischen Sicherheiten** auf B über, die zuvor G innehatte. Der Schuldbeitritt ist aber keine akzessorische, gegenüber der Hauptschuld nachrangige Sicherheit. Er verleiht dem Gläubiger vielmehr einen mit der Hauptschuld gleichstufigen und daher gemäß § 421 auf die sofortige vollständige Befriedigung gerichteten Anspruch gegen den Beitretenden.

797 BGH, Urt. v. 14.07.1966 – VIII ZR 229/64, NJW 1966, 1912; Palandt/Sprau § 774 Rn. 8.

V. Eine **analoge Anwendung der §§ 412, 401 Abs. 1** auf den Schuldbeitritt kommt in Betracht, denn der Regress im Fall der **Bürgschaft für einen von mehreren Gesamtschuldnern (hier: nachträglich durch Schuldbeitritt)** ist im Gesetz nicht (ausdrücklich) geregelt, es besteht also eine Regelungslücke.

Die Ausgangs- und Interessenlage ist aber nur vergleichbar, wenn **S von A Regress nehmen könnte, wenn S an G gezahlt hätte.** Denn nur aufgrund eines solchen Regressanspruchs, der mit Zahlung des B an G auf B übergehen würde, könnte B von A überhaupt Zahlung verlangen.

Zwischen S und A bestand eine Gesamtschuld aufgrund des Schuldbeitritts, sodass S von A (nur) dann gemäß § 426 Abs. 1 S. 1 sowie gemäß § 426 Abs. 2 i.V.m. § 488 Abs. 1 S. 2 hälftigen Regress nehmen kann, „soweit nicht ein anderes bestimmt ist" (§ 426 Abs. 1 S. 1). Der Schuldbeitritt ist aber **im Innenverhältnis zum Hauptschuldner eine bloße nachrangige Sicherheit**. Der Beitretende (hier: A) und der Hauptschuldner (hier: S) vereinbaren konkludent, dass der Beitretende im Falle seiner Inanspruchnahme beim Hauptschuldner kompletten Regress nehmen kann, sodass im Ergebnis alleine der Hauptschuldner einen Vermögensverlust erleidet.[798] S hingegen kann von A keinen Regress nehmen, also kann ein solcher Regressanspruch auch nicht auf B übergehen.

Die Ausgangs- und Interessenlage ist also im Fall der Bürgschaft für eine im Nachhinein mit einem Schuldbeitritt besicherte Schuld nicht vergleichbar, daher sind die §§ 412, 401 Abs. 1 nicht analog anzuwenden. B hat also auch insofern keinen Regressanspruch gegen A.

*In **anderen Fällen** der Verbürgung für Gesamtschuldner hat der Bürge hingegen den Ausgleichsanspruch, soweit die Gesamtschuldner im Innenverhältnis – anders als vorliegend – Regress schulden.*

II. Zusammentreffen von Bürgschaft und einer akzessorischen dinglichen Sicherheit

Ist eine Forderung durch eine Bürgschaft und eine akzessorische dingliche Sicherheit **420**
(**Faustpfandrecht** an beweglicher Sache, **Hypothek** an Grundstück) gesichert und fehlt eine Abrede bezüglich des Verhältnisses der Sicherungsrechte, so ergibt sich folgende gesetzliche Situation:

- **Zahlt der Bürge,** erhält er gemäß §§ 774 Abs. 1 S. 1, 412, 401 Abs. 1 mit der Forderung gegen den Hauptschuldner kraft Gesetzes auch die akzessorische dingliche Sicherheit.
- **Zahlt der Eigentümer** der verpfändeten Sache, so geht die Forderung auf ihn über – § 1143 Abs. 1 S. 1 bzw. § 1225 S. 2 – und gemäß § 412, 401 Abs. 1 geht auch die Bürgschaft auf ihn über.

Bürge → Grundstücks ET

798 BGH, Urt. v. 14.07.1966 – VIII ZR 229/64, NJW 1966, 1912; Palandt/Sprau § 774 Rn. 8; a.A. Medicus/Petersen BR Rn. 944.

Nach der gesetzlichen Regelung wird also der zuerst Zahlende im Ergebnis begünstigt, weil er beim anderen Sicherungsgeber vollen Regress nehmen könnte. Es droht der „**Wettlauf der Sicherungsgeber**".

Es besteht Einigkeit, dass dieses Ergebnis zu **korrigieren** ist. Die wichtigsten Standpunkte lauten:

- Einige führen an, der **Bürge** sei im Ergebnis **stets schadlos** zu stellen, weil er aufgrund seiner persönlichen Haftung schutzwürdiger als der dingliche Sicherungsgeber sei. Das zeige auch § 776, zu dem es im Recht der dinglichen Sicherheiten kein Pendant gebe.[799]
- Der BGH kürzt hingegen den Regressanspruch des Erstzahlenden – unabhängig davon, ob dies der persönlich haftende Bürge oder Eigentümer als nur dinglich haftender Sicherungsgeber ist – in **entsprechender Anwendung des § 426**.[800] Die Höhe der Haftungsanteile bemisst sich dabei allerdings nicht nach Kopfanteilen, sondern nach dem **Verhältnis der abstrakten Höchstbeiträge der Sicherheiten** zueinander.

  Beispiel:[801] G hat gegen S eine Forderung aus einem Kontokorrent über aktuell 600.000 €. B verbürgt sich i.H.v. 200.000 €. E bestellt eine Hypothek i.H.v. 600.000 €. Die Forderung fällt i.H.v. 100.000 € aus, die übrigen 500.000 € kann S an G zurückzahlen. –
  Maßgeblich ist das Verhältnis der Höchstbeträge der Sicherheiten zueinander. B haftet für maximal 200.000 €, E hingegen insgesamt für maximal 600.000 €. Der abstrakte Haftungshöchstbetrag liegt also, für den Fall, dass die Schulden des S noch steigen, bei 800.000 €. B trägt 25% des Haftungsrisikos und E 75%. Konkret trägt B also 25.000 € und E 75.000 € des Ausfalls. Soweit B an G zahlt, kann er ab dem ersten Euro – siehe Rn. 416 – 75% der gezahlten Summe von E verlangen. Zahlt E an G, so schuldet B ihm von der gezahlten Summer 25%.

*Diese Problematik wird nach unserer Erfahrung **eher mit einer Hypothek oder Grundschuld als mit einem Faustpfandrecht** geprüft. Oft werden dann auch **spezifische Probleme der Hypothek bzw. der Grundschuld** abgeprüft. Eine ausführlichere Darstellung finden Sie daher im AS-Skript Sachenrecht 2 (2016).*[802]

Die Berechnung erfolgt auch dann nach den **abstrakten Höchstbeiträgen**, wenn die **Sicherungsgeber Mitgesellschafter** zu anderen Anteilen sind und ihre Gesellschaft die Schuldnerin ist, jedenfalls wenn die Sicherheiten nach dem Abschluss des Gesellschaftsvertrages bestellt werden. Von der Haftung im Außenverhältnis kann auf eine Haftung im Innenverhältnis geschlossen werden. Zudem geben die Gesellschafter ausdrücklich zu erkennen, dass für die Besicherung eine andere Risikoverteilung als für die übrigen Angelegenheiten der Gesellschaft gewünscht ist.

Beispiel:[803] An der S-GmbH hat A einen Anteil von 80% und B einen Anteil von 20%. Für eine Schuld der S bei G verbürgt A sich i.H.v. 300.000 € und B bestellt eine Hypothek i.H.v. 150.000 €. Soweit G von A oder B Zahlung verlangt, verteilt sich die Zahlungslast im Innenverhältnis zu 66,6% auf A und zu 33,3 % auf B.

---

799 Tiedtke BB 1984, 19, 20 m.w.N.

800 BGH, Urt. v. 24.09.1992, – IX ZR 195/91, NJW 1992, 3228.

801 Nach BGH, Urt. v. 09.12.2008 – XI ZR 588/07, RÜ 2009, 151. Diese Entscheidung bezieht sich allerdings auf eine Grundschuld, siehe dazu AS-Skript Sachenrecht 2 (2016), Rn. 227.

802 AS-Skript Sachenrecht 2 (2016), Rn. 161 zur Hypothek und Rn. 225 f. zur Grundschuld sowie zur Höhe der Ausgleichsansprüche.

803 Nach BGH, Urt. v. 27.09.2016 – XI ZR 81/15, RÜ 2017, 82 (für eine GmbH und mehrere Gesellschafter-Mitbürgen).

4. Abschnitt: Besondere Arten der Bürgschaft

A. Die Bürgschaft „auf erstes Anfordern“

Wer zur Zahlung auf erstes Anfordern verbürgt, verzichtet nicht nur auf die Einrede der Vorausklage, sondern **einstweilen** auch darauf, **Einreden und Einwendungen** geltend zu machen. Der Bürge muss daher grundsätzlich sofort zahlen. Einwendungen sowie Einreden bleiben einem auf § 812 gestützten **Rückforderungsprozess** vorbehalten.[804] 421

Der Gläubiger kann also „erst schießen“ und muss sich erst „später fragen“ lassen, ob er das Recht dazu hatte. Ein prozessuales Pendant hierzu stellt die ***notarielle Unterwerfungserklärung*** *dar, die gemäß § 794 Abs. 1 Nr. 5 ZPO Vollstreckungstitel ist. Aus ihr kann der Gläubiger sofort vollstrecken und es ist dann Aufgabe des Schuldners (analog) § 767 ZPO gegen den titulierten Anspruch bzw. die Unterwerfungserklärung selbst vorzugehen.*[805]

Ausnahmsweise kann der Bürge die Leistung gemäß § 242 verweigern, wenn die geltend gemachten Einreden **offensichtlich begründet** sind.

Sollen die Einwendungen und Einreden nach Inhalt und Zweck der Verpflichtung **endgültig** abgeschnitten werden, dann liegt trotz der Bezeichnung des Vertrags als Bürgschaft ein **Garantievertrag** vor.[806]

B. Die Nachbürgschaft

Der Nachbürge verbürgt sich gegenüber dem Gläubiger dafür, dass der (**Haupt-**)**Bürge seine Verpflichtung** gegenüber G aus § 765 Abs. 1 **erfüllt**. Während Mitbürgen gemäß § 769 gesamtschuldnerisch nebeneinander haften, soll der Nachbürge im Ergebnis nur dann haften, wenn der Hauptbürge ausfällt. 422

Die Nachbürgschaft ist unmittelbar akzessorisch zur Hauptbürgschaft und über diese zudem mittelbar akzessorisch zur gesicherten Forderung. Daraus folgt:

- **Befriedigt der Hauptbürge** den Gläubiger, so erlischt die Verpflichtung des Hauptbürgen gemäß § 362 Abs. 1 und daher zugleich gemäß § 767 Abs. 1 S. 1 die Verpflichtung des Nachbürgen.
- **Zahlt dagegen der Nachbürge**, so gehen nach § 774 Abs. 1 sowohl die Hauptforderung des Gläubigers gegen den Hauptschuldner als auch die Forderung des Gläubigers gegen den Bürgen aus § 765 Abs. 1 auf den Nachbürgen über.[807]

C. Die Rückbürgschaft

Der Rückbürge sichert hingegen nicht den Gläubiger, sondern den Hauptbürgen ab. Er verbürgt sich dem Hauptbürgen gegenüber **für den künftigen Rückgriffsanspruch des Hauptbürgen gegen den Hauptschuldner** (§ 774 Abs. 1 bzw. § 670 o.Ä.). Der 423

---

804 Ausführlich Palandt/Sprau Einf v § 765 Rn. 14 ff.

805 AS-Skript ZPO (2017), Rn. 520; Thomas/Putzo/Seiler, ZPO, § 794 Rn. 45 ff. u. 61, § 767 Rn. 8 a.

806 Lorenz JuS 1999, 1145, 1151; Palandt/Sprau Einf v § 765 Rn. 14 u.17.

807 Palandt/Sprau Einf v § 765 Rn. 9.

Hauptbürge kann daher den Rückbürgen dann in Anspruch nehmen, wenn er selbst an den Gläubiger gezahlt hat. Zuvor muss er vergeblich gegen den Hauptschuldner vorgegangen sein (§ 771 S. 1), es sei denn, der Rückbürge hat sich selbstschuldnerisch verbürgt oder es greift eine sonstige Ausnahme des § 773.

Befriedigt der Hauptbürge den Gläubiger und sodann der Rückbürge den Hauptbürgen, so fragt sich, ob der Rückbürge **Ausgleich vom Schuldner** verlangen kann.

- Es wird vertreten, dass die Forderung des Hauptbürgen gegen den Schuldner nicht gemäß § 774 Abs. 1 S. 1 kraft Gesetzes auf den Rückbürgen übergeht, weil die Rückbürgschaft keine unmittelbare Beziehung zur Hauptforderung habe. Es sei daher eine **Abtretung** vom Hauptbürgen an den Rückbürgen **erforderlich**, auf welche der Rückbürge aus dem Rückbürgschaftsvertrag einen Anspruch habe.[808]

  Diese Ansicht behandelt also die Rückbürgschaft insofern wie eine ***abstrakte Sicherheit****.*

- Es wird eingewandt, dass der Hauptbürge durch seine Zahlung an den Gläubiger gemäß § 774 Abs. 1 S. 1 quasi in die Gläubigerstellung eingerückt sei. Diesen „Gläubiger" i.S.d. § 774 Abs. 1 S. 1 habe nunmehr der Rückbürge befriedigt, sodass sowohl der Anspruch des Hauptbürgen gegen den Schuldner aus deren Innenverhältnis (z.B. § 670) als auch die vom Gläubiger auf den Hauptbürgen übergegangene Hauptforderung gegen Schuldner auf den Rückbürgen **kraft Gesetzes übergeht**.[809]

D. Die Ausfallbürgschaft

424 Die Inanspruchnahme des Ausfallbürgen setzt voraus, dass der Gläubiger trotz Zwangsvollstreckung beim Schuldner und infolge unverschuldeten Versagens sonstiger Sicherheiten (insbesondere „normaler" Bürgschaften) einen Ausfall gehabt hat. Der Ausfallbürge wird von seiner Haftung frei, wenn der Gläubiger den Ausfall durch Verletzung von Sorgfaltspflichten verschuldet hat. Im Gegensatz zum normalen Bürgen ist daher der Ausfallbürge auf die Einrede der Vorausklage, § 771 S. 1, nicht angewiesen, da der **Ausfall des Schuldners zum anspruchsbegründenden Tatbestand gehört**.[810]

Zahlt der Ausfallbürge, erwirbt er gemäß §§ 774 Abs. 1 S. 1, 412, 398 die Forderung des Gläubigers gegen den Hauptschuldner. Gemäß §§ 774 Abs. 1 S. 1, 412, 401 erwirbt er ferner weitere bestehende akzessorische Sicherheiten, z.B. auch den **Anspruch des Gläubigers gegen** einen weiteren, normalen Bürgen („**Regelbürge**").

Einen originären, **direkten Regressanspruch des Ausfallbürgen gegen den Regelbürgen** sieht das Gesetz hingegen nicht vor. Insbesondere folgt einer solcher nicht aus §§ 774 Abs. 2, 426 Abs. 1. Diese Normen gelten nur für gleichrangige Mitbürgen i.S.d. § 769, während der Ausfallbürge subsidiär nach dem Regelbürgen haftet. Diese Regelungslücke ist durch analoge Anwendung des §§ 774 Abs. 2, 426 Abs. 1 zu schließen.[811] Anderenfalls würde die beabsichtigte Privilegierung des Ausfallbürgen ins Gegenteil verkehrt und der Ausfallbürge stünde schlechter als der Regelbürge.

808 RGZ 146, 67, 70; Palandt/Sprau Einf v § 765 Rn. 10.
809 Vgl. MünchKomm/Habersack § 765 Rn. 122 m.w.N.
810 Palandt/Sprau Einf v § 765 Rn. 11.
811 BGH, Urt. v. 20.03.2012 – XI ZR 234/11, RÜ 2012, 409.

Die Bürgschaft

425

Zustandekommen

- **Einigung** über den **Inhalt** des § 765
  - Bürge soll für bestimmbare Hauptforderung einstehen
  - Bei Sicherungszusage kann Bürgschaft, Schuldbeitritt oder Garantie vorliegen; Auslegung nach dem Grad der Abhängigkeit, im Zweifel Bürgschaft
- **Wirksamkeit** der Einigung: Allgemeine Regeln über Rechtsgeschäfte; Nichtigkeitsgründe:
  - §§ 125 S. 1, 766 S. 1; beachte § 766 S. 3, § 350 HGB, § 242 sowie Blankobürgschaft
  - § 138: Erhebliche finanzielle Überforderung des Bürgen und weitere Umstände
  - Anpassung/Rücktritt nach § 313
  - Verstoß einer Globalbürgschaft gegen §§ 307, 305c
- **Akzessorietät:** Die nach dem Inhalt der Einigung zu sichernde Forderung muss bestehen

Erlöschen

- **Erlöschen**, wenn
  - gesicherte Forderung erlischt, § 767 Abs. 1 S. 1 (auch Erhöhung möglich, vgl. § 767 Abs. 2)
  - Gläubiger Sicherung aufgibt, § 776,
  - zeitlich begrenzt, § 777,
  - Hauptschuld durch neuen Gläubiger übernommen wird, § 418 Abs. 1 S. 1,
  - Kündigung §§ 314, 242 oder
  - Widerruf, § 355 (Probleme: Entgeltlichkeit; Außergeschäftsraum; Fernabsatz; Verbr.darlehen)
  - Rechtsmissbrauch (§ 242), wenn Bürgschaftsfall sittenwidrig herbeigeführt

Einreden

- Eigene Einrede des **Bürgen**
  - aufgrund einer Vereinbarung mit dem Gläubiger
  - kraft Gesetzes insb. Einrede der Vorausklage, § 771 S. 1; nicht wenn Bürge Kaufmann ist, § 349 HGB; Ausschluss gemäß § 773
- Vom **Hauptschuldner** abgeleitete Einreden
  - Einrede gegen die gesicherte Forderung, § 768 Abs. 1
  - Einrede der Anfechtbarkeit, § 770 Abs. 1; analog Einrede der Gestaltbarkeit
  - Einrede der Aufrechenbarkeit, § 770 Abs. 2; nach h.M. nicht, wenn nur der Hauptschuldner aufrechnen kann (vs. § 129 Abs. 3 HGB)
  - Verzicht schadet nicht bei § 768 Abs. 1, aber bei § 770 (arg. § 768 Abs. 2)

Rückgriffsansprüche

- Bürge als alleiniger Sicherungsgeber zahlt: Aufwendungsersatzanspruch gegen den Schuldner aus Auftrag bzw. GoA (§ 670) und aus gemäß § 774 Abs. 1 S. 1 übergegangener Forderung
- Mitbürgen: §§ 774 Abs. 2, 426
- Bürge vs. Schuldbeitritt: Kein Regress, wenn Bürgschaft nur für den Hauptschuldner
- Bürge vs. Faustpfandrecht/Hypothek: Anspruchskürzung analog § 426, kein Wettlauf der SiG
- Bürge vs. Grundschuld: Anspruch aus § 426 analog, kein Stillstand der SiG

Besondere Arten

- Bürgschaft auf „erstes Anfordern"
- Nachbürgschaft
- Rückbürgschaft
- Ausfallbürgschaft

10. Teil: Der materiell-rechtliche Vergleich

1. Abschnitt: Voraussetzungen des Vergleichs

426 Gemäß der Legaldefinition des § 779 Abs. 1 Hs. 1 ist der Vergleich ein **Vertrag**, durch den der Streit oder die Ungewissheit über ein Rechtsverhältnis im Wege des gegenseitigen Nachgebens beseitigt wird.

*Die folgende Darstellung konzentriert sich auf die Wirksamkeitsvoraussetzungen und Rechtsfolgen des **materiell-rechtlichen Vergleichs** (im Folgenden: „Vergleich" oder „Vergleichsvertrag") i.S.d. § 779. Von diesem abzugrenzen ist der **Prozessvergleich** i.S.d. §§ 160 Abs. 3 Nr. 1, 278 Abs. 6, 794 Abs. 1 Nr. 1 ZPO.*[812]

A. Disponibles Rechtsverhältnis

427 Mit dem Begriff des Rechtsverhältnisses wird jede rechtlich verdichtete und dadurch **rechtlich erhebliche Beziehung** von Person zu Person oder von einer Person zu einer Sache umschrieben.

*Diese Definition entspricht derjenigen des Rechtsverhältnisses i.S.d. zivilprozessualen **Feststellungsklage** i.S.d. § 256 ZPO.*[813]

Der Begriff des Rechtsverhältnisses ist weit zu verstehen, sodass außer Schuldverhältnissen auch dingliche Rechte, Gestaltungsrechte sowie bestimmte familien- und erbrechtliche Beziehungen erfasst sind. Erforderlich ist lediglich, dass der eine Teil **kraft des Rechtsverhältnisses auf die Entschließungsfreiheit** des anderen Teils **einwirken** kann.[814]

428 Das Rechtsverhältnis muss für die Vergleichsparteien **disponibel** sein.[815]

- Gänzlich **nicht disponibel** sind z.B.
  - **Statusverhältnisse** wie die Ehe oder die Abstammung,
  - einzelne Inhalte von Rechtsverhältnissen, die kraft **zwingender Vorschriften** auch nicht erstmalig durch Vertrag geregelt werden könnten

    Beispiele: § 312 k Abs. 1 S. 1, § 553 Abs. 3, § 13 BUrlG; vgl. auch § 50 AktG.
  - sowie die **Abwendung eines Strafverfahrens**, soweit ein Anfangsverdacht i.S.d. §§ 152 Abs. 2, 160 Abs. 1 StPO zumindest auch hinsichtlich eines Offizialdelikts besteht, denn der Verletzte hat nur bei Antragsdelikten i.S.d. § 77 Abs. 1 StGB die Einleitung eines Strafverfahrens in der eigenen Hand.[816]
- **Rechtskräftig festgestellte** Rechtsverhältnisse können nicht mit Wirkung für die Vergangenheit durch Vergleich verändert werden, dem steht die formelle Rechts-

---

812 Ausführlich zum Prozessvergleich AS-Skript ZPO (2017), Rn. 260 ff.

813 Thomas/Putzo/Reichold § 256 Rn. 5.

814 BGH, Urt. v. 28.05.1979 – III ZR 89/78, NJW 1980, 889, 890; BGH, Urt. v. 06.11.1991 – XII ZR 168/90, NJW-RR 1992, 363; Palandt/Sprau § 779 Rn. 5.

815 Vgl. zum Folgenden Palandt/Sprau § 779 Rn. 6 ff., m.w.N. zur umfangreichen Kasuistik.

816 Vgl. zu diesen strafprozessualen Begriffen AS-Skript StPO (2015), Rn. 4 u. 10.

kraft des Urteils i.S.d. § 705 ZPO entgegen.[817] Allerdings ist eine hierauf abzielende Vereinbarung in der Regel als eine im Rahmen der Vertragsfreiheit (§ 311 Abs. 1) zulässige Begründung eines neuen Rechtsverhältnisses auszulegen. Auch ist es zulässig, einen Streit über die Auslegung des Urteils durch Vergleich beizulegen.

B. Streit, Ungewissheit oder unsichere Verwirklichung des Anspruchs

Die Parteien müssen sich entweder streiten, also **ernstlich entgegengesetzte Vorstellungen** über die Rechtsfolgen oder Voraussetzungen des Rechtsverhältnisses vertreten. Oder sie müssen sich – auch ohne zu streiten – über eine solche Frage **ungewiss** sein, was z.B. bezüglich künftigen Rechtsentwicklungen oder des möglichen Eintritts von Bedingungen und Zeitbestimmungen (§§ 158 ff.) der Fall sein kann. **429**

Gemäß § 779 Abs. 2 kann sich die Unsicherheit auch auf die **tatsächliche Verwirklichung** des Anspruchs beziehen, z.B. die Leistungsfähigkeit des Schuldners oder den Erfolg einer anstehenden Vollstreckung.

Sämtliche Varianten sind aus der **subjektiven Sicht der Parteien** des Vergleichs zu beurteilen. Ob auch objektiv eine Unsicherheit besteht, ist aufgrund der Privatautonomie der Parteien irrelevant.[818]

C. Gegenseitiges Nachgeben

Die Parteien müssen im weitesten Sinne nachgeben, d.h. einander **irgendwelche Zugeständnisse** machen. Diese Zugeständnisse brauchen nicht gleichwertig zu sein und müssen sich nicht auf das streitige Rechtsverhältnis beziehen. Entscheidend ist dabei nicht die objektive Sach- oder Rechtslage, sondern die Sicht der Parteien, sodass auch vermeintliche Zugeständnisse genügen.[819] **430**

Beispiele: Einigung auf bestimmten Geldbetrag; Stundung oder Teilzahlungsbewilligung des Gläubigers; Kostenübernahme oder Titelverschaffung (z.B. durch Prozessvergleich, § 794 Abs. 1 Nr. 1 ZPO) bezüglich des unstreitigen Teils des Rechtsverhältnisses durch den Schuldner.

Die Reichweite der Zugeständnisse ist im Einzelfall durch **Auslegung** nach §§ 133, 157 zu ermitteln. Klassisch ist etwa die Frage, in welchem Umfang der Vergleich das Rechtsverhältnis neu regelt.

Beispiel: Erfasst ein Vergleich im Nachgang zu einer unberechtigten Eigenbedarfskündigung auch solche weitergehenden Schadensersatzansprüche des Mieters, die darauf beruhen, dass der Vermieter die Voraussetzungen des Eigenbedarfs vorsätzlich vorgetäuscht hat?[820]

Diese Zugeständnisse müssen gegenseitig sein, d.h. es muss jede Partei ihr **Zugeständnis wegen des Zugeständnisses der anderen Partei** abgeben. Einseitige Zugeständnisse genügen nicht.[821] **431**

Gegenbeispiel: bedingungsloses Anerkenntnis des Schuldners.

817 Vgl. zur formellen und materiellen Rechtskraft AS-Skript ZPO (2017), Rn. 332 ff.

818 Vgl. zu alledem MünchKomm/Habersack, § 779 Rn. 24 f.

819 Palandt/Sprau § 779 Rn. 9, auch zu den Beispielen.

820 Vgl. BGH, Urt. v. 10.06.2015 – VIII ZR 99/14, NJW 2015, 2324 (im konkreten Fall verneint).

821 Palandt/Sprau § 779 Rn. 10, auch zum Gegenbeispiel.

2. Abschnitt: Die Unwirksamkeit des Vergleichs

432 Die Wirksamkeit des Vergleichsvertrags beurteilt sich nach dem BGB AT und dem Schuldrecht AT. Insbesondere die folgenden **Besonderheiten** sollten bekannt sein.

A. Form

433 Der Vergleichsvertrag kann **grundsätzlich formfrei** abgeschlossen werden (Umkehrschluss aus § 125 S. 1). Enthält er aber formbedürftige Verpflichtungen oder Verfügungen (z.B. nach §§ 311 b Abs. 1, 766, 925), so erstreckt sich dieser Formzwang auch auf den Vergleichsvertrag.[822]

*Der **Prozessvergleich** muss hingegen die Form des § 160 Abs. 3 Nr. 1 ZPO (vgl. hierzu auch § 127 a) oder des § 278 Abs. 6 S. 1 Var. 1 oder 2 ZPO (auch für diesen gilt § 127 a analog) wahren. Im letztgenannten Fall können Formverstöße nach § 242 unbeachtlich sein.*[823]

B. Beschränkte Anfechtbarkeit

434 Die Anfechtung einer Vergleichserklärung wegen Irrtums gemäß § 119 Abs. 1 oder 2 ist ausgeschlossen, wenn sich der **Irrtum** auf einen streitigen oder ungewissen Punkt bezieht, der gerade **Gegenstand des Vergleichs** war. Anderenfalls würde der Zweck des Vergleichs, weitere Auseinandersetzungen über diesen Punkt zu vermeiden, verfehlt.[824]

*Diese Überlegung haben Sie bereits oben bei der **Bürgschaft** kennengelernt. Ein Irrtum des Bürgen über die Solvenz des Hauptschuldners ist irrelevant, weil die Bürgschaft gerade bezweckt, das Solvenzrisiko auf den Bürgen zu übertragen.*

435 Die Anfechtung wegen **arglistiger Täuschung** oder **Drohung** nach § 123 Abs. 1 ist uneingeschränkt zulässig.[825] Es sei daran erinnert, dass sowohl Täuschung als auch Drohung durch einen Dritten – auch einen Richter – erfolgen können.

Beispiel:[826] Der Richter sagt in der mündlichen Verhandlung zum Kläger „Passen Sie auf, was Sie sagen; es wird sonst alles gegen Sie verwendet."

C. Anwendbarkeit der §§ 320 ff.

436 Die §§ 320 ff. (insbesondere § 323) sind nur auf solche Vergleiche anwendbar, die als **gegenseitige Verträge** mit **synallagmatischer Verknüpfung** der Leistungspflichten der Parteien ausgestaltet sind. Aus dem „gegenseitigen Nachgeben" i.S.d. § 779 Abs. 1 folgt das nicht zwingend, weil es alleine Voraussetzung für das Zustandekommen des Vergleichs ist und nicht das Verhältnis der Pflichten nach Entstehung des Vergleichs fest-

---

822 Palandt/Sprau § 779 Rn. 3.

823 Vgl. BGH, Urt. v. 14.07.2015 – VI ZR 326/14, RÜ2 2015, 177, und BGH, Urt. v. 01.02.2017 – XII ZB 71/16, RÜ2 2017, 148. Die Entscheidungen werden in der RÜ2 in Form eines Anwaltsschreibens an den Mandanten dargestellt. Diese typische Aufgabenstellung des 2. Staatsexamens ähnelt stark der Aufgabenstellung, die Ihnen bereits im 1. Examen in einer Anwaltsklausur („Was wird Rechtsanwältin R raten?") begegnet. Die Beiträge sind daher, obgleich sie sich primär an Referendare richten, in besonderem Maße bereits für fortgeschrittene Studenten in der Vorbereitung auf das 1. Examen geeignet.

824 Palandt/Sprau § 779 Rn. 26.

825 Palandt/Sprau § 779 Rn. 27 f.

826 Nach BAG, Urt. v. 12.05.2010 – 2 AZR 544/08, NZA 2010, 1250; vgl. auch OVG Berlin-Brandenburg, Beschl. v. 24.06.2015 – OVG 5 N 7.14, BeckRS 2015, 47830.

legt. An einem Synallagma fehlt es insbesondere dann, wenn die Parteien sich nur hinsichtlich einer einzelnen Pflicht einer der Parteien vergleichen.[827]

Beispiel mit Gegenseitigkeit:[828] A verpflichtet sich zur Ratenzahlung, im Gegenzug nimmt B eine eidesstattliche Versicherung zurück und beseitigt die Wirkungen eines PfÜB.

Beispiel ohne Gegenseitigkeit:[829] A meint, B schulde ihr aus Arbeitsvertrag 3.300 €. B meint, es seien nur 2.900 €. A und B einigen sich auf 3.000 €.

D. Wegfall der Vergleichsgrundlage nach §§ 779 Abs. 1 Hs. 2, 313

In § 779 Abs. 1 Hs. 2 ist ein **besonderer Fall der Störung der Geschäftsgrundlage** geregelt. Der Vergleich ist hiernach unwirksam, wenn der ihm als feststehend zu Grunde gelegte Sachverhalt falsch ist und der Streit oder die Ungewissheit bei Kenntnis des richtigen Sachverhalts nicht entstanden wäre. 437

Soweit der Anwendungsbereich des § 779 Abs. 1 Hs. 2 reicht, sind die allgemeinen Grundsätze des **§ 313 ausgeschlossen**. Im Übrigen ist **§ 313 anwendbar**.[830] In Betracht kommen insbesondere folgende Szenarien, die nicht vom Wortlaut des § 779 Abs. 1 Hs. 2 erfasst sind: 438

- Die Parteien haben sich über Umstände geirrt, die sie zwar dem Vergleich zugrunde gelegt, aber **nicht als feststehend** betrachtet haben.
- Der Streit bzw. die Ungewissheit hätte **auch bei Kenntnis der wahren Sachlage** bestanden.
- Die Erwartungen über **künftige Verhältnisse** oder **künftiges Verhalten** einer oder beider Parteien haben sich nicht erfüllt. Die Vergleichsgrundlage fehlt also nicht von Anfang an (§ 313 Abs. 2), sondern sie entfällt erst später (§ 313 Abs. 1).

Beispiel: B und M streiten über die Höhe der von M geschuldeten Miete für eine große Industrieanlage. Sie schließen einen Vergleich. Danach soll M von den vom B geforderten 600.000 € einen Betrag in Höhe von 300.000 € zahlen. M hat sich dazu bereit erklärt, weil B ihm ein Ackergrundstück zu einem Preis verkaufen will, der derzeit zwar recht hoch ist, der sich nach zu erwartender Ausweisung des Grundstücks als Bauland aber als gutes Geschäft darstellen wird. Als sich herausstellt, dass das Grundstück wegen überraschend veränderter Mehrheitsverhältnisse im Stadtrat auf absehbare Zeit kein Bauland werden wird, weigert sich M, die 300.000 € zu zahlen. 439

A. Es besteht keine Zahlungspflicht **aus dem Vergleich**, wenn der Vergleich unwirksam ist.

I. § 779 Abs. 1 Hs. 2 ist bereits deshalb nicht einschlägig, weil der zu Grunde liegende Sachverhalt wahr ist. Zwischen B und M besteht tatsächlich ein Mietvertrag und bei dem Grundstück handelte es sich bei Vergleichsschluss tatsächlich um Ackerland.

II. Aus **§ 313** könnte sich die Unwirksamkeit ergeben oder zumindest herbeiführen lassen. Beide Parteien sind bei Vertragsschluss davon ausgegangen, dass B ein künftiges Baugrundstück an M verkaufen werde. Dieser Umstand ist zur Geschäftsgrundlage des Vergleichs i.S.d. § 313 Abs. 1 geworden. M hätte den Vergleich nicht abgeschlossen, wenn er gewusst hätte, dass das Grundstück nicht als Bauland ausgewiesen werden wird. Dieser Umstand lag auch nicht im alleinigen Risikobereich des M. Die Vergleichsgrundlage ist also später entfallen.

---

827 Palandt/Grüneberg, Einf v § 320 Rn. 9.

828 Nach BGH, Urt. v. 07.03.2002 – IX ZR 293/00, Rn. 26, NJW 2002, 1788.

829 Nach BAG, Urt. v. 27.08.2014 – 4 AZR 999/12, RÜ 2015, 297.

830 BGH, Urt. v. 08.02.1984 – VIII ZR 254/82, NJW 1984, 1746; Urt. v. 18.11.1993 – IX ZR 34/93, NJW-RR 1994, 434; Palandt/Sprau § 779 Rn. 13; Palandt/Grüneberg § 313 Rn. 64.

Der Vergleich ist deshalb zwar nicht unwirksam. Mangels Anpassungsmöglichkeit gemäß § 313 Abs. 1 kann M aber gemäß § 313 Abs. 3 S. 1 vom Vergleich zurücktreten und ihn so vernichten. Tut M dies, so ist der Vergleich unwirksam und M muss nicht aufgrund des Vergleichs zahlen.

B. Ob und in welcher Höhe eine Zahlungspflicht des M **aus § 535 Abs. 2** wieder auflebt, sobald M den Vergleich durch Rücktritt vernichtet, kann anhand des Sachverhalts nicht beurteilt werden.

3. Abschnitt: Rechtsfolgen

440 Der Vergleich ist ein **Feststellungsgeschäft**, dessen Zweck es ist, Rechtsfrieden und Rechtssicherheit durch Beseitigung des Streits oder der Ungewissheit herzustellen. Der Vergleich stellt daher **unabhängig von der wirklichen Rechtslage verbindlich** fest, was zwischen den Parteien rechtens ist.

441 Wenn die Parteien über den **Inhalt eines Schuldverhältnisses** gestritten haben, so müssen sie das Schuldverhältnis mit den beim Vergleich übernommenen Verpflichtungen erfüllen.

- Regelmäßig wollen die Parteien **keine vollumfängliche Novation** (Schuldumschaffung). Es soll also nicht das alte Schuldverhältnis durch ein neues ersetzt werden, was auch das Erlöschen von Sicherheiten und Einwendungen zur Folge hätte. Der Parteiwille geht vielmehr in der Regel dahin, das „alte" Schuldverhältnis dem Grunde nach bestehen zu lassen und nur die einzelnen daraus fließenden Verpflichtungen verbindlich festzulegen. Soweit der Vergleich geht, ist dann zwar ein Rückgriff auf die Pflichten aus dem ursprünglichen Schuldverhältnis ausgeschlossen. **Sicherheiten und Einwendungen bleiben** aber, anders als bei der Novation, **bestehen.**[831]

- Erlässt der Gläubiger einem von mehreren **Gesamtschuldnern** (im Folgenden: beteiligter Gesamtschuldner) die Schuld ganz oder teilweise, so bestimmt sich die Wirkung dieses Erlasses – gemäß § 397 Abs. 1 ein Verfügungsvertrag – nach § 423.

Beispiel zum teilweisen Erlass: S1 und S2 haften als Gesamtschuldner dem G auf 10.000 €. G erlässt S1 2.000 €.[832]

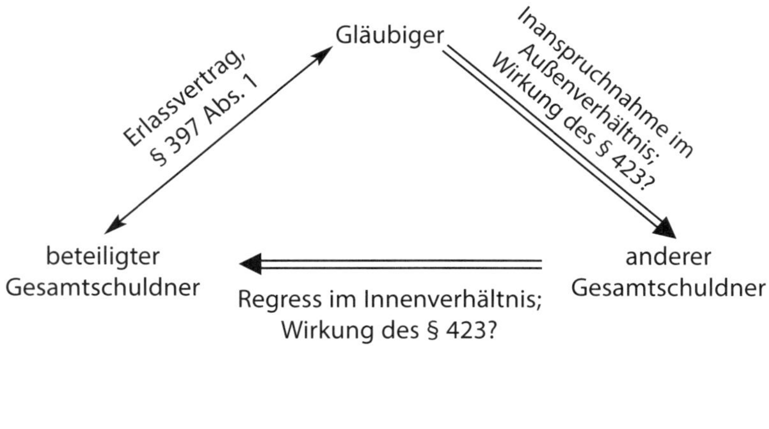

831 Palandt/Sprau § 779 Rn. 11.

832 Ein weiteres **Beispiel zu einem kompletten Erlass** finden Sie bei Staudinger/Looschelders § 423 Rn. 17 ff.

§ 423 erfasst sowohl isolierte Erlasse, als auch Erlasse, die im Rahmen eines Vergleichs vereinbart werden.[833] Er stellt auf den Willen der Parteien ab und verlangt daher eine Auslegung des Vergleichs im Einzelfall. Diese kann zu folgenden **Wirkungen des Erlasses** führen:[834]

- **Gesamtwirkung**, d.h. der Anspruch des Gläubigers gegen sämtliche Gesamtschuldner erlischt und der Regress nach § 426 Abs. 1 u. 2 entfällt, jeweils in Höhe des Erlasses. Diese Wirkung tritt gemäß § 423 Hs. 2 ein, wenn die Parteien das ganze Schuldverhältnis aufheben wollen. Soweit die Gesamtwirkung reicht, stellt der Erlass eine ausnahmsweise zulässige Verfügung des beteiligten Gesamtschuldners zugunsten Dritter (nämlich der anderen Gesamtschuldner) dar.

  Im **Beispiel** könnte G sowohl von S1 als auch von S2 nur noch 8.000 € verlangen. S1 und S2 können gegenseitig Regress nehmen, soweit einer von ihnen mehr als 4.000 € zahlt. Hinsichtlich der erlassenen 2.000 € besteht der Anspruch des G nicht mehr, sodass insoweit auch kein Regress mehr stattfindet.

- **Einzelwirkung**, d.h. der Anspruch des Gläubigers erlischt nur gegenüber dem beteiligten Gesamtschuldner und besteht in voller Höhe (vgl. § 421 S. 1) gegen die anderen Gesamtschuldner fort. Diese können aber nach § 426 Abs. 1 u. 2 (auch) beim beteiligten Gesamtschuldner vollen Regress nehmen. Der Erlass **schützt** den beteiligten Gesamtschuldner also **nur im Außenverhältnis**.

  Im **Beispiel** könnte G von S1 nur noch 8.000 €, von S2 hingegen weiterhin 10.000 € verlangen. S1 und S2 können gegenseitig Regress nehmen, soweit einer von ihnen mehr als 5.000 € zahlt. Der Erlass wirkt nicht für die Gesamtschuldner, sondern nur für S1 als Einzelperson, sodass er auch den Regress nicht beeinflusst.

- **beschränkte Gesamtwirkung**, d.h. im Außenverhältnis wird der beteiligte Gesamtschuldner frei und die übrigen Gesamtschuldner werden so weit frei, wie der beteiligte Gesamtschuldner ihnen im Innenverhältnis haftet. Durch den privatautonomen Erlass wird also das Außenverhältnis nach § 421 zulasten des Gläubigers mit dem Innenverhältnis nach § 426 verknüpft. Soweit der Erlass geht, ist der Regress gegen den beteiligten Gesamtschuldner ausgeschlossen, weil er insofern ebenso zu behandeln ist, als habe er den Anspruch durch Leistung erfüllt.[835] Der Erlass **schützt** den beteiligten Gesamtschuldner also **im Außen- und im Innenverhältnis**.

  Im **Beispiel** könnte S2 hinsichtlich der erlassenen 2.000 € (soweit nicht ein anderes bestimmt ist, § 426 Abs. 1) von S1 1.000 € Regress nehmen. S2 wird also in dieser Höhe im Außenverhältnis frei. G kann also von S2 9.000 € und von S1 8.000 € verlangen. Zahlt S2, so kann er von S1 maximal 4.000 € Regress nehmen, weil die Erfüllungswirkung des Erlasses den noch geschuldeten Betrag aus Sicht des S1 auf 8.000 € reduziert hat. Zahlt hingegen S1, so kann er von S2 maximal 5.000 € verlangen.

Bei einem **Erlass durch Vergleich** mit einem Gesamtschuldner führt die Auslegung in aller Regel dazu, dass **keine Gesamtwirkung** vorliegt, weil der Gläubiger keinen Anlass hat, alle Gesamtschuldner zu begünstigen, obwohl ihm nur einer von ihnen

---

833 BGH, Urt. v. 26.06.2003 – VII ZR 126/02, RÜ 2003, 442, 443.

834 Vgl. insgesamt Palandt/Grüneberg § 423 Rn. 1 ff.

835 Staudinger/Looschelders § 423 Rn. 21.

entgegenkommt. Vielmehr will der Gläubiger gegen die anderen Gesamtschuldner weiterhin voll vorgehen, sodass **grundsätzlich Einzelwirkung** vereinbart wird. Auf eine **beschränkte Gesamtwirkung** kann **nur** geschlossen werden, wenn der Vergleich die Sache **für den beteiligten Gesamtschuldner vollständig erledigen**, ihn also auch vor Regressansprüchen schützen soll. Auf eine solches gönnerhaftes Entgegenkommen des Gläubigers kann nicht bereits aus dem Umstand geschlossen werden, dass der beteiligte Gesamtschuldner anderenfalls – abweichend von der Quotelung nach Köpfen gemäß § 426 Abs. 1 S. 1 – im Innenverhältnis weit überwiegend oder vollständig haften müsste.[836]

442 Falls die Parteien (auch) über den **Bestand des Schuldverhältnisses** gestritten und sich auf bestimmte Leistungspflichten verglichen haben, so wird durch den Vergleich, falls das Schuldverhältnis tatsächlich nicht bestand, eine Forderung in dem versprochenen Umfang erstmalig begründet.

Wenn die Parteien sich hinsichtlich der Inhaberschaft, des Umfangs oder der Belastung eines **dinglichen Rechtes** vergleichen, so wirkt der Vergleich in dinglicher Hinsicht nur, wenn auch das Publizitätsgebot[837] gewahrt wird. Es muss also in der Regel ein Vollzugsmoment vorliegen, also eine Übergabe bzw. ihr Surrogat oder eine Grundbucheintragung erfolgen.

---

836 BGH, Urt v. 22.12.2011 – VII ZR 7/11, RÜ 2012, 140; Palandt/Grüneberg § 423 Rn. 4.

837 Vgl. zum Publizitätsgebot AS-Skript Sachenrecht 1 (2017), Rn. 9.

Der materiell-rechtliche Vergleich 443

Voraussetzungen des § 779 Abs. 1 Hs. 1

- Disponibles Rechtsverhältnis
- Streit /Ungewissheit/unsichere Verwirklichung
- Gegenseitiges Nachgeben

Unwirksamkeitsgründe

- Grundsatz: Formfreiheit
- Anfechtung wegen Irrtums nicht, wenn Gegenstand des Vergleichs
- §§ 323, 349: nicht jeder Vergleich ist gegenseitiger Vertrag
- Wegfall der Vergleichsgrundlage: § 779 Abs. 1 Hs. 2 als lex specialis, i.Ü. § 313 anwendbar

Rechtsfolgen des wirksamen Vergleichs

- Vergleich legt Pflichten des bestehenden Schuldverhältnisses verbindlich fest
  - keine Novation des Schuldverhältnisses
  - Erlass durch Vergleich für einen Gesamtschuldner hat grundsätzlich Einzelwirkung und ausnahmsweise beschränkte Gesamtwirkung
- Vergleich begründet Schuldverhältnis, wenn es vorher nicht bestand
- Dingliche Wirkung erfordert Vollzugsmoment (Publizität)

11. Teil: Schuldversprechen, Schuldanerkenntnis und Tatsachenanerkenntnis

444 Vereinbaren zwei Personen im weitesten Sinne, dass einer der Beteiligten **zur Begleichung einer Schuld verpflichtet** sei, so kann dies

- ein abstraktes (auch: konstitutives) Schuldanerkenntnis oder Schuldversprechen i.S.d. §§ 780, 781,
- ein kausales (auch: deklaratorisches oder bestätigendes) Schuldanerkenntnis,
- ein reines Tatsachenanerkenntnis oder
- eine rechtlich (auch beweisrechtlich) unbedeutende Äußerung zur Beruhigung der Gegenseite

darstellen.

Die Einordnung der Vereinbarung erfolgt im Wege der **Auslegung** gemäß §§ 133, 157. Bedeutung erlangen hierbei insbesondere der Wortlaut der abgegebenen Erklärung, die beiderseitige Interessenlage, die tatsächlichen Umstände des Einzelfalls sowie der von den Parteien mit der Vereinbarung verfolgte Zweck.[838] Es spielt insbesondere eine Rolle, welche Rechtsfolgen die Erklärung – nach dem aus objektiver Empfängersicht beurteilten Willen des Erklärenden – haben soll.

Daneben muss Ihnen der **Begriff des Anerkenntnisses** i.S.d. § 212 Abs. 1 Nr. 1[839] sowie i.S.d. § 307 ZPO[840] bekannt sein.[841]

1. Abschnitt: Das abstrakte (konstitutive) Schuldanerkenntnis bzw. -versprechen

A. Zustandekommen

445 Das abstrakte Schuldanerkenntnis oder -versprechen ist ein **einseitig verpflichtender, abstrakter Vertrag**. Die Einigung der Parteien begründet eine **neue, selbstständige Verbindlichkeit** einer der Parteien.[842]

Ob ein abstraktes **Schuldversprechen** (§ 780) **oder** ein abstraktes **Schuldanerkenntnis** (§ 781) vorliegt, beurteilt sich lediglich nach der Formulierung im Einzelfall. Die Rechtsfolgen unterscheiden sich nicht. In der Praxis wird daher regelmäßig nicht differenziert und die Normen werden oft zusammen zitiert.[843] Auch im 1. Examen wird diese Ungenauigkeit in der Regel toleriert. Wenn allerdings der Wortlaut der Vereinbarung eindeutig ist, dann schadet es nicht, wenn Sie sich auf eine der beiden Erscheinungsformen festlegen.

---

838 Wellenhofer-Klein Jura 2002, 505, 511 f.; Palandt/Sprau § 780 Rn. 4 u. § 781 Rn. 1.

839 Vgl. hierzu allgemein AS-Skript BGB AT 2 (2017), Rn. 341. Vgl. ferner zu der Frage, ob die Mängelbeseitigung durch den Verkäufer ein Anerkenntnis i.S.d. § 312 Abs. 1 Nr. 1 darstellt, AS-Skript Schuldrecht BT 1 (2016), Rn. 242, sowie BGH, Beschl. v. 23.08.2012 – VII ZR 155/10, RÜ 2012, 688.

840 Hierzu ausführlich AS-Skript ZPO (2017), Rn. 249 ff.

841 Vgl. auch die Auflistung der Begrifflichkeiten am Rand der gutachtlichen Aufbereitung von BGH, Urt. v. 22.09.2011 – IX ZR 1/11, RÜ 2011, 756, 757.

842 Palandt/Sprau § 780 Rn. 1a u. § 781 Rn. 2.

843 Wellenhofer-Klein Jura 2002, 505; Palandt/Sprau § 780 Rn. 1.

Das Versprechen bzw. die Anerkennungserklärung – d.h. nur die Erklärung des Versprechenden oder Anerkennenden – muss gemäß §§ 780 S. 1, 781 S. 1 **schriftlich** abgegeben werden. Die Schriftform kann gemäß §§ 780 S. 2, 781 S. 2 nicht durch die elektronische Form des § 126 a ersetzt werden, vgl. § 126 Abs. 3. **446**

Wenn andere Vorschriften eine **strengere Form** für das Leistungsversprechen vorschreiben (z.B. §§ 311 b Abs. 1, 518 Abs. 1 S. 2), gilt diese gemäß §§ 780 S. 1, 781 S. 3 auch für das Anerkenntnis bzw. Versprechen.[844]

Hingegen ist die Erklärung **formfrei**, wenn sie

- von einem **Kaufmann**, § 350 HGB, oder
- auf Grund einer **Abrechnung**, die ein Rechnungsergebnis feststellt, oder im Wege eines – wie oben dargelegt grundsätzlich formfreien – materiell-rechtlichen **Vergleichs**, § 782,

abgegeben wird.

B. Rechtsfolge

Das abstrakte Anerkenntnis bzw. Versprechen wird **im Regelfall erfüllungshalber** (§ 364 Abs. 2)[845] abgegeben, sodass die im Streit stehende Forderung (wenn sie besteht) nach h.A. nur gestundet ist. Es kommt also grundsätzlich nicht zur Aufhebung des im Streit stehenden Schuldverhältnisses, es findet **keine Novation** statt. Der Gläubiger muss zwar zunächst seine Ansprüche aus dem Anerkenntnis bzw. Versprechen durchsetzen, kann aber bei Misserfolg sekundär auf die im Streit stehende Forderung (wenn sie besteht) zurückgreifen. **447**

Eine Auslegung kann im Einzelfall ergeben, dass das Anerkenntnis bzw. Versprechen **ausnahmsweise** das im Streit stehende Schuldverhältnis vollständig ersetzt und damit zum Erlöschen bringt. Es findet eine **Schuldumschaffung** (**Novation**) statt. In diesem Fall tritt das Anerkenntnis bzw. Versprechen **an Erfüllungs statt** (§ 364 Abs. 1) an die Stelle der im Streit stehenden Forderung.[846]

Gegen das Anerkenntnis bzw. Versprechen selbst können **unmittelbar** die üblichen **Einwendungen und Einreden** des BGB bestehen. **448**

Beispiel: Das Anerkenntnis kann nach §§ 142 Abs. 1, 123 Abs. 1 unwirksam sein, soweit der Anerkennende bei seiner Erklärung getäuscht/bedroht wurde und aufgrund dessen anficht.

Ob und in welchem Umfang **Einwendungen bzw. Einreden aus dem im Streit stehenden Schuldverhältnis** unmittelbar gegenüber dem abstrakten Anerkenntnis bzw. Versprechen geltend gemacht werden können, ergibt sich hingegen aus der Auslegung im Einzelfall. Aufgrund der Abstraktheit ist dies regelmäßig zu verneinen, der Gläubiger soll ja gerade einen sicheren Anspruch erhalten, obwohl das im Streit stehende Schuldverhältnis nichtig bzw. einredebehaftet ist bzw. zumindest sein könnte.[847]

---

844 Palandt/Sprau § 780 Rn. 6 u. 781 Rn. 11; Wellenhofer-Klein Jura 2002, 505, 507 f.

845 Vgl. allgemein zu § 364 AS-Skript Schuldrecht AT 2 (2016), Rn. 17 ff.

846 Palandt/Sprau § 780 Rn. 7; Wellenhofer-Klein Jura 2002, 505, 506.

847 Vgl. (auch zum Folgenden) BGH, Urt. v. 10.05.1976 – III ZR 157/74, WM 1976, 907, 909; Palandt/Sprau § 780 Rn. 9 ff.; Wellenhofer-Klein Jura 2002, 505, 507.

Folgende Einwendungen bzw. Einreden **schlagen** allerdings **durch**:

- Tritt das Anerkenntnis bzw. Versprechen an die Stelle einer **unvollkommenen Verbindlichkeit**, so erwächst aus ihm – ebenso wie aus der unvollkommen Verbindlichkeit selbst – kein Anspruch, vgl. §§ 656 Abs. 2, 762 Abs. 2.
- Gemäß § 812 Abs. 2 stellt auch das abstrakte Versprechen bzw. Anerkenntnis ein durch Leistung erlangtes Etwas dar. Ist also das im Streit stehende Schuldverhältnis nichtig, so kann der Schuldner das Versprechen bzw. Anerkenntnis gemäß § 812 Abs. 1 S. 1 Var. 1 bzw. S. 2 Var. 1 kondizieren. Dementsprechend kann er seiner Inanspruchnahme aus dem kondizierbaren Versprechen bzw. Anerkenntnis die **Bereicherungseinrede** des § 821 entgegensetzen.

  Die Nichtigkeit des im Streit stehenden Schuldverhältnisses führt also nicht direkt zur ***Nichtigkeit*** *des Versprechens bzw. Anerkenntnisses, über §§ 812 Abs. 2, 821 entsteht aber eine* ***Einrede****. Eine ähnliche „Verschiebung" finden Sie auch bei der Grundschuld, gegen welche sich aus dem Sicherungsvertrag eine Einrede ergibt, soweit die gesicherte Forderung nichtig ist,*[848] *oder bei der sich aus Gestaltungsrechten ergebenden Einrede nach § 770.*

449 Der Begünstigte trägt die **Darlegungs- und Beweislast** für das Entstehen des Versprechens bzw. Anerkenntnisses. Das Entstehen des im Streit stehenden Schuldverhältnisses muss er gerade nicht mehr beweisen. Der Versprechende bzw. Anerkennende trägt die Darlegungs- und Beweislast für die Einwendungen und Einreden gegen das Anerkenntnis bzw. Versprechen.[849]

Der eigentliche ***Vorteil*** *des abstrakten Anerkenntnisses bzw. Versprechens für den Begünstigten liegt also nicht in seiner materiell-rechtlichen Wirkung, denn über §§ 812 Abs. 2, 821 setzen sich die Mängel der im Streit stehenden Forderung hinsichtlich des Anerkenntnisses bzw. Versprechens fort. Von Nutzen ist vielmehr seine prozessuale Auswirkung: Es muss nicht mehr der Begünstigte beweisen, dass die im Streit stehende Forderung entstanden ist, sondern der Anerkennende bzw. Versprechende muss im Rahmen der §§ 812 Abs. 2, 821 beweisen, dass die im Streit stehende Forderung nicht entstanden ist.*

Fall 15: Alles eine Frage der Beweislast

V hat an K Ersatzteile zu einem Preis von 11.250 € geliefert. K erklärt per Brief auf Verlangen und zur Freude des V, dass V einen Zahlungsanspruch i.H.v. 11.250 € auf Grund der Lieferung haben soll. Als V später Zahlung verlangt, macht K geltend, der Kaufvertrag sei mangels Einigung unwirksam. Es lässt sich nicht aufklären, ob eine Einigung über den Kaufvertrag getroffen wurde. Wie ist die Rechtslage?

450 A. V könnte gegen K einen **Zahlungsanspruch aus einem Kaufvertrag** gemäß § 433 Abs. 2 Var. 1 haben.

I. Ein solcher Anspruch besteht nur, wenn V beweisen kann, dass der Kaufvertrag wirksam ist, also insbesondere eine entsprechende Einigung erfolgt ist. Den V

848 Vgl. AS-Skript Sachenrecht 2 (2016), Rn. 186.

849 Wellenhofer-Klein Jura 2002, 505, 507.

trifft die **Beweislast** für die anspruchsbegründenden Tatsachen. Dieser Beweis gelingt V nicht.

II. Zudem bewirkt das abstrakte Schuldanerkenntnis, dass der (vermeintliche) Anspruch aus § 433 Abs. 2 Var. 1 einstweilen **gestundet** ist.

V hat keinen Anspruch gegen K aus § 433 Abs. 2 Var. 1.

B. V könnte gegen K einen **Zahlungsanspruch aus einem abstrakten Schuldanerkenntnis** gemäß § 781 S. 1 haben.

I. Die Parteien haben sich darüber geeinigt, dass **neben der Kaufpreisschuld** eine **neue selbstständige Schuld** aus dem Schuldanerkenntnis entstehen sollte. Eine Unwirksamkeit dieser Vereinbarung ist nicht ersichtlich. Insbesondere ist die Schriftform der §§ 780 S. 1, 126 gewahrt, sodass keine Unwirksamkeit nach § 125 S. 1 vorliegt.

II. K kann aber die **Bereicherungseinrede** gemäß **§ 821** erheben und die Zahlung verweigern, soweit er berechtigt ist, das Schuldanerkenntnis gemäß **§ 812 Abs. 1 S. 1 Var. 1 u. Abs. 2** zurückzufordern.

1. Der V hat das Schuldanerkenntnis durch Leistung des K erlangt, vgl. § 812 Abs. 2.

2. Fraglich ist, ob dies ohne **Rechtsgrund** erfolgte. Der K hat das Schuldanerkenntnis im Hinblick auf seine (vermeintliche) Schuld aus dem Kaufvertrag i.V.m. § 433 Abs. 2 Var. 1 abgegeben, sodass der (vermeintliche) Kaufvertrag den **Rechtsgrund** bildete. K müsste beweisen, dass der Kaufvertrag nicht besteht, denn den K trifft die **Beweislast** für die Einreden gegen den Anspruch des V aus dem Schuldanerkenntnis. Dieser Beweis gelingt K nicht, daher besteht ein Rechtsgrund für das Anerkenntnis, sodass dem K die Einrede des § 821 nicht zusteht.

V hat daher einen Zahlungsanspruch gegen K aus § 781 S. 1 i.H.v. 11.250 €.

C. Negatives Schuldanerkenntnis

Wenn nicht der Schuldner einen Anspruch positiv i.S.d. §§ 780 f. anerkennt, sondern umgekehrt der **Gläubiger das Nichtbestehen** eines Anspruchs oder Schuldverhältnisses **anerkennt**, so liegt ein negatives Schuldanerkenntnis vor. **451**

Es kann **formfrei** vereinbart werden, die §§ 780 f. gelten nicht.[850]

Gemäß § 397 Abs. 2 wird das negative Schuldanerkenntnis **wie ein Erlass** i.S.d. § 397 Abs. 1 behandelt. Es ist also ein Erfüllungssurrogat in Form eines Verfügungsvertrags.

850 Palandt/Grüneberg § 397 Rn. 10.

2. Abschnitt: Das kausale (deklaratorische/bestätigende) Schuldanerkenntnis

452 Das kausale Schuldanerkenntnis ist nicht als typischer Vertrag – insbesondere nicht in § 781 – geregelt, jedoch nach dem Grundsatz der **Vertragsfreiheit** (**§ 311 Abs. 1**) zulässig.

A. Zustandekommen

453 Das kausale Anerkenntnis ist ein Schuldbestätigungsvertrag, der **formlos** vereinbart werden kann, da er nicht unter § 781 fällt.[851]

Durch das kausale Schuldanerkenntnis wird der Streit oder die Ungewissheit der Parteien bezüglich des Bestehens oder Umfangs des Anspruchs unter Beibehaltung des Anspruchsgrundes beigelegt. Es wird also **keine neue Verbindlichkeit** begründet, sondern die **bestehende oder vermeintliche Verbindlichkeit bestätigt**.[852]

Ein **Streit** oder eine **Ungewissheit** ist – wie beim Vergleich – Tatbestandsvoraussetzung des kausalen Schuldanerkenntnisses. Lagen sie bei Vereinbarung des Anerkenntnisses nicht vor, so ist es unwirksam und entfaltet keine Rechtsfolgen.[853] Die Beweislast für das Vorliegen eines Streits oder einer Ungewissheit trägt nach allgemeinen Grundsätzen der Gläubiger, der sich auf die Wirkung des Anerkenntnisses beruft. Das kausale Anerkenntnis ist also in der Regel Bestandteil eines Vergleichs, sodass der Nichtigkeitsgrund des **§ 779 Abs. 1 Hs. 2 entsprechend anzuwenden** ist.[854]

B. Rechtsfolge

454 Der Schuldner ist regelmäßig mit allen **Einwendungen und Einreden** gegen die im Streit stehende Forderung ausgeschlossen, die er bei Abgabe des kausalen Schuldanerkenntnisses kannte oder mit denen er zumindest rechnete. Einreden, die er nicht kannte und mit denen er nicht rechnete, stehen ihm hingegen weiter zu. Ein enger oder weiterer Ausschluss der Einwendungen und Einreden kann ausdrücklich vereinbart werden oder sich im Einzelfall aus einer Auslegung des Anerkenntnisses ergeben.[855]

*Das kausale Anerkenntnis ist also im **Gutachten** im Rahmen der jeweiligen Einwendung bzw. Einrede zu prüfen.*

Soweit der Ausschluss reicht, ist dem Schuldner sein Verteidigungsmittel also – solange das Anerkenntnis wirksam ist – endgültig abgeschnitten, weil er darauf verzichtet hat. Es ihm prozessual auch nicht möglich, das Nichtvorliegen eines solchen Verzichts im Wege des **Gegenbeweises**[856] zu beweisen.[857]

---

851 Palandt/Sprau § 781 Rn. 3 a.E.

852 Palandt/Sprau § 781 Rn. 3.

853 BGH, Urt. v. 24.06.1999 – VII ZR 120/98, NJW 1999, 2889.

854 BGH, Urt. v. 22.09.2011 – IX ZR 1/11, RÜ 2011, 756; BAG, Urt. v. 22.07.2010 – 8 AZR 144/09, NJW 2011, 630.

855 BGH, Urt. v. 24.03.1976 – IV ZR 222/74, NJW 1976, 1259; Palandt/Sprau § 781 Rn. 4; Wellenhofer-Klein Jura 2002, 505, 508.

856 Vgl. zum Gegenbeweis und seiner Abgrenzung zum „Beweis des Gegenteils“ i.S.d. § 292 S. 1 ZPO AS-Skript ZPO (2017), Rn. 281.

857 Wellenhofer-Klein Jura 2002, 505, 508.

Der Einwendungsausschluss kann sich auch auf solche Einwendungen beziehen, die bereits das **wirksame Zustandekommen** des Schuldverhältnisses verhindern oder rückwirkend vernichten (z.B. § 142 Abs. 1). In diesem Fall hat das kausale Schuldanerkenntnis letztlich **konstitutive Wirkung**, wenn zuvor überhaupt kein Anspruch zwischen den Parteien besteht. **455**

In diesen Fällen liegt also keine bloße Bestätigung/Deklaration vor. Es ist daher sprachlich sinnvoller, generell vom **kausalen Schuldanerkenntnis** zu sprechen.[858] Um Missverständnissen vorzubeugen, sollte das in § 781 geregelte Institut, das stets konstitutiv wirkt, nicht als konstitutives, sondern als **abstraktes Schuldanerkenntnis** bezeichnet werden.

Das deklaratorische Schuldanerkenntnis kann selbst eine **Nichtigkeit nach § 134** überwinden. Folgendes ist aber zu beachten:[859]

- Die im Streit stehende Forderung muss im **Grenzbereich** zwischen „noch erlaubt" und „schon verboten" liegen. Denn nur dann können die Parteien ernsthaft über diese Frage streiten/ungewiss sein und ein Interesse daran haben, dies durch das Anerkenntnis beizulegen. Anderenfalls ist – wie oben dargelegt – der Tatbestand des Anerkenntnisses nicht erfüllt. Ein klar verbotenes Geschäft kann zudem nicht durch ein Anerkenntnis wirksam werden, anderenfalls würde § 134 umgangen.
- Der Schuldner muss das **Risiko der Nichtigkeit aufgrund des Verbots kennen**, denn anderenfalls wird man ihm nach dem oben dargestellten Grundsatz auch nicht im Wege der Auslegung unterstellen können, dass er auf den Schutz des § 134 verzichten wollte.

Da das kausale Schuldanerkenntnis das alte Schuldverhältnis lediglich bestätigt, kann es **nicht nach § 812 Abs. 1 S. 1 Var. 1 u. Abs. 2 zurückgefordert** werden, wenn sich im Nachhinein ergibt, dass die als möglicherweise bestehend anerkannte Schuld nicht besteht oder entgegen dem Anerkenntnis eine Einwendung oder Einrede tatsächlich doch besteht. Die reine unselbständige Bestätigung ist nicht als Leistung i.S.d. § 812 Abs. 1 S. 1 Var. anzusehen.[860] Dementsprechend steht dem Schuldner auch die **Einrede des § 821 nicht** zu. **456**

*Das kausale Anerkenntnis ist also **für den Schuldner wesentlich gefährlicher als das abstrakte Anerkenntnis**. Das kausale Anerkenntnis*

- *bedarf keiner Form,*
- *schließt Einwendungen und Einreden gänzlich aus, anstatt nur die Beweislast umzukehren und*
- *ihm kann nicht die Bereicherungseinrede (§ 821) entgegengehalten werden.*

---

858 Wellenhofer-Klein Jura 2002, 505, 508.

859 Vgl. BGH, Urt. v. 22.09.2011 – IX ZR 1/11, RÜ 2011, 756.

860 Wellenhofer-Klein Jura 2002, 505, 509; Palandt/Sprau § 781 Rn. 4.

3. Abschnitt: Das Tatsachenanerkenntnis

457 Das Tatsachenanerkenntnis (auch: Wissenserklärung) stellt im Gegensatz zu den Schuldanerkenntnissen eine einseitige Erklärung **ohne rechtsgeschäftlichen Bindungswillen** dar. Es wird abgegeben, um dem anderen Teil Erfüllungsbereitschaft anzuzeigen sowie den Beweis zu erleichtern, um ihn so von weiteren Maßnahmen abzuhalten.[861] Es kann **formlos** erklärt werden.

Beispiele: „Ich bin bei Rot über die Ampel gefahren."; „Ich wusste, dass das Auto, das ich Ihnen verkauft habe, ein Unfallwagen war."

Das Tatsachenanerkenntnis bewirkt keinen Einwendungs- und Einredenausschluss, sondern lediglich eine **Beweiserleichterung** bezüglich der anerkannten **Tatsache** im späteren Gerichtsverfahren. Diese kann von einer reinen Indizwirkung[862] bis zur Umkehr der Beweislast reichen.[863]

Wird eine Tatsache **im Prozess zugestanden**, so ist sie nach Maßgabe des § 288 ZPO in diesem Prozess ohnehin als unstreitig zu behandeln. Dann bedarf es keiner Beweisregelungen mehr.

Fall 16: Erklärung an der Unfallstelle

Der hoch verschuldete X stößt mit dem Pkw des A, der auf dem Beifahrersitz sitzt, an einer Kreuzung mit dem Fahrzeug des B zusammen. B beschimpft den A, der schließlich ruft: „Ich erkenne an, dass X den Unfall verschuldet hat. Das wäre ihm bei mehr Sorgfalt nicht passiert. Ich stehe dafür gerade." B lässt das Fahrzeug reparieren – Kosten 3.150 € – und verlangt von A Ersatz. Der weigert sich und benennt Zeugen dafür, dass der Unfall selbst dem weltbesten Fahrer ebenso passiert wäre. B behauptet, der Unfall sei ohne weiteres zu vermeiden gewesen. Welche Ansprüche hat B gegen A, auch unter Berücksichtigung von Beweisfragen?

458 A. Ein Anspruch des B gegen A aus einem **abstrakten Schuldanerkenntnis** gemäß §§ 780, 781, scheitert jedenfalls daran, dass dieses gemäß §§ 125 S. 1, 780 S. 1, 781 S. 1, 126 mangels Schriftform formnichtig ist.

B. B könnte gegen A einen Anspruch aus **§ 7 Abs. 1 StVG**[864] haben.

I. Die **Voraussetzungen** des § 7 Abs. 1 StVG liegen vor, weil beim Betrieb des Kfz des A eine Sache des B – sein Pkw – beschädigt wurde.

II. **Höhere Gewalt** ist nicht ersichtlich, sodass der Anspruch nicht bereits nach § 7 Abs. 2 ausgeschlossen ist.

III. Die Verpflichtung des A als Kraftfahrzeughalter zum (anteiligen) Innenausgleich gegenüber dem B als Kraftfahrzeughalter (vgl. § 17 Abs. 2 u. 1 StVG) ist jedoch nach § 17 Abs. 3 StVG ausgeschlossen, soweit der Unfall für A ein **unabwendbares Ereignis** war. Unabwendbar ist ein Ereignis, wenn es auch bei äußerster Sorg-

---

861 Palandt/Sprau § 781 Rn. 6.

862 Vgl. zum beweisrechtlichen Begriff des Indizes AS-Skript ZPO (2017), Rn. 282.

863 Wellenhofer-Klein Jura 2002, 505, 510; Palandt/Sprau § 781 Rn. 6.

864 Siehe ausführlich zur Haftung nach dem StVG AS-Skript Schuldrecht BT 4 (2017), Rn. 340 ff.

falt von einem Idealfahrer nicht hätte abgewendet werden können.[865] A beruft sich auf die Unvermeidbarkeit des Unfalls auch für den weltbesten Fahrer und behauptet somit das Vorliegen eines unabwendbaren Ereignisses. B bestreitet dies.

1. Dem A ist der **Einwand** aus § 17 Abs. 3 StVG **verwehrt**, wenn er seine Schuld gegenüber mittels eines **kausalen Schuldanerkenntnisses**, einem atypischen Vertrag nach § 311 Abs. 1, bestätigt hat. Wegen der weitreichenden Folgen (Einwendungs- und Einredenausschluss) ist das nur dann anzunehmen, wenn die Erklärung zweifelsfrei darauf schließen lässt, dass die Parteien ihre rechtlichen Beziehungen dem Streit oder der Ungewissheit über den Unfallhergang entziehen wollen. Es besteht angesichts der oft aufgewühlten Stimmungslage und möglicher Eile bei der Beseitigung der Unfallfolgen keine generelle Vermutung dafür, dass durch Erklärungen am Unfallort ein kausales Schuldanerkenntnis begründet wird.

   Vorliegend sind auch keine besonderen Anhaltspunkte dafür ersichtlich, dass A bereits am Unfallort den Streit mit B über den Unfallhergang beilegen wollte. Hierzu hatte A keinen Anlass oder Anreiz gehabt. Es liegt mithin kein kausales Schuldanerkenntnis vor. Dem A ist der Einwand des § 17 Abs. 3 StVG nicht verwehrt.

2. Allerdings trägt A – bereits nach allgemeinen Regeln – die **Beweislast** für die Voraussetzungen des § 17 Abs. 3 StVG. Zudem ist seine Erklärung am Unfallort zu detailliert und konkret, um sie als vollständig unverbindliche **Erklärung zur Beruhigung** des B aufzufassen. Vielmehr liegt, wie es in der Regel bei derartigen Erklärungen am Unfallort der Fall ist,[866] eine **Tatsachenerklärung** des A vor, mit welcher er eingeräumt hat, dass ein X bei größerer Sorgfalt – und daher erst recht ein Idealfahrer – den Unfall vermieden hätte.

   Beweisrechtlich liegt damit ein gegen die Unabwendbarkeit und daher für B streitendes **Indiz** vor. Trotz Beweisbelastung und dieses Indizes kann es aber sein, dass die von A benannten Zeugen das Gericht, welches gemäß § 286 Abs. 1 ZPO in der Würdigung der Beweise frei ist, von der Unabwendbarkeit überzeugen werden.

Ob B gegen A einen Anspruch aus § 7 Abs. 1 StVG hat, hängt vom Ausgang dieser Beweiserhebung und -würdigung ab.

Wäre **A selbst gefahren**, so käme ein weiterer Anspruch aus **§§ 18 Abs. 1 S. 1, 7 Abs. 1 StVG** in Betracht, insbesondere wird sein Verschulden gemäß § 18 Abs. 1 S. 2 StVG vermutet. Die Ausführungen zu § 17 Abs. 3 StVG, der gemäß § 18 Abs. 3 StVG anwendbar ist, gelten entsprechend. Ferner könnte A dann aus **§ 823 Abs. 1** haften. Grundsätzlich trägt bezüglich dieser Norm B die Beweislast für das Verschulden des A, doch führt die Tatsachenerklärung des A dazu, dass die Beweislast umgekehrt wird und den A trifft.

---

865 Burmann/Heß/Jahnke/Janker/Heß § 17 StVG Rn. 8.

866 Wellenhofer-Klein Jura 2002, 505, 510.

Stichwortverzeichnis

Die Zahlen verweisen auf die Randnummern.

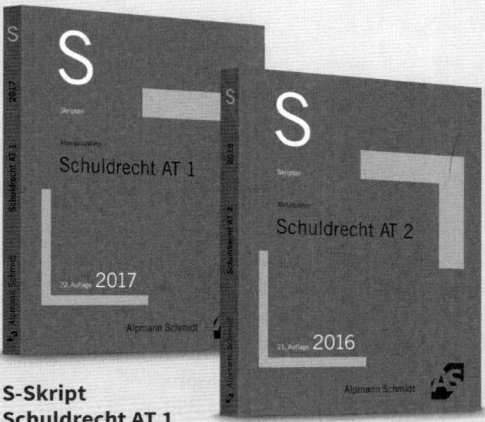

Alpmann Schmidt
Bundesweite juristische Repetitorien zum 1. und 2. Examen
Die Wahl des richtigen Repetitoriums ist Vertrauenssache, denn wie gut Ihre Examensvorbereitung wirklich war, wissen Sie erst nach dem Examen.
Vergleichen Sie! Probehören ist jederzeit möglich. Wir sind sicher auch in Ihrer Stadt!
Informationen und Anmeldung unter www.alpmann-schmidt.de